新华社烈士传

XINHUASHE LIESHIZHUAN

新华社新闻研究所◎编

新华出版社

图书在版编目（CIP）数据

新华社烈士传 / 新华社新闻研究所编.
北京：新华出版社，2016.10
ISBN 978-7-5166-2885-0

Ⅰ.①新… Ⅱ.①新… Ⅲ.①新闻工作者－革命烈士－生平事迹－中国－现代
Ⅳ.①K825.42

中国版本图书馆CIP数据核字（2016）第245395号

新华社烈士传

编　　者：新华社新闻研究所

责任编辑：赵怀志　石春凤
封面设计：臻美书装
责任校对：刘保利
责任印制：廖成华

出版发行：新华出版社
地　　址：北京石景山区京原路8号
邮　　编：100040
网　　址：http：//www.xinhuapub.com
经　　销：新华书店
购书热线：010－63077122
中国新闻书店购书热线：010－63072012

照　　排：新华出版社照排中心
印　　刷：北京凯达印务有限公司
成品尺寸：170mm×240mm
印　　张：29.25
字　　数：362千字
版　　次：2016年11月第一版
印　　次：2016年11月第一次印刷
书　　号：ISBN 978-7-5166-2885-0
定　　价：58.00元

血染的丰碑

穆青同志为1999年版《血染的丰碑——新华社烈士纪实》一书题写书名

位于新华社历史陈列馆二楼南侧的新华社烈士墙

位于山西省左权县的太行新闻烈士纪念碑

從粗枝大葉、浮光掠影走向具體調查、深刻研究，這意識上一個大進步，我認為通訊員大會，將成為實現中共中央著手調查研究之決定的起點。願共同為"新華"加緊努力。

何雲 [illegible]

何云烈士手迹

位于河北省阜平县革命烈士陵园的晋察冀日报社忠魂碑

1946 年博古等同志牺牲后，延安布置的“四八”烈士灵堂

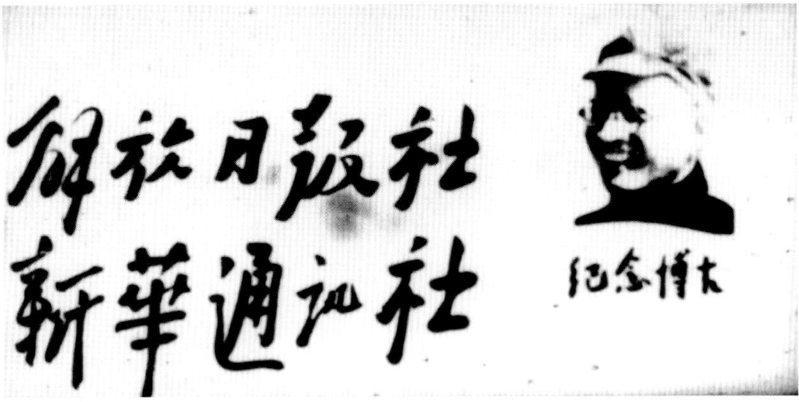

博古社长牺牲后，新华社和解放日报社工作人员佩戴过的纪念徽章

1956年4月11日，“克什米尔公主”号飞机空难一周年，在北京八宝山革命公墓举行参加亚非会议死难烈士遇难周年纪念大会和安葬仪式

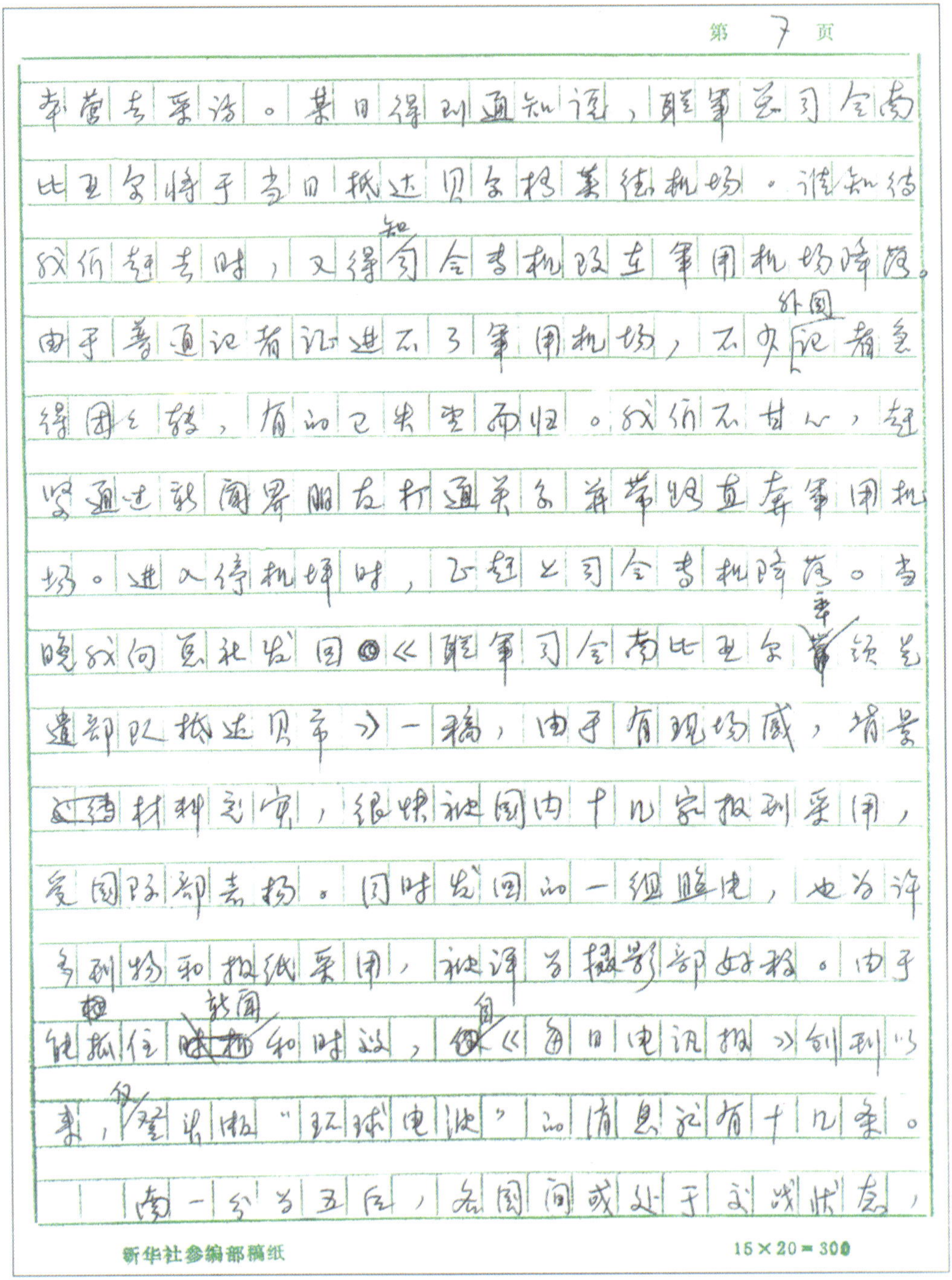
第 7 页
本营去采访。某日得到通知说，联军总司令南比亚尔将于当日抵达贝尔格莱德机场。谁知待我们赶去时，又得知司令专机改在军用机场降落。由于普通记者进不了军用机场，不少外国记者只得团团转，有的已失望而归。我们不甘心，赶紧通过新闻界朋友打通关系并带路直奔军用机场。进入停机坪时，正赶上司令专机降落。当晚我向总社发回《联军司令南比亚尔率领先遣部队抵达贝市》一稿，由于有现场感，背景交待材料充实，很快被国内十几家报刊采用，受国际部表扬。同时发回的一组照片，也为许多刊物和报纸采用，被评为摄影部好稿。由于能抓住新闻和时效，自《每日电讯报》创刊以来，仅登出标“环球电讯”的消息就有十几条。
南一分为五后，各国间或处于交战状态，
新华社参编部稿纸
15×20=300

邵云环烈士手迹

再版序言

蔡名照

新华社是我们党亲手创办、直接领导的新闻机构，1931 年 11 月 7 日，伴随着中华苏维埃第一次全国代表大会的召开，在瑞金成立。85 年艰苦奋斗，85 年初心不改，新华社始终与党和人民同呼吸、共命运，一起经历风雨，一起走过辉煌，在革命、建设、改革各个历史时期，高举奋进的旗帜，吹响冲锋的号角，充分发挥动员群众、组织群众、宣传群众的重要作用，为党和国家事业作出了突出贡献。新华社的历史，就是党的新闻事业史的缩影。新华社的一篇篇报道，就是党团结带领全国各族人民夺取一个又一个胜利真实的写照。

在 85 年光荣与辉煌的背后，我们不能忘记，先后有 150 多位新华人献出了宝贵的生命。周以栗、瞿秋白、博古、何云、李竹如、叶邦瑾、钱毅、刘鸣、沈建图、黄作梅、李平、邵云环……这 150 多位烈士，有的在革命战争年代抛头颅、洒热血，也有的牺牲在和平建设时期，为了共同的理想和信念前赴后继、义无反顾。他们是新华人的杰出楷模，在中国新闻史上铸就了不朽的丰碑。

他们身上，集中体现了对党忠诚的政治本色。新华社自诞生之日起就在党的直接领导下，担负着“喉舌”“耳目”的神圣职责。从瑞金、延安、西柏坡一路走来，新华社跟随党中央南征北战，穿越枪林弹雨，出入千军万马。特殊的历史，铸就了新华人对党忠诚的政治本色。牺牲的150多位优秀新华人，更是用生命诠释了对党的忠诚。红中社负责人、《红色中华》报首任主笔周以栗，在突破国民党军的包围时壮烈牺牲。红军主力长征后仍留在苏区坚持战斗的红中社社长瞿秋白，被国民党军逮捕，拒绝劝降收买，高唱《国际歌》，从容赴难。抗日战争时期的韩秩吾，抱着“只要还活着，就要继续干革命”的理念，牺牲在反“扫荡”战场上。解放战争时期的谢文耀，把一切献给党的新闻事业，直到他牺牲时，孩子也没见过他这个爸爸。1999年南联盟局势恶化，邵云环主动请缨到贝尔格莱德分社工作，面对纷飞的战火，她说：“我最怕的是稿件发不出去”，最终牺牲在工作岗位上。85年来，对党忠诚已经成为新华人忠贞不渝的信念，沁入骨髓、融入血液，化为代代相传的红色基因。

他们身上，集中体现了勿忘人民的深厚情怀。党的根基在人民、血脉在人民、力量在人民，全心全意为人民服务是党的根本宗旨，也是新华社报道工作的根本遵循。85年来，一代代新华人忠诚践行党的群众路线，秉持为民情怀、扎根人民群众，把基层当课堂，把群众当老师，与人民同欢喜、共患难、齐奋斗，把宣传党的主张和反映人民心声统一起来，充分发挥了党联系群众的桥梁纽带作用。新华社烈士名单中，不少人都是扎根群众的典型。在新加坡长大的仓夷，16岁时毅然告别家人，回国参加抗战，成为新华社晋察冀分社一名优秀记者。他在艰苦的斗争环境中，用自己的笔为祖国而战，为人民而歌。他说：“人民能按照自己的理想来自由生活，那就叫作幸福。”他也正是为了人民的幸福，流尽自己最后一滴血。新华社盐阜分社特派记者钱毅深入农民、盐民、渔民、棉民，拜群众为师，向群众学习。他说："群众真是母亲，靠近他们，总有乳（使我丰富的营养料）的。"他整理出版了《庄稼话》一书，收录了苏北地区群众常用的2230条民谚俗语。没有对人民的深厚情感，没有一切为了人民的信念，就不可能成就这些新华社记者的光辉业绩，也不可能成就他们的英雄壮举。

他们身上，集中体现了实事求是的优良作风。实事求是是党的思想路线，是马克思主义中国化的理论精髓，是马克思主义新闻观的基本观点，也是新华社的重要传承。回顾新华社85年发展历程，实事求是像一条红线贯穿始终，见证着新华人坚定的政治立场和良好的职业操守。那些为党和人民事业牺牲的新华人，有的不顾生命危险记录战争的真实画面，有的深入基层一线调查研究，都体现了实事求是的优良作风。抗战时期担任新华社社长和《解放日报》社社长的博古提出，报纸要有鲜明的立场，政治上要用马列主义的观点分析事物的演变。他特别强调，办通讯社，就要随时准确地了解时局的动向，做到在政治上对党和人民负责。他非常重视新闻真实性问题，强调一定要把真实放在第一位，失实的报道不仅在人民群众中造成极坏的印象，同时也给各级党组织决策带来错误的导向。这些蕴含着实事求是精神的论述，今天看来仍具有重要的现实意义。

他们身上，集中体现了开拓创新的永恒追求。开拓创新，是国家和民族进步的灵魂，也是新华社事业发展的不竭动力。红中社创建之初，中央革命根据地处在国民党军队的重重包围之中，面对极度匮乏的物质条件和艰苦危险的环境，同志们努力开拓、积极创新，播发的电讯远播海内外，《红色中华》报的发行量达到四五万份。时任红中社社长的瞿秋白非常重视业务建设，他要求《红色中华》报增加基层群众的报道，并亲自撰写了《送郎参军》等小调歌词发表在报上，积极动员群众保卫苏维埃、粉碎敌人的“围剿”。在他的领导下，红中社组建了一支近千人的工农兵通讯员队伍，使报道更加接地气，更富有战斗力。抗战时期担任新华社华北总分社社长、华北《新华日报》社社长兼总编辑的何云，面对办报所需物资的严重短缺，动员大家开动脑筋想办法，研制出“半铅模”，试制成功了用土纸取代毛边纸打纸型，还组织大家自制铅版、油墨等，保证了华北《新华日报》的正常出版，被朱德总司令称为“一张顶一个炮弹，而且天天在和日寇作战。”85年来，正是靠着开拓不息、创新不止的精神，新华社事业始终保持蓬勃生机和旺盛活力。

“对党忠诚、勿忘人民、实事求是、开拓创新”，这就是烈士们身上体现出的新华精神。它穿越时空、历久弥新，已经成为全体新华人的宝贵精神财富。

在1999年8月由新华出版社出版的《血染的丰碑——新华社烈士纪实》一书中，穆青同志题写书名，郭超人同志撰写序言，充分体现了对新华社先烈们的敬仰之情。“明镜所以照形，古事所以知今。”站在新的历史起点上，我们再次出版《新华社烈士传》一书，就是要通过学习社史、缅怀先烈，进一步弘扬新华精神，不忘初心、继续前进，以继往开来的担当意识和舍我其谁的责任意识，接过先辈们传下的接力棒，万众一心，拼搏进取，努力形成与党中央治国理政相适应的新闻品格和新闻力量，早日建成国际一流的新型世界性通讯社，为决胜全面小康、实现“两个一百年”奋斗目标、实现中华民族伟大复兴的中国梦作出新贡献，不负党中央重托，不负人民期待。

2016年10月

原版序言

郭超人

在20世纪30年代的第一个冬天，当漫漫的长夜笼罩着整个神州大地的时刻，从江西瑞金的崇山峻岭间发出了一条震惊世界的特大新闻——中国共产党领导的中华苏维埃共和国在国民党反动武装的重重包围中成立了。这宛如漆黑的夜空中突然升起了一道耀眼的朝霞，它标志着中国人民解放斗争的“星火”正在变成“燎原”的烈焰，中国革命即将跨入一个崭新的历史阶段。发布这条历史性新闻的是与中华苏维埃共和国同时诞生的红色中华通讯社，即今天的新华社。从此，新华社作为党中央直接领导的新闻机构，便成为中国革命事业的重要组成部分，在曲折的历史进程中屡经坎坷，饱受考验，为人民作出了应有贡献，也作出了巨大牺牲。

68年来，新华社的许多记者、编辑、行政管理和通讯技术人员与千千万万革命者一样，在硝烟弥漫的战场上，在血迹斑斑的监牢里，英勇地献出了自己的生命。但他们的同行，也与千千万万革命者一样，揩干净身上的血迹，掩埋好同志的遗体，又继续战斗了。这就是中国共产党领导的新华社这支队伍的历史缩影。本书所记述的，就是新华社历史上为人民献出生命的部分同志的事迹。

列在本书第一位的是红中社第一任负责人周以栗。他早在1924

年就加入了中国共产党。为了革命，他教过书，搞过农民运动，还参加过武装起义，在白色恐怖下从事过地下工作，在国民党反动派的监牢里遭受过严刑拷打而坚贞不屈，出狱后又参加红军部队。当中华苏维埃共和国宣布成立时，担任主席的毛泽东便指定周以栗组建了红中社。红中社利用从敌人手中缴获的无线电台，坚持每天向全国发布新闻，同时抄收外部的重要信息编印《参考消息》供领导人参阅，在极其困难的条件下积极发挥新闻工作的耳目喉舌作用。三年以后，在中国工农红军开始二万五千里长征的前夕，周以栗在转移途中遭受敌人袭击，在寡不敌众的激战中流尽了自己的最后一滴血。这是新华社为中国革命战争英勇捐躯的第一位烈士。

在烽火连天的抗日战争期间，新华社的记者和其他工作人员作为八路军、新四军队伍中的一个部分，活跃在抗敌斗争的第一线，用自己的血肉创建了可歌可泣的英雄业绩。新华社华北总分社经理部秘书主任黄君珏就是其中杰出的代表。1942 年 6 月，她在日本侵略军对我太行山区大肆进行“扫荡”中，与战友们一道进行了艰苦卓绝的反击。在弹尽援缓的情况下，她毅然冲出山洞纵身跳下悬岩而壮烈牺牲，年仅 30 岁。在解放战争年代，新华社女记者叶邦瑾不幸在一次战役中被国民党反动派俘获。她在敌人长时间的酷刑下保持着革命者的凛然正气，最后竟被残暴的刽子手剖胸挖心而死，为新中国的诞生坚持斗争到最后一息。新中国成立以后，为了抗美援朝、保家卫国，新华社记者与英雄的中国人民志愿军一道跨出国门，在朝鲜的三千里江山上挥洒着自己的血汗，他们中的郭普民、高健飞、刘鸣、周斯杰等同志的遗体至今还长眠在异国的山野，成为中朝人民伟大友谊的象征。1955 年，新华社记者沈建图在赴万隆参加亚非会议报道的途中，因乘坐的“克什米尔公主”号飞机遭国民党特务爆炸而魂断云天，这是在和平年代的采访中流血牺牲的第一位成绩卓著的新华社记者。在此之后，时间过去了44年，人们万万没有想到，新华社的一位优秀驻外记者又为党和人民的新闻工作在异国他乡献出了宝贵生命。这就是今年5月8日，在美国的罪恶炸弹袭击下不幸牺牲的邵云环烈士。

从周以栗到叶邦瑾，从沈建图到邵云环，无论在战争年代还是在和平建设时期，在六十多年岁月里，已有150多位新华社记者和工作人员为党和人民的新闻事业英勇捐躯，他们用自己的鲜血在中国现代新闻史上铸成了一座不朽的丰碑。

其实，无产阶级的新闻事业从登上历史舞台以来就是整个无产阶级革命事业的一个重要组成部分。从马克思创办《新莱茵报》到毛泽东主编《湘江评论》，无论中外，无产阶级革命家们总是从新闻舆论工作入手开始自己的革命生涯，他们在整个革命征程中首先要做的就是通过正确的新闻舆论工作来传播真理，唤起民众。因此，在革命的历史长河中，新闻工作就是革命工作，新闻记者就是革命战士。无产阶级的敌人对此也毫不含糊，他们不管你拿的是枪杆子还是笔杆子，只要是共产党人，是革命者，就“宁可错杀一千，也不放过一个”。在革命战争年代，革命战士从不把新闻工作当作一种单纯的职业，更不是一种谋求个人生存和发展的手段，而是为人民、为民族求解放的神圣革命途径，因而为革命的新闻工作甘愿献出自己的生命。我想，这就是《血染的丰碑》这本书给予我们的最为重要的启示，也是我国无产阶级新闻工作者最可宝贵的优良传统和精神财富。

现在，我们正处于一个和平建设的社会主义新时期。尽管当今的世界并不太平，邵云环等三位烈士的壮烈牺牲表明，今天的新闻工作仍然充满了艰辛和危险，党的新闻工作者是为了宣传真理、坚持正义，还必须准备付出血的代价。但是，世界总的趋势在走向缓和，除了少数发生战乱的地方以外，当前对新闻工作者更大的考验，是在和平环境下如何体现我们对党和人民事业的无比忠诚，如何在自己的新闻实践中坚持无产阶级党性原则。这一要求不仅不比为党和人民牺牲生命容易，有时甚至会更艰巨和更复杂。这是因为在建设有中国特色社会主义的进程中，我们面临许多前所未有的新课题。我们既要向世界开放，大胆引进西方的资金、技术和管理经验；又面临着西方敌对势力的“分化”和“西化”图谋——从政治上的颠覆到文化、艺术上的渗透。在国内，我们既要充分发挥社会主义市场经济体制对推进社会生产力的强大优势，又要防止市场经济法则对社会生活的消极影响。党的新闻工作者在反映极其复杂的客观世界时，不仅要有鲜明的无产阶级政治立场，更要有运用科学的世界观和方法论、特别是运用邓小平理论观察当代世界风云变幻的能力。如果说，在革命战争年代，单凭朴素的阶级感情和阶级仇恨也不可能成为一个优秀的革命战士的话，那么在今天，在新闻战线、在意识形态领域，仅靠这一点更是远远不够的，必须要像江泽民总书记所要求的那样，成为马克思主义的政治家。

要成为一个马克思主义的政治家，核心问题是世界观的问题。在这一点上，今天的新闻工作者与历史上那些为革命捐躯的烈士们面对的是同样的考验。烈士们留给我们的，不仅仅是他们充盈天地之间的豪迈的英雄气概，更重要的是他们为人民事业鞠躬尽瘁的无产阶级世界观。我想，烈士们树立的历史丰碑，不仅由于他们用自己的鲜血浸染而辉煌灿烂，更由于他们崇高的理想和信念而永世长存。

1999年7月9日

目　录

再版序言 ………………………………………………… 蔡名照（1）
原版序言 ………………………………………………… 郭超人（5）

新华英烈第一人
——记《红色中华》报首任主笔周以栗 …………… 郑德金（1）
他唱着《国际歌》走向刑场
——记红中社早期负责人瞿秋白……………………… 郑德金（14）
血洒沂蒙　壮烈殉国
——记新华社山东分社采编主任郁永言…………… 蔚建民（26）
电波声中谱人生
——记新华社山东分社电台台长叶丰川…………… 蔚建民（38）
华北抗战的向导
——记华北《新华日报》社长兼总编辑、
新华社华北总分社社长何云…………………… 卫元理（47）
太行碧血分外红
——记新华社华北总分社、华北《新华日报》
经理部秘书主任黄君珏………………………… 万京华（64）

花季少女一英烈
——记新华社华北总分社、华北《新华日报》译电员王健
………………………………………………………… 徐人仲（73）
全心服务的好后勤
——记新华社华北总分社、华北《新华日报》
总务科长韩秩吾………………………………… 徐人仲（77）
未敢忘却的怀念
——回忆太行新闻烈士董自托……………………… 董希真（83）
才华横溢的不朽新闻战士
——记新华社冀中分社副社长沈蔚……………… 万京华（88）
“马列传天下　世界要大同”
——记中共中央山东分局宣传部长、
新华社山东分社首任社长李竹如 …………… 卫元理（103）
塞上雄鹰
——记新华社晋察冀分社、《晋察冀日报》记者戴烨
……………………………………………………… 蔚建民（125）
他牺牲在抗日战场上
——记太岳报人魏奉璋 ……………………………… 董彩兰（137）
默默无私的奉献
——记《晋察冀日报》、新华社晋察冀分社电务科长解振兴
……………………………………………………… 郑德金（142）
不屈的红高粱
——记新华社晋察冀分社记者陈辉 ……………… 万京华（148）
“四八”英烈传千古
——记延安解放日报社社长兼新华社社长博古
………………………………………………… 郑德金　吴葆朴（163）

正义的呐喊
——记优秀的归侨记者仓夷 …………………… 郑德金（198）
刘胡兰式的女英雄
——记新华社苏中分社、《江海导报》记者叶邦瑾
…………………………………………………… 蔚建民（221）
平汉前线洒热血
——记新华社晋察冀总分社记者田雨 ………… 蔚建民（233）
热血青年战场洒热血
——记新华社苏中分社记者司徒惠 …………… 董彩兰（245）
血染的战地报道
——记新华社华东前线分社第四支社记者陈夏 … 蔚建民（251）
在烈火中永生
——记新华社盐阜分社特派记者、《盐阜大众》报副主编钱毅
…………………………………………………… 董彩兰（261）
通信技术的先驱
——记新华社东北总分社机务主任甘正 ……… 郑德金（283）
生命在激流中逝去
——记新华社华东前线分社第四支社副社长金革
…………………………………………………… 董彩兰（290）
战士心中的“大哥”
——记新华社华野前线分社第三支社记者宋大可
…………………………………………………… 郑德金（298）
生命之光
——记新华社刘邓大军野战分社副社长谢文耀 … 周倩萍（304）

高洁的白莲花
——记“生留战友死留自己”的新华社记者袁素
…………………………………………………… 董彩兰（323）
枪林弹雨中的摄影尖兵
——记新华社华野第13支社兼《进军报》摄影记者姜树堂
…………………………………………………… 姜庆肇（334）
他在黎明前倒下
——记新华社华北军区第20兵团分社记者萧逸
…………………………………………………… 卫元理（342）
血洒江南岸
——记新华社三野24支社记者陶迅、女译电员吕平
…………………………………………………… 万京华（368）
忠诚的新闻战士
——记新华社三野29支社记者戴陶
………………………… 夏威一　王　竞　丁　固（378）
金刚山下别战友
——记新华社志愿军总分社记者周斯杰 ………… 于云先（387）
卓越的对外英文广播事业组织者
——记“克什米尔公主”号事件中牺牲的沈建图烈士
…………………………………………………… 成　芳（392）
新华社海外事业的先驱
——记“克什米尔公主”号事件中牺牲的黄作梅烈士
…………………………………………………… 黄伟建（401）
用青春热血谱写正义篇章
——记“克什米尔公主”号事件中牺牲的李平烈士
…………………………………………………… 王宗宴（415）

永不消逝的七彩云环
——记新华社驻贝尔格莱德分社记者邵云环 …… 万京华（421）

新华社烈士名录…………………………………………………（435）
后　记……………………………………………………………（450）

新华英烈第一人

——记《红色中华》报首任主笔周以栗

郑德金

周以栗，男，湖南省长沙县（今望城县）人，1897 年 10 月 26 日生。他是我党早期革命活动家之一，曾协助毛泽东同志创办了中央农民运动讲习所。1931 年《红色中华》报创刊时被任命为首任主笔兼红中社负责人。他用自己的工作为红中社事业的发展奠定了一个良好的开端。他在红中社工作时间不长，后因身体有病停职休养。1934 年 11 月在转移过程中，被敌俘虏惨死于血泊中。

毛泽东亲自点将

1931 年 11 月 7 日，在中华大地上发生了一件举世瞩目的大事。这一天，中华苏维埃第一次全国代表大会在江西瑞金召开。大会期间，成立了中华苏维埃共和国临时中央政府，毛泽东同志当选为主席。

大会召开的当晚，新华社的前身——红色中华通讯社（简称红中社）成立。红中社最初的工作内容是：一、播发新闻。它最初播发的新闻就是关于中华苏维埃第一次全国代表大会召开的消息。二、编印供大会阅读的“参考消息”（日刊）。

不久，又创办了《红色中华》报。《红色中华》报是苏维埃中央政府的机关报。中华苏维埃共和国中央执行委员会任命内务人民委员周以栗为《红色中华》主笔。这时，红中社的工作任务又多了一项，办《红色中华》报。那时，社和报对内是一个机构，对外是两块牌子。这一体制，在我党的新闻史上一直沿袭了很长时间，直至全国解放，新华社各地的分社才与报社彻底分开。

曾参与《红色中华》报创刊工作的王观澜同志1981年在《红中社的创建》一文中回忆道：“毛泽东同志从开始就很关心红色中华社的工作，他很信任周以栗，通过周以栗来领导报社工作。”“《红色中华》最初的报头就是他（指周以栗——编者注）写的。”

1924年入党的共产党员

周以栗，字子慎，湖南省望城县今霞凝区桥驿镇人，1897年10月26日生，世代佃农。父亲周世昌，是一个沿门做工的皮鞋匠，母亲戴九姑则是一个靠纺织为生的农妇。

周以栗同志自幼聪明，记忆力特别好，旁人常夸称他过目不忘。因此，很得老师姜济寰、邹寿祠等的喜爱和资助，得以毕业于长沙县立师范第一班。毕业后，在长沙县立第一高小、长沙周南女校任课。后经徐特立、何叔衡等同志引荐，认识了毛泽东同志。经毛泽东等教育界人士推荐，他曾赴北京学习汉语拼音方法。回长沙后，著有《中国文学的出路》《国语拼音法》等书。他的标准普通话教学，深得师生喜爱。

1924年，周以栗在周南女校任教时，积极改革教学方法。因政见不同，曾与学校教务主任李树藩发生冲突。李树藩图谋报复，要解聘他。这时，适逢徐特立同志从法国勤工俭学回到了长沙，担任了长沙女子师范学校校长。徐特立同志聘请周以栗任教务主任，这时周以栗同志已加入中国共产党了。

1924年1月，孙中山领导的国民党在广州召开了第一次全国代表大会，改组了国民党，制订了联俄、联共、扶助农工的三大政策。中国共产党决定党员可以以个人名义加入国民党，帮助国民党进行改组，领导民众运动。这时候，各地国民党省党部相继成立。周以栗也就在这之后加入了国民党，并于1926年8月间的湖南省党部第二次代表大会上，当选为国民党湖南省党部执行委员，后来又兼任了青年部长，积极地在湖南开展民众运动和青年运动。

1926年6、7月间，湖南到广州参加中央政治讲习班的学生回湘。为了培养骨干，更好地开展工农运动，湖南著名的共产党人夏曦、何叔衡、周以栗又将这批学生集中起来，在衡阳办了一个短期训练班，介绍各县情况和工作方法。训练班办了半个月左右，周以栗同志作了几次报告。

在北伐战争的推动下，农民运动蓬勃发展，各地农民协会纷纷成立。为了培养农运骨干，加强党对农民运动的领导，1926年冬，毛泽东同志在主办广州第六届农民运动讲习所之后，积极筹建湘、鄂、赣三省农民运动讲习所的工作，并亲赴湘、鄂、赣三省党部提出这一倡议，得到了三省党部的响应和支持。为了加强具体的组织工作，毛泽东同志与湖南党组织商量，决定由周以栗组织湘鄂赣农民运动讲习所筹备处。1926年阴历12月中旬，周以栗离开湖南到了武昌。

1927年1月15日，周以栗参加了湖北省党部召开的第三届执行委员会第一次会议，和董必武等同志一道，讨论了创办三省农讲所、推荐筹备员等事宜。1月16日，三省农讲所筹备处宣告成立（后三省农民运动讲习所扩大为中央农民运动讲习所），办公地点设在湖北省农民协会内。

农讲所筹备处成立后，经费、校址、设备、学生、教员等均无着落，周以栗为此不辞辛苦地四处奔走，协助毛泽东同志为创建中央农民运动讲习所做了大量的具体工作。

3月1日，武昌中央农民运动讲习所正式开学了，邓演达、毛泽东、陈克文为常务委员，周以栗同志为教务主任。4月4日，农讲所师生召开了隆重的开学典礼，会上，周以栗同志详细地报告了中央农民运动讲习所的创办经过，要求学生“切实研究农民土地问题、农民政权问题，农民武装问题……认识种种农民问题”，号召大家“成为农民运动职业家”。学生来自全国17个省，共739人，其中以湘、鄂、赣最多，大多数是各省工农运动骨干及党团员骨干。所设课程29门，主要学习孙中山先生的民主主义理论、中国革命史略及常识，领导农民运动的理论和方法，还学习军事项目等。

为了统一领导，共同抵抗军阀的压迫及土匪的骚扰虏掠，1927年3月15日，河南武装农民自卫团体红枪会、黑枪会、绿枪会，在武昌农讲所召开了“河南全省武装农民代表大会”。会上，中央农民运动讲习所代表周以栗同志作了报告，他希望河南武装农民“应巩固自身组织，与革命工作……”

在农讲所工作期间，周以栗主要负责教务工作，但毛泽东同志因当时工作很忙，常不在农讲所。所以，实际上农讲所的日常工作多是周以栗同志负责。他很尊重毛泽东同志，常向毛泽东同志请示汇报，并协助毛泽东同志在师生中发展党的组织。毛泽东同志不在农讲所时，他代替毛泽东同志负责农讲所党的工作。

1927年7月15日，汪精卫在武汉发动了反革命政变，农讲所停办了。农讲所停办后，周以栗到了上海向党中央请示工作。根据党的指示，他化名“易云”，到河南省担任省委书记。

1927年12月，周以栗亲赴河南豫南特委检查指导工作。1928年元月赴确山县，2月到汝南县发动武装暴动，建立红色政权，巩固农村根据地，对河南的革命斗争作出具体布置。

1928年4月15日，由于组织被破坏，周以栗同志不幸被捕。被捕后，敌人残酷地折磨他，用烧红的烙铁烫他的背，烫他的全身，但他坚贞不屈，始终未暴露自己的身份。后经过组织上和同志们的多方营救，周以栗同志才被释放出狱。

1929年，在党的关怀和帮助下，周以栗同志冲破敌特包围，历经艰险，辗转来到了福建省汀州市福音医院傅连暲同志处治疗那已被敌人折磨得极度虚弱的身体。1930年8月，周以栗同志的身体稍微好转后，党派人把他接到了红军部队，让他担任中央长江局军委负责人、红一方面军总政治部主任。

当时，“左”倾盲动主义路线在我党占了统治地位，他们不顾当时敌强我弱的主客观条件，命令红军各部队去攻打南昌、长沙、九江等中心城市。毛泽东同志与“左”倾盲动主义路线进行了坚决的斗争和抵制。这时，党中央派周以栗同志作为中央代表到红军部队说服毛泽东同志攻打长沙。然而，他没有说服毛泽东同志，反而被毛泽东同志说服了。在毛泽东同志的帮助下，周以栗同志转变了立场，坚定地站到毛泽东正确路线这边来了。他协助毛泽东同志说服了彭德怀等同志，及时地抵制了“左”倾路线对红军部队的干扰，减少了一些不必要的牺牲。这对于毛泽东同志纠正“左”倾路线和制订粉碎国民党对苏区的第一次反革命“围剿”，确立“诱敌深入”的正确方针，起了积极的作用。毛泽东同志留吉安休息时，周以栗曾代理毛泽东任总前委书记职务。

1930 年 12 月，周以栗同志参加了第一次反“围剿”和活捉张辉瓒的战斗。1931 年 2 月，第二次反“围剿”后，周以栗担任了中共闽、赣边工作委员会书记。党的六届四中全会上，王明把持了党中央的领导，并派了代表团到中央苏区，成立了苏区中央局。在一次会议上，周以栗同志因为宣传了山上有个马克思主义，因而受到了围攻。在青塘会议讨论第二次反“围剿”的大争论中，周以栗同志站在毛泽东同志一边，和王明路线进行了面对面的斗争。

1931 年 4 月，周以栗同志经毛泽东等同志的提议，被增选为苏区中央局委员，参加了苏区中央局的工作。同年 6 月，又任中共闽赣边界工作委员会书记。他根据红军总前委和毛泽东同志的指示，在边界深入发动群众，开展土地革命，并积极为红军筹集款子，有力地支持了苏区的革命斗争。

红色中华社的奠基者

1930 年 12 月 30 日，中央革命根据地中国工农红军在第一次反“围剿”战斗中，于江西龙岗歼灭了国民党第十八师，活捉了敌师长张辉瓒。同时，缴获了半部电台（因为发报机、电动马达都被砸坏了，只剩下一部收报机、一个充电器和几个蓄电池，所以称之为半部电台），解放了 6 名报务人员，他们愿意为工农红军工作。1931 年 1 月 1 日，我军又缴获了国民党第五十师谭道源部的一部 15 瓦电台。这一部半电台，就成了新华社的前身红中社最初的物质基础。

1931 年 1 月 16 日，靠这一部半电台，中央红军无线电队在江西宁都县一个叫小布的地方成立。当时这个无线电队的任务之一，是抄收国民党中央社的电讯。

1931 年 11 月 7 日至 20 日，中华苏维埃第一次全国代表大会在江西瑞金召开。周以栗同志作为中央苏区的代表参加了大会，并作为会务主持人之一，被选为大会主席团常务主席。大会会场设在叶坪的一个祠堂内。红军无线电台就设在离会场仅相隔几十米的老乡家里。

根据苏区中央局的决定，新华社的前身——红色中华通讯社于 11 月 7 日宣告成立，并播发了第一批新闻，内容就是关于中华苏维埃第一次全国代表大会的消息和有关文件。

红中社对外播发新闻的呼号为 CSR（Chinese Soviet Radio——中华苏维埃无线电台的英文缩写，这个呼号一直被新华社沿用至 1956 年 9 月改用汉字模写广播新闻为止）。

红中社还通过无线电台，抄收国内外新闻，包括当时在南京召开的国民党大会上蒋介石所作的报告，编印成“参考消息”，供中华苏维埃第一次全国代表大会的代表阅读。这就是新华社《参考消息》的前身。

红中社是我党在根据地创建的第一个通讯社。成立始初，战争环境、物质条件极其艰苦，但红中社的采编人员斗志昂扬、忘我工作。红中社一方面负责搜集各种信息编印成“参考消息”，也叫“每日电讯”，油印后供中央机关负责人参阅。另一方面负责对外播发新闻。每天以红中社（CSR）的电头，用明码电报向全国发布几条新闻，内容有苏区建设消息、苏维埃政府的公告、声明等。最初，红中社的编辑人员只有两三个人，而且有的还担负着其他工作。如周以栗同志，他既是红中社的负责人，又是中华苏维埃政府内务人员委员（相当于内务部长），工作是很繁忙的。

1931 年 12 月 11 日，中华苏维埃共和国临时中央政府机关报《红色中华》报创刊。这时，红中社的主要任务又多了一项，就是负

一九三一年十二月十一日　紅色中華　第一版

中華蘇維埃共和國臨時中央政府機關報

紅色中華

創刊號

一九三一　節

本期一張

收報費銅元一枚

發刊詞

紅色中華是中華蘇維埃共和國臨時中央政府的機關報。

他的任務是要發揮中央政府對於中國蘇維埃運動的積極領導作用，達到建立鞏固而廣大的蘇維埃根據地，創造大規模的紅軍，組織大規模的革命戰爭，以推翻帝國主義國民黨的統治，使革命在一省或幾省首先勝利，以達到全國的勝利。因此他的工作：

第一，要組織廣大工農勞苦群衆積極參加蘇維埃政權，這不但要引導工農群衆對於自己的政權，盡了批評，監督，擁護的責任，還要能熱烈的參加蘇維埃的工作，了解蘇維埃國家的政策、法律、命令，及一切決議，能運用自己的政權，達到推翻反革命的階級，實現自己階級的利益與要求。

第二要指導各級蘇維埃的實際工作，糾正各級蘇維埃在工作中的缺點與錯誤，目前改造蘇維埃，特別是建立鄉蘇維埃，以及糾正過去土地革命及現時肅反工作的非階級路線，對於經濟政策的忽視與錯誤等都成為目前蘇維埃的急要工作，須要以自我批評的精神，檢閱工作的成功與缺點，找出正確的方法，指示各級蘇維埃有計劃有日程的進行工作，以建立堅固而有工作能力的蘇維埃政權。

第三要盡量揭破帝國主義國民黨軍閥及一切反動政治派別進攻革命欺騙工農的陰謀，與反動統治的內部崩潰，及一切政治內幕，介紹蘇區非蘇區紅軍鬥爭，工農革命運動的消息，使工農勞苦群衆，懂得國際國內的政治形勢，與必要採取的鬥爭的方法，而成為擁護蘇維埃的勇敢的戰士。

本報在初出版時期，印刷，及各項物質條件，都有不少困難，我們要在困難中來進行上列工作，要求閱讀本報的同志們，將他對於蘇維埃的意見與工作經驗多多寫來在本報發表，使本報成為蘇維埃運動的指針，大家努力吧！

紀念廣州暴動！

周以栗

日本帝國主義進攻中國的加緊

攻兵東省

砲轟天津

（一）繼續廣州暴動英勇鬥爭的精神

本刊　凡論文、新聞、調查、記錄、合乎本報宗旨

1931 年 12 月 11 日《红色中华》报创刊号

责《红色中华》报的出版。《红色中华》报在第一期的《发刊词》中说：

《红色中华》是中华苏维埃共和国临时中央政府的机关报。

他的任务是要发挥中央政府对于中国苏维埃运动的积极领导作用，达到建立巩固而广大的苏维埃根据地，创造大规模的红军，组织大规模的革命斗争，以推翻帝国主义国民党的统治，使革命在一省或几省首先胜利，以达到全国的胜利。目前他的工作：

第一要组织苏区广大工农劳苦群众积极参加苏维埃政权。这不但要引导工农群众对于自己的政权，尽了批评、监督、拥护的责任，还要能热烈的参加苏维埃政权的工作，了解苏维埃国家的政策、法律、命令及一切决议，能运用自己的政权，达到镇压反革命的阶级，实现自己阶级的利益与要求。

第二要指导各级苏维埃的实际工作，纠正各级苏维埃在工作中的缺点与错误，目前改造苏维埃，特别是建立乡苏维埃，以及纠正过去土地革命及现时肃反工作的非阶级路线，对于经济政策的忽视与错误等都成为目前建设苏维埃的急要工作，须要以自我批评的精神，检阅工作的成功与缺点，找出正确的方法，指示各级苏维埃有计划有日程地进行工作，以建立巩固而有工作能力的苏维埃政权。

第三要尽量揭破帝国主义、国民党军阀及一切反动政治派别进攻革命、欺骗工农的阴谋，与反动统治的内部冲突崩溃，及一切政治内幕，介绍苏区、非苏区的红军斗争，工农革命运动的消息，使工农劳苦群众，懂得国际、国内的政治形势，与必要采取的斗争方法，而成为扩大苏维埃运动的勇敢的战士。

本报在初出版时期，印刷及各项物质条件，都有不少困难。我们要在困难中来进行上列工作，要求阅读本报的同志们，将他对苏维埃的意见与工作经验，多多写来在本报发表，使本报成为苏维埃运动的指针，大家努力罢！

《红色中华》报创刊后，与红中社是一个组织机构。作为红中社负责人的周以栗，从《红色中华》报创刊之日起，就被中华苏维埃共和国中央执行委员会任命为《红色中华》报的主笔。当时任命的消息刊登在12月18日的第2期《红色中华》报第四版上。《红色中华》报最初的报头，也是周以栗同志写的。

《红色中华》报创刊之日适逢广州暴动四周年之际，周以栗同志在创刊号上发表了《纪念广州暴动》一文，热情阐述了广州暴动的伟大意义。他在文章中指出：

广州暴动打起了中国第一面苏维埃的旗帜，广州暴动虽然失败了，但他的苏维埃旗帜，已经号召起中国苏维埃的革命，广州暴动到现在不过四年，这四年来的局面，便大不相同了。

四年前广州暴动，树起一面中华苏维埃的红旗，四年后的今日，中华苏维埃共和国已经正式成立。

四年前的广暴时节，土地斗争刚起。现在苏区已在广东、广西、福建、湖南、湖北、安徽、河南发展起来，北方的绥远又新起苏区。

四年前广州暴动提出组织红军，四年后之今日，红军已经从斗争中锻炼自己成为苏维埃运动的主力。每一苏区，都建立了他的主力红军。

四年前广暴时节，世界资本主义局部稳定，世界革命潮流，正是低落，中国的国民党军阀正是背叛革命，很起劲的屠杀与压迫工农群众，中国革命受着大的失败。四年来的今日，世界资本主义已发生历史上未曾有过的恐慌，工人运动高涨，革命危机的先决条件，已在德国、波兰、西班牙等国逐渐成熟，特别是苏联社会主义的建设，得到伟大的成功。在中国全国苏区和红军战胜了国民党军阀一年来大规模的进攻，战胜了去年现在其势汹汹造成了反革命富田事变的AB团，打碎了社会民主党。现在更因为日本出兵满洲，反帝运动重新高涨，因为全国大水灾，灾民运动正在走向土地革命。国民党军阀的统治，就在这种革命势力的袭来，日本的出兵，与经济破产的前面，表现动摇崩溃，恐惶失措。

纪念广州暴动，一年都有一年不同。这种不同，是帝国主义的统治，从稳定走到动摇，到现在加速的崩溃，革命势力从失败经过复兴，到现在大踏步的开展。这种不同的事实，就说明历史的命运，注定了资本主义统治的必然末落与死亡，注定了苏维埃运动必然为发展与兴盛。这是那班右派以及托陈取消派所看不见的而故意要否认的，AB团社会民主党故意要遮蔽以欺骗群众的，谁不看清这种不同，他一定要恐惧现时残酷的斗争，看不出苏维埃运动的前途，而动摇而失败。

斗争越开展，今年纪念广州暴动就越加重我们的任务，帝国主义国民党因为进攻中央区失败，企图进攻湘赣、赣东北、鄂豫皖等苏区。这些苏区，就要充分动员群众，集中红军力量，活泼地运用战略，准备击溃敌人的进攻。他方面要积极动员一切革命势力，予以有力援助。

中央区在争取赣南，首先打通闽赣的联系，已经夺取会昌、雩都、安远、寻邬、石城、连城。消灭许多顽强的土围子，有了很大的成绩。可是好些事实告诉我们：新的区域尚不是巩固的，须要发动更深入的阶级斗争，这就首先要检查与彻底实行土地革命，清洗富农流氓出政权机关，从斗争中建立起贫农团、雇农工会等组织。新的区域还不是广阔的，要更加发展，在最近夺取二三十个县城，夺取几百万群众。在旧的区域要彻底执行明确的阶级路线，与充分群众工作，敌人决不会忘记进攻中央区。我们要加紧准备一切，准备更大的战胜敌人的进攻。

特别要在纪念广暴运动中，动员工农群众加入红军，组织大规模的红军，配合全国正在开展的反帝运动，灾民运动，来武装拥护苏区，反对帝国主义瓜分中国，迎接伟大的革命潮流。

1932年初，周以栗同志旧病复发，大量咯血，显露出生命的危险状。当时，在国民党的封锁之中，医疗条件极差，中华苏维埃政府中央执行委员会决定让他停职休养，《红色中华》报工作由王观澜同志接任。

周以栗同志作为《红色中华》报的第一任负责人，对红中社事业的创建和《红色中华》报的创刊作出了开创性的贡献。红中社发出的新闻，国内许多地方都能收到，如当时设在上海的中共临时中央、天津北方局和鄂豫皖、川陕、湘鄂西、湘鄂赣等革命根据地，以及苏联的莫斯科等地也都曾收到红中社播发的新闻电讯。在当时敌人严密封锁之下，红中社的新闻有如黑暗中的一道闪电，有力地传播了中国革命的消息，扩大了中国工农红军的影响。在中华苏维埃第一次全国代表大会期间，红中社还将抄到的蒋介石在国民党第四次代表大会上的报告全文，以及中央社发的其他消息，编印成参考材料发给代表们参阅。这是新华社历史上最早的《参考消息》，充分发挥了革命的耳目作用。在周以栗的领导下，《红色中华》报的头几期，有社论、要闻、专电、时评、红区建设、党的生活、工农通讯等，栏目丰富多彩，内容生动活泼，积极宣传了我党我军的正确主张，揭露帝国主义的侵略阴谋，反对国民党反动派积极打内战，不抵抗的投降路线，起到了党和人民喉舌的作用。所有这些，都成为我们党的新闻事业史上的宝贵遗产。

1934 年 10 月，中国工农红军开始了二万五千里长征。在被迫转移时，中央考虑到周以栗同志身患重病，不能随军行动，决定让他转到上海治病。11 月，陈毅同志派了一个班的部队护送他、陈正人与其他干部，从江西于都出发。一天夜里，正当他们休息时，突遭敌人包围。一个班的红军，有的牺牲，有的被打散，周以栗同志因病情过重，行走艰难，被敌人残杀于血泊中，牺牲时年仅 37 岁。

新华社早期的奠基者之一——周以栗同志，为了党的新闻事业，为了新华社的未来，奉献了他年轻的生命。他的英勇业绩，将永远鼓舞新华社的所有人员，继续奋勇向前，向前！

他唱着《国际歌》走向刑场

——记红中社早期负责人瞿秋白

郑德金

瞿秋白，男，江苏常州人，1899年1月29日生。1917年入北京俄文专修馆学习。1920年10月赴苏俄采访，最早向中国人民报道了苏俄的真实情况。1922年2月加入中国共产党。1923年1月回国，先后担任中共中央机关刊物《新青年》《前锋》主编和《向导》编辑。1925年参与领导五卅运动，并任中共第一张日报《热血日报》主编。1927年在党的“八七会议”上当选为中共中央书记。1931年1月被解除中共中央领导职务。1934年2月到中央苏区，任中华苏维埃中央政府教育人民委员兼红中社社长，主编《红色中华》报。瞿秋白是我党早期领导人之一，他在任红中社社长期间，克服种种困难，为红中社的发展作出了重要贡献。1935年6月，他唱着《国际歌》，牺牲在敌人的屠刀下。

1934年2月，中华苏维埃中央政府调中央执行委员会委员、教育人民委员瞿秋白同志兼任红中社社长，主编《红色中华》报。从1934年2月起至1935年2月24日被捕，瞿秋白同志在中央苏区新闻报刊工作岗位上战斗了一年时间，为红中社事业的发展壮大，呕心沥血，作出了不可磨灭的贡献。6月18日，他高唱着自己翻译的《国际歌》，壮烈牺牲在敌人的屠刀下。他以英勇的大无畏气概，在中国革命史上，同时，也在新华社的历史上，谱写了一曲可歌可泣的共产主义英雄壮歌，值得我们后人永远纪念，永远学习。

生平简历

瞿秋白于1899年1月29日生于江苏省常州市一个破落的书香门第家庭。父亲瞿世玮，能书善画，习黄老学，长期无业。母亲金衡玉，通晓史书，擅长诗词，在家操持家务。瞿秋白出生时，因其头顶有双旋（双顶），故父母给他起名阿双，学名就叫瞿双。秋白因爱傲霜而开的菊花，自己改名为“霜”，秋白是他以后离家走上社会后改的名字。秋白在家居长，下有五个弟弟，两个妹妹。因家贫，他中学未毕业。1917年，瞿秋白考入外交部俄文专修馆学习俄文，并自修法语、英语，同时还研究文学、哲学。

1919年5月4日，五四运动在北京爆发。瞿秋白被选为俄专学生领袖，组织和领导同学投入爱国反帝斗争。同年11月1日，他与瞿菊农、郑振铎、耿济之等创办了《新社会》旬刊，宣传反帝反封建的新思想，鼓吹社会改造。

1920年10月16日，瞿秋白应北京《晨报》和上海《时事新报》聘请，和俞颂华、李宗武以特派员身份，由北京启程赴十月革命后的苏维埃俄国进行考察。在苏联期间，瞿秋白对十月革命后的苏联社会进行了广泛的考察和研究，发回了大量的通信。同时，他还用日记体裁写下了《饿乡纪程》和《赤都心史》等著作，在国内出版。这些，使中国人民对苏联人民在布尔什维克党领导下所取得的成就，有了一个全面、正确、系统的认识。

1922 年 2 月，瞿秋白同志在苏联加入了中国共产党。1922 年 11 月，他作为中国共产党中央执行委员会委员长陈独秀的译员，参加了在莫斯科举行的共产国际第四次代表大会。会议结束后，他随同陈独秀回到了国内。

瞿秋白回国后，一直在党的理论宣传战线上工作，同时担任党中央的领导工作。他先后主编过中共中央机关刊物《新青年》《前锋》杂志，并参与编辑《向导》周刊。

瞿秋白翻译的《国际歌》发表于 1923 年 6 月 15 日《新青年》季刊第一期《共产国际号》专刊上。在他之前，中国已有三种《国际歌》的译文，但在表达原歌词的意义上，都不够正确。例如法文“国际”这个词，音节有八拍，而中文只有两个字、两个音节。按照意译，“国际”两字，很难在歌曲中用中文来确切表达。瞿秋白别具匠心，采用音译“英特纳雄耐尔”，解决了这个难题。这个唱法，一直沿用到今天。

1925 年 6 月 4 日，中国共产党主办的第一张日报《热血日报》出版，瞿秋白同志任主编。这是一张为了及时指导轰轰烈烈的反帝爱国的“五卅”运动而特别发行的日报。在瞿秋白同志领导下，《热血日报》把斗争锋芒指向反动当局和入侵的帝国主义国家，号召人民起来为民族自由，取消和废除不平等条约，释放被捕工人、学生而斗争。该报党性鲜明，战斗性强，再加上文字通俗易懂，出版后，受到了读者极大的欢迎，旬销量曾达三万多份。但不久，该报即被反动当局所封闭。

1927 年 8 月 7 日，瞿秋白同志以中共中央政治局常委的身份，在武汉主持召开了中央紧急会议，即“八七会议”。会议组成了以瞿秋白为首的新的中央临时政治局。同年10月24日，中央机关报《布尔什维克》出版，瞿秋白同志为编辑委员会主任。

1928年6月18日至7月11日，瞿秋白同志参加了在莫斯科召开的中共第六次全国代表大会，并被选为中央政治局委员。六大结束后，他留在莫斯科任中国共产党驻共产国际代表团团长。同年9月5日，又任共产国际政治书记处成员。

1929年6月初，瞿秋白同志在共产国际东方部讨论富农问题时，因不同意在中国完全仿效苏联消灭富农的政策，与共产国际东方部负责人米夫发生了意见分歧。同年秋，苏共发动清党运动，瞿秋白同志即被米夫、王明等人打成“机会主义和异己分子的庇护者”。

1930年7月下旬，瞿秋白同志离莫斯科回国。1931年1月7日，他被米夫、王明解除了中共中央政治局委员的职务。

瞿秋白同志被迫离开党中央的领导岗位后，把全副精力投入了革命的新文化运动方面。从1931年至1933年，他在上海与鲁迅先生等一起，参与和指导了左翼文化运动，率领和团结广大文化工作者，向反革命的文化“围剿”发起冲锋，从而促成了革命文学的繁荣。瞿秋白同志在这三年中，在严重的疾病折磨下，在反革命的白色恐怖威胁下，写下了许多锋利的杂感，翻译了大量外国革命文艺作品和论著，创作了一些新诗歌和曲艺，并且对中国文字改革问题作了积极的探索。这一时期，共同的理想，一致的奋斗目标，使瞿秋白同志与鲁迅先生结下了深厚的革命友谊。瞿秋白曾多次到鲁迅家中避难，并应鲁迅先生之邀，翻译了一些马克思主义的文艺论著和苏联伟大作家高尔基的作品。鲁迅先生也高度评价了瞿秋白同志的功绩，并在瞿秋白同志牺牲后抱病把瞿秋白同志的文艺论著编印成《海上述林》出版。

对《红色中华》报的研究

瞿秋白同志在上海时，虽然他的精力全部放在党的文化工作方面，但仍时时关心着党的宣传工作。这一时期，他仔细阅读了通过秘密交通送到上海、在江西瑞金出版的中华苏维埃临时中央政府机关报《红色中华》报，并于1933年8月7日，在上海地下党刊《斗争》第50期上发表了《关于〈红色中华〉报的意见》一文。文章对党的报刊新闻工作的方针和方法，提出了指导性意见。他指出：

《红色中华》报的确能够反映中央苏区的各方面的生活，并且产生政治上的领导作用。这里，我们看见苏维埃政府和民众之间的联系日益密切起来（虽然还是非常不够），我们看见工业群众的热烈斗争的各种运动，看见土地分配问题，司法和肃反问题，经济政策问题，反富农和反投机商的斗争的开展和种种进步。最主要的是：《红色中华》一般的说来，的确是一个斗争的机关报。在赞助红军和革命战争的发展方面，这个报虽然还不能够充分的执行自己的任务，然而总路线是没有错误的。这里，我们只说一说《红色中华》的几点缺点：

第一，《红色中华》在最后二十几期已经声明改组为苏维埃临时中央政府、苏区党的中央局和全国总工会的中央局的联合机关报，但是，报上所反映的党部在一切政策和群众之中的领导作用是非常之模糊的。“党的建设”——各级党部的情形，各级党部在苏维埃地方政府之中的作用，各级党部的发展，各级党部的优点和错误等等，必须反映在这个报纸上。照现在的几期看来，都只有“苏维埃建设”，而没有“党的建设”。同样，工会的作用更看不见。

第二，“自我批评”在这报上也已经有相当的发展，但是，还不够。而且有这样一个缺点：就是一些坏的现象倒是具体的指出来的（这当然很好），而群众的积极性，各种伟大的运动，总之，苏区一般的社会改革，从政治经济的大问题直到种种人情风俗、日常生活上的问题，却只有笼统的叙述。往往可以读到这样的通信，说某某乡、区春耕运动“胜利了”，“田野都是一片绿色”，而没有具体的描写，没有“有名有姓的”叙述。这是应当改正的。关于优点和胜利的记载要更具体些。再则“铁锤”栏暴露一切坏现象和缺点的时候，往往不提起党的纠正政策，例如读到“乡苏维埃主席剥削民众”的标题之后，找不到当地党部对于这个主席怎样处置的消息。

第三，消息的编辑方面也有很大的缺点。这报虽然还只是三日刊，而照性质说，应当担任日报的任务。因此，必须使当前最主要的事实和运动（不论是战线上的新闻，还是春耕或秋耕运动的进展，或是退还公债的运动等等），都有明晰的叙述，一期一期的继续下去，给读者以极清楚明了的概念，使他们认识革命的各种战线上的具体情形。而现在的《红色中华》报，却偏重于鼓动性的报告胜利的标题（这当然也是必要的）。自然，在军事方面，尤其是军事方面，有些消息是应当秘密的，但是，这不过为着作战的利益。同样为着作战的利益，应当使红军和工农群众每天明瞭战斗的总阵势——军事方面是这样（常登载地图等），其他方面也是这样，所以我们以为消息和新闻的编辑方法是应当改良的。

第四，社论和一般论文的指导作用，还应当加强，反对命令主义的倾向。《红色中华》报上对于有些问题的解决，往往是机械的，至少，说服性质太缺乏些。例如对于婚姻问题，对于红军士兵和家属通信的问题，以上的答复就太机械，不能够针对着群众之中一些人的怀疑，而作有力的解释。再则，我想对于好些新的问题：例如帮助本籍红军士兵家属耕田的问题，调动耕田队耕种红军公田的问题，扩大红军的问题……还需要时常有指导性的解释论文。单是指出某某地方用强迫手段的错误是不够的，还要指导各级政府和党部怎样去解释，这就是说用这中央机关报的名义直接对一般民众说明某种政策的意义和具体的办法，这样可以大大的帮助简单的法令，可以领导民众反对官僚主义的恶习。

第五，我们以为工农兵通信运动对于这中央机关报以及一切军营、城市、作坊的小报，可以有很大的帮助，可以使苏维埃的新闻事业发展到更高的一个阶段。第一是特约通信(现在已经有一点，然而看来是偶然的外来的投稿，不是《红色中华》自己去组织的)，这可以用报馆特派记者到各个重要战线，各个重要的区域，但是这还不是工农兵通信运动的本身。第二是要组织每个地方，每个战线的工农兵通信协会，帮助能够开始写些通信（关于当地的事实和批评的通信）的士兵、贫农、工人组织起来，有系统的“发稿”给各种小报、壁报，而《红色中华》报可以利用这些稿子，加以编纂而使得自己的新闻栏更加丰富起来。

第六，除《红色中华》之外，还应当由中央局出版一种《工农报》（像联共中央的《工人报》和《贫农报》），就是真正通俗的、可以普及到能够勉强读得懂最浅近文字的读者群众的。这在苏区，尤其是中央区，现在特别需要，而且也许是可能的了。

这些意见，对《红色中华》报当时存在的一些问题，提得非常中肯，非常及时。可以说，这不仅是瞿秋白对党的宣传工作的有益总结，也是对红中社工作的有益总结。

领导红中社

1933年冬，瞿秋白同志在上海得到中央通知，调他去中央苏区。次年1月初，他与鲁迅、茅盾等告别后，离上海经长途跋涉，于2月初到达中央苏区的首府——江西瑞金。在中华苏维埃第二次全国代表大会上，他再次被选为中华苏维埃中央执行委员会委员（在1931年中华苏维埃第一次全国代表大会上，瞿秋白曾被选为中央执行委员会委员、教育人民委员。当时，他因种种原因，留在上海，未到苏区）。同时，他还被任命为红中社社长，主编《红色中华》报。

瞿秋白走上革命道路是从办刊物当记者开始的。他在长期的新闻事业工作中，积累了丰富的经验，加之他才华横溢、敏捷过人，他的到来，使红中社的工作面貌为之一新。当时，正值国民党发动对苏区红军的第五次“围剿”，反“围剿”便成了这一时期苏区一切工作的重心。瞿秋白同志来到红中社后，要求红中社这一时期的报道，要围绕这个重心进行宣传。同时，在组稿和版面安排上，也进行了一系列的改进：减少了苏区以外的国际国内时事的报道，增加了苏区内部重要活动的报道；减少了来自上层活动的报道，增多了下层群众为保卫苏维埃红色政权，粉碎敌人的第五次“围剿”战争而举行的活动的报道，如扩红运动、游击战争等；减少了对中央各部发布的法令、条例的报道，增多了由红中社出面发出的号召，如节约粮食、认购公债、捐献被子、优待红军家属，甚至熬制硝盐等。还时常在报纸的醒目位置上刊登一些木刻的大字标语和口号，鼓舞苏区军民武装保卫苏维埃、粉碎敌人“围剿”的斗志。

这时候，瞿秋白作为红中社社长，每天都要为红中社写稿审稿，忙到深夜。同时，他又是苏区教育人民委员，要集中大量的精力抓苏区的教育工作。他看到苏区人民的文化教育水平很低，便建议必须加强苏区的教育建设，尽可能普及小学教育，加强中等教育，发展师范教育，同时也要注意成年教育，要开展扫盲工作。他提出的教育方针和教学大纲以及在他主持下编写的教科书，是适合苏区的实际情况的，并得到中央工农政府教育委员会的批准，在苏区范围内积极予以推行。他还和徐特立一起举办训练班、学习班，并亲自编写通俗课本。在他的主持下，在苏区办了几所师范学校和列宁小学，为培养师资，普及小学教育作了准备和示范。

在中央苏区，瞿秋白继续提倡文艺大众化，认为文艺必须为工农大众和革命战士服务。他把苏区创办的第一所戏剧学校命名为高尔基戏剧学校，指出：“高尔基的文艺是大众的文艺，应该是我们学校的方向。”他还提议在学校附设剧团，到火线去，到农村去，巡回演出，进行宣传鼓动。他说：“闭门造车是绝不能造出大众化的文艺来的。”他还鼓励大家搜集民歌来填词，并说：“通俗的歌词对群众教育作用很大，没有人写谱就照民歌典谱填词。好听，好唱，群众熟悉，马上能流传。比有些创作的曲子还好些。”他不仅鼓励其他人创作民歌小曲，自己也写了《送郎参军》《红军打胜仗》《消灭白狗子》等小调歌词，有的就发表在《红色中华》报上。

在苏区，瞿秋白还担任苏维埃大学校长等其他职务。当时，苏区的各中央机关都住得很分散，一般都相距一二十里路。为了便于工作，节省时间，原本身体就很瘦弱的瞿秋白同志，硬是学会了骑马。他每天骑着一匹黑马，往来奔跑于几个单位之间，以高度的革命责任感，负责着几个不同方面的工作。举红中社为例，在瞿秋白同志的辛勤努力下，《红色中华》报这时加快了出版周期，开始由三日刊改为双日刊（每星期二、四、六出版）。每期都是四开四版，有时也出四开六版或八版。发行数量最多时曾经达到过四万份。

瞿秋白为了使《红色中华》报办得更加生气勃勃，更有战斗力，还与编辑们一起共同努力，不定时地增出了党的生活版、苏维埃建设版、文艺综合版等，丰富了《红色中华》报的报道内容。瞿秋白同志还亲自动笔，为《红色中华》撰写社论和文章。1934 年 3 月 29 日，他在报上发表短论：《节省每一粒谷子来帮助战争》（笔名维嘉）；4 月 30 日，发表社论：《努力开展我们的春耕运动》（笔名维嘉）；6 月 23 日、26 日、28 日、30 日、7 月 7 日，又以“维嘉”为名发表连载文章：《中国能否抗日？》。

他的文章，党性原则强，文笔通俗易懂，既有很强的针对性，又有很强的指导性。如他写的《节省每一粒谷子来帮助战争》《努力开展我们的春耕运动》等文，强调为了粉碎敌人的“围剿”和经济封锁，必须努力春耕生产和节省粮食，开展生产节约运动，来帮助红军，争取战争的胜利，“从胜利中来争取自己阶级的彻底解放”。在《中国能否抗战？》的长文中，他引用大量材料来分析中、日双方的军事、经济和人民组织程度等条件，揭露国民党散布的“中国无力抗日”的谬论，指出国民党拥有“百余万使用现代武器的军队”，并且，“还在继续训练法西斯军队”，“但是没有派遣一兵一弹去抵抗日本帝国主义的进攻”，反而“把华北的数十万军队”调到南方去进攻主张抗日的“苏维埃红军”，这是国民党“无耻的卖国辱国勾当”。他分析了日本的武装力量，依据唯物论的观点指出了在战争中人和武器的关系，并断言说："虽然日本帝国主义军队有着精良的器械，但是战争的胜败不完全决定于器械，而决定于使用器械的人。"从而批驳了国民党的唯武器论。他综观中、日双方的各种情况，强调指出："无论从哪一方面去考察，我们有着抗日的力量"，"我们有力抗日。"他号召："中国的工人和农民们，必须抗日，必须开展民族革命战争，以争取自己的生存。中国所有的工农士兵群众，所有的武器，如果都用来抵抗日本帝国主义，那是一定能够取得胜利的。"

瞿秋白同志在《关于〈红色中华〉报的意见》一文中，曾提出过"开展工农兵通讯员运动"的设想。他在兼任红中社社长后即将这一设想付诸实现。在他主持期间，红中社成立了通讯部，拟订了开展工农通讯员工作的计划，规定了帮助和培养通讯员的一套办法。在他的领导下，红中社工农兵通讯员队伍不断扩大，人数由初创时的200多人迅速发展到了近千人。同时，对那些常给《红色中华》报写稿的同志，瞿秋白同志都给予他们热情的鼓励。红军长征后，教育部有一位同志奉命下乡参加扩红和征粮工作，当他与瞿秋白告别时，瞿秋白同志还谆谆嘱咐他："下去后，再忙也要天天写汇报，经常给《红色中华》写稿。"

在瞿秋白同志兼任红中社社长的这段时间里，《红色中华》报在宣传党的方针政策，交流红区各地工作经验，鼓舞苏区人民斗志方面，起到了积极的作用。但是，我们也应看到，由于当时王明"左"倾路线在党中央占统治地位，他的新闻观点和正确主张无法得到很好的贯彻。作为苏维埃中央政府机关报的《红色中华》，也不可避免地在报纸上宣传了一些"左"的错误主张，如过"左"的政治口号，过"左"的党内斗争和肃反扩大化，过"左"的土地政策、工商业政策等等，给党的事业造成了损失。这是由当时的历史条件所决定的。

战斗到最后一息

1934 年 10 月，中央苏区红军开始了举世闻名的二万五千里长征。瞿秋白同志因病留在苏区，担任苏区中央分局宣传部长，继续主编《红色中华》报。为了保守红军撤离苏区的秘密，《红色中华》报仍以中共中央政府机关报的面目出现，一切照旧：社址不变，印刷厂不变，版式不变。不过，报纸改署苏维埃中央政府办事处编印。报纸内容仍以报道战争通讯为主，刊载军事电台收到的各苏区捷报，但不提红军的行动情况。瞿秋白搬到报社来住宿，与其他两位编辑韩进和袁血卒，一起承担报纸的编务工作。瞿秋白带病和其他同志一起坚持报纸的正常出版，每周出二三期。由于他们的出色工作，在一段时间里，敌人一直把中央分局和中央政府办事处机关，当成是我党中央和中央政府机关。

1935 年 1 月，形势越来越危急，为保存有生力量，中央分局决定突围。瞿秋白同志与其他同志一起，坚持编完最后一期《红色中华》报，把党的宣传旗帜一直高举到最后关头，然后随中央分局一起向福建方向转移。

1935 年 2 月 24 日，瞿秋白同志在转移过程中，行军至福建省长汀县濯田区水口镇小迳村牛庄岭附近时，被国民党军俘获。在狱中，他与敌人展开了机智的斗争，化名林祺祥，假称是“医生”，后因叛徒的出卖，敌人才得以知道他的真实身份。同年 6 月 18 日，瞿秋白同志高唱着《国际歌》，在福建省长汀西门外从容就义，年仅 36 岁。

瞿秋白同志的一生是短暂的，但他对中国革命的贡献，对我国无产阶级新闻事业的贡献，是永远不可磨灭的。

血洒沂蒙　壮烈殉国

——记新华社山东分社采编主任郁永言

蔚建民

郁永言，男，江苏省南通县人，1907年7月出生。1923年考入江苏省南通县第一师范学校，1927年转入江苏省立南通中学学习。1928年考入南京中央大学经济系学习，不久，加入了中国共产党。1938年夏，进延安抗日军政大学学习。1939年9月调山东《大众日报》社工作，历任助理编辑、国际时事版主编、通讯部主任、新华社山东分社采编主任等职。1941年11月，日寇调集5万兵力对我沂蒙山区进行大“扫荡”，郁永言率领的战时第一新闻小组随中共山东分局活动，坚持抄收延安新华社电讯，并向总社播发山东抗战新闻，同时出版油印《大众电讯》。11月30日，他在随中共山东分局一起活动时，遭敌袭击，壮烈牺牲。

在革命老区山东省沂蒙山区郁郁葱葱、柏翠松苍的大青山上，长眠着一位我党早期杰出的新闻战士、新华社山东分社初创时期的采编主任、山东大众日报社通讯部部长郁永言烈士。

1941年严冬，侵华日军调集5万兵力，大举向我沂蒙山根据地进行空前规模的残酷大“扫荡”。11月29日夜，天沉沉，夜茫茫，天气格外寒冷，郁永言率领的战时新闻小组，随山东分局机关向大青山西南转移。30日拂晓，这支分局机关人员的队伍，突遭敌人包围，经浴血奋战，除首尾队伍的同志突围外，有30余人壮烈牺牲。郁永言率领的新闻小组被冲散，新华社山东分社10余人壮烈牺牲，郁永言是其中之一。

崇拜马列　投身革命

郁永言，字禹昌、云燕，1907年7月21日出生在江苏省南通县三乐乡（今通州市正场镇）一个富裕农民的家庭。父亲郁志仁是晚清秀才，在自己创办的小学校任校长，1939年病故。郁永言从9岁开始在南通县场镇第二初等小学和城北高等小学读书。1923年考入江苏省南通县师范学校，1927年转入江苏省立南通中学。郁永言的中学时代，正是中国反帝反封建反军阀的革命高潮之时，南通已经有了中共地下党组织，地下党员在几个中学中传播革命火种，接触进步青年，郁永言较早地接受了革命教育，阅读到了党的宣传品和进步书籍，并开始攻读马列著作，初步知道了“全世界无产阶级联合起来”的道理，开始追求共产主义理想，从事革命活动。他非常崇敬马克思，自画马克思半身炭画像，并珍藏在自己的皮箱里。寒暑假期间，在家终日埋头读书。他的兴趣非常广泛，喜欢临摹碑帖、练功习武，还喜欢吹笙箫、弹七弦琴和三弦。

1928年，郁永言考入南京中央大学经济系。南京是国民党反动派统治的中心，郁永言入校后就主动寻找中共地下党组织，与党取得了联系。不久经中央大学地下党支部书记黄祥宾介绍，郁永言加入了中国共产党。从此，他将自己的一生交给了党。和支部的同志们一起参加自由大同盟，援助工厂罢工，秘密集资购置油印工具，刻印革命传单，夜间散发到国民党士兵的操场和市民住宅区。他曾用云燕的笔名，在《新京日报》的《前哨》周刊发表有战斗性的文章。他还在《中大月刊》上发表《论普罗文学》的文章，宣传无产阶级的文学观点。

1931年，郁永言担任了中央大学地下党支部委员，与当时的党支部书记李竹如等一起，积极宣传党的主张和抗日思想。“九一八”事变后，领导中央大学学生开展抗日救亡运动，出壁报、墙报，募捐支援东北抗日义勇军，举行盛大的抗日游行示威。为了革命的需要，他更加如饥似渴地学习马列主义理论。他数年如一日，每天都要到图书馆去借《资本论》原版本专心攻读，以致图书馆的工作人员一看到他来，不等他开口，就把《资本论》递给他，他对唯物辩证法是很有研究的。为了更有利地开展革命工作，他曾在国民政府监察院长于右任家当家庭教师，以此掩护革命活动。

1932年夏，南京中央大学地下党组织遭敌破坏，两位同志被杀害。当时正是暑期放假，郁永言等3位党员同学已回到家乡，才得以幸免。但学校以此为由，不许这几位共产党员学生再在校学习。后经何浩若教授疏通，郁永言等几位共产党员学生才得以复学，并坚持学完学业，于1933年夏毕业。

郁永言中央大学毕业后，回到家乡南通，在南通女子师范学校任教。在“爱国有罪，抗日杀头”的白色恐怖下，郁永言没有被吓倒，他把课堂当作宣传抗日的阵地，通过讲近代史和现代史课，讲帝国主义的入侵，讲中华民族的生死存亡，启发同学们关心国家大事，民族安危，激励大家要抗日，要救亡。他还特别注意在进步同学中进行革命启蒙教育，拿出自己珍藏的革命进步书刊，如《大众哲学》《政治经济学》等，让同学们传阅。学校夜自修时间，同学们经常来到他的宿舍，听他讲革命道理，讲社会发展规律，讲苏联革命故事，解释哲学和政治经济学中的疑难问题。郁永言就是这样一点一滴地向同学们灌输革命思想。进步的同学们亲切而尊敬地称他是“小郁先生”，在他的启蒙教育和影响下，女子师范学校的一批同学，不仅较早地投身于抗日救亡运动，而且也较早地参加了革命工作，参加了中国共产党，有的还为抗日战争献出了宝贵的生命。

1935 年震惊全国的北平“一二・九”学生爱国运动，在南通学生中也引起波澜。12 月 23 日，南通市 2000 多名学生走上街头，高呼口号，声援北平学生的爱国运动。在游行的队伍中，就有郁永言率领的女师学生。游行后郁永言又连夜找女师进步同学，研究发动同学到南京请愿的计划。在郁永言的亲自筹划下，同学们在黎明前骗开学校大门，冲破学校的封锁、阻拦，在寒风冷雨中，跑步奔向天生港码头，与南通其他学校的同学汇合，准备乘船到南京请愿。就在同学们等船的时候，女师校长和南通教育局长闻讯赶来阻止。请愿的同学们回答他们的是阵阵高歌：“同学们，大家起来，担负起天下的兴亡……”学生们这一抗日行动，吓坏了当地的国民党政府，急派军警镇压，控制了去南京的船只。同学们在风雨中忍饥挨饿坚持斗争了整整一夜，才结束这次行动。

此后，校方在通往郁永言宿舍的路上，架起铁门。同学们要找郁永言，必须先经过校长办公室，才能到郁永言宿舍。校方还一再告诫学生说：“郁永言是共产党，你们少往他那儿跑。”即使这样，也阻挡不了同学们与郁永言的联系。为此，1936 年夏，在反动当局的授意下，受同学们拥戴的“小郁先生”，被女师解聘，郁永言被迫离开了学校。

为谋职业，为寻找党组织，郁永言离开了他热心培育的学生，远离了可爱的家乡和自己的亲人，孤单一人奔赴四川成都。在那里，他找到了一份工作，任四川省煤气公司总务主任，奔波于重庆、武汉、长沙等地，并以其身份作掩护，继续进行地下革命活动。在艰辛的工作奔波中，他依然不忘与南通女师一些同学的书信联系，向她们介绍进步书籍，鼓励她们参加革命，参加抗日救亡活动。至今有的同学还记得郁永言寄信给她们，一位同学清楚地记得郁永言寄给她的一本书是《毛泽东少年时代》。

这时的郁永言，更是苦苦地寻找着党组织，他曾经与在上海的同学联系，要去上海找党，参加革命。后来经过种种曲折，他终于找到了党组织，投身于党的怀抱中。“七七”事变后，他随抗日救亡的革命洪流，从成都辗转来到了陕北革命根据地。在这里，郁永言开始了他真正的人生道路，他要为之奋斗终身的道路。

1938 年夏，郁永言进入延安抗日军政大学学习。“抗大”崭新的学习生活，更加充实了郁永言的知识和体魄。经过一年的学习和锻炼，他迅速成为我党高层次的知识分子干部。1939 年夏，郁永言离开了培养、教导他的延安，被分配到华北太行山区抗日根据地工作。郁永言来到山西晋东南抗日根据地没多久，就随徐向前司令员和朱瑞政委率领的八路军第一纵队，经过长途跋涉，冲破敌人的重重封锁，来到山东沂蒙山区，开辟山东抗日根据地。与郁永言同行的还有当年中央大学地下党支部书记李竹如，这一抗日救亡的战友和校友，他们又战斗、工作在一起了。

宣传抗战　身先士卒

郁永言来到山东后，给大家留下一个深刻的印象是：一副白银镜架的高度近视眼镜，架在瘦削的鼻梁上；高高的个头，一副瘦弱的骨架支撑着；饱经风霜的面孔，总是那么严肃；不喜欢多言的个性，总是默默地埋头工作。一纵队来到山东蒙阴县坡里村后，郁永言被分配到纵队政治部工作。开始分配他刻蜡版出油印电讯《参考资料》，供领导及时了解国内外形势。让一名堂堂的南京中央大学经济学毕业的大学生搞刻蜡版和油印工作，不合适吧！可郁永言不这么想，他认为：只要是革命工作就应该做，而且应该做好。不会做，就学着做。为了把刻蜡版和油印工作做好，他总是谦虚地向别人学习、请教。经他刻写和油印的《参考资料》，字迹工整、清楚，得到了大家的一致称赞。同年 9 月，郁永言离开纵队政治部，调大众日报社编辑室做助理编辑，负责编排三版时事新闻，同时还要负责由《参考资料》改为《大众电讯》的编印工作。面对新任务和繁重的工作，郁永言二话没说，默默承担起了党交给的新工作。他编起稿来，总是一字一句仔细推敲，坐在那编呀，写呀，一干就是好几个小时，经常工作到深夜。北方的严冬是十分寒冷的，从江南水乡来到蒙山山寨的他，脚被冻坏了，身体更瘦弱了，但他从不吭声，更不叫苦，他对工作的极其认真负责和一丝不苟的工作精神依然不变。行军转移，他总是拐着冻伤的脚，背着沉重的背包和油印工具，忍着疼痛，紧跟着大家一起长途行军，决不掉队。同志们要帮助他，他从来都不肯，他把这些看作锻炼自己的机会。

郁永言进步很快，不久由助理编辑升为编辑，后又任《大众日报》国际时事版主编。随着我党抗日根据地新闻事业的发展，报社为加强通讯报道，特将电务室改为通讯室，调郁永言任室主任。通讯室的任务是：继续按时抄收电讯，出版《大众电讯》和为报纸提供电讯稿。此外增加采访报道任务，对外称“大众通讯社”。在新的领导岗位上，郁永言充分发挥自己的优势，千方百计让《大众电讯》出版得更快些，更好些；有时他还走出“通讯室”，翻山越岭去参加各种会议的采访，边听边记，插空还要编稿、写稿。晚上返回驻地后，在菜油灯下戴着高度近视眼镜处理稿件。1940年11月下旬，日寇连续进犯我根据地，我军奋勇反击。郁永言亲自组织了报道，从28日起《大众日报》连续发表了《用胜利粉碎敌寇投降派　八路军攻克武安——毙敌300余名俘伪军40缴轻重机枪6挺步枪百余支》《敌武安惨败再犯岳家村　蒙山军民加紧反“扫荡”》《加紧反“扫荡”反投降　费北民众大破路》《收复武安的血战》《小下桥战斗》《武安战斗的胜利》《光荣牺牲的晏永友同志》等7篇通讯。此外还组织报道了《鲁南革命老人孔照同司令病逝》《八路军一一五师痛创暴敌保卫天保山》《八路军百团大战辉煌总结》等。类似这样突击性的报道，郁永言组织过多次，每次都比较充分地报道了我抗日军民的战绩和抗战热情。

1941年1月4日，震惊中外的“皖南事变”发生后，郁永言义愤填膺，怀着无比愤慨的心情编发了《全国人民捶胸顿足义愤填膺》《内战挑拨者蓄意破坏抗战　新四军惨遭伏击》《为顾全团结统战奉命北移　光明磊落忠心照日月》《诱歼阻击仁义道德何在？国法军纪何在？朱彭叶项通电全国沉痛呼吁》《举国沸腾人神共愤当政者制造大惨案》《为江南新四军惨遭围歼中共中央发表重要谈话》《一切爱国志士团结起来制裁反共亲日投降派》《全国抗战军民急起力争实现九项要求》等一批报道。在艰苦的抗战年代办报，无论是日常报道，还是突发性报道，郁永言总是全身心地投入，甚至不顾及自己瘦弱的身体。敌人残酷的“扫荡”，加之严重的干旱，根据地严重缺粮，吃的是地瓜面（白薯）和糁子面，从南方来的郁永言，本来胃就不好，吃了地瓜面就闹胃病，夜间吐酸水，可他总是默默地忍着，从来不会要组织的照顾。环境的艰苦和生活的不适应，没有动摇郁永言的革命意志，他依然和报社的沂蒙人一样战斗和生活。

1941年6月，为进一步加强新闻报道，将通讯室改为通讯部，郁永言任通讯部部长。原来对外称“大众通讯社”，从此改为“新华社山东分社”。6月28日“大众日报”上刊登的新闻，首次用了“新华社山东分社”的电头，并开始向延安新华总社和华北新华社，以及胶东、清河、鲁南等地报纸发稿，呼号CSR8。山东分社同时也开始抄收新华社延安总社的广播。

新华社山东分社是在大众日报社的大众通讯社的基础上，于1941年6月诞生的，首任社长是山东分局宣传部长兼大众日报社社长的李竹如兼任，郁永言任分社采编主任兼大众日报通讯部部长。山东分社始终与大众日报在一起，分社就是报社的通讯部，分社、报社是一家。担任了分社采编主任的郁永言，肩上的担子更重了，他更加夜以继日地工作着，对自己的要求更加严格了。行军、转移，每到宿营地，就忙着采访、编报、发稿。在险恶艰苦的反“扫荡”岁月里，行军打仗搞新闻，根本谈不上工作条件，更谈不上生活保障，连生命都准备随时献出。但就是在这样残酷的环境中，为了纪念新闻工作者自己的节日，“九一”记者节，郁永言撰写了新闻理论佳作《转变新闻作风》。文章就当时我党新闻工作中存在的作风和文风问题，作了比较全面而深刻的剖析，同时指出无产阶级的新闻工作者应该有怎样的作风和文风。时间虽过去了半个多世纪，但文中提到的新闻作风和文风问题，今天读来仍不失其光彩，仍可从中获得诸多教益和启迪。郁永言在文章中提出的新闻作风和文风问题，在今天我们的新闻工作者中依然存在，有些问题还有所滋长。他分析的产生问题的根源，至今是当代新闻工作者需要警觉的问题。他提出的优良的新闻工作作风，是当代新闻工作者仍需奋斗的方向和追求的目标。

郁永言的英文也相当不错，这年9月国际友人、德国记者希伯来我山东抗日根据地参观采访时，郁永言曾经两次陪同希伯参观新华社山东分社和大众日报社，用流利的英语向希伯介绍分社和报社各部门的工作情况，以及同志们的抗战生活。在山东党政军民各界人士召开欢迎希伯的茶会上，郁永言不等翻译把希伯的讲话译出，便用英文迅速记录下来，茶会结束后，他就用新华社山东分社的电头发表了《欢迎国际友人——希伯》的新闻特写，真实生动地报道了这次茶会感人的场面，以及茶会的深远意义。在山东各界欢迎希伯的座谈会后，郁永言又发表了通讯《一位外国记者的意见》，阐述了希伯用自己的亲身经历和所见所闻，谈了对敌占区、国民党的统治和对八路军、抗日根据地的"意见"。郁永言在希伯的"意见"后面，深情地写道："这是多么值得我们再三诵读的一段话呵！事实证明了，真理，只要是真理，就一定为中国人民所拥护与热爱，共产党所领导的八路军，和广大的敌后人民，在保卫祖国反对日寇的战场上，所流的血，所流的汗，决不是任何有成见的人们或党派所能够一手抹干的！"这段充满激情、铿锵有力的插述，是发自郁永言心灵深处的呼喊，是他对祖国、对人民、对革命事业无限热爱的心声。

郁永言对通讯工作也十分重视和关心，为了尽快把山东的通讯工作开展起来，1941 年 10 月他在《大众日报》上发表了题为《动员文化战士开展山东通讯工作》的评论。他在开头就向文化工作者指出："一个严重的任务，今天摆在我们每一个山东文化战士的面前。年青的山东人民的英勇斗争，需要我们全面的反映，并把这些生动的宝贵的经验教训传播给全国人民，特别是深远的大后方和被敌寇层层封锁得如陷十八层地狱的敌占区人民的耳朵里去。"郁永言心中总是装着"山东人民"、"全国人民"和"敌占区人民"，这是一个无产阶级新闻工作者的胸怀。为此，他向文化工作者大声疾呼："为了有效的完成这一任务，我们必须在文化战线上来一个全面的动员。每一个文化战线上的战士，都要到战场上去，到根据地各处去，到敌占区去，具体了解各地情况，多方收集生动材料，来描写山东人民的斗争。我们的戏剧家应大挥其天才的手，把山东人民斗争的故事搬到舞台上去。……我们的新文学家，也应配合研究调查工作，来具体反映与报道山东人民的斗争，特别是有系统的介绍根据地建设的通讯，是今天最迫切需要的。”

血染青山　浩气长存

1941年冬，是我山东敌后抗日最困难的时期。11月初，侵华日军纠集5万余人的兵力，向我鲁中沂蒙山区进行了历时70多天的“铁壁合围”和“梳篦式”拉网大“扫荡”，妄图一举消灭八路军115师和山东纵队指挥机关，摧毁沂蒙山区中心抗日根据地。

为对付敌人的残酷“扫荡”，新华社山东分社和大众日报的同志们组成战时新闻小组，在敌人的包围中，一手拿枪，一手握笔，坚持斗争，坚持出油印的《大众日报》和《大众电讯》。

11月7日，李竹如负责的战时第一新闻小组，随山东分局鲁南巡视团奔赴鲁南后，由郁永言、孙聘之率领的新华社山东分社和大众日报通讯部为主的战时第二新闻小组约28人，携带收发报机随八路军115师和中共山东分局领导机关行动，负责向延安新华总社报道山东抗日军民反“扫荡”斗争情况，坚持抄收延安新华总社的广播，出油印的《大众电讯》。对外名义是“新华社山东分社”。

这年冬天，沂蒙山区特别寒冷，接连下了几场大雪，气温降到零下十几度。许多人没有棉衣穿，郁永言也没有穿棉裤，脚被冻伤，走路艰难，但行军时他仍然自己背着沉重的背包，爬山过沟，冲过敌人一道道封锁线，还要跑步急行军。当到达目的地后，大家的第一件事是投入紧张的工作，电台人员迅速架起天线，编辑与刻蜡版和油印的同志，没有桌子，随便找个地方，什么锅台、灶边就干起来，郁永言和大家一样，就地找个地方或在自己的膝盖上处理稿件，一点也不例外。寒冷的天气，蘸水笔尖上的墨水结冰了，他就用嘴里的热气哈哈，一个字一个字地写，实在冻得坚持不住，便站起来跺跺脚、搓搓手，活动活动身子再继续干。战时新闻小组的同志们，就是在天上敌人飞机盘旋；地上敌炮声隆隆的情况下，硬是在敌人的眼皮下神出鬼没地收报、发报，编稿写稿，出《大众电讯》。

一次电台收到伪中华社消息，说德军很快攻下莫斯科，希特勒要在那过圣诞节。这条消息使大家心情十分沉重。11 月 7 日，当电台收到新华社延安播发的苏联纪念十月革命节，斯大林在红场阅兵、讲话的消息后，郁永言当即组织新闻小组出了红色油印《大众电讯》"号外"。当我军民读了这条新闻后，无不欢欣鼓舞，增强了反"扫荡"的信心和决心。有一次，我 115 师特务营在罗荣桓和朱瑞的亲自指挥下，冒雨埋伏在蒙山南北大道附近。黄昏敌人 1700 余人由北向南鱼贯而进，当进入我伏击圈后，我发起突袭，打得敌人首尾不顾，乱作一团，丢下 300 余具尸体和大批弹药物资逃窜。郁永言率领的新闻小组迅速向延安播发了这一消息，并刊登在《大众电讯》上。这期间，新华社山东分社播发的大量新闻，被《大众日报》采用，仅六期油印《大众日报》采用分社电讯就有 12 条。11 月 27 日的一期就采用了 5 条电讯。

据有关方面调查证实，仅 1939 年 9 月至 1941 年 11 月，《大众日报》采用国内外时事报道近万条，而在这近万条的报道中，字字句句都倾注了郁永言的心血和才智。

敌人的"扫荡"是非常残酷的。11 月 29 日傍晚，郁永言率领的新闻小组随山东分局机关非战斗人员向西南蒙山转移。30 日拂晓，队伍行至盆泉村准备住下休息时，忽然东面石门山顶枪声大作。村南5里是大青山，北坡有5道大深沟，队伍迅速集合向西南转移，但刚到山下柳树沟，东山敌人就冲下来，北山敌人压下来，南山敌人也冲过来，枪声四面响起，我军指战员和有枪的同志们与敌人展开了肉搏战。新闻小组的同志们迅速销毁文件，分散突围。直到中午枪声才渐渐稀落，但敌人并没收兵，而是开始了满山大搜捕。在这次突围中，有的同志中弹牺牲，有的同志被刺身亡，有的同志被俘，只有一小部分冲出包围或钻进山洞隐蔽幸存。郁永言和新华社山东分社的10多位同志在这次突围中壮烈牺牲。

傍晚敌人撤退后，我打扫战场的同志们在山坡上发现，郁永言倒在血泊中。在他的遗体旁，有他带血的日记本，还有他那副已经没有白银腿，而用线绳做腿的眼镜。这次山东分社人员伤亡惨重，分社电台设备几乎损失殆尽，这是新华社山东分社成立不到半年遭受的最惨重的一次损失。

郁永言为我党早期的新闻事业献出了宝贵的生命，他的牺牲，无疑是我党新闻战线的重大损失。他是我们党、我们无产阶级新闻战线、新华社编辑记者队伍中一位政治水平和文化水平都较高，才华横溢，作风正派，文风优良的新闻工作者和领导者，他为新华社山东分社和大众日报的创建和发展，做出了突出的贡献。在短短两年半的新闻岗位上，显示了他非凡的领导才干和工作能力，也崭露了他在新闻理论研究和探讨方面的造诣。

电波声中谱人生

——记新华社山东分社电台台长叶丰川

蔚建民

叶丰川，男，1920年出生于山东省泰安市一个普通农民的家庭。“七七”事变后，他放弃学习，投入抗日斗争。1938年5月加入中国共产党，同年5月调入八路军山东纵队无线电训练班学习。1939年被分配到《大众日报》工作。1941年6月，他担任新华社山东分社电台台长。1941年11月，在大青山反“扫荡”中，被敌人包围，他拉响了手榴弹，与敌人同归于尽。

“嗒嘀嗒嘀　嘀嘀嗒　嘀嗒嘀……”这清脆、刚健、稳重的电键键击声，是新华社山东分社在抗战时期与延安新华总社的联络讯号CSR8，这声音发自新华社山东分社电台台长叶丰川之手。为了永不消失的抗战红色电波声，叶丰川于1941年11月30日，以大无畏的牺牲精神，在反“扫荡”斗争中，拉响手榴弹与敌人同归于尽，谱写了一曲壮丽的青春之歌，时年仅21岁。

两代抗战保家园

叶丰川，原名叶凤川，曾用名叶玉和。1920年农历十二月十一出生在山东省泰安市西南夏张镇夏张北村一个普通的农民家庭。父亲叶明家，忠厚老实，爱国爱家，在日本帝国主义侵略中国的危难时刻，他一人承担起家庭重担，积极支持两个弟弟和两个儿子参加抗日。母亲李延英，是位善良仁慈，爱憎分明的农村妇女，虽不识字，但纯朴的爱国心，不仅驱使她和丈夫一起支持家人参加抗敌斗争，自己也在农村参加了力所能及的抗日救亡活动，对党组织交给的任务，她总是千方百计认真努力完成，有时冒着生命危险，她都毫不畏惧。1947 年，在解放战争的岁月里，她光荣地加入了中国共产党，并担任了农村妇女协会会长的职务。叶丰川自幼生长在革命老区，生长在革命氛围浓郁的家庭，在父辈的教育培养下，不仅学习认真刻苦，成绩优异，而且革命热情高，他对历史上的爱国英雄十分敬佩。“七七”事变后，日寇大举侵犯中国，山东大好河山相继沦陷，在民族危亡的紧要关头，在叔父和哥哥革命精神的影响下，不满 17 岁的叶丰川毅然放弃了在泰安翠英师范（英国人创办，现泰安一中）就读的学业，跟随地下党员的二叔叶子真、三叔叶建武和哥哥叶凤海参加了抗战的行列。从 1937 年 11 月，他与叔父和哥哥一起参加了攻克肥城、奇袭界首日军、破击泰安以南津浦铁路和泰肥公路等的战斗，叶丰川表现得很勇敢。1938 年 5 月，中共泰西特委成立，段君毅任书记，领导泰西游击斗争和扩大泰西党组织建设。叶丰川于此时加入了党，此后他把自己的一切交给党安排，并将自己的姓名叶凤川改为叶丰川。同年 5 月调往八路军山东纵队指挥部创办的首期无线电训练班学习。从此，他与无线电结下了不解之缘，在电波声中谱写自己的人生。

埋头苦干乐于奉献

1938 年 12 月，叶丰川从纵队无线电训练班学习结束，于 1939

年 1 月被分配到山东分局大众日报社电务室担任报务工作。当时报社电务室刚刚成立，设备简陋，人手不足，工作单调枯燥，收报难度很大。无线电训练班的一些同志都不愿到大众日报社电务室工作。当组织找叶丰川谈话时，叶丰川不讲任何条件，愉快地服从党组织的决定，来到了报社电务室，以自己的实际行动，实践着一名共产党员的誓言。

踏上电务工作的叶丰川，由于文化水平低，实习阶段对收报工作十分吃力，错码、漏行现象较多，抄收的电讯稿常常译不成句。为了尽快掌握抄报技术，性格内向、不爱言语的叶丰川，主动向周围同志请教，刻苦钻研，勤学苦练，战胜收报中的一个又一个困难。他不仅在收报机上一次又一次地练习，下机后也不肯休息，为了提高抄收速度，他从写阿拉伯字母练起。功夫不负有心人，叶丰川的业务进步很快，3 个月的实习期还不到，他抄收的电报已没有错码、漏码现象了。但他并不满足已取得的成绩，他怀着一颗对党忠诚，对事业极端认真负责的精神，不断改进工作，努力使电报收得更好，并在实践中学会修理收报机，熟练地掌握了业务技术。他抄收的电报和电讯稿，总是干净、整洁，译报员和编辑对他抄收的电讯稿都很满意。

叶丰川将收报工作做得如此出色，是十分不容易的。初创时的报社，物资匮乏，技术设备落后，加之新华社延安总社的电台讯号微弱，声音非常小，又受国民党和日伪军大功率电台的严重干扰，抄收延安电台的难度极大。叶丰川总是坐在机器旁，静心耐心地细听，捕捉着极微弱的讯号，一工作就是两三个小时。他还经常值夜班，帮助或替别的同志值班，白天又得不到很好的休息。长时期地工作，精力又高度集中，体力消耗很大，物质生活又无保证，营养得不到补充，虽是不足 19 岁的小伙子，下机后经常头晕眼花，吃不下饭，睡不着觉。就是这样，叶丰川从不叫苦喊累，更不要别的同志替班，顽强地坚持工作，并依然常替别人值班，收的电讯稿完好率越来越高，多次出色完成紧急情况下的收报任务，成为报社一名优秀的报务员。为此，受到大众日报社和山东分局的嘉奖和表扬。

1939年秋，沂蒙抗日根据地得到了进一步的发展，大众日报社也随之发展壮大，电务室增添了两台收报机。1940年1月又添了一套15W的发报机，人员从10余个一下增加到30多人，电讯室改名为新闻电台，分为延安新华社、重庆中央社、南京中华社3个收报组，叶丰川任新华社新闻收报组组长。刚刚有了发报机，大家都觉得挺新鲜，争先恐后地上机练习发报，因为发报工作相对来说比收报工作要容易些，主动些，报务员都想争取做发报工作。看到这种情形，叶丰川主动地让别的报务员先上机练习，自己仍然安心地做收报工作，直到大家都轮流练习完后，他才上机练习发报。叶丰川无论做什么，都是困难的事抢着干，处处以一名普通党员的行为要求自己，用自己的模范行动去影响大家。

1940年9月，叶丰川担任了新闻台报务主任，负责全面业务工作，还具体承担一个收报组的值班任务，同时兼任报社编辑部党支部组织委员和新闻台党小组长，任务繁重，事情琐碎，但叶丰川总是沉着冷静，一件一件有条不紊地安排好，业余时间按党支部要求做好党内外同志的思想工作和驻地群众的工作。他虽少言寡语，内向老成，可他做思想工作却以自己的热诚、主动，实实在在地帮助同志们排忧解难，赢得大家的称赞。开始是他找大家，后来是大家找他，连当地老乡都主动找上门和他谈话、反映情况、解决疑难问题。因为他老成持重，同志们喜欢称他“老叶”。当地群众见他整天忙忙碌碌，以为是什么“大官”，也跟着大家叫他“老爷（叶同音）”。他从不生气，但脸上总是露出难为情的笑容。

随着我党抗日根据地新闻事业的发展，报社新闻台的任务越来越繁重，报务人员不足的问题越来越突出，为此，山东分局和大众日报社决定自力更生创办一期报务培训班，学员由分局组织部抽调，政治课由报社领导负责安排，业务课则由新闻台负责解决教师和教学器材。1941 年 3 月下旬决定此事，4 月开学，任务紧迫。叶丰川和新闻台的同志们在报社领导的鼓励和支持下，自己动手编写教材，制作教具，报务员、机务员走上讲台授课。本来就人手不足的新闻台，同志们既要坚持正常的值班工作，又要给训练班学员上课，常常是下了夜班来不及休息，就赶到课堂去讲课，有时下了课就得又去上机值班，非常辛苦。辛苦的事，叶丰川就抢着干。这期间叶丰川兼课最多，他总是让别的报务员去休息，他来替他们去上课。叶丰川讲课既认真又有耐心，对学员的提问总是细心地给予答复，教学效果明显。

生命在电波中永存

1941 年 6 月，新华社山东分社在抗战的烽火中诞生，分社电台在山东军区的支援下，因陋就简地建立起来，呼号为 CSR8。叶丰川调任新华社山东分社电台台长。在艰苦的战争年代，新华社山东分社始终与大众日报社驻在一起，分社就是报社的通讯部，分社的新闻电台也是报社的新闻电台，分社和报社对内是一家，对外是两块牌子。

担任了新华社电台台长的叶丰川，工作更加认真负责，对自己的要求更加严格了，对同志们更加关心备至。这年 8 月 1 日下午，115 师师部在驻地举行隆重的“庆祝八一晚会”，有精彩的戏曲节目。分社、报社不值班的同志都赶去参加晚会。以往有什么热闹的活动，叶丰川总是让同志们去参加，自己留下值班。这次大家都知道他喜欢看戏曲，同志们都主动替他值班，要求他去晚会看看。在大家的热情支持下，他来到了晚会现场。但节目刚开始一会儿，叶丰川就坐不住了，他怕值班人手不足，怕换班时无人替班，于是他毅然离开了晚会现场，冒着闷热的天气，穿过青纱帐，穿过树林，急行15里返回驻地。冒着酷暑赶回来的叶丰川，浑身是汗，身上到处被蚊虫叮咬，他顾不上休息，便上机工作，按时准确地抄收了新华社延安总社播发的《朱彭罗陆诸首长致电慰勉115师，努力建军加强学习锻炼成一支铁的党军》电讯稿，《大众日报》及时作了刊登。叶丰川对工作高度的责任感和事业心，使他数年来没误过一次班，自动加班加点的事，真是多不胜数。工作中如此，生活上也是严于律己。发放生活用品，他从不争先，从不求任何物质享受，更不因物资困难而影响情绪，他带来的一条夹被，缝缝补补用了3年，依然还用。他无论工作上，还是生活上，总是以一名党员的模范带头作用影响着大家。

1941年10月下旬，新华社山东分社和大众日报社布置反“扫荡”，埋藏物资，疏散人员，只留精干人员组成3个战时新闻小组，分别负责出《大众日报》和《大众电讯》。新华社山东分社的编辑、记者和报务人员被编入战时第二新闻小组，由分社采编主任兼大众日报通讯部部长的郁永言率领，叶丰川携带无线电收发报机和报务人员随郁永言行动，负责与新华社延安总社和新华社华北分社的联络，抄收电讯稿供战时第二新闻小组出版《大众电讯》，同时向新华总社及时播发山东军民抗战和反“扫荡”的情况和成果，大约每天播发3000字到5000字的新闻。战时新闻小组随八路军115师师部和山东分局机关行动。

11月2日，日伪军以5万人的兵力，对我山东沂蒙山抗日根据地发动了长达70余天的“铁壁合围”大“扫荡”。在反“扫荡”的日子里，叶丰川跟随战时新闻小组一起行军、转移，每到目的地，叶丰川等报务人员来不及休息，第一件事就是安装收发报机，架设天线，与延安新华总社联络，及时抄收延安播发的电讯稿。同时把新闻小组采写的消息和通讯等及时转发总社。而每次转移，他们又总是要等抄收完新华总社最后一批电讯稿，才能撤退。无论情况怎样危急，环境怎样险恶，叶丰川他们总是认真负责地完成通讯任务。工作虽然繁重又艰苦，但让他们更担心的是电台和机器的安全。电台的目标很大，到了目的地，两根竿子一竖，很容易暴露目标，万一被敌探侦破，就有可能受到敌人的袭击。为此他们严密保护电台，并在当地群众的掩护和帮助下，常常化险为夷。

除环境险恶外，机器设备也很落后，当时延安总社和叶丰川他们使用的收发报机，功率小，收报声音低，加之沂蒙与延安相距遥远，电波再受山区影响，讯号就极其微弱，如遇敌机轰炸，或大风雪天气，讯号就更听不清，甚至听不到。在收报最困难的时候，叶丰川就找种种原因劝别的报务员下机，自己来收抄。11 月的沂蒙山区，已下了几场大雪，十分寒冷，可大家还没有棉衣穿，住的是没有生火的草屋，石头砌的墙四面透风，叶丰川披着薄薄的棉被，坚守在机器旁，用冻僵的手转动着刻度盘，聚精会神地捕捉着电波讯号，闭气静听延安的声音，一干就是好几个小时，常常是收完电讯稿后，他被冻得双腿发麻，两脚动弹不得。可他抄收的电报和电讯稿，依旧是没有漏码、错码，干净整齐，译电员和编辑总是对他投以敬佩和满意的目光。

敌人的“扫荡”是残酷的，11 月 29 日傍晚，叶丰川所在的新闻小组随山东分局领导机关一起向蒙山西南转移。30 日拂晓，队伍来到盆泉村一带，正准备住下休息。这时就听东、南、北三面枪声大作，队伍迅速集合向西南方向转移，可刚到大青山的柳树沟村，敌人已三面包围过来，我指挥机关警卫连奋勇向西南冲杀，以掩护队伍突围出去。但是在数倍敌人的包围中，除少数同志冲出包围外，大部分人员被冲散。郁永言领导的战时新闻小组的同志们，迅速销毁文件，砸毁电台机器，分散寻找机会突围。

日伪军从30日凌晨一直打到中午，枪声才渐渐稀落，未突围的同志，有的中弹牺牲，有的被刺身亡，有的被俘，有的躲进山洞幸免于难，我伤亡惨重。就是这样，敌人还不放过，紧接着开始了满山遍野的大搜捕。一直寻机突围的叶丰川，见敌人如此残酷地杀害、搜捕，意识到自己突围的可能性较小，便钻进村旁老乡的秫秸簇暂避，并做好牺牲的准备，他将随身携带的唯一的一颗手榴弹盖揭开，把导火绳套在手指上，从秫秸缝中仔细观察外面的动静。这时，敌人押着一批被俘的同志走过来，一伙汉奸和鬼子走到叶丰川隐藏的秫秸簇旁喊叫道："八路出来，缴枪不杀。"见无动静，便用刺刀乱捅秫秸簇，一边捅一边叫嚷："再不出来，就开枪啦！"日本鬼子也狂叫："八路的，死了死了的！"躲在秫秸簇中的叶丰川见自己已难脱离险境，便将手榴弹藏在腰间，赫然钻出秫秸簇，面对惊恐的敌人，迎着刺骨的寒风，高呼道：

"打倒日本帝国主义！"

"打倒汉奸走狗卖国贼！"

"中华民族解放万岁！"

"中国共产党万岁！"

敌人被这突如其来的八路军和高呼声，惊得发呆。霎时，他们发现叶丰川身无武器，便冲上前来抓捕他。就在这一瞬间，叶丰川拉响了手榴弹，"轰隆"一声巨响，数名敌人倒地，叶丰川也在这声巨响中壮烈殉国。

沂蒙山的好儿子，优秀的中国共产党党员叶丰川，用自己满腔的热血，谱写了一曲悲壮的抗战之歌。

在这次反"扫荡"斗争中，新华社山东分社伤亡惨重，与叶丰川同时牺牲的还有：郁永言、陈虹、方曙、雷根、姜德奎、孙友功等同志，新闻台的收发报机全部被毁。

1942 年 1 月，被冲散的人从四面八方回来了，山东分局宣传部长李竹如率领的鲁南巡视团返回了沂南山东分局驻地，同志们用从鲁南带回的小型收发报机，开始了与新华社延安总社的联络。而后在山东分局和军区的大力支持下，新华社山东分社的电台设备得到扩充，人员又作了补充，抗战的新闻电波声，又回响在山东—延安，延安—山东之间。

新华社电台又重新建立起来了，可台长叶丰川却永远地离开了大家。在一次悼念牺牲同志的座谈会上，新闻电台的同志们流着眼泪谈论着：“叶丰川同志是中华民族的优秀儿子，是大家学习的榜样，他热爱祖国、保卫家乡的献身精神；他不畏困难，坚持完成任务的拼搏精神；以及他严于律己，宽厚待人的优良品德，都值得大家学习。”

1942 年 7 月，大众日报社电务室主任、电台创始人、新中国成立后任北京市电信局局长的刘承塾同志撰写了《回忆叶丰川同志》的文章，刊登在 7 月 23 日出版的“抗战五周年纪念特辑”上。新中国成立后，报务员韩伟在 1950 年 11 月出版的《山东文艺》上发表了《忆叶丰川同志》的文章。这两篇文章高度赞扬了叶丰川同志优秀的革命品德和为革命献身的精神，追忆了叶丰川高风亮节的英雄壮举。

华北抗战的向导

——记华北《新华日报》社长兼总编辑、
新华社华北总分社社长何云

卫元理

何云，男，浙江省上虞县人，1905年生。1932年加入中国共产党，1933年在上海从事抗日救亡活动，曾编辑《中国论坛》，6月被捕，被判无期徒刑。抗战爆发后出狱，先后任南京《金陵日报》、武汉《新华日报》编辑。1938年底赴晋东南，创办华北《新华日报》，任社长兼总编辑。华北新华社成立后，兼新华社华北总分社社长。1942年5月在反“扫荡”战斗中牺牲。

高高的太行山，英雄的山。

1942年5月，在抗日战争进入最艰苦的阶段，日本侵略军靠汉奸的情报，向华北抗日的中坚——八路军总部驻地山西辽县（今左权县）麻田和华北《新华日报》、新华社华北总分社驻地山庄“铁壁合围”。日军出动两个师团、3万兵力，调来多架飞机，对这一太行山西部地区进行梳篦式的大“扫荡”。

在这危急时刻，华北《新华日报》社长兼总编辑、新华社华北总分社社长何云同志，率领部分同志分路突围。5 月 28 日，他在转移途中陷入日寇重围，不幸中弹壮烈牺牲。

刘伯承将军闻讯后万分悲痛，他说：“实在可惜啊！一武（左权将军）一文（何云），两员大将，为国捐躯了。”

杨尚昆同志在 1942 年 9 月 4 日华北《新华日报》上发表《悼何云》一文说：“接着左权同志殉国哀讯传来的是何云同志在太行山上反“扫荡”战争中牺牲的哀讯，一个人生死固不足惜，何况死在为祖国独立自由而战的疆场上，这是何等光荣啊。然而何云正在壮年，党所给予的任务尚待竭力完成，今竟不幸牺牲，这确是一个损失。”

我们党的杰出新闻战士、新华社敌后分社的优秀领导人何云同志，献出了年仅 38 岁的生命。在这次日寇大“扫荡”中，与他同时牺牲的还有报社的 40 多位英雄儿女。他们的鲜血染红了太行山，太行山卷起了更高涨的抗日怒潮，推向全国，迎接胜利。

不怕把牢底坐穿

何云，原名朱士翘，1905 年生于浙江省上虞县朱巷乡。祖父朱介眉是清朝末年的一名举人。父亲朱伯修是一个职员，因肺痨病中年早逝。母亲徐杏美，为人家缝纫做针线活补贴生计。何云是长子，下有三个妹妹。他 6 岁进本村启文小学读书，十分刻苦。1919 年因家计困难考进绍兴师范学校受到五四运动的新思潮和他的大同乡鲁迅先生的影响。1923 年师范毕业后回家乡上虞县，在春晖中学附小当一名小学教师维持生活。

何云受上虞早期共产党员叶天底的影响，投身于农民运动。从

1926年至1929年，他在铅印的《上虞声》报（三日刊）上发表20多篇文章，如《告乡长辈》《“叩谢”和“去思碑”》《谈话》等，抨击土豪劣绅和封建宗法制度，揭露旧社会的黑暗。他还参加了《上虞声》报的部分栏目的编辑工作。

1927年蒋介石叛变革命，大批共产党人和工农群众惨遭屠杀，何云在上虞因公开参加农民运动，被迫离开家乡，于1928年到了上海，靠朋友的帮助，考进复旦大学学习。半年后，日本早稻田大学来上海招生，他报考经济系被录取。1930年8月，何云25岁时到日本当了一名留学生。后因经济困难，在一所华侨小学当教师，并转入公费的铁道传习所继续留学。在日期间，何云听了日本著名学者河上肇讲授的经济学，阅读了在日本出版的马列主义著作和苏联文学作品，进一步增长了革命信念，提高了思想理论修养。

1931年“九一八”事变爆发。日本帝国主义侵占了东三省，烧、杀、抢、掠，无恶不为。在日本的中国留学生义愤填膺。何云感到，日本的学习条件虽然不错，但作为一名爱国的中国青年，不能再在侵略者的国度里待下去了。他和一批留日青年，毅然弃学返国，登上回上海的轮船，投入抗日救亡的革命洪流。

1932年何云在上海加入了中国共产党，以泉漳中学教师的身份，进行地下革命活动。

当时，中国共产党通过宋庆龄、史沫特莱的关系，与国际友人合办《中国论坛》杂志。这个以英文为主、同时有中文对照的刊物，主要宣传中国共产党的抗日主张和革命活动，介绍江西革命根据地和工农红军，并刊登国统区报刊禁止的共产党文件。何云当了《中国论坛》杂志的编辑，工作得非常出色。1933年3月，宋庆龄领导的中国民权保障同盟和其他进步团体，为了抗日救亡，反对国民党当局对爱国人士的迫害，成立了“上海国民御侮自救会”，宋庆龄被推选为会长，并在上海各区成立了分会。中国共产党在这个自救会中建立了党团组织，阮啸仙、熊天荆先后任书记，何云任宣传部长，并分工负责法南区分会的自救工作，并与宋庆龄和吴迈（律师）联系。从此，何云更加忙碌，工作成效卓著。他一大早就深入到工人群众中去，访贫问苦，组织联络，进行宣传，晚上常常赶写抗日救国的文章。

1933 年 5 月 1 日，上海地下党组织举行了抗议日寇进攻华北的群众大游行，何云是组织者和指挥者之一。这次上海群众大游行声势浩大，有力地鼓舞了各阶层人民团结抗日的斗志，鞭笞了国民党蒋介石的不抵抗主义。

1933 年 6 月，何云被暗探盯梢，不幸被捕，由上海将他押送到了南京宪兵司令部。在坐老虎凳、插竹签、灌辣椒水等严刑拷打面前，何云始终坚贞不屈，铁骨铮铮。敌人从他那里得不到任何上海地下党的消息，最后无奈只得判他无期徒刑，投入中央军人监狱。在南京狱中，何云顽强斗争，英勇无畏，他帮助难友，互相鼓励，还自学德语和世界语，不怕把牢底坐穿。

当时，陶铸同志与何云在南京中央军人监狱是同牢的难友。1942 年 9 月，陶铸在一篇题为《沉痛的哀悼》文章中说："在 1933 年何云同志被捕在宪兵司令部时，那里空气是极坏的，在那儿充满了惨无人道的事情，人与人的关系在那儿是不存在的，什么正义、道德、文明、爱，在那儿是看不到影子的，有的是惨毒的刑罚，有的是疯狂的屠杀，有的是死的威胁，利益诱惑，制造寡廉鲜耻，出卖灵魂的勾当。许多人经不起这种考验，是坠落了那罪恶的渊薮，那时我们目睹这种现象是怎样的痛心啊！何云同志当时还是一个新的党员，他一进到宪兵司令部后，虽因看到一些曾自命为最革命的人，结果成为最无耻的叛徒，不无感慨与有点失望，但他与我们在一起，是始终站在党的立场上而战斗的，不管当时受到怎样的威胁，利诱，他毫不为之动摇，反之，他以很老练的姿态，积极地参加反叛徒的斗争与帮助一些意志薄弱的同志的稳定。我当时很惊奇他这种革命的品质，在这种暗无天日的环境中，那是如何的难能可贵呵!”

杰出的抗日新闻战士

1937年抗战爆发后，经过我党与国民党谈判，大批政治犯被释放出狱。何云在这时也恢复了自由，旋即被党派到南京《金陵日报》工作。

《金陵日报》是国民党元老、国民政府主席林森和吕超等人出钱创办的报纸，是国民政府的机关报。该报出版多年，办得平庸，发行量不大，在南京几乎没有什么影响。由于林、吕等人同蒋介石之间存在着很深的矛盾，抗战后想振作一番，因此，当有人推荐刚从监狱里出来的共产党人去办报时，他们也就同意了。最早被聘请担任社长兼总编辑的，是中共地下党员陈同生（农菲），接踵而来的，是何云、朱穆之（仲龙）等。何云任要闻版编辑，朱穆之负责副刊兼评论。由于在商谈时，林、吕等人同意在宣传团结、抗日、民主的原则下，不干涉报纸的新闻与言论，因此，《金陵日报》被接办后，经过整顿与革新，一扫陈腐之气，巧妙地宣传了党的方针政策，受到群众的欢迎，销路大增。有时用一版头条通栏发表了中国共产党关于国共合作、平型关大捷等消息和一些八路军的战报。

这一切，被国民党顽固派视为报纸宣传“赤化”。国民党中央党部新闻检查室经常打电话来刁难，有一次还把社长找去，提出警告，讥刺《金陵日报》“变成了中共的喉舌，救国会的讲坛，这个报办到延安去倒很合适……”受到陈同生的驳斥。此后，报纸经常遇到麻烦，不是扣稿子，就是传讯总编辑。何云对此十分气愤，感慨地说：

"我们并未获得自由!"

同年12月，南京沦陷前夕，报纸停刊，何云与朱穆之，还有从上海撤退到南京的陈沂一起，随同应云卫率领的抗日救亡演剧队，搭木船沿江而上，抵达武汉。在这里，遵照党的决定，何云留在武汉，参加党在国统区的机关报《新华日报》的筹办工作。1938年1月11日，《新华日报》在汉口创刊，何云担任国际版编辑，在党内任该报支部委员。他勤奋工作，日夜辛劳，不仅把国际版办得精彩引人，在报纸上还发表了多篇文章，如《想得透》《怎样同汉奸斗争》《中国抗战与国际工农大众》《为自由和平而战》《文艺到战壕里去》等。他还采写了《访朱德总指挥——谈三期抗战与争取华北抗战的胜利》《唐天际谈晋南战局》等文章，深刻分析时局，揭露了亲日派和汉奸的阴谋，宣传了八路军胜利杀敌的消息，鼓舞了国统区人民抗战必胜的信心。

1938年8月，何云受党的委托，离开武汉赴西安创办《新华日报》西北版，遇到国民党的阻挠，未能实现。这时，路过西安的朱德总司令得知后，说：如果他们不欢迎你们，华北军民欢迎你们。彭德怀副总司令也表示：他们不让在西北出版，人员和机器给我，我到太行山去出版。后来经过《新华日报》总馆批准，并由中共六届六中全会作出决定，由何云赴太行筹办，建立《新华日报》华北分馆。

这样，10月初，在八路军驻西安办事处的安排下，分为两路起程：一路是何云与江横两人，改穿八路军军装，分别带有中校和上尉副官的符号、武装带、手枪及通行护照，由一个警卫员护送；另一路由周永生带领10多位印刷工人，带有一部铅印四开机和一副铅字，也派了几位战士护送。他们渡过黄河，穿过国民党防区，奔赴晋东南，赶到中共中央北方局和八路军前方总政治部驻地潞城。在这里，何云与北方局及政治部的领导同志研究办报方针及筹备事宜，决定把原晋冀豫区党委的机关报《中国人报》（在屯留寺底村）合并过来，该报办的记者训练班改为华北《新华日报》记者训练班，继续办下去，还吸收了从延安抗大、陕北公学、鲁艺等校来到抗日前线的一批文字及美术工作者，组成了创办华北《新华日报》的基本队伍。

经过紧张筹备，在沁县后沟村，何云带领大家因陋就简地克服了重重困难，12 月 24 日即印出了华北《新华日报》创刊号的试版样张。1939 年元旦，《新华日报》华北版创刊号出版。何云通宵达旦地守候在印刷机旁，当他拿到第一张散发着油墨清香的报纸时，高兴得流下了热泪。

为庆祝《新华日报》华北版的诞生，华北分馆在沁县举行招待会，邀请晋东南各界代表座谈。到会有工、农、青、妇、儿童团和部队代表百余人，薄一波、戎子和等领导同志出席祝贺。当何云把创刊号分送到各位代表手里时，大家非常激动，受到极大鼓舞。会上，何云讲话，报告了本馆任务，感谢各界支持，表示要努力开展敌后文化救亡工作，把华北分馆建成为坚强的敌后文化堡垒。

敌后新闻事业的一面旗帜

华北《新华日报》是中共中央北方局的机关报，是华北敌后新闻事业的一面旗帜。为加强对报纸的领导，中共中央北方局成立了党报委员会，由杨尚昆、彭德怀、左权、陆定一、李大章、何云、陈克寒组成。杨尚昆为书记。何云被任命为社长（当时为管理委员会主任）兼总编辑。何云重任在肩，殚精竭虑，呕心沥血，为党报事业的开拓和发展，作出了重要贡献。

在敌后斗争环境中办报，条件是非常艰苦的。由于敌人的封锁，物资匮乏，油墨、纸张严重短缺，初期只有一部破旧的四开印刷机和一副老五号铅字，既无铜模又无铸字炉。但在何云的领导下，大家群策群力，开动脑筋想办法。老五号铅字经过巨大的滚筒挤轧，不久就变得模糊不清。他们开“诸葛亮会”，土法上马，研制出“半铅模”，使土制的新五号铅字有了保证。还试制成功了用土纸取代毛边纸打纸型。铅不够用，就从民间收购锡制烛台、灯盏和酒壶等，采用铅、锡、锑合金浇铸铅版。何云还组织大家上山砍松脂，自制油墨，下乡收购破布、烂鞋、麻片，碾碎捣浆造纸，使报纸能正常出版。平时对华北《新华日报》极为关心的朱德总司令，在得知报馆人员克服困难，取得胜利后，特地派人远道送来100块银圆作为奖励，还写信鼓励：“继续提高创造热忱，不断克服可能到来的任何困难，使敌后抗战的文化工作，更益前进。”

在烽火连天的战场，华北《新华日报》人员出生入死，奔波于激烈的“扫荡”与反“扫荡”斗争前线。报馆没有固定地址，多次搬迁，转移突围。在何云的周密安排下，为适应游击战争的环境，报馆装备实行轻型化，全部印刷器材，连同电台、纸张、油墨，只需三四匹骡子就可以驮走。何云风趣地说，咱们是“背着报馆打游击”。报馆编辑和工人编成连队，荷枪实弹，一边与鬼子周旋，一边印刷出报。不能铅印，就出版油印战时版。1939年夏敌人“扫荡”时，何云将报馆人员化整为零，派到各地，出版东线、南线、西线、北线版的油印或石印报，在困难时刻极大地鼓舞了广大军民的抗战热情和必胜信心。

何云本人就历经风险。1939年7月，日本侵略军集中了六七个师团的兵力，沿白晋路南下，对晋冀豫抗日根据地大举进攻。报社被阻隔在白晋路以西。当时何云正在路东的中共中央北方局驻地开会，闻讯后担心报社人员和财产的损失，不顾个人安危，连夜飞马赶回，在襄垣与沁县交界的虒亭镇与日寇遭遇，他机警地掉转马头，疾驰而去。脱险后，他又闯过封锁线，回到报社，指挥全社同志，带着印刷机器和铅字，冒着敌机的轰炸与扫射，蹚过齐胸的漳河水，搬迁到武乡县八路军总部驻地附近，恢复了报纸的出版工作。“铅字和子弹共鸣，笔杆与枪杆齐飞。”这是何云对国统区来的记者谈话时谈到的真实感受，也是他们战斗生活的写照。

新華日報
華北版

1939 年 1 月 1 日《新华日报》(华北版) 创刊号

何云在领导报社工作之中，还精心写作社论、时评，尖锐地提出自己的看法。他以社论形式发表的《新华日报》(华北版) 发刊词，是一篇深刻鲜明地阐述战时报纸工作的重要文献。谈到本报的方针和任务，一是“反映华北抗战之曲折经过，发扬与探讨华北抗战中之宝贵经验”，“报道与记载华北抗战中一切可歌可泣之伟大史迹，创造华北抗战中民族英雄之典型”，“以鼓励与推动全国之更益团结与进步”；二是坚持抗战，“创造巩固和扩大抗日根据地”；三是团结全体华北文化战士，开展敌后文化运动，与敌人苦斗到底。文章鲜明提出了报纸的“喉舌”和“号角”作用，指出：本报“成为全国各抗日党派，各抗日团体，各爱国同胞之共同喉舌”，是“鼓励前进的号角”，“愿做华北文化抗日统一战线之创导者与组织者”。把报纸办成党和人民的喉舌与号角，一直是何云办报的指导思想。

何云重视总结经验，每年都要对报纸工作进行一次系统总结，并用社论或专论的形式公诸报端，以取得广大读者的监督。《一年来的本报》（1940 年 1 月 1 日）和《华北“新华”第二年》（1941 年 1 月 1 日）就是这样的文章。

何云引用列宁的名言“报纸不仅是集体的宣传者和集体的鼓动者，而且是集体的组织者”，以及《做什么》这篇名著中关于建造房子的两段话作为比喻，对华北版的工作进行了全面的总结。这里面既有战斗历程的回顾，又有成功经验的探索，既有宣传成绩的肯定，又有缺点和不足的检讨，处处体现着实事求是的科学态度和严格的自我批评的精神。它们是对马列主义的办报思想的生动阐发，闪耀着党性原则的光辉。读者从中看到了敌后办报的艰辛和前辈新闻战士开拓前进的足迹。

值得重视的，还有《战时新闻工作讨论大纲》和《新民主主义的新闻政策》两文。前者是在何云的主持下讨论制定的，发表在 1939 年 3 月 13 日《新华日报》（华北版）上。它提出了抗战新闻工作的诸多问题，例如特殊环境、中心任务、努力方针、工作方式以及新闻机关、工作人员组织与生活的军事化等，特别是尖锐提出了新闻报道“指导战争”“反映战争”的任务，对战时新闻工作产生了重大影响。后者是 1941 年何云与邵红叶一起，作为新闻界参议员向晋冀豫边区临时参议会的提案，并获得大会通过，提交边区政府执行。它全面地论述了新民主主义新闻政策的原则和基本内容，对促进敌后根据地新闻事业的建设和发展，加强对敌宣传斗争，都起到了重大作用。

何云在这一时期，还用王再然的笔名，写了许多国际评论。1939

的5月和6月他用“时论”“国际问题论坛”“国际问题分析”等形式发表的评论就有5篇:《论德波关系》《从莫洛托夫的外交报告说到目前国际形势》《成为欧洲局势之焦点的波罗的海沿岸》《粉碎敌寇的新阴谋——严密防止将天津成为远东慕尼黑的企图》《新时期中的敌寇困难》。1940年8月发表《再论国际形势与中国抗战》一文,指出:“国际形势,瞬息万变,且对中国抗战关系又太密切而重大,每一个投降危险与抗战困难,都与国际形势有关。我们强调自力更生,但我们却要去把握国际间每一波动,分析每一微妙的关系,看清形势,善于利用帝国主义的每一矛盾,‘助敌者敌之,助我者友之’。这是争取可能外援以利抗战的主要办法。”这就把国际形势与中国抗战的关系说得十分透彻。他的国际评论文章,大多篇幅不长,观点鲜明,分析精辟,善于透过错综复杂的现象抓住事物的本质,帮助读者认清形势,把握未来,坚定抗战必胜的信心。1940年11月25日,何云还发表了题为《反对投降分裂挽救时局空前严重的新危机》的重要文章,揭露国内亲日派的阴谋诡计,揭露顽固派反共、投降妥协的倾向,指出时局面临投降内战的严重危险,动员全国人民起来,反对投降分裂,挽救时局。

由于华北《新华日报》正确而迅速地传播了党中央的政治主张,指明了时局的发展,成为团结人民、教育人民、打击敌人、消灭敌人的有力武器,在人民群众中享有极大的威信。读者来信赞扬:“你们的报纸特点,就在于:每到时局严重的关头,一定吹起号角,打响警钟,唤醒千百万军民,为克服时局危机而奋斗。就在于:每每碰到国际局势有大大小小的变化时,一定能详细加以分析,并指陈了中国应采取的方针。”这反映了广大读者对报纸的无比信任和评价。

华北《新华日报》培养了大批新闻工作者

华北《新华日报》是华北抗日敌后根据地的坚强宣传阵地，当时有大批新闻工作者聚集在它的旗帜下，在战火中成长起来。许多同志成为新闻岗位上的佼佼者，或者成为新中国成立后的骨干。何云和他们一起工作，一起交流。许多同志都得到过他的无私帮助和亲切教诲。

据史纪言的回忆，当时华北《新华日报》的职工“阵容甚强”。其中包括了新中国成立后的新华社、人民日报、中央人民广播电台以及其他新闻机关的领导骨干和其他名记者、名编辑等。

在华北《新华日报》先后工作过的干部有：

社长兼总编辑何云，副社长兼副总编辑陈克寒，副总编辑李竹如、韩进，副社长杜毓沄。

编辑部干部：

左漠野、高戈、史纪言、魏克明、袁勃、张磐石、江横（董谦）、安岗、刘祖春、林火、蒋慕岳（江牧岳）、吴宏毅、孙健秋、李克简、齐语、陈浚、何畏（何微）、罗定枫、王大刚、郭绍汤、肖英（肖殷）、李庄、罗林、肖航、冯诗云、缪乙平、黄中坚、杜波、魏奉璋、王佩琳、白浪（白介夫）、刘晓晞、穆家军、方德、任冰如、杜展潮、邵红叶、肖风、袁毓明、王守道、毛联珏、刘江、朱跃庭、王春、赵树理、柳村、高一帆、刘川峙、赵棣生、陈铁耕、胡一川、罗工柳、杨赟、彦涵、邹雅、华山、赵在青、浦一元、古维进、沙洪、吴青、沈建图、杜宏、姚天珍、马玉书、陈泽然、郝纯一、康吾、陈达、李暵晖、程光、石蕾、王里岩、张德甫、白汀、章戎、殷德裕、栗格、毛雍如、陈采娥、何静、马楠、李迈、晓薇、凌前、烈山、杜仑、江岩、霍新文等。

电务科干部：马然、张芝荪、王默磬、文绶、张炳、樊显正、王路、安文一、张连德、赵会文、房秉玉、马平、王健、郭文秀、杨恒贤、谷景俊、李宇、万兆连、张文德、高飞、温芝兰、何瑕、郭高松、岳峻峰、张锷、韩黎、郭守道、王化本、刘展平等。

经理部干部及勤工人员有：

华民、王显周、王友唐、黄君珏、冯秉清、刘威、吴藻舟、韩秩吾、张向凌、贺瑞林、张诚、史育才、鲁兮、郭渭、王元直、陈达、程庆丰、温怀仁、胡体昭、王嗣英、杨叙九、马映泉、赵锁江、董玉罄、吕克仁、韩邦藩、李震云、董自托、王莹、王一清、郭树德、王文彦、刘锋、黄国良、师自祥、王忠保、王怀祥、程志忠、李德元、史修德、师秉铎、王好本、高文明、孙宜、王社稷、张枫如等。

印刷厂的干部和工人有：

周永生、韩俨、牟沛霖、梁振山、张建功、王尚祥、陈燕、刘鄂、陈云祥、王剑萍、刘德顺、彭立成、阎培涛、赵谦祥、孟子才、宋亮珍、宋廷文、魏玉金、鹿松林、王元江、曹炳、曹友林、栗富贵、曹生泉等。

1939 年 10 月 19 日，为了传播华北敌后的抗战消息，经北方局决定，所有华北战报和新闻，用“华北新华社”的电头播发延安新华总社和华北各抗日根据地。1941 年初，正式成立新华社华北总分社，何云兼任总分社社长。当时，报社与通讯社是合在一起的，由报社编辑科（后由电讯科）兼负起通讯社的任务。从那以后，“华北新华社”或“新华社华北分社”的消息，频频出现在各抗日根据地的报纸上。何云还狠抓了通讯员队伍的建设，主持制定了《本报特约通讯员条例》，指出“组织华北通讯网”的目的，是“为了发展华北的抗日救国的通讯报道工作，以便普遍的深入的反映华北抗战情形，推动华北救国工作。”1941 年 9 月，华北《新华日报》和中国青记学会太行分会联合召开通讯员代表大会时，登记在册的通讯员就达 720 人。还有特约记者 20 多人。

华北《新华日报》成为种子，派出一批骨干到各地创办或支援各区党报。先后派往太南、太岳、冀南、冀鲁豫地区主持《新华日报》太南版、太岳版、创办《太岳日报》、《卫河日报》的，有刘祖春、张磐石、高戈、魏奉璋、王佩琳、魏克明、罗定枫、张锷等同志，派往山东的有李竹如、贾霁、白汝瑗同志。曾担任《新华日报》太南版负责工作的陈沂同志，在悼念何云同志的文章中这样写道：“《新华日报》华北版撒下的种子，已经在华北各地开花结果了。从太行山到河北平原，冀南、冀鲁豫到山东，更不用说太南太岳的报纸，不仅在形式上，而且在内容上，哪一个不是小《新华日报》。”

华北《新华日报》不仅是报纸，而且成为多品种的新闻出版集团，出版了《中国人》周刊和《抗战生活》《华北文艺》等杂志，印刷发行了大量的政治理论、科技图书和通俗读物，开办有新华书店系统，成为全华北具有重大影响的新闻文化出版事业的中心。

华北《新华日报》的光辉宣传和成就，受到中共中央北方局和八路军总部领导同志的肯定和高度评价。朱德总司令称赞：“《新华日报》一张顶一个炮弹，而且天天在和日寇作战。”杨尚昆指出：“《新华日报》（华北版）的努力，在我们的新闻史上写下了光辉灿烂的一页，开辟了敌后新闻事业的新纪录。”

血染太行

1941 年 12 月，太行山的一个小山村，举行了一场简朴的婚礼。何云和吴青结婚了。何云一身灰色的军装，瘦瘦的身材，吴青是八路军总部的秘书，也是一身褪色的军装。同志们都热烈祝贺。但随后不久即投入了新的战斗。

吴青新婚仅4个多月，他们没有孩子。当时，吴青在战斗中被分割在另一部分，何云1942年5月牺牲后半个月，才确知消息，她哭得像一个泪人。何云牺牲经过是这样的：

当时，华北《新华日报》驻在辽县山庄，5月20日接到八路军总部通知，准备反“扫荡”。何云召集全社人员作了反“扫荡”的动员报告。随后，报社迅速收起铅印版的大摊子，改出小型战时版，并立即动手埋藏机器和各种物资，两昼夜完成了坚壁清野的紧急任务，同时疏散妇孺病号，进入了临战状态。报社人员按战时编制，编成两个中队，改称八路军三营教导大队，何云任大队长，在延安上过抗大的林火任指导员。24日，敌人迫近驻地不到10里，来势凶猛。25日拂晓，何云带领报社大队人马撤离山庄，翻过东山，迅速向庄子岭一带转移。

经过急行军，上午10时左右到达小寺子沟村，隐蔽待命。26日黄昏，报社人员与野战政治部主任罗瑞卿率领的队伍在十字岭东南的大山梁上汇合。27日野政大队与报社队伍沿着崎岖的高山险路向东南方向前进，因发现敌人，又分段行动，分头向西转移，到达武安县馆陶川。

由于敌人的包围圈越来越小，形势十分危急，罗主任当机立断，决定化整为零，分散突围。报社兵分三路：何云率领少数编辑、电务和文印人员组成小分队，随罗主任突围转移到冀北继续出版油印报；陈克寒率领少数记者随八路军一团突围，到太南采访；其余人员由史纪言带队，就地分散隐蔽，和老乡们一起打游击。

由于敌人封锁很严，穿梭扫荡，加上敌机轰炸扫射，我方伤亡很大。何云率领的小分队几次突围未成功，报社人员被冲散，并与野政大队失掉了联系，只好与敌人周旋于庄子岭附近的崇山峻岭之中。为了减少目标，何云带领几位同志转移到辽县东南大羊角村附近，还架起电台，抄收延安新华社电讯。28 日黎明，敌人开始搜山。何云他们隐藏在半山坡的灌木杂草丛中，不幸被敌人发现。敌人向他们疯狂射击。何云沉着地对身边的同志说："不要把子弹打光了，留下最后两颗，一颗打我，一颗打你自己，我们决不能当俘虏。"这时，罪恶的子弹射来，何云被击中，身负重伤，血流满地，医生前来抢救时，何云已奄奄一息，他睁开无力的眼睛，对医生说："我的伤不重，快去抢救其他的同志。"当医生检查完其他伤员的伤势返回时，何云的心脏已停止了跳动。

敌人这次"扫荡"持续到 6 月 5 日，直到彭德怀副总司令突围后，到外线指挥部队打了日寇在长治的飞机场，烧了汽油库，敌人才仓皇撤走。华北《新华日报》在此次战役中共牺牲 46 人，除何云同志外，还有编辑缪乙平、黄中坚，记者陈达、康吾，秘书主任黄君珏，总务科长韩秩吾，负责印刷出版的队长董自托，管委会秘书长杨叙九……他们有的是在对敌战斗中壮烈牺牲的，有的是被俘后，英勇不屈，遭敌杀害的。还有一些同志身负重伤。新闻战士的鲜血洒遍了太行山的峻岭深谷，成为华北抗战史上悲壮的一页！

何云等同志牺牲后，大家悲愤万分。7 月 8 日，华北《新华日报》举行何云、黄君珏、董自托等烈士的追悼大会。会场设在报社新址涉县熟峪村西头的一座古庙里。那天大地泣咽，钟声低沉，松枝搭成的牌楼，白幡上写着"痛失前锋"四个大字，柏树上挂着长联，表达全体生者的意志："誓为殉难烈士复仇，坚持敌后新闻事业。"灵棚四周挂满挽联，陈列着烈士的遗物。大会在悲壮的国际歌中开始，林火主持，陈克寒、杜毓沄相继致辞，表示要继承烈士遗志，高举党报大旗，顽强战斗到底。9 月 1 日，延安举行"第九届记者节暨追悼青记总会北方办事处主任何云及全体新闻界殉国烈士纪念会”，杨尚昆出席，报告何云烈士生平及创办华北《新华日报》的战斗业绩，接着博古讲话。王若飞、罗迈、王鹤寿、胡乔木、陶铸、刘芝明等参加追悼会。延安《解放日报》发表了多篇悼念文章。

新中国成立以后，晋冀鲁豫烈士陵园在邯郸市落成，何云烈士的忠骨移葬于此，位于左权将军墓侧。1986 年 5 月 28 日，太行新闻烈士纪念碑在山西左权县麻田村落成并举行揭幕仪式。纪念碑耸立在西山脚下，雄伟壮观，正面镌刻着杨尚昆题词：“太行新闻烈士永垂不朽”；右侧镌刻着何云烈士简历，记述了烈士一生奋斗不息的事迹。碑体背面刻着 57 位太行新闻烈士的名字。

当年邓拓在获知何云噩耗后，曾悲愤地写下悼诗一首《哭何云同志》，发表在华北《新华日报》上。诗如下：

文章浩荡卫神州，血溅太行志未酬。
党报事艰来日永，同侪心痛老成休！
云山遥祭挥无泪，笔阵横开雷大仇！
后死吾曹犹健在，不教胡语乱啾啾！

太行碧血分外红

——记新华社华北总分社、华北《新华日报》经理部秘书主任黄君珏

万京华

黄君珏，女，1912 年 4 月 19 日出生于湖南省衡山县一个旧官僚家庭。毕业于上海复旦大学经济系。她 15 岁即参加革命，1930 年加入中国共产党，1934 年 9 月在上海参加了共产国际远东情报局的工作。1939 年她与爱人王默磬一起来到华北太行敌后抗日根据地，从事战地文化工作。不久她担任了《新华日报》（华北版）、新华社华北总分社经理部秘书主任兼总会计师，为报社、分社经营管理工作作出了突出成绩。在 1942 年 6 月的反“扫荡”斗争中，她与部分女同志隐蔽在辽县庄子岭一山洞中，遭遇到上百名敌人搜山围攻。她举枪还击，顽强战斗，但寡不敌众，又弹尽援绝，举身跳下悬崖，英勇牺牲。

1942 年 5、6 月间，日寇在太行山一带对我八路军总部进行了一次最残酷、血腥的扫荡。在这次扫荡中，新华社华北总分社、华北

《新华日报》经理部秘书主任黄君珏，与日寇英勇搏斗，打完了最后一颗子弹后，跳崖壮烈牺牲。

芙蓉国里一女杰

黄君珏，原名黄维祐，祖籍湖南湘潭，1912年农历四月十九出生于湖南省衡山县雷家宅的一个旧官僚家庭。她自幼随父母在湖南读书，受到进步思想的影响。1927年黄君珏15岁时即参加了革命，在长沙从事妇女工作。“马日事变”后，在严重的白色恐怖下，她离开长沙，只身来到上海，先后就读于启秀女中和上海中学。不久，她考入上海复旦大学经济系学习。在校期间，她积极参加抗日救亡活动，被选为学生会委员，曾组织领导了复旦学生到南京请愿和营救被捕学生的运动。

黄君珏性格开朗，待人真诚而热情。她的一位好友在一篇文章中回忆起她时写道：“君珏给我的第一印象是，朴素、活泼、天真、大方，没有怎样的修饰，但很整洁，像个男孩子，没有一般小姐的羞涩和做作。”

黄君珏的家庭背景在当时很不一般，然而家庭环境的优越和特殊并没有影响她对革命理想的追求。她对社会和时局的发展有着自己的看法，经常与一些志同道合的朋友聚在一起谈论时事，共同关注祖国和民族的前途与命运。她积极地参加了中共地下党在上海组织的一系列革命活动，受到革命风暴的熏陶，成为一名党的积极分子。在1930年，她光荣地加入了中国共产党。

1933年6月黄君珏大学毕业后，曾在南京国民党政府财政部会计司工作了一段时间。第二年秋，她回到上海，在交通大学研究所工作，同时兼在复旦附中教书，并继续从事革命工作。

1934年9月，黄君珏参加了远东情报局的工作。远东情报局是第三国际派设在上海的秘密情报机构，主要搜集国民党政府以及日本帝国主义的军事、外交、经济各种机密、绝密情报，将其转交给中共苏区党组织。黄君珏机智勇敢，胆大心细，工作卓有成效，受到当时远东情报局领导人器重。

黄君珏的父亲黄友郢当时任南京财政部机要秘书，是孔祥熙的亲信，她的几个舅父都是国民党政界比较重要的人物。为了便于工作和了解到更多的内幕消息，她常以回南京探亲为名，利用亲属关系搜集一些重要情报提供给组织上参考。

因为她是“官家小姐”出身，而且年纪又轻，有人对她的工作能力表示怀疑，但没过多久，事实证明，她完全能够胜任党交给她的革命工作。经过革命熔炉的锻炼，她的理想和信念变得愈加坚定，她的性格也变得愈加果敢、坚强。

1935年由于叛徒出卖，黄君珏参加的远东情报局组织被破坏，这时她曾机警地掩护打入武昌“剿匪”行营的刘思慕夫妇脱险，而她自己却遭到国民党当局逮捕，被判处7年徒刑。在武汉国民党法庭上，黄君珏临危不惧，镇静自若，巧妙地与敌人周旋，为一位尚未完全暴露的战友开脱了罪名，有力地维护了革命事业，保全了自己的战友和同志。在监狱中黄君珏经受了严峻的考验，她和狱中难友们一道热切地期待着胜利曙光的来临。

1937年卢沟桥事变爆发后，八路军武汉办事处出面将她保释出狱。在党的安排下，黄君珏回到长沙开展抗日救亡工作，领导筹办了一所妇女难民工厂，并且担任经理之职，在工作中她勇于负责，成绩斐然。

新闻战线上的优秀经济人才

1938年，黄君珏与爱人王默磬一起奉命到山东工作。第二年，组织上又安排他们来到华北太行敌后抗日根据地参加战地文化工作，她文化程度高，担任了太行文化教育出版社编辑，负责编写抗日的革命书籍。太行文化教育出版社很快与《新华日报》华北版、新华社华北总分社合并，黄君珏担任了经理部秘书主任兼总会计师，协助负责报社经营工作。1942年华北新华书店成立，她又兼任书店的审计室主任。

太行区隶属于晋冀鲁豫边区抗日民主政府，是边区政府下辖的四个行政区之一，也是中共中央北方局和八路军总部的所在地。华北《新华日报》是晋冀鲁豫抗日根据地最重要的报纸，1939年1月1日在沁县后沟村创刊，是中共中央北方局的机关报。当时的华北《新华日报》规模很大，包括了很多机构，新华社华北总分社与报社合一，人员的工作为“一身二任”，报社除负责抄收和转发延安总社播发的电讯稿件外，对外发稿时采用新华社华北总分社电头。

敌后新闻工作的条件异常艰苦，处于敌人军事、经济的包围、封锁之中，为了安全，社址变换频繁。根据地经济文化落后，交通闭塞，物资匮乏，处于高度紧张和极端艰辛的状况。但报社全体人员以抗日救国的崇高思想团结一致，艰苦奋斗，用自己的智慧、血汗把抗日的新闻传向四面八方。

在艰苦的战争环境下，黄君珏和她的战友们战斗在革命的最前沿，他们既要做好报社的日常工作，担负起宣传抗日、鼓舞士气的重任，又要随时紧握钢枪，准备与敌人做殊死搏斗。出身官宦之家的黄君珏，来到敌后革命根据地后，很快就和当地同志打成一片，她穿起军装，腰挎手枪，成了一名英姿飒爽的女新闻战士。

黄君珏在大学里学习的专业是经济学，在经济理论方面颇有造诣，她曾亲自起草制订了华北新华书店政务管理制度和经济核算办法，还常挤出时间给同志们讲经济学方面的课程，并为华北《新华日报》撰写稿件。由于她工作有方，使报社的经营管理建立了一整套较为规范的制度，她也因此深得边区政府领导和同志们的信赖。她还担任了报社管委会秘书兼总审计师，协助管委会领导负责报社的行政及经营管理活动。她是经济管理方面的专门人才，报社一切经济开支都要经过她这里审核后才能投付使用。她每天的工作都相当繁忙，然而人家却听不到她有任何怨言，她总是以积极乐观的态度面对着自己的生活和工作。

1940 年 8 月 7 日的华北《新华日报》上发表了黄君珏所写的一篇《关于抗日货币政策的实施问题》一文，她在文中从以下三个方面论述了抗日敌后根据地金融货币政策的实施中的问题：

一、要使抗日货币政策成为有力的武器，首先得注意其实施。

二、旧货币的整理与新币的发行。

三、活跃金融与贸易政策，对抗日货币政策的帮助。

文章最后得出结论说：

抗日货币政策有着不少的要点：第一，抗日货币代表着职业的要求，它是我们战胜日寇的武器之一。第二，执行货币政策的是抗日民主政权，不是少数人或某一阶段的独裁政府，它真正代表全体人民的利益。所以我们的货币政策不同于敌寇侵略性的货币政策，和欧美资产阶级国家的货币政策也有别。三年来抗日根据地已经表现出不少的成绩，而我们绝不能满足已有的成绩，我们更应当在光荣的成绩上更发挥它，巩固它，使它成为我们最灵活和锐利的经济武器。

在这篇3000多字的经济学论文中黄君珏对敌后抗日根据地经济建设和货币政策进行了独到的研究，眼界开阔，分析透彻，在当时敌后根据地是非常难得的。她已成为党的一名优秀的经济人才。

黄君珏的爱人王默磬自幼丧父，在师友的帮助下完成学业，曾以教书为生。1932年他在上海与黄君珏相识，并在她的引导之下走上了革命道路。他们曾经一起在上海从事党的地下情报工作，一起经历了国民党监狱的严峻考验，后又共赴太行敌后抗日根据地从事战地文化政治工作，当时王默磬是华北《新华日报》电务科的负责人。结婚以后，他们两人感情笃深，被评为边区的“模范夫妻”。在丈夫的眼里，黄君珏是个处事明达，待人柔和的好妻子，两人又有着共同的革命理想，相处最是融洽。在他们唯一的儿子刚刚出生后仅3天，为了不影响工作，黄君珏毅然将孩子寄养在老乡家里。从此，她再也没有见过自己的亲生儿子。在敌人对晋东南长治潞城的一次战役中，黄君珏夫妇随军撤退，一日奔行百余里，产后不久的黄君珏身心都受到很大损伤，她还没有来得及好好休息和复原，就又投入了新的战斗。

壮烈跳崖，喋血太行

1942年5月上旬的一天，黄君珏奉命赴麻田地区视察工作，她像往常一样与爱人王默磬道别，没想到这一别竟成为永诀。这时，敌寇以3万之师对太行山区八路军首脑机关所在地实行所谓“铁壁合围”，妄图将我军一举歼灭。敌人在麻田、偏城、黄泽关一带山地之间形成半径25里之重重包围，配合飞机多架，对我抗日根据地进行篦梳式反复“清剿”。形势危急，报社成员只好化整为零，利用大山的掩护与敌人周旋。

黄君珏开始随报社下属的新华书店的同志一起行动。此后，敌人更加频繁地搜山，她率领部分女同志，穿插于敌人的缝隙间，在太行山区昼夜转战。

6月2日晨5时，她与10余名男女同志，隐蔽在辽县（今山西省左权县）庄子岭一带的山地间，不幸遭遇了上百名日伪军的搜山围攻。黄君珏与译电员王健、医生韩瑞三人所隐蔽的道士帽峰顶的山洞不幸被敌人发现，在敌众我寡的危急中，黄君珏沉着应战，从清晨到傍晚，整整一天敌人都没有能够接近洞口。夜幕即将降临时，敌人又一次逼近洞口，黄君珏立即拔出手枪连续射击，几个敌人应声倒地，其余四散而退，匍卧不敢前进。晚7时左右，敌人自后山登上山顶，点燃柴草在洞口焚烧，妄图用浓烟烈火烧死熏死他们，滚滚浓烟涌入洞里，呛得人喘不过气来。在弹尽援绝，无法突围的关口，黄君珏趁着敌人未注意的瞬间，一个箭步冲出洞口，纵身跳下悬崖，壮烈牺牲，时年仅30岁。

黄君珏牺牲的当晚，他的爱人王默磬就在对面50米外的一座山洞中隐蔽养伤。不久前，他奉命单枪只身援救身陷日寇重围的何云同志，何云同志不幸在战斗中殉国，他也身受重伤。当时他满脸是血，奄奄一息，敌人以为他已死在山上，后来他被勇敢的老乡发现，抬至一个山洞中隐蔽。黄君珏得知丈夫受伤后，还亲自派人为他送去草药，嘱咐他好好静养。在黄君珏牺牲之时，她的丈夫王默磬在对面50米的山洞里，听到了敌我双方交战的枪声，心痛欲裂地借着火光看到了这悲壮的一幕。但因自己重伤在身，势单力薄，根本无法前去营救。后来王默磬在写给岳父黄友郢的信中诉说了黄君珏在战斗中英勇牺牲的情况以及他强忍伤痛和悲痛去山下寻找妻子遗体时的情景，他这样写道：

> 夜九时，敌暂退，婿勉力裹伤蛇行，潜入敌围，爬行至该山，时皓月正明，寻到遗体，无血无伤，服装整齐，眉头稍锁，侧卧若熟睡，然已心胸不温矣。其时婿不知悲伤，不感创痛，趺坐呆凝，与君珏双手相握，不知所往，但觉君珏亦正握我手，渐握渐紧，至不可脱！迨山后枪声再起，始被惊觉，时正午夜，负遗体至适当地点，以手掘土，暂行掩埋。

他在信中谈到黄君珏为祖国英勇牺牲的大无畏精神时写道：

> 吾岳有不朽之女儿，婿获贞烈之妻，概属民族无上之光荣。

黄君珏牺牲时，她的儿子还尚在襁褓之中，为纪念他的母亲，王默磬为他改名为黄继祐，希望他长大以后，继承母志，为国争光。

黄君珏等烈士英勇牺牲、以身殉国的事迹，使报社、分社的同志们深受感动，他们决心化悲痛为力量，把抗日敌后根据地的新闻工作坚持到底。在不久后报社举行的追悼会上，负责主持工作的副社长陈克寒同志号召全体同志学习烈士们“坚强的党性和不怕牺牲、临难不苟、视死如归的斗争意志和品格”，“用我们的武器——脑、笔、枪和工作来复仇！在黎明前的黑暗中，战斗到最后一刻，工作到最后一刻！”

1942 年“九一八”纪念日，八路军总部为黄君珏和在这次反“扫荡”中牺牲的左权、何云等烈士举行了公葬，召开了追悼大会。

11 月 4 日，重庆《新华日报》上刊登了消息《新中国的女战士黄君珏喋血太行》一文，并且配发了短评《为祖国流血悼黄君珏女士殉国》，短评指出：“黄君珏女士的殉国，正如左权、何云等同志一样，发扬了我中华民族的正气，表现了中华民族优秀儿女，在民族解放斗争中的英雄气概！中华民族有这样坚贞不屈英勇赴难的儿女，日本强盗永远征服不了中国。”

花季少女一英烈

——记新华社华北总分社、华北《新华日报》译电员王健

徐人仲

王健，女，1926年农历正月十九出生在河南省修武县方庄孙窑村。她6岁在山区的家乡上学，10岁考入县女子小学。1938年初，年仅12岁的她，即参加了抗日宣传队。1939年初，入山西长治“鲁艺训练班”学习。1940年，她被调到华北《新华日报》社、新华社华北总分社工作，任译电员。1942年6月，她在反“扫荡”中，和黄君珏等3人隐蔽在山洞里，被日寇包围，黄君珏跳崖牺牲，她与另一位女同志被敌人火烧烟熏得奄奄一息，后被敌人残酷杀害。牺牲时年仅16岁。

在抗日的烽火中，坚持在太行山上的新华社华北总分社、华北《新华日报》成为打击敌人、团结人民的一面伟大旗帜。日伪5次围剿失败后的1942年5月，冈村宁次又调集3万兵力，向设在辽县（后改为左权县）的八路军总部合围。设在辽县山庄村的报社，有许多同志没有撤出。就在这次惨烈的战斗中，年仅16岁的女译电员王健壮烈牺牲了。

王健，原名王梅蓉，1926年农历正月19日出生于河南省修武县方庄孙窑村。她6岁在山区的家乡上学，10岁考入了县女子小学。

在校期间，她学习刻苦努力，成绩优良，并酷爱体育文娱活动，多次获奖。

“七七”卢沟桥事变后，全国掀起抗日救亡高潮，梅蓉参加学校组织的抗日宣传队，走上街头，向各阶层群众进行宣传，发动募捐，支援抗日。1938年初，日本侵略军占领了修武，梅蓉被迫辍学回家。此时，共产党领导的太南区游击支队，正在她家乡一带活动，年仅12岁的梅蓉和姐姐梅英，满怀爱国激情，参加了游击队支队领导的抗日宣传队。梅蓉是队内年纪最小但最活跃的一员。从那时起，她自己改名为王健，经常与同志们一起，爬山越岭，走家串户，通过唱歌、表演、贴标语、发传单等形式，揭露日本帝国主义的血腥罪恶，鼓舞广大老百姓决不当亡国奴。小小王健的抗日宣传吸引了老乡，深深感动了老乡，不少人当场报名参军，不少人有钱捐钱，有力出力，支援抗日。

不久，抗日宣传队随部队向山西转移，考虑到王健年幼，和当地群众关系密切，组织上决定留她在当地参加妇救运动，并照顾母亲。但王健坚决要求参加八路军。她能走山路，什么苦也能吃，革命决不掉队。组织上批准了她的要求。当部队离开修武县的前夕，母亲到部队驻地黑岩村看望女儿，母女见面恋恋不舍，母亲怎么能让小女儿离家，她声痛泪涌，王健则百般劝解，对妈妈说：“打不败日本鬼子，咱就要当亡国奴，那时哪还有家？哪还有妈妈咧！我决不当亡国奴，不赶走日本鬼子决不回家见你。”妈妈点了点头，表示坚决支持她的决定。

12岁的王健离开河南，勇敢地随军北上山西。

1939年初，部队考虑到王健年纪小，决定派她到山西长治“鲁艺训练班”学习。四五月间部队转移到襄垣虒亭一带，她边学习，边做抗日宣传工作。同年冬季，又到设在武乡县的“抗大”学习三个月，政治觉悟和文化水平都有很大的提高。后来王健被调到部队卫生队工作，她经常冒着枪林弹雨，到前线抢救照料伤员，成为英勇能干的一名火线女卫生员。

1940年，王健被调到华北新华日报社电务科做译电员工作。当时敌后根据地反“扫荡”战斗频繁，环境艰险，生活艰苦，报社经常要行军转移。王健当时虽然只有14岁，但情绪十分饱满，不怕苦，不怕累，她除和大家一样背着行李行军并坚持工作外，还主动帮助战友，照护病号。1941年春夏间，她腿上生疮肿得很厉害，行动非常困难，却硬是不要别人照顾，由自己来护理。她经常咬着牙，不吭声一瘸一拐地来回于山区村舍的小路上，坚持工作，坚持战斗，从不停息。

王健忠于革命职守，热爱本职工作，学习译电，心灵手巧，很快就背下了电码，能熟练地抄收电报。她成了新华社华北总分社、华北《新华日报》的一名业务熟练的译电员。报社、分社的新闻稿有许多由她译发延安总社。后来，她又学习了无线电发报技术。她不分昼夜，一有任务就戴上耳机子抄发电文，有的新闻稿几篇三五千字，她抢时间，争速度，一口气发完，及时地、出色地完成党所交给的任务。

在1942年5月的反“扫荡”中，王健和部分同志转移隐蔽到一个叫庄子岭的小山庄。6月2日拂晓，日寇包围了庄子岭，漫山遍野进行搜索。日军叽里咕噜的号叫声随处可闻。

16岁的王健毫无畏惧，镇定自若。她和报社的经理部秘书主任黄君珏、女医生韩瑞三人隐蔽在一个靠近山顶的山洞里。下午，敌人发现了她们，相持到傍晚，黄君珏跳崖壮烈牺牲，王健和韩医生隐蔽到山洞深处，坚决不投降。最后，敌人在洞口架起柴草，火烧烟熏，将她们两人熏得奄奄一息，然后残酷地杀害在洞口。

16岁花季的王健，为了民族的解放，为了国家的兴盛，献出了她花苞待放似的青春生命。她活泼朝气的音容笑貌，她灵巧传发新华社、华北《新华日报》电文的双手，都埋葬在祖国的热土之中。如今，每当春来山西左权县庄子岭时，漫山勃发的朵朵山花，正怀念着革命少女王健，吐出无数红艳，汇成一片。

全心服务的好后勤

——记新华社华北总分社、华北《新华日报》
总务科长韩秩吾

徐人仲

韩秩吾，男，河南省修武县人，1903年出生。11岁时才开始读私塾。1942年在河南省立第五师范学校毕业后，到一小学任教。1934年加入中国共产党。1937年抗战爆发后，他利用小学教师的身份，向学生进行抗日爱国教育。1940年春，他被调到华北《新华日报》、新华社华北总分社任材料科科长。翌年夏，他改任总务科长。1942年5月下旬，在日寇的大“扫荡”中，他随副社长杜毓沄等在转移途中，被敌包围壮烈牺牲。

1942年5月，日寇调集了3万兵力，对山西辽县的八路军总部和新华社华北总分社、华北《新华日报》进行疯狂围剿。在这一战斗中，分社、报社的总务科长、全心全意为人民服务的好后勤韩秩吾同志，在突围中英勇牺牲，时年39岁。

韩秩吾（亦名秩五，原名天叙），男，河南省修武县人，1903

年生。

因原籍地处偏僻山区，他 11 岁始得读私塾，后入修武城内第一小学，1925 年毕业于河南省立第五师范学校，即到修武第一小学任教。

在五四运动的影响下，韩秩吾在青少年时代，就积极追求进步，反对封建礼教，提倡妇女放足，蓄短发，并参与打倒神像，破除迷信。同时，目睹新老军阀连年混战，民不聊生，逐渐产生了拯救人民于水火，拯救祖国于危亡的爱国思想。

1925 年，韩秩吾参加了孙中山先生亲手改组的中国国民党，并经前地下党员崔长永介绍，和中共焦作市委书记龚逸情交谈后，同在北平求学的修武籍国民党员张润三、薛楹之、常文喜等，组建了国民党县党部，韩秩吾被选为执行委员。在此期间，他结识了中共焦作市党部委员李刚中，在李的影响下，他做了不少有利于革命的工作，如声援上海工人的罢工斗争，支持焦作煤矿工人的罢工斗争，驱逐反动的修武县教育局长吴叶堂，逮捕修武县大劣绅陈禹谟等，并在这些斗争中经受了锻炼，进一步提高了他对中国革命的认识水平。

1927 年，冯玉祥率国民革命军击败奉军，督治河南。韩秩吾受国民党河南省党部委派，以豫北特派员身份，曾在道清铁路沿线各县视察党务。但随着蒋介石叛变革命，公开反共，进行清党，大肆搜捕和血腥屠杀共产党员，韩秩吾逐渐认清了蒋介石的反革命真面目，就与国民党左派站在一起，从事反蒋活动，并利用其合法身份，掩护被迫转入地下活动的共产党，和国民党右派进行斗争。中共焦作市党部委员李刚中，就是在他的掩护下脱险的。此后，他就逐渐脱离国民党，倾向共产党，转入教育界，于 1928 年到焦作扶轮小学工作。

1929 年，韩秩吾也因遭受迫害，流亡北平。在李刚中的帮助下，先后在香山慈幼院图书馆工作、清华大学附小任教，同时在民国大学就读深造，直到1933年。在此期间，他阅读了不少马列主义著作和大量进步书刊，共产主义思想开始在他脑海中植根萌芽。

1931年，日本帝国主义发动“九一八”事变，韩秩吾基于民族义愤，以满腔热情投入抗日救亡运动。1933年春，他到开封扶轮小学任校长；同年夏末，任焦作扶轮小学校长。他先后延聘共产党员、进步人士杨乃峰、周致远、李建真等来校任教。他们很快建立了党支部，开展党的活动，领导抗日救亡运动。是年，党组织派李常青（即李耀先生）来焦作担任党的领导职务，经韩秩吾介绍，到焦作中学任国文教师作掩护。从此，焦作党的活动重新活跃起来。

韩秩吾在任焦作扶轮小学校长期间，经常对学生进行爱国主义教育，课堂上公开宣讲日本帝国主义侵略我国的罪行，痛斥蒋介石政府对内围剿中央苏区，屠杀共产党人，对外步步退让，奉行不抵抗政策。并组织师生到街道、乡村进行宣传。通过唱救亡三部曲，演活报剧等形式，唤起广大群众的觉醒，散播抗日的种子。他本人还经常奔波于开封、许昌、修武、获嘉等地，积极进行抗日救亡活动。

由于李常青经常对韩秩吾进行共产主义和党的基本知识教育，使他认识到只有中国共产党能够救中国，所以积极申请参加中国共产党。1934年经扶轮小学党支部研究同意，李常青批准，他光荣地加入了共产党。就这样，他从一个富有正义感的爱国志士，成长为无产阶级的先锋战士。

当年10月，由于叛徒告密，杨乃峰等地下党员被捕，国民党河南省保安司令部，直接派军警到焦作中学搜捕李常青。韩秩吾在开封闻讯后，星夜赶回焦作，与焦作中学校长张润三、进步教师张汉英、周学英等共同研究谋划，先将李化装成农民，转移到磨石坡村的韩秩吾家中。两天后，又沿着韩亲自察看过的路线，绕山路将李护送到汲县的塔岗车站，乘火车到达北平，安然脱险。

1935年底，毛主席代表党中央提出了建立抗日民族统一战线的主张，更给韩秩吾全力进行的抗日救亡活动指出了明确的方向。特别是“七七”事变后，他所主持的焦作扶轮小学，停止正课，改上战时课，向学生讲授政治常识、统一战线、游击战等课，激发了同学们对日本帝国主义和蒋介石政府的义愤和仇恨，宣传了党的政策，扩大了党的影响。在此前后，他还运用他广泛的社会关系，卓越的活动能力，随时随地动员广大青年参加抗日斗争，走上革命道路。1936年，他在火车上偶遇思想苦闷的青年张仙舟，就向张进行革命教育，并赠以《共产党宣言》等革命书籍，张在他的启迪下，奔赴抗日前线，在抗日斗争中成长为新四军的营团级干部。1937年10月，在晋鲁豫流亡学生办事处所在地的许昌，他又动员河北流亡女学生张玉果、董玉磬，抛弃了继续南下的幻想，毅然到焦作参加了“抗日民族先锋队”。他还通过在焦作中学组织1938年度元旦晚会，宣传党的抗日民族统一战线政策，挫败了国民党军官学校在该校招生的计划，使原来应招的学生如刘如三、王铁臣等都改变了主意，投身到共产党所领导的抗日根据地，参加了革命工作。就连他的女儿和亲属在他的教育下，也都积极地投入了抗日救亡运动。

韩秩吾无限忠诚于党的事业，他热情奔放，积极能干，艰苦朴素，公而忘私，工作勤奋，任劳任怨。即使在1937年以其入党手续不健全停止了他的党籍后，他仍不动摇对共产主义的信念，仍时时以共产党员的标准要求自己，并于1938年正式参加革命工作，坚定地跟着共产党干革命。

1938年初，日寇相继侵占修武、焦作。我地下党领导成员程明升等，在韩秩吾家中开会研究组建抗日游击队。经动员，先后前来参加游击队的焦作扶轮小学师生及煤矿、铁路工人达一百余人，吃住都在韩及其亲友家中，家里的粮食、干菜吃完了，韩又设法转借，并利用社会关系，从敌伪粮仓搞一些粮食。他不惜毁家纾难，以自己的家产甚至身上的衣服，换取国民党逃兵的枪支，武装游击队，从而点燃了修武一带的武装抗日烽火。

为了把政权掌握在共产党手中，加强对抗日救亡运动的领导，韩秩吾通过他广泛的社会关系，做了大量工作，促进了修武县各界代表大会于 1938 年 4 月在大东村胜利召开，民主选举成立了修武县抗日民主政府，程明升当选为县长，韩任粮秣科长，团结了各阶层的抗日力量，扩大了民族统一战线，发展了修武、焦作一带的抗日斗争大好形势。

同年 12 月，国民党反动派制造了臭名昭著的“许河事变”，使我抗日武装遭受严重损失。事变前夕，正值韩秩吾爱人董玉磬分娩。他当夜赶回家中，次日即回部队。临别嘱其爱人：只要还活着，就要继续干革命。从此，他随我党我军转战山西，在险恶的环境中，总是出色地完成党所交给的任务。1939 年 2 月，他在平城任太行文化教育出版社经理，积极从事宣传工作。同年 7 月，他被调到部队合作社任经理，经常带领同志们，出生入死，跋山涉水，出没在林县、沙河一带的游击区和敌占区，用肩背、驴驮等办法，把根据地奇缺的盐、火柴、布匹运回，供应军民急需。

1940 年春，韩秩吾被调到新华社华北总分社、华北《新华日报》任材料科长，翌年夏改任报社总务科长，他千方百计地设法购买油墨、纸张，保证了日报的按时出版。

当时，太行山根据地物资匮乏，出报条件更差。但华北《新华日报》却以非常漂亮、清晰的一张机印报纸的面目出现了，根据地军民爱不释手，日伪占领区的敌人得到这份报纸，既惊慌，又惊异，山沟沟里，怎么能出这么好的报纸。这背后，就有韩“总务”的心血。首先，纸张用量大，机印的白报纸根据地不能生产，韩秩吾就通过各种关系到敌占区购买。其次，油墨、金属原料、电讯器材、西药和文具等，根据地也奇缺，韩秩吾精心组织，派人到平汉路沿线各城镇和太原、榆次，化装成卖油郎，进行收购，战胜千难万险，保证了出报的需要。

1942年5月下旬，日本侵略军大举“扫荡”我太行山抗日根据地。当时，华北新华日报社也陷入日寇重围。为了相机突围，韩秩吾随报社副社长杜毓沄、经理部教导员朱省三等，从庄子岭向寺沟转移，突围时，韩秩吾壮烈牺牲于寺沟村后南凹岩，时年39岁。

未敢忘却的怀念

——回忆太行新闻烈士董自托

董希真

董自托，男，1910年出生于河北省威县后小辛村一个农民家庭。自幼就读于本村小学。1931年至1934年12月曾任河北省邢台县陶律师事务所书记员。1932年加入中国共产党，开始从事党的活动。1934年12月，因叛徒出卖，被国民党军警逮捕。1936年12月，组织政治犯越狱逃跑。1937年，受党组织的委派，到军阀孙殿英部做统战工作。1941年初，被分配至新华社华北总分社、华北新华日报社工作，负责出版印刷工作。1942年5月，在日寇的大“扫荡”中牺牲。

回忆往事，经常萦回我的心头的是自托哥哥。

那是1937年“七七事变”后，自托兄被关押在保定河北第四监狱里已快3年了。事变发生后，时局动荡，日寇步步紧逼，国民党军队节节败退，战事逆转直下。平津陷落后，日寇的空军便集全力对河北省会保定实施轰炸，白天炸，夜晚也炸。罪恶的飞机，一批去了，一批又来，轮番不停地轰炸。古老的保定城已瘫痪了。到处是一片瓦砾废墟，街巷随处可见遇难同胞的尸体横卧血泊。一片恐怖景象。又有谁敢冒生命之险去收殓他们?！一股股腐烂发臭的气味扑鼻难耐，其状惨不忍睹。国民党河北省政府的要员，早已逃之夭夭，商业店铺俱已关门，城内居民大多逃出城外，街上寂无行人。就在此时，我与自托兄在保定监狱会过最后一面。战争的激浪迅即把我们冲击得天各一方。国破家亡何处栖身？忽而想起自托兄的话语“唯有抗战，才可图存”。于是我决然从军，参加了在卢沟桥抗战、回击日寇勇敢地开第一枪的二十九军。入伍后，曾转战河北、河南、湖北等战区。1939年春，我脱离了该军奔向延安，那时的心情，一方面思慕延安抗大，另方面想找寻自托兄。估计他从监狱出来后，一定会回到八路军工作，这样总有机会见面的。1939年冬，我在延安抗大学习时，接到过家信，信中提到自托兄在河南林县、山西陵川等地经商（因当时信件通过敌区检查，不便实写），当即意识到他定在我军无疑。可惜，此后再未能通信。

抗战胜利后，满想弟兄可以见面了，可是，国民党又发动反人民的内战。1948年，同学马君在晋东南八路军总部工作过，他代我查询到知情的人，言之自托兄已不在人世，详情未告。1951年我调至华北军区工作。同北京出版总署工作的一位女同志交谈中，她告诉我自托确于1942年在晋东南反“扫荡”中牺牲。至于详情经过她也不清楚。家父虽已年迈，仍然惦念着儿子的尸骨还家。1952年来信，要我尽量设法找寻自托的遗体掩埋何处，经多方探询终于弄清，他的遗体当时由村干部埋在邢台县西臭水村。该村当年的老支书鼎力协助，家中派之刚兄和锡湘弟二人去把自托的遗骨搬回故里，这尚堪告慰与亲人者。但自托究竟怎样由保定监狱逃出，又怎样重回党的怀抱，又从事了哪些工作，以至何年何月如何牺牲的等情况，仍尚不知。

董自托原名董锡耀，字自托，参加革命后更名自托。1910年出生于河北省威县后小辛村一个较富裕的农民家庭。自幼读书于本村小学，区立一高，以后就读于威县师范讲习所。毕业后又在本县邵庄村张晴园先生处，攻读古文诗词及书法，而后曾在本县张家营、高亮村小学任教。1931 年至 1934 年 12 月曾任过河北省邢台县陶律师（名秋阳，字文炟）事务所书记员。1932 年在邢台加入共产党，开始从事党的活动。他曾与王亚平、臧克家等同志共同创办党的秘密刊物，出版有《蘅英》周刊、《新诗歌》等，他担任编辑与发行工作。此刊物曾散发到邢台、石家庄、保定、威县、广宗等地区进步青年手中，在青年学生中影响较深，鼓动很大。

此期间，自托对我的影响很大。他长我七岁，对我幼年时的教育帮助尤深。及长，他常年在外，信上往往多谈我的学习情况，每届回家，向我灌输不少的新思想，宣讲共产主义高尚理想，揭露国民党的腐败无能，蒋介石对日本的妥协投降，对共产党残酷镇压，“九一八”把东三省出卖了，冀东伪自治政府的殷汝耕是大汉奸，还有什么华北政务委员会，都是对日妥协的卖国组织，是对中华民族的背叛，华北危在旦夕，青年人要奋起救国等。自托还介绍我参加“读书会”，直接联系人马鸿灿（字东斗）。入会后，除经常传阅一些秘密书报刊物外，分配我在本村创办平民夜校，并担任教员，教育对象主要是农村中无力上学的穷苦农民青壮年，教材除识字课本外，并讲读形势（报纸），每日中午及晚间上课，义务教学。

1934 年 12 月，自托在邢台从事党的地下工作时，因叛徒告密，被国民党河北保定行营的军警宪联合稽查处逮捕。同时被捕的尚有邢台师范学生邢荷田、王舒安等人。自托被捕后的半年多时间杳无音信。生死何处均不曾知。家中亲人为此惊恐莫名。无奈何只好托人求情，到处奔走，终归无济于事，但家庭经济上蒙受重大损失，卖掉土地十余亩，借债 300 元。1935 年的六七月间，突然接到他的来信，始知他被定为什么“政治犯”，判处有期徒刑五年，关押在保定河北

第四监狱，编号65。在狱中，他坚强不屈，仍从事狱中的斗争生活。1935年10月，我去保定探视他时，他神色自若地让家中不必惦念，劝我勿受形势影响，要像从前一样的学习工作下去。他还让看守（内线）秘密送信给我，要我买俄国史，及一些犯禁的书籍，交给看守带去。他在狱中坚持学俄英外语。1936年，双十二事变前后，保定监狱曾发生暴动，部分政治犯越狱逃跑。事后据逃出的冯国才同志讲，此暴动是保定师范的党组织与监狱的党组织共同领导的，自托是暴动组织成员之一。

1937年，“七七事变”后，当日寇进攻保定行将沦陷时，自托逃出监狱，他连家也未归，便毅然决然地跑到晋东南，重新回到党的怀抱，继续为党工作。党组织曾分派他去新五军（系军阀、土匪孙殿英部）做统战工作。1941年初，新五军的地下工作有点暴露，当时自托体弱多病，组织将其调回后方，分配他担任新华社华北总分社、华北新华日报社二队队长，具体负责出版印刷工作。自托在任二队队长期间，工作积极负责，勤勤恳恳。对同志热诚，平易近人，干部和工人都乐于向他谈问题，他能倾听各种反映意见，并善于激发同志们的积极性，创造性，克服困难，完成任务。1941年他身患多种疾病，当时物质条件困难，缺衣少药，卧床月余，食不入口，但他仍思念着印刷出版工作和战备工作。同志们称赞他是一位能服从党的利益和为人民服务的好领导，好党员。他精心于业务，改进了书籍的出版。1942年，为了赶印整风22种文件，他废寝忘食，领导全队职工奋战七昼夜，完成任务。在反“扫荡”中，并想尽一切办法，保护了它的安全。他鼓励各科长，要动员全部力量做好各项工作，为党的利益把报纸书刊按时印出送到人民手中，让人们早日知晓党的指示，早日得到文化精神食粮，为抗战多做贡献。

1942年5月上旬，日寇向我太行根据地发动大规模的进攻——

铁壁合围扫荡时，自托夜以继日带病坚持工作，他组织全队人员掩埋好机器等财物，次日上午将人马分头转移，当他撤至西臭水至五道梁山间时，被敌人四面包围，终因寡不敌众，突围中不幸牺牲，时年不过 31 岁。

回忆自托对我青少年时代的亲切教诲，启发我革命的思想，始终令人难以忘怀的。回顾我半生戎马倥偬，是他无形的力量督导我前进的步伐。继承先烈的遗志，向着共产主义美好的未来继续前进，永不停步，是我终生未敢忘却的怀念。

才华横溢的不朽新闻战士

——记新华社冀中分社副社长沈蔚

万京华

沈蔚，男，1916 年 9 月出生于江苏省吴县唯亭镇一个贫苦的家庭。1938 年 6 月，在延安抗日军政大学加入中国共产党。同年 12 月他作为八路军总政治部前线记者团记者，赴前线采访。1939 年夏，他参加了《冀中导报》的复刊工作，并担任冀中通讯社（1942 年 3 月正式改称新华社冀中分社）副社长，对冀中地区通讯工作的开展作出了突出贡献。1942 年敌人对冀中进行了残酷的“五一大扫荡”，他在战斗中英勇牺牲。

在中华民族危亡之时，在抗日战争的烽火之中，新华社冀中分社副社长、才华横溢的优秀新闻工作者沈蔚献出了他年轻的生命。沈蔚在党的哺育下迅速成长的历程，他在极其艰难困苦条件下从事无产阶级新闻工作的出色创造，他为国家和民族的解放，不惜牺牲自己的可歌可泣的献身精神，将永垂史册。

沈蔚是 1942 年 7 月在日寇的“五一大扫荡”中牺牲于河北省安国县西南小张庄村的，当时年仅 25 岁。25 岁，这是多么美好的年华……

苦学求进，投身革命

沈蔚，原名朱鸿寿，学名朱锡范，抗战初期曾改名黎明昭，沈蔚是他到冀中革命根据地工作后使用的名字。1916 年农历九月十八，沈蔚出生于江苏省吴县唯亭镇一个贫苦的家庭。他的祖父是镇上一位中医，本来生活尚可，但是受到鸦片战争后公开贩毒吸毒的危害，他祖父染上了鸦片瘾，家境很快陷入贫困。

1921 年到 1926 年，沈蔚在本镇小学读书，他刻苦好学，成绩优异，每次考试都是第一名。当时学校破例免收他的学费直至他小学毕业。

沈蔚是家中的长子，生活的贫困迫使他很早就担负起了养家的重担。在小学五年级时，他就找了一份勤工俭学的工作，给唯亭水文站每天早晚记录苏昆河的水位。他白天照常上学，起早贪黑到河边准确记录水位，每月将 4 元钱报酬全部交给母亲贴补家用。

小学毕业后，由于家境实在困难，沈蔚不能再上中学了，他先在附近地方当了一段时间学徒。1928 年初春，12 岁的沈蔚来到上海南市公义码头的震昌木号（主要经营美国松木批发业务的商行）当学徒。学徒生活非常清苦低下，但他任劳任怨，什么苦活脏活都主动去干，极其勤快。生活上能省就省，一个铜板也舍不得多花。他把少得可怜的学徒收入交给母亲维持家用，供弟妹读书。在学徒期间，沈蔚从不放过任何一个可以学习的机会，在木行的职工夜校里，他风雨无阻，每晚必到，是学习最认真的一个。沈蔚从小学习的知识比较扎实，具备了自学能力，他利用工余时间找各种书来看，如饥似渴地阅读进步书籍，寻求人生真谛。自身的遭遇和学习所得，使作为学徒的沈蔚逐渐认识到帝国主义的侵略和国民党政府的腐败，思想上倾向于革命。后来，他参加了上海的抗日救亡运动，成为上海抗日救国会成员。并且团结了一批爱国青年共同宣传抗日救国的主张，还积极参加慰问当时被国民党逮捕的“七君子”活动。

1937 年卢沟桥事变爆发，震惊全国，沈蔚毅然北上参加了八路军。他先在山西省洪洞县马牧村八路军一一五师干部学校学习。次年 2 月，一一五师奉命调离山西，深入山东敌后。沈蔚所在的干部学校被合并到临汾八路军总部的随营学校。沈蔚的品质好，为人忠厚，待人诚恳热情，他学历虽不高，但刻苦自学所形成的文化基础相当好，八路军总部随营学校觉得他是可造之才，十分爱惜，决定派他到延安抗日军政大学深造。1938 年 4 月，他被编入延安抗大第四期第一大队第五中队学习。沈蔚极其珍惜延安抗大的学习机会，在短短四个月中，刻苦攻读马列主义著作，学习军事、文化知识，表现突出，成绩优秀，于当年 6 月光荣地加入了中国共产党。1938 年 8 月 1 日，他与第一大队的战友们一起参加了在延安举行的抗大学生毕业典礼，聆听了毛泽东主席在会上所作的报告。

1938 年 12 月，沈蔚奉命参加了“八路军总政治部前线记者团”，赴前线采写我军指战员战斗生活和革命根据地工作经验的报道。记者团的工作人员主要由从抗大挑选的一批政治条件好、工作作风好、又有写作能力的优秀青年党员组成，沈蔚等五名同志被编到了晋察冀组，雷烨任组长。1939 年初，沈蔚与雷烨、范瑾、林朗、程追四位同志一起来到晋察冀边区，作为八路军前线记者团和《晋察冀日报》前线记者，深入敌后采访。从此，他开始了自己战斗的记者生涯。

抗日烽火中的优秀记者、冀中分社的优秀领导人

1939年初夏，沈蔚到达冀中抗日根据地，参加了《冀中导报》的复刊工作，并担任冀中通讯社（1942年3月正式改称新华社冀中分社）副社长。

《冀中导报》是冀中区党委机关报，1938年9月10日创刊于河北任丘，初名为《导报》。1939年底复刊，改名为《冀中导报》。冀中通讯社与冀中导报社是两块“牌子”，一套机构，它实际上是报社的通讯指导科，既向新华社晋察冀分社发稿，又管理着报社的通讯工作。沈蔚同时也是冀中导报的编委委员、记者科长，又负责《冀中导报》副刊的编辑工作。在报社社长兼通讯社社长范瑾同志去晋察冀边区期间，他还负责冀中通讯社的领导工作。

在抗日战争的冶炼中，沈蔚很快显露了他出色的记者才华。他采写的《雪夜的袭击》刊登在1939年6月25日的《八路军军政杂志》第6期上，真实地反映了一支八路军轻骑队奔袭平地泉南30里苏集车站日寇，取得胜利的情景。

这篇通讯这样写道：

深夜，没有月，也没有星。

盖遍了雪的原野，像笼罩着一层淡淡的银光。

“同志们！三十五里走过了，离苏集车站还有五里。”

排长的话轻轻地，大家压着气，一声不响。

“这五里要步行，大衣不要穿！第三班留下来，看守马匹，担任警戒。今晚我们的任务定要叫这两小队敌人一个不留，一个不留！”

风雪中，排长和担任奇袭的三十二个同志的足印在轻快的步伐下留下了。路旁的树木，透过竹丛似的雪丝，在模糊中移动着，几次疑为敌人哨兵似的，惊动了大家紧张的心，于是都握紧了枪托，睁大了眼睛扫视着前面。

“还有一里路，敌人没有警戒，都睡在票房里。”

尖兵的报告，由排长那里，清风一样地掠到排尾，大家振奋起来了，轻轻地踏着急骤的步子。

突然，在五十米外，什么东西在模糊中摇晃着？是敌人发觉了？一道箭，大家趴下了，动也不动。慢慢地，慢慢地，一只巨兽出现了，它蠢然地蹲在卫护铁轨的栅栏后，披着白色的毛，黑洞洞的巨大的嘴和巨大的眼在急待着血的犒赏。

血，滚热地烧遍了整个身子，额角上的青筋暴涨了，大家咬着牙，铁锚似的手紧抓着手榴弹，“一个也不留!”沉重的在人们心里翻动。猝然，大家跟着排长猛地跳过木栏，冲上前去，手榴弹对准了巨兽的嘴眼……

轰!

轰，轰，轰!

手榴弹爆裂了，大地震动了，巨兽战抖了，“杀，杀”的狂呼，子弹的尖叫，冲破了狂啸的寒风，从巨兽的心脏中传出一阵阵的悲鸣!

紧张的，震动的，愤怒的空气，十分钟后立即又复归于平静了。

血腥的气味夹着硫磺的恶臭，在狂风中飞扬；烈风仍挟着雪花在怒吼，但远处传来了发疯似的狗的狂吠。

三十二个，整齐的跟在排长的后面，又踏着皑雪，冒着寒风，飞跑地驰去，胜利的微笑，爬上了紫红色的脸。

这篇通讯，对日寇的具体伤亡情况没有写，因为，在当时残酷条件下，不可能去了解。但以这次奔袭后风中飞扬“血腥的气味”，和车站栅栏后披着“白毛”的“巨兽”（在雪中的敌人碉堡）被击毙，以及八路军32个战士和排长的胜利返回，描绘了这次成功的战斗，热情歌颂了正义的抗日战争，具体生动地反映了八路军战士的英雄气概。

发表在1941年9月4日《冀中导报》上的《谁能忍受》一文揭露了日寇残杀我同胞的累累罪恶，是沈蔚饱含血泪写成的，文笔凝练，内涵深刻，具有极强的震撼力。全文如下：

谁能忍受

——在此次“扫荡”中日寇杀戮侮辱我人民的纪实

杀人是目的

在这次扫荡中，鬼子杀人治人的方法，胜过他欺骗的方法，宣传是手段，杀人是目的。因为屠杀我巩固地区的人民大众，就等于毁灭我根据地的灵魂。

扫荡队每占一村，就大胆地到高粱地去圈人，进行面的搜剿。见了地里的老百姓，就挥着太阳旗狂吠：“不要跑的！回来！跑了就打死的！”接着说：“皇军只扫荡八路的，不打老百姓！保护老百姓！”在这种用心颇苦的“宣传”后面，请看日本帝国主义那副魔獠般的真面目。

“猪那人”

在定南东里村，鬼子捉住了十四个老百姓，先剥光了他们的衣服，赶到一个猪圈边，迫他们排直了站在猪圈墙上，一点不许动，违者以皮鞭毒打。打了一阵后，又叫人挑了几担水倒在猪圈里，鬼子就把那群同胞一一推下去，强迫他们在粪水中装猪爬行，又叫他们喝污水，谁不走不喝就痛打，专打头打背脊。同时在院里观看的日本鬼则大呼“猪那人”，狂笑不止。

拉着活人当牲口

敌人占了李昌道村后，有位上了年纪的人在村里没跑出去，就成了被侮辱的不幸者。鬼子让老人的头上套着个席篓子，迫老人匍伏在地，鬼子用鞭子打席篓。规定打一下老人就应跳动一下，不跳多打，跳得高，打得轻，否则重打。暴虐行为莫此为甚。

在侯家店，敌人捉住了一个青年，把一副牲口嚼子带在青年嘴上，勒令爬下装马行走，敌人跳过去骑在背上，青年反抗不从，就用枪托痛殴，结果被刺死。

狼心毒刑

在连台村，在东丈村，敌人抓住了几个老年人（这是他们事先麻木不知躲藏的结果），鬼子左手揪着老年人的胡子，右手猛力痛击耳朵，打一下就狠狠地说：“打你这老八路的！打你这老八路的！”

在沙河滩里，敌人围住了老人，怎样治死的呢？敌人用刺刀挑死他们，一边砸，一边骂：“杀死你老妖精！”

或者把俘虏的群众一齐驱在墙根底下，叫群众弯着腰，头顶着墙，鬼子就用棍子痛打屁股……

还有更多的侮辱的方法……这不共戴天的仇恨啊！

女人的痛苦比男人更重

敌人见了抱小孩的妇女就挑死，单身的青年妇女被奸淫，被裸体侮辱，被抢到据点中去。

在安平六区邱村近百个死尸中，有这么一幅惨图：一个全身衣服都被撕破的少妇，尸身横躺着，乳房边被刺刀扎了几个紫色的大裂口，下身也是模糊的血泊，她一定是在被奸淫之后……她之血体外边，躺着一个幼儿，死去了的白色的小眼睛，依然在凝视着他的母亲，而死者的丈夫，则握住了孩子在痛哭。

写到这里，我应该告诉读者，群众是不能忍受这些的，扫荡之后，立即在群众中散布着，从惨痛中得到不作绵羊的教训。老百姓们都说："不跑就落一个死"，"死在日本人手里屎土不值"，"下回再扫荡，我带把铡刀在手里，见了就拼。"

《谁能忍受》揭露日寇在冀中的罪恶，远不止此。但这已把日寇丧尽天良的疯狂、残忍和无恶不作，录于历史的耻辱柱上。"下回再扫荡，我带把铡刀在手里，见了就拼。"这在冀中老百姓中流传的话，铿锵有力，这正是"以我们的热血筑成我们新的长城"的写照。

沈蔚在深入群众采写新闻的同时，还开拓了"全党办报""群众办报"的新局面。

《冀中导报》、冀中分社的新闻工作深深扎根于群众之中，作为冀中分社的主要业务领导之一的沈蔚为此付出了很大的心力。在冀中区党委及各地委、县委的支持下，冀中敌后抗日根据地在1940年就建成了遍布全区的通讯报道网，这支通讯队伍的成员大多是20岁上下的年轻人，大多只有中、小学文化水平，但觉悟高，纪律性强，为党的新闻通讯工作尽心尽力，不怕危险牺牲。为培养和提高这支群众性的新闻通讯队伍，冀中通讯社于1940年10月创办了《通讯与学习》这个专业刊物。那正是战争频繁、经常处于“拉锯战”的异常年月，《通讯与学习》仍然坚持每一两个月出版一期。沈蔚不仅要具体计划、组织和审定稿件，还要亲自撰写稿件，在新闻业务和理论方面给广大通讯员以细心的指导。

1940年到1942年春的近两年时间里，冀中通讯社每年召开两三次由各县的通讯员骨干参加的通讯工作会议。除部署各个阶段的报道工作重点外，很重要的一项内容就是学习和研究如何做好新闻通讯工作，解决一些大家在实际工作中遇到的疑难问题。会上会下，沈蔚热心地给各县通讯员讲解，循循善诱，从新闻入门的最基本知识，到如何发展通讯组织等等，都一一分析，深入浅出地举例说明在什么情况下容易遇到什么问题，应该如何处理，有针对性地提出一些新闻采访和写作中的问题，启发大家讨论研究。在战争环境下，这种短期学习班时间很紧，学习、生活条件很差，但大家热情高涨，学习氛围极佳，从中得益匪浅。

1941年底，在《通讯与学习》第8期上发表了沈蔚所写的《关于我们的采访工作》一文，这是在战争条件下的一个“发言提纲”，但已表明他在新闻业务理论上有了深刻见解。

这篇“发言提纲”的主要内容是：

一、采访的意义；二、我们采访工作中存在的缺点；三、采访工作不健全的原因；四、我们对采访工作的要求；五、怎样做采访工作；六、什么叫“新闻鼻”；七、正确的待人接物，是采访工作成功与否的重要条件；八、怎样作访问。

这篇关于新闻采访的发言提纲很精彩，内含着辩证唯物主义观点。他强调要“深入采访”，透过现象看本质，有“入木三分”的深刻性，反对“有闻必录”；提出要了解政治环境、社会经济文化情况的大局，增强新闻敏感（新闻鼻）、讲究时间观念等许多问题，是对新闻规律的有力阐述。

沈蔚在敌后艰苦条件下，自己深入群众采写新闻，通过办业务刊物和学习班培养记者、通讯员，在处理其他记者和通讯员来稿时也非常认真负责，经常为编辑修改稿件而通宵达旦地工作。他说，即使不能采用的也要争取每稿必复，告诉作者我们需要哪些方面的稿件，鼓励他们继续多为党报写稿。沈蔚是一名优秀的记者、编辑，也是成绩卓著的一名媒体领导人，呕心培养了不少党的新闻人才。许多后来成为优秀新闻工作者的人，对他的帮助是永志难忘的。

“钢铁般的英雄”献身于冀中热土

1942 年春，日本侵略军深深感到坚强的冀中抗日根据地是他们梦想占领中华的极大障碍，于是他们从 5 月 1 日起，调集 5 万兵力，对冀中平原根据地进行了骇人听闻的“五一大扫荡”。当时的冀中区党委根据情报得知的情况，估计到这次“扫荡”的残酷性和长期性，考虑到家不在冀中的外来同志因口音不一样，坚持反“扫荡”有困难，为了保存革命力量，认为这些同志还是随部队转移出去为好。《冀中导报》社长范瑾多次找南方口音明显的沈蔚谈话，动员他随部队转移。但沈蔚表示：反“扫荡”正是学习锻炼的好机会，他要求和冀中人民战斗在一起，把群众英勇斗争的事实和风貌写下来，报道出去。在他的坚决要求下，组织上同意了他的要求。

反“扫荡”开始前夕，冀中导报社大部分编辑、记者和干部人员一同住在深北县北小营一带。根据冀中区党委的紧急指示和部署，报社连夜作动员，准备紧急向外线地区疏散人员，隐蔽坚持反“扫荡”斗争。沈蔚所在的那个小组夜间横越沧石路插向深南地区，他们立足未稳，尚未找到县区干部，就忽然遭遇敌人包围，只好折回沧石路南侧敌占区村庄暂时隐蔽。但敌人重兵分批北来，情势严重，大家又被迫返回沧石路北。在敌人残酷的大“扫荡”中，组里的同志被敌人冲散了，大家三三两两辗转避开敌人“扫荡”锋芒，依靠当地党组织和群众与敌人周旋。

6月，沈蔚只身一人在地方党组织和群众的掩护下，奇迹般地躲过了敌人的“铁壁合围”“梳篦清剿”，来到深北县北小营村报社记者、好友张树欣家隐蔽。

当时日寇在冀中平原上安下了密布的“钉子”（碉堡、据点），增修了大量的公路，挖了许多封锁沟，深宽两丈到四丈不等，沟沟相通，堡堡相连。深北141个村庄就安下了41个据点、岗楼。北小营村西北二里多的史村、东北三里的耿村有岗楼，东边八里的辰村、西南六里的辛村有据点，岗楼、据点间都有公路连接。几乎天天都有敌人来“清剿”、抓夫、抢粮。

由于沈蔚口音与本地人不同，最容易暴露，所以他就和战友一起挖地道，准备先隐蔽起来。

地道尚未挖好时，沈蔚白天随老乡到野外躲避，晚上回到村里。这段日子里，他仍念念不忘报纸的复刊和通讯工作的开展。

一天，沈蔚由老乡带着到村东南野外隐蔽。正好日伪军包围了村子，沈蔚被抓到了深北县县城。敌人对他酷刑逼供，但他机智地在敌人面前装聋作哑，没有暴露自己的身份。敌人抓的群众太多，一时难以分辨谁是八路军。几天后，在当地县委营救下，由农民出保，沈蔚终于逃离了虎口。

随后，他转移到深北县的唐奉村，住在冀中导报社医生杨浩然家里，并准备协助他们筹办敌后油印报纸《黎明报》。

7月，他通过党的交通站到达七分区，找到我军的一支部队，这支部队专门负责收容在反“扫荡”中失散的干部人员，掩护送到路西山地，于是沈蔚决定随军过铁路去晋察冀边区。一天晚上，日寇忽然包围了部队驻地——安国县城南西张庄村，我军战士英勇冲杀，但因敌人太多，无法固守，乃决定全体突围。在这次突围战斗中，共有数十名军民干部英勇牺牲，沈蔚也是其中之一。敌人撤走后，当地群众怀着悲痛的心情掩埋了烈士的遗体。

与沈蔚在一起工作的朱子强1950年8月10日在给沈蔚的弟弟的信中，悲痛地回忆了当时的情景。他在信中说，西张庄突围中，“干部、战士、老百姓牺牲很多，尸体遍地，又值夏季，一时无法辨认，加之敌人往返出动，情况紧急，部队乃发动并协助当村及附近村群众，将所有尸体，分别掩埋。报社闻讯后，知有两个干部牺牲并知沈蔚同志失踪，乃去人寻找打听，在尸体中确无法辨认。三四日后在小张村北庄稼地里寻得沈蔚同志照片及记者证各一张，扔在地上，并有血迹，附近也有片片血迹，但尸体已移去掩埋，我们才大体断定沈蔚同志是如此不幸地为革命壮烈牺牲了。此后约月余，我赶到安国地区，当地部队查明证实沈蔚已牺牲。”

在冀中这块庄稼地上，留下斑斑血迹的沈蔚的照片和记者证，是他最后的“绝笔”。他的尸体已找不到，和其他忠骨一起埋于祖国这片热土。

沈蔚深深爱着他的母亲。他在冀中寄给他母亲的一首诗中这样写道：

寄给母亲

姆妈，
我好着。
一年，二年……
越离越远了；
银霜染白了你的头发？
江南的枫叶照不红你憔悴的脸。
鸿儿活在战场上，打仗！
我知道——
你积满泪水的心房
望着北方……
你是爱我的呀！

姆妈，
你怎样啦？
一年，二年……
饥寒，逃亡；
苦难已吸干了你的鲜血，沦陷区的皮鞭，抽烂了奴隶的骨肉。
姆妈沦在火坑里，遍体鳞伤！
我知道——
你压住破碎的胸膛
发育温暖……
你是爱我的呀！

沈蔚的母亲叫沈萃英。苏南吴语区子女习惯称母亲为“姆妈”，他深情地爱着母亲，惦念母亲，特地用母亲的姓，给自己起名叫沈蔚。

1939 年 12 月 2 日的半夜，沈蔚在写给江南的父母的一封信中说：

> 在今年五月底，我到了冀省中部，过着最艰苦、最进步、最光明的战斗生活。我现在做的事，不但救国，而且要救一切受苦的人，要使一切被压迫的人都翻身！使将来全中国的人，都不受外国人的气，也不受有钱人气！姆妈，你愿意我做这种神圣的事业吗？
>
> 我变了。然而我还是一个好孩子！我决不使你们失望。
>
> 等到新的中国出现的那一天，我再投进你们的怀中来吧。

这是充满了对光明追求、抱定必胜信念的信。然而，他没有等到新中国诞生投入慈母的怀抱，就过早牺牲了。

沈蔚志向高尚，激情奔放。在抗日战争中，战友惨死在日寇屠刀下，令他悲痛万分。他将悲痛化为力量，写过一首追悼阵亡将士的《复仇的歌》，在冀中军民和新闻战士中传颂。在诗歌中他激情地唱道：

> 你是弟兄们的先锋，
> 你是钢铁般的英雄！
> 你为着国家民族而壮烈的牺牲，
> 这怎不叫我们悲伤而哀痛！

我们只有踏着你的血迹，
继承着你的遗志，
为你复仇，为国家民族复仇，
抗战到底，直到最后胜利！

这首面对阵亡将士的诗歌唱出了沈蔚自己的誓言。他正是一位“钢铁般的英雄”，新闻战线的不朽抗日英雄。

“马列传天下　世界要大同”

——记中共中央山东分局宣传部长、新华社山东分社首任社长李竹如

卫元理

李竹如，男，1905年生，山东利津县人。在家乡读完小学后，于1922年至1925年在惠民第四中学读书，在这里接受了革命思想的熏陶。1927年加入中国共产党。1928年夏，考入南京中央大学法学院政治系学习。1931年“九一八”事变后，他担任了中大地下党支部书记，组织进步学生进行革命活动。1932年春，他回到山东，到济南第一乡村师范任教。1935年起，他先后创办了《新亚日报》《文化报》，宣传抗日救亡运动。抗战爆发后进入晋东南，先在刘伯承、邓小平领导的八路军129师做民运工作，后任晋冀豫区党委机关报《中国人报》社长。1939年1月任《新华日报》华北版副总编辑。1939年随八路军第一纵队进入山东，任中共山东分局宣传部长兼《大众日报》社长。1941年兼新华社山东分社社长。1942年11月在沂蒙地区牺牲。

1942年11月2日，正值抗日战争最艰苦的岁月，中共中央山东分局宣传部长、山东省战时工作推行委员会秘书长李竹如同志，在鲁中反“扫荡”斗争中壮烈牺牲，年仅37岁。

李竹如在山东抗日根据地，是一位很活跃，也很有影响，受人尊敬的领导干部。他在主持山东宣传工作期间，兼任过山东《大众日报》社长、新华社山东分社社长、中国青年新闻记者学会山东分会理事长等职务，对山东抗战宣传、干部和群众的教育，以及理论工作的建设，都做出了卓越的贡献。徐向前同志称赞他是“我党宣传新闻战线上一位杰出的组织者和活动家”。山东省战工会主任黎玉赞扬他是“山东民主、文化、青年的导师”。

李竹如是1927年入党的老党员。他的一生，是革命的不平凡的一生，是呐喊和战斗的一生。

“马列传天下，世界要大同”

李竹如，原名贻莩，字世华。1905年1月5日生于山东省利津县，父亲早逝，由守寡的母亲把他养大。在家乡读完小学后，1922年至1925年到惠民第四中学读初中，在这里受到革命思想的熏陶。每逢假期回家，白天读书读报，晚上召集青年学生宣传新思想，纵论天下大事。1925年春节，他在自家门口贴出一副对联：“马列传天下，世界要大同”，成为当地的一大新闻。

当年夏季，他初中毕业后，到南京考入东南大学（中央大学前身）附中高中部读书。在校期间，他关心时事，曾与同学组织讨论会，每周一次，对社会、国家的前途发表看法，反对胡适提出的改良主张。

1927年3月24日，北伐军占领南京，学校停办。他回到利津，不久即赴济南，进入正谊中学继续读高中。在这里，他加入了中国共产主义青年团，后转为中国共产党员。在正谊求学期间，他与几位进步同学办了一个油印的《竞进》周刊。他在课余积极写文章，宣传新思想。据一位同学回忆，当时李竹如很活跃，曾向她推荐恽代英主编的《中国青年》等革命杂志，在同学和亲友中宣传马克思主义，讲解革命道理。

1928 年济南发生“五三”惨案。他目睹日军残杀中国军民的暴行，悲愤地离开济南，回到利津。当时，统治山东的军阀张宗昌已经逃走，国民党军队还未控制山东北部边远县城，李竹如利用这个机会，在利津发动群众，宣传革命思想，宣传抗日救国，四处张贴标语，公开提出打倒土豪劣绅的口号，这引起了地方反动势力的仇视。后来，国民党反动派要逮捕他，把他列入黑名单。为免遭毒手，他在乡亲们的帮助下，连夜用绳子缒吊出城，逃离虎口。同年夏，他考入南京中央大学（前身东南大学）法学院政治系学习。

中央大学地下党支部书记

在南京中央大学时期，是李竹如思想趋向成熟的时期，也是他在革命斗争中受到更多磨炼的时期，对他的一生有着重大的影响。

当时大学法学院政治系所讲授的课程，多是从西方资产阶级那里搬运来的一套，令他感到乏味和厌恶。现在保存下来的，他在 1929 年所写的日记，10 月 28 日这天有这样的话：“今天上了几课实在不感兴趣，教授都是阿木林一般。从前说中国的教授是贩子，现在中大的教授，连贩也贩不完全，所讲的不但没有深刻的见解，清楚的认识，连明白两字都做不到。此之为中央大学的教授，我为中国教育前途悲！”“下午缺了几课，并不是不上，实在没有丝毫的兴趣，像这样呆坐在课堂上，还不如自己多读点书。”

在这期间，李竹如如饥似渴，用了大量时间来阅读马列主义著作和新书报，刻苦学习革命理论。据他当时的女朋友、后来成为他的妻子的季华回忆，虽然李竹如的英文程度不高，但他借来马克思的《资本论》（英文版），硬是靠着一本英汉辞典，一边读，一边查，花费了很长时间，才把这本大部头的经典著作啃完。那种认真刻苦的精神，很使人感动。

李竹如在中大求学期间留下的早期日记，虽然只有几页，但很能反映他当时的思想和心境。如 1929 年 6 月 24 日他写道：“我现在明白人的虚伪，人的残酷，人的刻薄，都是在这种不良的社会制度下养成，人谁不愿把他的真心拿出？人谁不愿没有掩饰，社会不容许，便把他们造成现在的丑恶状态了。我要叫天真的儿女们都不受一切障碍，活泼泼的表现出一颗真心。我要把妨碍社会的丑恶肃清，叫社会美化了！”8 月 1 日写道：“感觉到社会是这样黑暗，人类是这样野蛮，所谓自由、博爱、平等……名词，只有富者阶级才能享到，久冷的热血顿觉沸腾！”12 月 20 日写道：“前天、昨天下了两天大雪……我冒雪踏雪跑到北极阁台城去，看到了不少美的景色。我在鸡鸣寺前，听到小儿为寒冷所迫的哭声，这是第一次听到。……最近几天登出了几篇稿子，今天把一篇小说《车夫》送到半月刊去，自然绝对登不出，试试罢了。”他还在 6 月 26 日的日记中写道：“以后要特别对身体注意，没有强健的身体是没有强健的精神的，更不能担当宇宙。”这里提到的“宇宙”即是指改造社会、改造世界的任务。这是革命者的历史使命。他为此积极锻炼身体，冬天洗冷水浴，准备迎接艰苦的斗争。

李竹如在南京中大过着穷学生的生活，家里寄来的钱很少，主要靠业余向报刊投稿换取稿费。衣服经常送进当铺；皮鞋底磨破了，垫上厚厚的报纸再穿；买的书看完了，卖掉再换另一本新的。物质生活的清贫，没有销蚀掉革命者的斗志，反而更加磨砺了斗争的决心。他一面读书，一面从事地下党的工作。1931 年“九一八”事变后，抗日救亡运动风起云涌。可是蒋介石反动政府，对日本侵略者采取“不抵抗”政策，一心打内战，从而激起了全国人民的愤怒。南京学生罢课请愿，冲击外交部，又与全国来的学生代表会合，举行声势浩大的示威游行，受到残酷镇压。李竹如积极投入了这场伟大的斗争风暴之中，担任中大地下党支部书记的职务。他组织发动群众，团结进步同学，带领大家走上街头，张贴标语，散发传单，参加游行示威等活动。有时支部的紧急会议，就在他租住校外的一间平房里召开。为传播党的主张和革命思想，由他主持出版了一份壁报《前哨》，用彩笔书写报头、标题和分栏画线，刊登时事内容和反映现实的作品，富有战斗性，张贴在中央大学校门口的布告栏内，吸引来很多同学阅读，产生了很大影响。

1932 年初，南京当局害怕学生继续“闹事”，勒令各大学停课，提前放寒假，让学生回家。这年春开学时，南京地下党组织受到破坏，中大的一些党员学生被捕。李竹如由于返校迟一两天，闻讯后立即离开南京，回到山东。不能再回中大读书了，只好到济南第一乡村师范任教。在济南，他筹办《今报》（三日刊），准备利用这个合法阵地进行革命宣传活动，刚找到房子，才把牌子挂出来，就遭到反动军警的搜查。报纸未能出版，他在济南也无法立足了，不得不外出躲避。同年夏季，他与爱人季华一起转到山东省立平原第五乡村师范教书。

在平原播撒革命火种

在平原教书期间，李竹如把课堂变成了马克思主义的讲坛，进行了大量的革命活动。在这儿读书的学生，大多是贫苦的农家子弟，接受教育后纷纷走上了革命道路。

当年平原五乡师的学生、老党员高峻岳、赵毅在一篇回忆文章中写道："我们入学后的第二年（1932 年），学校新来了一位语文教员，担任我们班的班主任，名叫李一凡。他，就是后来引导我们走上革命道路的李竹如老师。

"李老师早年就读于南京中央大学，他阅历丰富，学识渊博，口才很好，大家都很愿意听他的课。乡师的同学大多是出身贫苦的农民子弟，爱国热情很高，但是年轻幼稚，知识也比较贫乏。李老师上课时，常常离开书本，通过讲一些生动活泼的故事，开阔我们的眼界，灌输革命的思想，启发我们的觉悟。后来他利用合法的课堂，以讲农村经济学为名，公开宣讲资本论大纲，宣讲马克思、列宁关于无产阶级革命的思想，有时还引用原文进行解释。这在白色恐怖的年代，是难能可贵的。除了讲课以外，李老师还组织思想进步的同学成立读书会，引导大家阅读革命书刊，并常与同学们交谈心得体会，循循善诱地解答大家提出的问题。"

另一位学生、曾在五乡师读书的老党员，在其《自传》中写到自己如何从李竹如那里接受革命教育的情景："我们班的几位同学在语文教员李竹如同志的领导下，开始组织读书会的活动。……除了进行爱国主义的时事讨论以外，主要的是进行关于社会主义革命理论的学习和讨论。读书会办得很兴旺，不久会员即发展到二十余人。""规定会员每读完一本书要写学习笔记，交李竹如同志批改，以督促指导大家的学习。在教室里采取了瞒上不瞒下的办法，课程表上规定的是农村经济学，实际上李竹如同志给我们讲的是《资本论》。……很多同学都买了《资本论大纲》（日本河上肇著），几乎人手一册。”“李竹如同志还介绍我们阅读列宁的《国家与革命》《唯物主义和经验批判主义》，苏联小说《铁流》《母亲》，以及鲁迅、郭沫若、茅盾、邹韬奋的文章或小说。”

李竹如还在学校组织业余剧团，排演进步戏剧。他们演出的剧目，有著名剧作家洪深创作的反映农村阶级斗争的话剧《五奎桥》《香稻米》等。1934 年 3 月 1 日，清朝末代皇帝溥仪在日本人的扶植下粉墨登场，成为伪“满洲国”的傀儡皇帝，引起全国人民的愤慨。李竹如据此编写了一个讽刺剧《大登殿》，揭露日本帝国主义的侵略野心和汉奸们的丑态。他组织学校老师和同学们演出，自己不仅是导演，还亲自扮演剧中角色，夫人是学美术的，帮助画布景做道具。这个剧吸引了校内外大批观众，产生了重大影响。

1934 年 10 月，平原五乡师成立了第一个党支部，李竹如指导他们的活动。有时支部会就在他家里秘密召开。他还带领大家到城西南的松林里或西门外的土岗上过组织生活。他分析形势，讲解革命任务，介绍社会主义的光明前途，使大家深受鼓舞。抗战爆发后，许多同学都走上了抗日战争前线，成为我党革命事业的骨干。时隔半个多世纪，他们回忆起李竹如都深有感情，难忘当年革命引路人李老师对自己的教育。

创办《新亚日报》

李竹如在平原五乡师教书期间，还开辟了一个重要宣传阵地，这就是在济南创办《新亚日报》。

平原离济南很近，李竹如经常去济南，有时几乎每周都去。1935年1月，他与中学时代的几个朋友在济南办了一份对开铅印的《新亚日报》。李竹如任副社长兼副总编辑。创办之日，李竹如在报社筹备处的墙上，贴出四个大字："大众喉舌"，以表明报社宗旨。他为此投入了巨大精力，编辑、组稿、写稿。他用李野、凡、里等笔名，发表了许多社论和文章。他主编的《西东》副刊，成为最受读者欢迎的版面。初期他经常往返于平原和济南之间，后来兼顾不过来，就干脆离开学校，专门办报。

现在查阅到的李竹如在《新亚日报》上发表的文章，数量是很多的。内容涉及国家大事、当前政局、社会问题，分析都很精辟。特别是宣传抗日救亡，更是大声疾呼，不遗余力。他在《列强眼中之中国》一文中，指出："列强既认中国为良好市场，既认中国为发财胜地，所以都想在中国培植自己的势力，并且每个强国都想独占了整个中国的利益。"它们"由经济的侵略一变而为政治的进攻"，"政治的攻势花样也非常繁多，如直接统治，傀儡统治……目的都在利用政治的力量对中国人民加以直接的剥削，对他国势力与以政治打击。""近代中国的一部外交史，不过是帝国主义者在华争夺市场的历史罢了。"有力地揭露了帝国主义的侵略本质。在国民党第五次全国代表大会闭幕后，他发表社论《五全大会闭幕之后》，抨击国民党政府的对外政策，"以亲善为原则"，一味"退让"，如仍因循敷衍，立于被动地位，"则中华民族之前途不堪设想。"还揭露国民党的独裁统治，扼杀人民的言论自由，指出："人民为国家之根本，人民如无过问国事之知识与机会，则对外不能共赴国难外御其侮，对内亦难众力成城共谋建设。""新闻事业之灵魂为言论之自由，如无此自由，则新闻纸已成官厅机关之抄本，有何意义之可言。"

北平"一二·九"学生运动发生后，他在《学生运动》一文中热烈赞扬青年学生的爱国精神，在历数中国学生运动的光荣历史后，指出：“平沪学生行动素为全国之表率”，“作国民之先锋”，“一方督促政府决意抵抗，一方唤醒民众群起救亡”。“今日中国之抵抗，非以民族之全力，与大众之赤血作全面的牺牲，绝无成功之希望”。“学生之救亡运动系出于爱护民族之热诚，并非犯上作乱，勿稍存畏惧学生之心理横加阻拦”。1935 年 11 月军阀孙传芳被刺后，他发表了《从“报应”说到“军阀之死”》，指出：“刺死恶人，自然叫大家痛快。”但“暗杀并不是惩治的适当手段，因为杀死一两个军阀并无济于事，应当改造产生军阀的社会制度。”

为了揭露国民党的欺骗宣传，他在《怎样看杂志》一文中，告诫读者：“我们读杂志时，想要不受它的迷惑，必须持着‘批评接受’的态度，所谓批评的接受，就是对杂志上说的东西，先持着怀疑的态度，拿事实来对照一下，这样便可看出他的真伪。”“一个纯洁的青年……只是常常忘不了事实，拿事实来和杂志上所说的相印证，一切的欺骗便不攻自破了。”他在《西东》副刊上，还为爱好文艺的青年读者推荐中国的著名作家和苏联著名作家，指出：“在最近为中国新文坛主角的当然是鲁迅。”

《新亚日报》在读者中间的影响越来越大，但是内部发生了分化。那位社长是位国民党员，原来还倾向进步，后来受其兄的影响，思想日益反动，力图控制报纸，并排挤李竹如。最后，报纸被收买，成为国民党反动派的传声筒。李竹如也被迫于 1936 年初离开《新亚日报》，去北平后又转赴上海。

在上海主编《文化报》

革命战士离开了战场，是感到寂寞的。李竹如于 1936 年 5 月到达上海，很快结交了一批进步的文化界朋友，并在他们的支持下创办了一份报纸，投入了战斗。

这份报纸叫《文化报》，是李竹如向亲友借款作为基金办起来的，四开铅印，三日刊，著名教育家蔡元培先生题写报头。李竹如任主编，除一位做事务工作的雇员外，另两位编辑也是早年入党的革命知识分子，还聘请了一位参加北平“左联”的朋友，担任《文化报》驻北平的通讯员。社址设在法租界萨坡赛路兴业里22号底层的一间厢房里。

7月11日，《文化报》创刊了。这是一份以传播新思想、新文化为宗旨，具有新内容和新风格的小报，与上海滩形形色色的众多小报迥异其趣。李竹如曾拜访救国会负责人沈钧儒先生，并带去了新创刊的《文化报》。沈钧儒看后连说：“很好，很好，这是一种很有意义的事业。”还对编排、发行方面提出了宝贵的意见。上海的艾思奇、钱俊瑞、金仲华、夏征农等人都与《文化报》有联系，并为它撰写稿件。

为了办好《文化报》，李竹如竭尽全力，常常是通宵达旦地工作，几乎每期都有他写的社论、评论和文章。10月19日，鲁迅先生逝世。20日，他赴万国殡仪馆吊唁，瞻仰鲁迅遗容，访问鲁迅夫人许广平，连夜写出题为《文坛导师先进战士鲁迅先生病殁了》的长篇报道，发表于21日的《文化报》上。22日，他参加了鲁迅先生的葬礼，写出《鲁迅先生之丧》的长篇通讯，详细报道了上海万人凭吊、入殓、出殡、送葬、墓地讲演、献“民族魂”旗帜等情形，气氛沉痛悲壮。在27日的《文化报》上，刊出了他写的哀悼鲁迅先生的文章，称赞鲁迅先生“是一个为真理而奋斗的战士”。除鲁迅外，《文化报》还开辟专栏，先后介绍了郭沫若、茅盾、巴金、丁玲等几十位现代文学家、文化界知名人士和部分外国文学家。

大力宣传抗日救亡运动，揭露日本帝国主义的侵略野心，是《文化报》的又一重要内容。1936 年 11 月，《文化报》连续发表《对于绥远抗战应有的认识》《为国牺牲》《抗战》《绥战的前途》等社论，积极支持绥远军民抗击日军和伪蒙军进攻的正义行动，分析收复百灵庙后的形势，反对“苟安一时”，坚持抗战到底。当救国会领袖沈钧儒、邹韬奋等人因抗日爱国活动被国民党当局无理逮捕，造成轰动一时的“七君子”事件时，《文化报》连续发表报道，对“七君子”表示正义的声援和对反动当局的抗议。1937 年 3 月 28 日，李竹如发表了《中国的出路是抗战》一文，指出帝国主义的侵略是造成中国贫弱的原因，“像戴着手铐脚镣一样，转动非常困难”。“一个拥有四万万七千万人的民族，不能奄奄待毙”；批判国民党政府“先安内，而后攘外”的政策，国难当头，“只有在共同抗敌的目标下，国内才可以和平”，敦促政府领导人民，“共同为中华民族的生存而奋斗”。

在国民党的反动统治下，政治腐败，经济凋敝，社会黑暗，特务横行，青年们苦闷彷徨，找不到出路。李竹如关心青年的命运，以《寄青年友人的信》为总题，写了一系列引导青年的文章，在《文化报》上连载。从 1937 年 1 月 21 日起，到 7 月 4 日结束，总共有 25 篇之多。这些文章内容丰富，题目广泛，如抗日、救国、求职、交友、家庭、婚姻等，都是青年面临的迫切问题。李竹如以谈心的方式，亲切的语气，细致的分析，帮助青年从迷惘中走出来，树立正确的人生观，找到光明的前途。在国民党的反动新闻检查制度下，虽然《文化报》经常被开“天窗”，但它受到广大读者，特别是青年读者的欢迎，销路很好，除上海外，还发行到北平、山东、山西、江苏、陕西等地。

在上海期间，李竹如还写了一本叫《新闻知识与现代生活》的书，由上海北新书局出版发行。这是一本介绍报纸基本知识及其对社会作用的书，内收各篇文章，都在《文化报》上发表过。它对报纸的产生和发展，报纸的性质、种类、内容、编辑过程、材料来源等，都作了简明的分析，并介绍了几种著名的报纸。这本书反映了李竹如进步的新闻观和丰富的学识，对于读者正确阅读报纸是大有益处的。

烽火晋东南

1937 年卢沟桥事变，日本帝国主义发动了全面的侵华战争。紧接着，侵华日军于“八一三”进攻上海。炮火连天，《文化报》无法办下去了。李竹如在撤离上海时，有人要求把《文化报》盘下，他因为不了解那人的政治背景，拒绝盘出，宁可无代价地停办了。

李竹如离开上海后，原计划是奔赴延安。他怀着抗日的豪情，沿途做宣传工作。他几乎没带什么行李，却带着蜡纸、钢板和刻字的铁笔，把中共中央颁布的《抗日救国十大纲领》油印成传单，广为散发。在敌机的轰炸下，铁路、公路交通中断，他就步行，沿途吸收了一些进步青年，组成宣传队，开展抗日宣传工作。他们长途跋涉，经江苏、安徽、河南，进入山西境内。在晋东南，李竹如遇到刘伯承、邓小平率领的八路军一二九师，正急需人才，遂将他留下了，做民运工作。他组织发动群众，建立区、乡、县各级民主政权，组织自卫队，受到群众的欢迎。在和顺县做民运工作时，群众曾关心地对他说：“老李，你是穷人出身吧，你虽不是这里的人，可你知道的事真多，依你这样说，百姓将来非成功不可，我们非选你当县长不行。”当他调动工作时，群众再三要求上级，不叫他走，最后走的时候，全村的农救会和自卫团排成队，拉着手，送出三四里外才挥泪告别。

1938 年 5 月 1 日，晋冀豫区党委机关报《中国人报》在山西屯留县寺底村创刊。李竹如被任命为社长。报纸开始是油印，11 月改为铅印，朱德总司令和中共中央北方局的领导同志亲自到报社表示祝贺。李竹如除撰稿、审稿外，每期都亲自校阅后付印，并努力使它办得大众化，为抗日宣传发挥作用。他还办起新闻记者训练班，为根据地新闻事业培养新闻干部。1939 年 1 月 1 日，中共中央北方局机关报《新华日报》（华北版）在沁县创刊，《中国人报》及其人员并入，李竹如担任《新华日报》（华北版）副总编辑，并主编二版。1 月 13 日，他在《新华日报》（华北版）上，用李野的笔名发表了《怎样编一个战斗性的地方报纸》的文章。这是他对主编《中国人报》半年多来的实践经验的总结，系统地叙述了他在敌后根据地办报的经验，提出了不少宝贵的意见。2 月，他又调到朱瑞同志领导创办的太行文化教育出版社，任编辑部长，组织出版了《辩证法唯物论》《论持久战浅说》等书籍，4 月还创办了反映抗日根据地军民战斗生活的综合性刊物《抗战生活》。

山东抗战建设的杰出组织者和活动家

1939 年 5 月，李竹如调到山东抗日根据地，开始了他生命历程中最为辉煌的时期，直到 1942 年 11 月壮烈殉国。

抗日战争时期，山东抗日根据地是我党开辟和领导的又一重要战略基地。为加强山东的军事力量和领导，1939 年 5 月，由徐向前任司令员，朱瑞任政治委员的八路军第一纵队，奉命开赴山东。由于李竹如是山东人，熟悉山东情况，是适当的干部人选，因此，北方局决定调他到第一纵队，任民运部长。5 月 5 日，李竹如随第一纵队领导机关出发，6 月 29 日到达山东沂蒙山区。9 月担任山东分局民运部长。在此期间，李竹如深入各地，组织和动员群众，建立民主政权和开展抗日斗争，在鲁中、鲁南和滨海农村，到处都留下了他的足迹。

1940年，抗日战争进入了艰苦的阶段，山东抗日根据地建设也取得了辉煌的成绩。李竹如先后担负着许多重要职务，在斗争中充分显示了一个革命组织家的才能，为山东抗战建设做出了重大贡献。

当时，为了揭露国民党的欺骗宣传，在党中央的指示下，各解放区普遍开展了宪政促进运动，进行宪政宣传，以便为在抗日根据地内建立抗日民主政权作舆论准备。李竹如是山东宪政促进会筹备会的发起人之一，在1940年2月召开的山东宪政促进会成立大会上，他与徐向前、朱瑞、陈光、罗荣桓、郭洪涛、张经武、黎玉、萧华、杨勇等同志，被选为执行委员，随后任常委兼组织部长。2月10日和28日，他在《大众日报》上相继发表了《开展宪政运动的准备工作》《普遍召集县区乡参议会，建立宪政基础》两篇专论，对宪政运动的目的和任务进行了阐述，提出要以参议会为当地最高权力机关，由参议会组织各级政府。这一意见，为毛泽东同志在3月6日为党中央写的一个党内指示所肯定。

5月15日，李竹如出席鲁南工农青文动代表大会，作为中国共产党代表在会上讲话，阐述我党的群众工作方针。6月16日，他主持山东文化界救亡协会召开的战地国民教育座谈会，并作题为《论战地国民教育》的总结报告，全文在《大众日报》上发表。7月26日至8月26日，山东党政军负责人和各地代表共300余人，举行盛会，复选国大代表，成立山东省临时参议会，成立山东省民众总动员委员会，成立山东各界救国联合总会。这是一次联合成立的大会。李竹如是这次联合大会的主席团成员，具体负责大会的组织工作，并在会上作了题为《战斗中的山东人民》的长篇报告。就是在这次大会上，他当选为山东省临时参议会议员和驻会议员，随后又被推选为参议会秘书长，负责参议会日常工作。他还被选为山东省文化界救亡协会主任、山东省战时工作推行委员会委员、山东省总动员委员会常务委

1939 年 1 月 1 日《大众日报》创刊号

员，做了大量的卓有成效的工作。

在李竹如的众多劳绩中，最为光辉的一页，是在宣传战线上的卓越贡献。李竹如马列主义理论水平很高，思想敏锐，学识渊博，有着长期的新闻工作经历和办报经验。1940 年 1 月 20 日，中共中央北方局在《对山东工作的意见》中指出："《大众日报》应明确定为分局机关报，提高党的威信。李竹如等三同志是《新华日报》派去适宜于办报的干部，可专门办报。"山东分局在认真研究北方局的指示后，随后对分局的领导人员重新作了调整，任命李竹如为山东分局宣传部长，主管宣传工作。为加强对报社工作的领导，把原社论委员会改为党报委员会，山东分局书记朱瑞兼书记，李竹如任副书记，党报委员会主要掌握办报方针、撰写社论等。4 月，《大众日报》成立管理委员会，李竹如兼管委会主任，后来又兼社长。同时，他还主持成立了中国青年新闻记者学会山东分会，并被选为理事长。1941 年 6 月 28 日，《大众日报》附属的大众通讯社改名为新华社山东分社后，他又兼山东分社社长。

《大众日报》是山东分局的机关报，1939 年 1 月 1 日创刊于沂水县王庄。当时报社工作人员多是年轻人，缺乏办报的经验。李竹如认真抓了编辑记者队伍的建设和报纸改进的工作，经常给大家作学习辅导，关心工作人员思想政策水平的提高，在工作上严格要求，一丝不苟。他经常参加《大众日报》的社务会议，从编辑方针、报道计划、工作人员的学习，到报纸的印刷、发行，他都亲自过问。当时延安《解放日报》发行到山东，由于敌后战争环境，有时路途中要花费 8 个月的时间，《大众日报》的发行也很不及时，他经常为此焦虑，召开有关人员开会，想方设法改进发行工作，有困难尽量予以解决。

1995 年出版的《大众日报史话》（1939～1949）一书，是老记者陈华鲁集多年之功，采访了几百位当年报社的老同志后写成的，其中关于李竹如的贡献有这样一段专门记载，现摘录如下：

这个时期报社工作中，需要再写一下社长李竹如的功绩。当时因备战需要，山东分局等机关首长均称代号，李竹如是“4号”，他是分局委员、宣传部长等身兼七要职，工作可谓繁重，但他对报社工作从原则到具体都抓得很细很紧。首先他以身作则，说做就做，他作报告写文章从不找别人代劳，不论白天黑夜，不吃饭也要写，而且一字一句一个标点一丝不苟。

仅从1939年11月至1941年5月，先后在本报发表署名文章12件，8万多字；至于不署名的社论，专论等就更多，因年久无法统计。对报社的工作计划、报道方针等他都认真及时批阅，各部门工作亲自检查。有一次，他问二厂指导员王一民：排字工人1小时拣多少字？机器1小时多少转？印多少张？王一民张口结舌。他说：你光图干净不下去，怎能了解生产，怎能领导？而他自己当即说得一清二楚，当时在场的仲星帆、高克辛听后非常敬佩。

有一次，他检查发行工作，先把地图铺在桌面上，按图问发行网、交通站的布局？人员配备？报纸几天到某站？发现问题当场纠正。他说：一张报纸胜过一发炮弹。因此报纸发行是严肃的政治任务，发行越快越好。他还善做思想政治工作，除了经常要教导员李辛夫汇报党员思想、组织生活、群众情绪等情况，还亲自找干部工人谈心。

有一段时间，电台同志对管理部门有意见，又不愿意谈，他就找报务员许志尧用讲故事的方法启发谈，终于发现是因发东西慢有意见，他帮助双方解开了疙瘩。一天，四厂练习生王子清聚精会神地翻字，火烤的满头大汗，有时还烫手，李竹如在一旁看得清楚，拍着小王的脑袋连声说："小伙子干的很好……"事后小王知道他就是"4号"首长，心里念念不忘。李竹如坚持原则认真严肃。

1941年1月"皖南事变"后，编辑吴建出于对国民党的不满，编《大众电讯》的一条日本共同社的消息时，如实刊登"日军把国民党军队打得落花流水"。李竹如发现后，认为这是幸灾乐祸，丧失民族立场错误，对他批评后降职，调大众印书馆任助理编辑。

有一次，李竹如来报社做形势报告，进门见发行科压了三天报纸，立即找仲星帆查问，除要他很快发出，并得知李建管发报，他在会上讲任务时说：同志们辛辛苦苦编辑印出报纸却被压着，多么不负责任，这是发行失职。当即要李建退出会场，宣布换人，今后报纸绝对不能压。当时有的干部搞不正当男女关系，违犯群众纪律，查实后当即撤销职务，调离工作。

还有件事，山东分局拨给报社一笔款，经理部长派会计科长贺林去取，路程80里。这晚开会，李竹如问刘力子："钱取了吗？"刘答："才去取。""几个人？""一个人。"李竹如立即说："这笔钱一个人取放心吗？你别开会啦，快去。"刘力子二话没说，拿起匣枪，冒着刺骨寒风，连夜赶到，二人取回。事后他对刘力子语重心长地说："这不是不相信同志，是两人好商量，战争环境万一出问题，你也说不清。"刘力子回顾说："正是竹如同志培养的那种严格纪律和严细作风，才使大家经受住了严峻考验，我们至今还很留恋那段生活。"

李竹如在《大众日报》上发表的文章，内容丰富，指导性强，在当时影响很大。如《学习山东抗战三年来的历史教训，走向抗战到底团结到底的胜利前途》《论战地国民教育》《战斗的山东人民》《抗战三年来的宣传鼓动战》《开展新民主主义文化运动》《战斗四年中山东党的宣教工作》等，都是他在山东各种会议上所作的报告，是他在油灯下，有的是在凛冽的寒风中呵开冻笔写成的。文章阐述了党在抗战中的方针政策，总结了山东抗战工作的经验教训，推动了当时工作的发展。对于战时新闻工作，李竹如写下了《光荣的历史与光荣的任务——为“九一”记者节而作》一文，论述了新闻工作的战斗传统和光荣责任。他指出：“抗战中的新闻记者不应仅仅是一个宣传家、鼓动家与社会教育家，并且应成为一个组织者、督促者与指导者。”还指出：“历史上从来没有无立场的报纸，也从来没有无立场的新闻记者，抗战和进步应当成为今天中国新闻记者所共有的立场。站在这一立场上，坚固的团结起来，并接受进步政党的领导，才能胜利的担负起光荣的时代责任。”今天读起来，仍然意义重大，发人深省。

沂蒙奠忠魂

1941 年冬，侵华日军集结五万多兵力向山东抗日根据地中心沂蒙山区发动疯狂的大扫荡。在反扫荡斗争中，山东战时工作推行委员会副主任兼秘书长陈明、《大众日报》通讯部主任郁永言、电台台长叶丰川等 10 多位同志，在大青山战斗中陷入敌军重围，英勇牺牲。11 月，国民党顽军偷袭我鲁南区党委机关所在地，区党委书记赵镈被杀害。李竹如被山东分局派赴鲁南处理这一危局。为行动方便，他只带了一部电台、一个警卫班和几名干部，连夜行军，越过敌人的封锁线，到达鲁南区。12 月 4 日，李竹如接到朱瑞电报，说分局损失惨重，有部电台丢失，和中央的联系中断，希望他早回分局。他接到电报后十分难过，但按照当时鲁南形势又不能立马返回，因此很着急。12 月 8 日，电台收到日军偷袭美军太平洋基地珍珠港的广播，立即抄下新华社的消息和中央社的消息相对照，交给李竹如。他很兴奋，随后在区党委机关干部会上做了形势报告，指出：日寇发动太平洋战争，向英美宣战，世界法西斯和反法西斯两大阵营展开决战；日寇南进，力量分散，这有利于中国抗战。谈到鲁南形势，指出虽然由于日伪顽蚕食夹击，根据地日益缩小，但这是暂时的。他还随口念了一首打油诗："东白山，西白山，南北漫子宝山前，南北十余里，东西一线牵。"这里所说的东白山，西白山，南漫子，北漫子，宝山前，都是实有的村名，是鲁南根据地仅剩的几个常驻村庄；"十余里"，"一线牵"，是形容根据地缩小的严重局面。他指出：国内外形势有利于抗战，只要大家咬紧牙关，战胜困难，形势一定会好转。这充满乐观主义精神的讲话，给予大家以极大的鼓舞。

1942 年的新年，李竹如是在鲁南抱犊崮山下涧村度过的。他与巡视团的同志（多为报社干部）举行了纪念《大众日报》创刊三周年大会，区党委宣传部长林乎加等也应邀参加。会上，李竹如回顾了报社的艰苦历程和光荣传统，表扬了报务员陈铁等刻苦工作的事迹，鼓励大家克服困难，争取更大胜利。

1942 年初，李竹如调任山东战时工作推行委员会秘书长，接替陈明的职务。他与陈明是老战友，对陈明的过早牺牲，心中十分悲痛，写了一篇文章《记陈明同志》，发表在 7 月 16 日的《大众日报》上，以表达自己的哀悼之情。战工会属于省级政权机关，成立不久，机构尚不完善，任务艰巨。李竹如调去后，主持日常工作，事务繁忙。他夙夜不懈，思虑周密，认真安排，团结社会各阶层爱国人士，做了大量工作。同年，党在山东开展了减租减息、发动群众的运动。

李竹如深入农村，进行调查研究，并在山东分局召开的工作会议上，根据调查研究的材料，作了关于山东农村情况的报告。他深入分析了抗战以来山东农村租佃关系的变化，以及几种主要的租佃形式，论述如何开展减租减息和实行组织领导的问题。在分局作出决议后，他具体负责这一工作，并到滨海地区蹲点，指导滨海区的减租减息斗争。现在查到的 3 月 19 日《大众日报》报道了滨海区召开扩大干部会议的消息，李竹如在会上作关于减租减息和开展群众运动的报告，参加大会的有 400 多名干部，他们讨论后，由李竹如最后作了总结。对李竹如这段时期的工作成绩，山东分局给予了很高评价。

战争是残酷的，齐鲁大地烽烟弥漫。1942 年 10 月下旬到 11 月中旬，日本侵略军经过周密部署，再次对山东抗日根据地发动“拉网合围”式的大扫荡。短短一个月内，在东起沂水，西至蒙阴，南抵临沂，北达博（山）莱（芜）边，纵横数百里的地区内，先后组织了六次“合围”，斗争十分残酷。当时，山东省党政军首脑机关都驻在滨海。为了缩小目标，山东分局和一一五师都留在原地，省政府（战工会）和省军区由滨海向鲁中转移。11 月 2 日，政府机关和部队转移到沂水县对崮峪时被八千多敌人包围，双方激战整日。我军被压制在东西长约一里、南北不过半里的山头上，敌人依靠优势火力向我阵地猛烈轰击、扫射。李竹如在战斗中表现得沉着勇敢，他鼓励大家：坚持到天黑，一定能胜利突围。我军打得英勇顽强，在连续击退了敌人的八次进攻后，黄昏时开始突围。李竹如在翻越一道石墙时，不幸头部中弹，壮烈牺牲。

李竹如牺牲后，大家极为悲痛。罗荣桓等同志曾给中央军委、集总拍发电报，报告李竹如等同志阵亡消息。翌年 5 月 4 日，山东各界开会，沉痛追悼在反扫荡斗争中英勇殉国的李竹如等烈士。会场庄严肃穆，四周布满挽联花圈，有一挽联写道：“你是文化的导师，你是青年的领袖，我们默祝你们的精神不朽！”战工会主席黎玉在讲话中，称赞李竹如直到反扫荡牺牲的前夕，还在做着调查农村生活的工作，他走一村做一村，这种与群众血肉联系的优良作风，值得大家学习。山东分局书记朱瑞在《大众日报》撰文，介绍李竹如的革命生平和事迹，给予高度评价：竹如同志一向都担负着重要的工作职位，有极大的成绩，“他的工作，他的奋斗，他对党的贡献，在山东，已成为坚持山东抗战建设中重要部分之一。”新华社山东分社和延安《解放日报》，都报道了追悼会的消息。

英雄碧血化长虹，忠魂长留天地间。

李竹如烈士永垂不朽！

塞上雄鹰

——记新华社晋察冀分社、《晋察冀日报》记者戴烨

蔚建民

戴烨，男，1917年生，河北怀来人，共产党员，学生时代就组织学运，是张家口市民先和学联负责人，曾赴北平参加学生爱国运动。“七七”事变后，毅然离家，历尽艰险，来到延安进入抗日军政大学学习。毕业后调晋察冀通讯社任采访科科长和《晋察冀日报》特派记者。后因工作需要调任察哈尔宣涿怀联合县县长，1943年1月在宣化柳沟村同敌人作战，壮烈牺牲。时年26岁。

1943年1月14日在河北省宣化县柳沟村，新华社晋察冀分社、《晋察冀日报》采访科长、特派记者戴烨，被日伪军包围，在抗击中不幸中弹，流尽了最后一滴血。

茫茫塞北，为失去自己的年轻雄鹰而呼号，滔滔洋河，因逝去这位年轻记者而泪涌。

为民族的解放从军去

戴烨，原名肖毓岱，1917 年农历八月十六出生于原察哈尔省（今河北省）怀来县新保安镇。父亲肖汉辅，早年曾加入同盟会，在北京师大附小当教师时，受到五四运动的影响，后在山东济南、文登和山西太原、大同任中学、师范学校教师。抗战前任察哈尔省教育厅督学、张家口市民众教育馆馆长。他爱国抗日，为人正直，对子女教育严格。戴烨曾随父在北平香山慈幼院学习二年，后又回故乡新保安继续读小学。小学毕业后考入宣化实验中学和张家口一中学习。他酷爱读书，学习成绩优异，并积极为报社投稿。日本侵占东三省后，紧连东北的察哈尔岌岌可危。戴烨的心中，抗日的烈火在燃烧。他读初中时，就要求参加冯玉祥领导的抗日队伍，投笔从戎，拿起枪去打日本鬼子。但因年龄太小，未被接纳。

从军未成，抗日的决心更烈。戴烨投身到澎湃的抗日学生运动之中，积极组织进步学生的读书读报活动，以及时事讨论活动，担任了张家口市一中学生会的主席。

1935 年，北平的“一二·九”运动如火如荼，张家口市各中学学生纷纷走上街头游行示威，声援北平学生抗日救亡的爱国运动。戴烨走在游行队伍的前列，散传单、呼口号、作演讲，在张家口的广大群众中点燃抗日的火种。接着，他与进步学生组织成立了张家口市学联，并被选为张家口市学联代表和民先（抗日民族先锋队）代表，到北京参加学生运动。1936 年初，戴烨以张家口市学联代表的身份，只身挺进到戒备森严、门口有荷枪实弹警卫阻挡的省府大门口，向察哈尔省政府主席刘汝明请愿，他慷慨陈词，要求刘汝明抗日，并递呈了张家口市学联的抗日请愿书。

1936年，年仅18岁的戴烨通过在北京大学读书的堂姐肖玉环（北大学运成员、民先队员，后改名林平），多次与北京大学学联负责人和民先队负责人接触，交流思想，交流情况，得到了北大学联和民先的指导帮助。于是北平的学联、民先等组织，经常将进步的刊物和传单寄给他。可是这些刊物和传单绝大部分被国民党当局扣留，并被转送到省政府刘汝明处，一些反对抗日的人要求刘汝明将戴烨抓起来。当时，刘汝明考虑到戴烨是省教育厅督学、张家口民众教育馆馆长肖汉辅的儿子，就先没有动手，而是找肖汉辅来，对其施压，并严重警告这位馆长，要他对儿子“严加教管，不要瞎胡闹”。否则就“不留情面了”。戴烨得知这一情况后，立即告之北平寄送的刊物、传单不要再直接寄给他，而是分散寄给他的同学，或北平来人时带来。从此，戴烨开始了隐蔽的抗日救国斗争。

1937年，日寇侵占了张家口市，下令缉捕戴烨的父亲，肖汉辅和儿子逃到北平避难。接着，北平也沦为日寇占领区。偌大一个华北，已放不下一张书桌。戴烨在父亲的支持下，决心南下，寻找革命，坚持抗日。他用父亲筹集的微薄旅费，乘火车到了南京，但没有找到革命组织。这时旅费已经用光，他孤身一人无依无靠，但他追寻光明的信念没有变，抗日的决心一点也没有动摇。戴烨卖掉自己的行李，又到了武汉。这时身无分文的他，又辗转北上西安。

一路上，他衣衫褴褛，不得不与叫花子为伍，讨乞维生。最后，终于到了父亲朋友介绍的流亡师生组成的西安“安康中学”（后改“陕西国立四中”），他本想在这里就读高三，完成学业。但在这所学校住了不长时间，就发现这里缺少抗日氛围，于是他决定奔赴延安。父亲的同事和好友、安康中学校长胡子恒劝他留校，而且那时他还身染重病。但他奔赴延安的决心不变，时间也不拖延。他拖着病体来到西安集贤庄八路军办事处办理好手续，便徒步走向了延安。

拿起新闻武器去战斗

戴烨于1938年进入延安抗日军政大学学习，同年在抗大加入了中国共产党。从此，他年轻的生命注入了新的活力，更坚定了革命的决心。

1939年春天，戴烨随抗大二分校从延安来到华北晋察冀边区，在中共北方分局党校学习。学习结业后于同年9月被分配到晋察冀通讯社（后为新华社晋察冀分社）和《晋察冀日报》任记者，后任晋察冀通讯社采访科长，兼晋察冀日报特派记者。他拿起新闻的武器，开始了新的战斗生活。

晋察冀通讯社是根据中共中央北方分局的决定，于1939年5月14日在河北省阜平县城南庄正式成立的。后来与《抗敌报》（《晋察冀日报》前身）合并。通讯社社长刘平，干部是从抗日军政大学毕业生和中共北方分局党校毕业生中分配来的，戴烨是其中一员。

走上新闻岗位的戴烨，立即全身心地投入了自己的工作。作为采访科长的他，还要编辑处理通讯员的来稿，他对这项工作极其的认真，通讯员的稿件质量是比较差的，他总是改了又改，对通讯员的来稿，无论能否采用，他都要牺牲自己的休息时间，一份份地修改，并给予答复。他认真负责、耐心细致的工作作风，得到了通讯社和报社的一致好评。通讯员文化水平低，为了帮助通讯员提高文化素质和写作水平，他与通讯社的同志们编辑创办了油印《通讯往来》刊物，以指导通讯员的写作。这本油印刊物不仅深受晋察冀边区读者的喜爱，连李公朴（当时为全国各界救国联合会执行委员）、陈波儿（当时为中华全国电影界抗敌协会理事）到晋察冀边区参观时，对这份刊物也格外感兴趣，要求寄给他们。

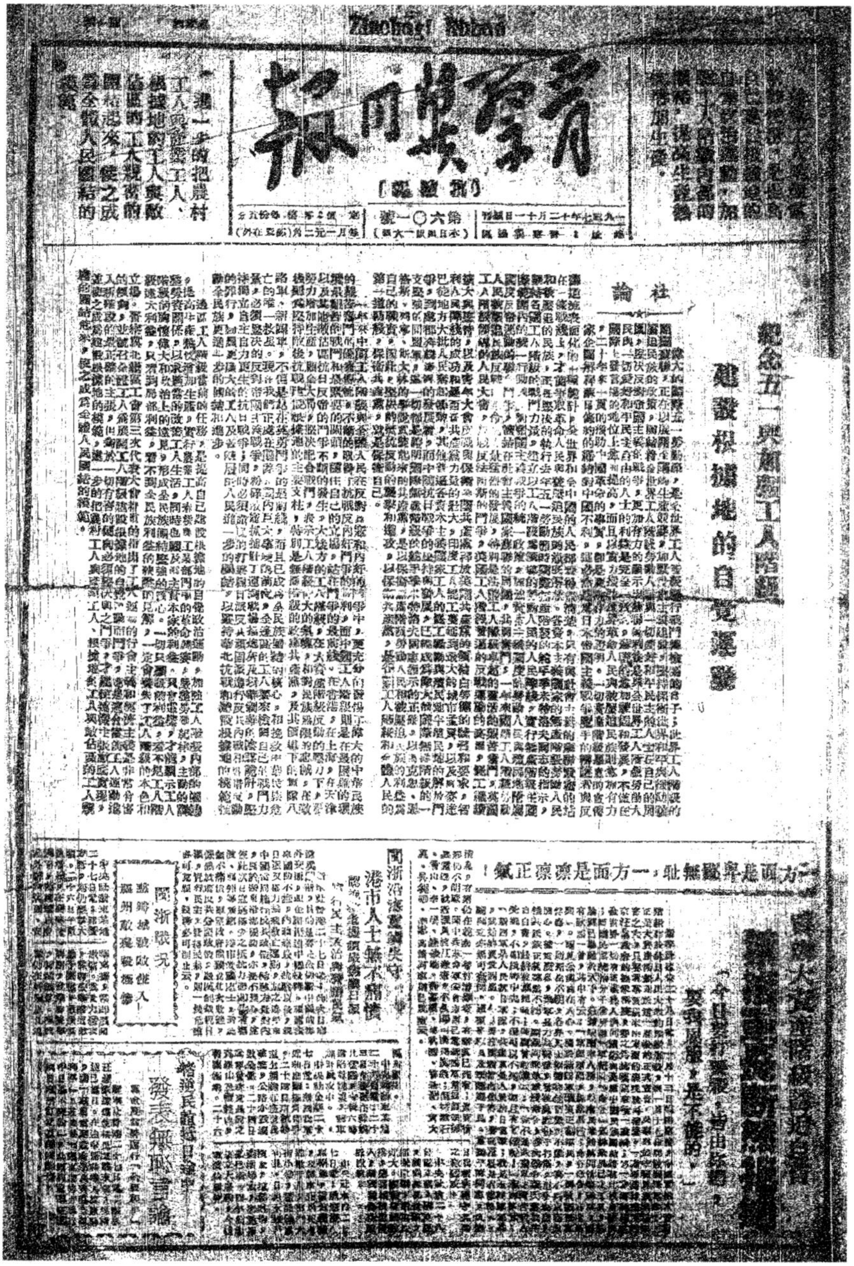

《晋察冀日报》

作为晋察冀边区记者的戴烨，在张北高原日伪“扫荡”的“无人区”，在日伪占据的山西太原、大同、阳泉，都留下了他冒死采访的身影；在我子弟兵游击队开展的阻击战、伏击战、夜战、麻雀战的战场，他亲临阵地，写下了一篇篇反“扫荡”战斗的报道。仅查阅1941年下半年《晋察冀日报》，就发现刊登戴烨这方面的通讯有十几篇，如：

《被麻雀战啄食的皇军》(1941年9月10日)

《×分区反“扫荡”散记》(1941年9月12日)

《洪子店温塘是怎样收复的》(1941年10月22日)

《反“扫荡”中五专区民兵的伟大胜利》(1941年11月1日)

《秋收歼灭战》(1941年11月1日)

《封锁沟的毁灭》(1941年11月22日)

《刘狗台堡垒的毁灭》(1941年12月20日)

在《被麻雀战啄食的皇军》通讯中，戴烨是这样描述我军采用麻雀战消灭日伪军的：

> 8月28日，经平山、温都河、古道等地向我根据地进犯的敌人2500多人，分几路合击我两岔山区。八路军一个连，凭险还击。他们高度分散，隐蔽在5公里长，4公里宽的几道山岗上。深夜，待敌进入山谷后，展开麻雀战，迷惑敌人。东打，西引，各山响枪。鬼子摸黑敌攻几个山头。靠他2500人，左一个迂回，右一个包围。上到半山间，陷入我军的地雷阵，许多鬼子被炸飞，有些遭到麻雀战的冷枪射击。这时，敌人枪炮齐发，在几个山头间乱射，不少敌人倒毙。2000多人到黎明爬上山头时，才发现是自己互相攻打。隐蔽着的八路军这一个连早已转移得无影无踪了。敌人拖着

200死尸垂头退走，八路军无一伤亡。

日寇的“铁壁合围”围不住根据地军民，却被我“麻雀战啄食”。于是日伪改变战术，对晋察冀边区实行了残暴的“分区扫荡”、“治安强化”、“三光政策”和“无人区”暴行。戴烨潜入敌人“扫荡”区，接连写下了：《敌寇“治安强化”在三专区》《敌寇二期“治安强化”运动下的晋东北》《敌寇在×分区的“三光政策”与“并村政策”》《活路》《“无人区”里的人们》《人间地狱》《阳泉矿工的悲惨生活》等新闻和通讯。

在这批报道中，戴烨无情地揭露了日伪军的滔天罪行，以及他们的罪恶阴谋，唤醒抗日军民认清形势，坚定信心，粉碎敌人，巩固和保卫我抗日边区。戴烨在《敌寇在×分区的“三光政策”与“并村政策”》中是这样揭露敌人的：

为了实行“三光政策”，在×分区敌人在巩固地区的周围划分了两条线，东面从平山之白塔坡经回舍、四大吾沿滹沱河至北岸之牛城、倾井再经灵寿之朱乐、北塞王行庄、曲阳城；西面从盂县石嘴经上社、下社、会里至五台之河口、耿镇、门阳石、石嘴，在这两条线之间的地区，即称为“匪区”或“无人区”，就是准备“一片光”的意思。在此两线之外直达敌人据点附近的地方，则称为“治安区”。为了区分这两块命运不同的地方，敌人又在这条分界线上挖掘宽二丈、深一丈八尺的深沟一条，并在原有来往道路及敌寇认为危险地带的交界处，架上层层的铁丝网和修筑坚固的堡垒，以割绝两方联络。

在接近敌人据点附近的所谓“治安区”，敌人为了骗取群众，于是造谣欺骗说“八路军被打垮了”“聂司令员在六亩园的树上吊死了”“分区刘政委换便衣偷跑了”“皇军是专打共产党八路军保护老百姓的”，企图用这类无耻谣言，造成群众悲观失望的心理和离间党、政、军、民的关系，以便实施他的“治安”工作。

戴烨在揭露敌人残暴的同时，也写下了边区军民没有被敌人屠杀吓倒，他们奋起反抗、保卫家园、保存自己、战胜敌人的英雄事迹，他采写了《晋察冀边区不可摧毁》（1942 年 1 月 21 日）、《活路——记阜平东庄民兵的故事》（1941 年 9 月 30 日）等。戴烨笔下的《活路》如下：

一个清朗的上午，敌人突然包围了东庄，村民立刻像冲破了河堤的急流，向村子的四外奔散着。

差不多有半天的工夫，枪声听不见了。在东庄北面的一个布满枣树的山沟中，人们在一个个的聚集起来嘈杂的诉述着这危险和不幸的遭遇。

然而使大家更加心悸与悲痛的事，却是村中二十多个妇女和十几个小孩找不到下落，起初他们还忐忑不安的在希望和期待着这三十多个人的消息。可是一切却茫然了，当时他们看见一个从敌人魔手下逃出来的鲜血染满了面貌和衣襟的村中老人时，他们知道了这三十多条生命是已掌握在敌人的手中了。

当着胸部还在淌血而双眼充满了泪水的老者叙述着敌人刺杀他、他的儿子、和脱光了衣服的妇女们被强奸的惨状时，人们疯狂的怒喊了，悲愤窒息着人们的呼吸，痛苦像虫蛆似的蠕动在人们的心膛。自卫队员的脸色变成了铁青，牙齿在挫着发响。而妇女、小孩则在泪水中啼哭诅咒着。

痛苦是掩不住人们的悲愤的，复仇的烈火像火炬似的燃烧在人群中。因为他们知道，敌人正在有计划的“毁灭”他们，而这个不过是刚刚开头，要想活下去，只有斗争，只有用着自己的力量、武器去向敌人拼命。

“去！我们要报仇！”像一声巨吼自卫队长瞪大双眼，向大家挥动着拳头。“不让这王八蛋这样随便的横行，杀害我们、糟踏我们。我们要复仇，要活下去，我们要和鬼子拼命啦……”

立刻在人群中爆发出同样的怒吼，灾难与仇恨以一种不可征服的力量把人们紧密地团结起来。

好久，村长与自卫队长才把大家的激怒平抑下去。然后村长用着沉痛的调子，向大家慢慢解说着，征求着大家的具体意见。最后决定，根据各个组织的系统推出村长武委会主任、自卫队长等十几个代表去向县长要求分发手榴弹去打击敌人。

在焦灼与渴望的心情下，代表们在县长的面前说开了他们的要求与希望，结果他们满意地带着手榴弹箱子回去。

天已将黄昏，六十多个自卫队员在自卫队长领导下，便浩浩荡荡的向东庄出发了。虽然他们只有百十个手榴弹，但心里一点恐惧也没有，复仇的意志随激动的心胸而更加坚定起来。

在离村子一里多的丘陵东西，大家都卧下休息了。等待着命令前进，而自卫队长们在星斗的闪烁下，冒着初秋的寒意悄悄回去侦察敌人。

不久，自卫队长跑回来向大家报告，敌人已全部像死猪似的睡着了，于是大家一齐拉开了手榴弹的盖子，秘密地分成三路向敌人挺进。

天色是暗的，然而道路方向于他们却是那样的熟悉，他们一伙六十多个，机敏地跳过了敌人的哨兵，直扑向敌人的宿营地。瞬息间，手榴弹像连续的巨雷在敌人的身边爆炸了。

火、光、血肉在飞奔着，自卫队长，染着满身的血，在用力的抡掷着他的手榴弹，每当火光与血块闪耀时，便可以看出他是怎样在像小孩一样天真欢笑着。

由于这突然的袭击和过度的惊慌，敌人连机枪亦未来得及放，便狼狈的逃走了。

当手榴弹快要响完的时候，他们发现了被敌人捉住而还未杀死的伯父母、兄弟，在激动的流着眼泪，互相拥抱着。夜，立刻沉醉在胜利的欢欣里。

勇敢的复仇者们胜利了，欢笑从每个人的脸上进入了每个人的心坎。

此外，戴烨还深入虎穴，采写了不少反映日伪军悲观失望，终日慌慌、厌战自杀的报道。如《风声鹤唳的太原》（1942年4月29日）和《盂县敌兵二十余人厌战自杀》（1942年2月7日）是其中较典型的报道，他在报道中指出，尽管敌伪广播着："祝香港陷落，新加坡占领，英美在远东势力殆危……"但是，日伪军却是"垂头丧气喝酒咒骂着：'皇军是要完了完了的'。"酒醉后的日伪军"逼着店老板去找'八路军报纸的'。"有时"谣言亦像胜利的消息"像"炸弹似的"使日伪军"软瘫了"，他们问店老板、问街上的行人"八路真要来吗？

你的知道的快说!”人们不作声,“用内心的微笑,回答了这些愚蠢可怜的询问”。“没有几天,又传说八路便衣队混入城里,准备暴动。敌人因为有了上次丢脸的经验,这回表面上装出不把这事放在心上的样子,晚上当警备队(敌人)员们正假意兴高采烈地在太原最大的一座电影院看《泰山情侣》时,突然电影机坏了,电灯熄灭了,同时“吧吧吧响起枪声……”“警备队员吓得不要命地往外挤,哭喊叫嚣,闹成一片”。“宪兵司令部和警备队队部都以为八路军暴动了,于是马上开去了四五百人,把电影院包围住,架起机关枪。”实际是“没有发现一个八路军”,虚惊一场。“从此‘城内八路便衣多多的’风声传播得更厉害了”,恐怖笼罩了日伪军,他们就这样在“风声鹤唳中煎熬着岁月”。

戴烨在艰苦残酷的抗战环境中为抗日呐喊,在生死线上采访,真实地揭露了日伪的残暴,歌颂了我根据地军民的反抗和斗争。根据查阅1941年7月到1942年7月的《晋察冀日报》,短短一年里,戴烨除写了大量消息外,采写的通讯、侧记等40余篇。

为中国的未来英勇牺牲

正当戴烨在边区的新闻岗位上兢兢业业,埋头苦干之时,由于战争形势的发展和边区根据地工作发展的需要,戴烨要调离新华社晋察冀分社和晋察冀日报社,他要离开自己喜欢的新闻事业,赴任察哈尔省宣(宣化)涿(涿鹿)怀(怀来)联合县县长。所谓联合县,就是在敌伪统治薄弱的地方,我党成立的边区政府。

1942年冬,平北地委决定开辟宣化南部深井一带新区,指定戴烨为开辟新区工作团负责人。

为开辟新区工作,戴烨带领同志们一道奔赴新区,途中驻在龙延怀七区（今庞家堡区）柳沟村，等候武装部队护送穿越铁路封锁线。

在游击战争的环境中，戴烨与工作团的同志吃住在百姓家，生活在群众中，尽管时间不长，但与当地百姓建立了深厚友情。至今柳沟村年迈的老房东和当年的老荣军们，提起戴烨，他们都记忆犹新，都能谈及他当年的音容笑貌，言语中流露着对戴烨的深深怀念。

那是1943年1月13日，由平北军分区40团参谋长高昆山率领的一个护送班赶到柳沟村，与早已在村中等候多日的戴烨带领的工作团会合，准备护送他们穿越铁路线。不料，因一个区干部投敌告密，敌特务队于14日拂晓包围了柳沟村。住在村南头的护送班的高昆山等5人被俘，住在村东头的戴烨听到枪声，马上冲出住所，因他深度近视，在突发应变中眼镜被打碎，走路辨不清方向，在他摸索行进中被崖头的敌人发现，敌人向他射出了罪恶的子弹，戴烨当场壮烈牺牲，年仅26岁。与他一起牺牲的还有警卫员姚二友。

戴烨牺牲后，当地群众冒着生命危险，将戴烨的遗体和警卫员的遗体分别装入棺木，隐藏在柳沟村村南土崖下的窑洞里。为了纪念戴烨烈士，平北地委决定将柳沟村改名为“戴烨村”。

1984年12月，晋察冀日报史研究会为纪念在抗日战争和解放战争中牺牲的晋察冀边区新闻工作者，在河北阜平县当年晋察冀通讯社和晋察冀日报社的创办地的烈士陵园，竖立了“晋察冀日报社忠魂碑”，碑上镌刻着戴烨等55名烈士的英名，他们的革命精神“辉同日月，万古流芳”。

他牺牲在抗日战场上

——记太岳报人魏奉璋

董彩兰

魏奉璋，男，1918 年生于河南省濮阳县。1931 年“九一八”事变发生后，即在同学中宣传抗日，因此被学校开除。1937 年全面抗战爆发后，到达延安，进入陕北公学学习。1939 年加入中国共产党，同年调到《新华日报》（华北版）、新华社华北分社任编辑和编委会秘书。1940 年 6 月，中共中央北方局调他到太岳抗日根据地，创办《太岳日报》，并任社长兼总编辑。1943 年 10 月，他与一名报务员在阳城与日军遭遇，不幸胸部中弹，英勇牺牲。

魏奉璋，1918 年生于濮阳县新习乡土林头村。1931 年“九一八”事变发生后，正在上中学的魏奉璋怀着满腔爱国热情，在同学中进行抗日宣传，并参与了有关的组织工作，因此被学校反动当局开除学籍。魏奉璋由此离开故乡，凭借自己的才学转而考入北平国立艺术专科学校，并在那里加入了“中华民族解放先锋队”，成为中国共产党外围组织的一名积极分子，在学习之余继续从事抗日活动。“一二·九”运动爆发后，他毅然离开学校，南下至南京、上海一带从事抗日工作。

1937 年卢沟桥事变发生后，魏奉璋到达延安，进入陕北公学，

1939年被分配到华北《新华日报》和新华社华北分社，先在资料室工作，后又担任地方版编辑，同年加入中国共产党。

二

在魏奉璋短暂的一生中，华北新华日报是他新闻生涯的开端，但他真正从事新闻领导工作却是由太岳日报开始的。

太岳区是抗日战争期间我党在晋冀豫地区建立的一块根据地，《太岳日报》是太岳区党委的机关报。1939年7月以前，太岳区属于晋冀豫区的一部分，党的领导机关为中共太岳地委。1939年7月以后，敌人对晋东南发动第二次围攻，占领了白晋铁路沿线的城市，太岳区由此成为一个战略区。

1940年初，中共太岳地委奉命改为中共太岳区党委，直属中共中央北方局领导。在这期间，区党委为了筹办机关报，经北方局同意，由华北新华日报社派出魏奉璋等人到太岳区创办《太岳日报》。

1940年6月7日，在原《黄河日报》（牺盟会长治中心区机关报）社人员和设备的基础之上，太岳区党委的机关报——《太岳日报》在山西省沁源县正式创刊，魏奉璋任社长兼总编辑，史纪言任副社长，江横任地方版编辑，刘希玲任国际版编辑，姜时彦任经理部长。

报纸创刊之际，正是抗日战争进入战略相持的困难阶段。日军回师华北，对我根据地进行频繁“扫荡”，晋东南沁源、沁县、屯留、安泽等县的房屋大部分被烧光，军需、民食严重短缺。在这种情况下，魏奉璋带领采编、后勤和电务人员，发扬自力更生、艰苦奋斗的精神，克服各种设备简陋、条件恶劣和生活上的困难，坚持按时出版报纸，宣传党的政策，反映群众的呼声。在敌后抗日根据地人力、物力、财力极端困难的条件下，报社同志夜以继日地坚持工作。同时，作为区党委的机关工作人员，他们响应号召，参加了帮助群众重建家园的活动。报社同志和群众一起打窑洞，安置无依无靠的人。这种与人民群众打成一片的工作作风给办好《太岳日报》创造了较好的群众基础。

在极端恶劣的战争环境中，魏奉璋和报社的其他领导一起，指挥记者对反“扫荡”中涌现出的杀敌英雄进行连续报道，树立抗日典型，揭露日军的暴行，鼓舞人民群众坚持持久抗战、争取最后胜利的信心，很快使《太岳日报》成为华北各抗日根据地中办得好、发行量大的报纸之一。

二

魏奉璋是一位非常有才华的人，据健在的当年与他一起工作、战斗过的老同志回忆，魏奉璋待人幽默、风趣，具有果断、沉着、严谨、坚韧的工作作风，独立工作和指挥、调动干部的能力都很强。他对自己和其他同志的工作要求非常严格，无论发稿还是审报样，都要字字句句仔细看过，力求做到政治内容上、文字技术上无任何差错。《太岳日报》刚创刊时采用石印，编写石印报比编写铅印报更为困难，在石印药纸上看大样时要在强光下衬着白纸看，如果光线弱，还要悬在半空中透着光亮看。这些工作，魏奉璋总是一丝不苟地认真完成，他那种兢兢业业、勤勤恳恳的工作作风给同志们留下了深刻印象。

1942 年 3 月 1 日，太岳区党委决定在太岳日报社通联科的基础上建立新华社太岳分社，在建制上与报社一样，同为区党委领导。报社和分社同驻一排窑洞，工作密切配合。

新华社太岳分社成立的时候并没有将报社的电务科一起移交。当时，报社的电务科虽有发报机，但没有足够的发电设备，只能为报社抄收新闻，不能向延安新华总社发稿，分社记者采写的稿件一般还是在《太岳日报》上发表，同时不定期地托人将稿件带到延安。1944年春，根据太岳区党委的指示，新华社太岳分社与太岳日报社重新合并，分社改为报社的通采部，但对外发稿仍保留太岳新华分社的名义，这种体制一直延续到1949年《太岳日报》奉命停刊为止。

在一次反“扫荡”后，魏奉璋收到陈赓将军的一个便笺，上面写着：“穴居野处二十余日矣！有何重要新闻，请能告知一二。”原来，部队机要电台和报社新闻台的职能不同，为防止日军侦察出机要台的方位，机要台不可能也不允许抄收新闻，所以陈赓将军才会给魏奉璋写此便笺“求援”。据此情况，魏奉璋决定：以后每逢反“扫荡”，由他带领电务人员、文印员等共5人以及必要的设备随太岳军区司令部行动，在反“扫荡”期间，每天将抄收到的新闻首先送给区党委与军区首长阅读，然后出刊油印战报，统交军区发行。此举受到区党委书记安子文的称赞，对报社能在反“扫荡”期间继续坚持出报给予高度肯定，并赠给报社一部《辞源》。魏奉璋倡议并实施的这种工作方法被同志们亲切地称为“新闻轻骑兵”“五人出报组”，从此开创了敌后新闻工作者的戎马生涯，报社同志与部队同吃同住，一起参加战斗。

作为一社之长，魏奉璋对工作始终勤勤恳恳、兢兢业业。他体质比较虚弱，但总是以高度的责任感和顽强的毅力坚持超负荷工作。在他的办公室，小油灯常常一亮就是一夜。1942年，组织上决定调他到延安学习，妻子、女儿已经去了延安，但他认为在最困难的时候，不能离开前线，毅然放弃了这个机会。

三

1943年10月，日军对太岳区进行“铁磙扫荡”，太岳日报社转移至阳城南山。一天，魏奉璋带领出报组，准备返岳南复刊，行至阳城县枪杆村时突与日军遭遇，他和一名报务员张谔不幸中弹牺牲，时年25岁。报社其他同志怀着极大的悲愤将他们的尸体掩埋，携带电台返回报社。

1943年12月，太岳日报社在驻地为魏奉璋、张谔等死难同志举行了追悼会，由区党委宣传部副部长赵守攻致悼词。

魏奉璋的遗体后来被移到山西省阳城县“太岳烈士陵园”安葬，他的墓前立有石碑，教育着一代又一代的后来人。

默默无私的奉献

——记《晋察冀日报》、新华社晋察冀分社电务科长解振兴

郑德金

解振兴，男，山西省夏县人，1908 年出生。幼年时在老家读书。中学毕业后，考入太原无线电学校。毕业后，被分配到山西第二无线电台工作，任电台台长。1937 年 9 月，他携带电台一部和望远镜 7 架脱离国民党阎锡山军队，参加了八路军。1938 年 10 月，他被派往《抗敌报》（后改名为《晋察冀日报》），并任新闻台台长，开始抄收延安新华总社的电讯。1939 年 5 月晋察冀通讯社成立，发往新华总社的电讯，都是由他负责的电台完成的。1943 年秋，在赴延安途中，不幸与敌人遭遇，在战斗中牺牲。

解振兴，是抗敌报社的优秀通信技术工作者。他在新闻工作中勤勤恳恳，默默奉献，为党的新闻通信技术事业作出了重大贡献。

1908 年，解振兴出生于山西省夏县水头镇大张村一个农民家庭。幼年时就学于大张小学、夏县二高、闻喜中学、太原山石中学。学生时代即倾向革命，接近进步教师，组织学生闹学潮，进行示威游行，向反动政府斗争。中学毕业后，又考入太原无线电学校。毕业后，被分配到山西第二无线电台工作，任该电台台长。

抗日战争开始后，解振兴一度曾在第二战区山西五台县太原防空

司令部，担负雁北监视哨工作，时刻防备着日本侵略者的入侵。但是，血淋淋的事实告诉他，民族处于危亡之际，人民正在遭受涂炭，而阎锡山却奉国民党的命令，与坚决抗战的共产党、八路军身怀二心，空喊口号，消极抗战。另一方面，解振兴看到共产党领导的八路军虽然武器简陋，但抗击日军侵略，士气旺盛，指挥得力。尤其是平型关一战，我八路军将士取得了重大胜利，给日寇以重大打击，极大地鼓舞了全国人民坚持抗战必胜的信心。他看清了在中国，只有中国共产党，才是领导人民反对外来侵略的坚强核心。于是他毅然决定弃暗投明，放弃了在二战区的优厚待遇，于 1937 年 9 月底携带电台一部和望远镜 7 架脱离阎军，来到晋察冀抗日革命根据地五台县豆村，参加了八路军。

解振兴同志参加八路军时，正当晋察冀抗日根据地初建时期，广大人民群众纷纷参加抗日救亡工作。八路军也正处于迅速发展壮大之际，需要各方面的人才，特别是部队急需通信技术人才。晋察冀军区十分欢迎解振兴同志的到来，立即分配他到军区无线电训练班担任专职报务教员工作，训练无线电通信报务人员。解振兴同志非常高兴地担任了这一工作。工作中，他发现，由于学员多、教员少，培训工作不能很好地开展。于是，在 1938 年初，他设法说通了家住阜平城曾与他一起学过无线电的同学张锦文参加了革命工作，担任无线电训练班的英文和无线电教员。他们认真工作，前后共培训三期学员 200 多人。这些同志在培训后都分派到军区所属各部队电台，担负了通讯联络工作，给部队指挥调动、互相联络创造了良好条件，在晋察冀八路军的发展和电台建设中起了骨干作用。

1937 年 12 月，在华北敌后长城岭上，中国共产党办起了一份抗日救国的报纸——《抗敌报》。这是在敌后抗日根据地创办的最早的一份大区地方党报。舒同兼主任，沙飞为副主任。1938 年 4 月邓拓为主任。开始时，报纸消息来源，主要依靠前方电讯、军区供稿、通讯员来稿、外出采访和亲自写稿。报社没有自己的无线电台设备和工作人员，不能抄收延安新华总社的电讯。当时为了解决这个问题，邓拓同志很着急，曾亲自找军区司令员聂荣臻同志，要求军区支援电台设备和电务人员。1938 年 10 月，军区便决定让解振兴、臧本律两位同志携带电台一部到抗敌报社，建立新闻电台。从此架起了同延安新华总社联系的“空中桥梁”，抄收传达党中央的声音和国内外消息，供报纸采用。

说来正巧，电台建立的当天，正值中国共产党的六届六中全会扩大会议召开，延安新华总社关于这次全会的重要消息和毛泽东主席、周恩来副主席的重要讲话，都由解、臧两位同志及时抄收，在报纸上刊出，极大地鼓舞了抗战中的晋察冀军民。

新闻台初创时，只有解振兴与臧本律两人。解振兴任新闻台台长。他们每天经常要从下午 5 点起不间断地抄收延安新华总社的电讯及外电到第二天凌晨 4 点。当时，因为没有译电员，白天还要译电，一天睡不上几个小时觉。

1939 年 2 月，报社新闻台改为报务科，解振兴负责调来报务员陈友杰、黄庆涛、张景翰 3 人。9 月又调来译电员田保琛、刘剑秋、王颖、史进宝、郑宝瑜、李英才等人。在解振兴同志的积极努力培养教育下，他们很快胜任了工作，为新闻电台的发展壮大打下了良好基础。

解振兴同志待人诚恳热情，平易近人，同电台的同志亲如兄弟。电台新调来的多是小青年，最大的十五六岁，最小的才 13 岁。他十分爱护和重视他们，在技术上耐心地手把手地教他们学译电、收发电报和文化课。在政治上不厌其烦地讲解坚持抗战和中国必胜的道理；在生活上更是无微不至地关心体贴。有的同志年龄小，离开家庭时间久了想父母，他就设法安慰、劝导。组织文娱活动，讲故事，说笑话，逗得大家乐而忘忧。所以电台的同志都爱戴他，尊重他。

他还经常带领电台同志帮老乡挑水，搞清洁卫生，参加春耕秋收。他还利用工作的空闲时间，找老乡一起聊天，宣传抗日救国的思想。1939年夏，晋察冀边区各地有时出现倾盆大雨天气，山洪暴发，许多县、区遭受严重水灾。农民将要收获的劳动果实，突然被大水冲光。在这困难时刻，他带头响应邓拓同志的号召，节约口粮，并捐献出一年的生活津贴费支援灾民。驻地群众含着眼泪激动地说："报社同志和群众心连心啊!""电台同志是群众的贴心人，是同生死共患难的战友啊!"

抗日战争年代，由于敌人封锁，城市乡村隔绝，工作环境十分艰苦。当时报社的收发电报机仅仅是一部简陋的五瓦机，而且是干电池供电，效率很低。照明是小麻油灯，既不亮又得经常拨捻添油，抄报人员既要注意调机抄报，又得防止灯灭。加之敌台故意干扰，有时暴风骤雨，雷电干扰，特别是在炎热的夏季，热得浑身冒汗，蚊子还叮咬；严寒冬季没有火炉，冻得手脚僵硬，苦不可言。就在这样的情况下，解、臧两位同志连抄收带译电，天天从下午5点直到次日凌晨4点，一口气工作11个小时以上。特别是在战争的环境下，经常昼夜行军，爬山越岭，涉水过河，吃不上饭，喝不上水，有时数日数夜睡不成觉。而解振兴同志从不叫苦，他默默地带领电台同志，边转移，边工作，源源不断地给编辑部提供电稿，保证报纸及时出版。虽然这样艰苦，但他却不以为苦，反而高兴地说："只有经过这样锻炼，才能战胜困难，培养出革命人才。"

当年的晋察冀抗日根据地，大多是贫困山区，老乡们食不饱，衣不暖，还要省吃俭用供给八路军、游击队大批粮草。群众吃糠咽菜而把小米供给了部队。在遭水灾时节，部队也只能吃黑豆高粱混合饭。

吃饭定量，平均分配，一般人都吃不饱。解振兴同志是技术人员，他的生活津贴费比一般同志高，每月 12 元，但他看到大家困难，所以坚决向邓拓同志要求减少津贴和大家一样待遇。邓拓同志再三向他解释这是边区的决定，党的政策，不能减少。他无奈，就用 12 元津贴费帮助周围的同志。

在报社新闻台所有人员中，解振兴是最年长的一个，邓拓同志为了照顾他，特意给他配了一匹马。但他坚持不要这种照顾，每次在转移途中，他都和大家一同徒步行军。1939 年 11 月反“扫荡”时，在转移过程中，解振兴带领大家蹚河爬山，吃不上饭，喝不上水。但只要一到宿营地，他与臧本律同志所做的第一件事，就是立即架设电台开始工作，捕捉延安新华总社发出的每一个信号。有时遇到敌机轮番轰炸，他们还要掩护机器，差点遇难。

1940 年 5 月，晋察冀通讯社与《抗敌报》合并，成为报社的通讯部。晋察冀通讯社成立于 1939 年 5 月，它的其中一项主要任务，就是向延安新华总社发稿。晋察冀通讯社成立初始，这项任务主要是由解振兴同志领导的报社电台来完成的。1939 年 10 月，新华总社在延安召开通讯员大会时，晋察冀通讯社曾以新华社晋察冀分社的名义，派代表参加。晋察冀通讯社合并到《抗敌报》社后不久，《抗敌报》改名《晋察冀日报》，并以新华社晋察冀分社名义向延安新华总社发稿，字数每月达 3 万至 5 万字。延安新华总社对这些来稿编辑播出后，使全国人民系统地了解了晋察冀边区人民的对敌斗争和根据地建设的情况。在这个工作中，解振兴同志作出了不可磨灭的贡献。

1943 年秋，敌人向我边区发动大规模的扫荡，环境更加艰苦。晋察冀军区为了保存技术骨干力量，输送一批同志赴延安学习深造。解振兴同志是这一批骨干中的一员，但不幸在途经同蒲路东侧，在原平县的一个山村宿营时与敌人遭遇，在战斗中英勇牺牲，这年他才

35 岁。解振兴同志无私奉献的精神和光辉业绩，与日月争辉，和天地共存。

1980 年清明节，党和人民为了缅怀这位牺牲在抗日战争中的革命先烈，在他的家乡——山西夏县水头村大张村，建立了一座烈士纪念碑。

不屈的红高粱

——记新华社晋察冀分社记者陈辉

万京华

陈辉，男，1920年出生于湖南省常德县，1938年在延安加入中国共产党。1939年5月到晋察冀抗日根据地，被分配到晋察冀通讯社（后改称为新华社晋察冀分社）采访科任记者。1940年5月，他被派到平西地区从事地方工作，曾任青救会主任、区委书记、武工队政委等职，被评为房、涞、涿地区模范干部。他还是一位年轻诗人，写下了大量反映革命战斗生活的诗篇。1945年2月，他和另一位游击队员在涿县韩村被敌伪包围，突围时陈辉被埋伏在外的两个特务拦腰抱住，他拉响了挎在身边的手榴弹，与敌人同归于尽。

1945年2月8日，主动要求并经组织批准到平西地区从事党的基层工作的新华社晋察冀分社记者陈辉，与另一名游击队员在执行任务途中路过涿县韩村时被日伪百余人包围。在顽强战斗中，陈辉拉响了身边最后一颗手榴弹，与敌人同归于尽，牺牲时年仅 24 岁。

在抗战的烽火中，陈辉既是晋察冀边区的记者、机智果敢的基层干部，也是一位著名的青年诗人，他与田间、魏巍、邵子南等同为晋察冀诗会的委员，在《群众文化》《诗建设》《鼓》《子弟兵》等文化刊物上发表了大量激励边区军民抗战斗志的诗歌。1942 年初，他目睹自己的战友牺牲的情景，曾写下了题为《红高粱》的千行长诗，诗中写道：

“八月的高粱已经红了，像一把血珠子，挂在高粱秆上。”

“我的兄弟，你的血洒在高粱地，高粱倒在你的身边，谁分得清，是血还是高粱呢？”

“拒马河呵响当当，拒马河是我们的娘，我们是拒马河的儿子，像长在河边的红高粱……”

陈辉为民族的解放流尽了自己最后一滴血，他就像那不屈的红高粱，在拒马河畔永远不倒，他的英雄故事至今仍在当地广为流传。

投身时代熔炉

陈辉，原名吴盛辉，1920 年 9 月 2 日出生于湖南省常德县黑山尾村，祖籍安徽休宁县潘村。父亲吴昌铨，初当学徒，勤劳节俭，受徽商的传统影响，与人合伙做生意，因经营有方，稍有积蓄。母亲钟梅卿，原姓李，被卖给人家当养女，13 岁时又被转卖给人贩子到了常德，卖给财主家当奴婢。14 岁时嫁给陈辉的父亲。

陈辉两岁的时候，父亲病逝，家境很快衰落，由于母亲顽强操持，把三个孩子先后送到学校读书，自己也进了职业学校学习缝纫和文化，给别人缝衣补袜，节省度日。

陈辉从小聪颖好学，性格倔强，他看不惯社会上种种不公平的现象，更看不起家族里那些自以为是的老爷、太太和少爷、小姐们。

1935 年秋，陈辉升入湖南省立常德中学（当时叫湖南省立第三中学）住宿读高中，常德中学是一个革命思想活跃的地方，1924 年已建立了中国共产党的组织，秘密开展革命活动，为我党培养出不少革命家和高级将领。林伯渠、粟裕、廖汉生、滕代远等人都在这里读过书。

学校图书馆管理员彭司春是当时我党在常德中学秘密组织的负责人，他非常关心青年成长，经常以图书馆为阵地，宣传进步思想，传播马列主义。陈辉经常向彭司春请教，思想合拍，逐渐成为挚友。

1937 年上半年，陈辉在学校里参加了刻印救亡歌曲、编写宣传材料、演出《放下你的鞭子》等活动，投身于抗日运动。并于当年他 17 岁时秘密地加入了中国共产党。1938 年上半年，他决心奔赴延安。经地下党组织介绍，他带着姐姐塞给的 20 块大洋，告别了流泪相送的母亲，毅然北上。

经过几个月的曲折，陈辉与同学韩公度、曾子忠一起终于来到延安，不久进入联大学习。

在联大学习期间，陈辉如饥似渴地阅读马列主义著作，努力学习军事、文化等各方面的知识，并且深受苏联文学和中国文学的影响。在党的关怀和教育下，他像海绵吸水一样吸取着革命的养分。延安火热的革命生活，激起了陈辉的写作热情，开始用诗歌的形式诉说自己的心灵之声。后来他曾写下了这样一段文字，记录了自己最初写诗时的心情，他写道：

马克思列宁主义，它营救了我，也告诉我现在的世界是一个人吃人的血腥的世界；它也启示了我，只有以眼还眼以牙还牙，在这可咒诅的时代。1935 年，我才 15 岁，我就许身于社会主义的斗争。然而，我是很幼稚的啊。

谢谢旧社会黑色的鞭子，在1938年把我赶出了我的故乡，推进了时代的熔炉——延安，我的斗争的国土。我坚定地走上了我自己的路，成为一个斗争者。我看见了一个全新的世界，这新的光明而圣洁的土地，鼓舞了我。我开始写诗，用那简短的诗，抒写我自己的一腔热情。

1939年4、5月间，由于工作需要，陈辉与联大部分同学奉命前往晋察冀抗日根据地，4月29日，陈辉于病中写下了《献给母亲》一诗，写出了他即将奔赴前线、时刻准备为国献身的决心，诗中这样写道：

悠悠地／我记起：／哦，我是一个／祖国的孩子。／我生长在南方／一个阴暗的角落里，／现在却躺在／北方的山沟里，／而明天，／就要到战场上，／交出我的年轻的血液。

远方，／有风沙／掠过树林，／我年轻的血呵，／它呼喊着：／辉呵，／勇敢地／献给——祖国！／献给——母亲！

这首诗写出了陈辉对祖国母亲的深情和对即将开始的新的战斗生活的向往，正如诗中所写的，他是“祖国的孩子”，随时准备“到战场上”，交出自己“年轻的血液”。

到战火最响亮的地方去

1939 年 5 月 22 日，陈辉来到晋察冀敌后抗日根据地，被分配到了通讯社采访科任记者。这个还不满 19 岁的小伙子，浑身充满了活力和热情，他拿起手中的笔作为战斗的投枪，书写革命事业的壮丽篇章。

晋察冀通讯社（1945 年正式改称为新华社晋察冀分社）成立于 1939 年 5 月 14 日，当时的主要任务是：1. 为《抗敌报》供稿；2. 向新华总社发稿；3. 发展通讯员，建立通讯网，指导通讯员和通讯小组工作；4. 编改记者和通讯员来稿；5. 编辑出版《通讯往来》；6. 做社会调查，向领导机关反映情况；7. 为边区领导人就某些重要问题草拟对记者发表谈话的稿件。

1939 年 9 月 15 日，《抗敌报》四版上刊登了陈辉写的通讯《燃烧着的榆次和寿阳》，这篇通讯以生动的笔触、充足的事实，从三个方面记述了山西榆次、寿阳两县人民英勇抗敌的事迹，表现了边区军民抗击日寇的信心和决心，揭露了国民党顽固派分子明为抗日实则反共的丑恶面目。从这 1000 多字的通讯中，可以感受到战争环境下那种火热的革命气氛和我们党所领导的人民战争的伟大。

晋察冀通讯社的同志都记得，陈辉是一个称职的记者，在通讯社的一年间，他工作勤奋，经常主动要求到艰苦的地方、到基层农村采访，写下了不少反映战斗生活的稿件。

陈辉常常利用赴前线采访的间隙，以朴实的文字在他的诗中叙述根据地军民的战斗生活故事，真实地反映出我们党所领导的人民战争的伟大。在一组诗的空隙间他曾记下这样的话：“这七首诗，是在八区写的，马上就要油印了。第二天，在口底战斗的时候，我把它们散到唐县城外三里地的乡村里。我要让它们像几粒火种，种到城里去。”他的诗中充满战斗的激情，成为鼓舞人民抗战的号角和杀伤敌人的重要武器。

1940年2月，他在雁北采访时写下的《平凡事》一诗中描写了敌后一个普通的村庄和托村村长选举的经过，从开始酝酿，到最后村选，他选取了很多有特色的生活图景和人物形象。在他的诗行中，一个个普通农民的形象跃然纸上，随着他充满深情的描写，妇救会的张玉兰，青抗先的队长小王，老头子李四，村民心中的候选人菊芬……这一个个性格鲜明、个性突出、对革命事业热情高涨的普通人物都给人留下了深刻的印象。

张玉兰和菊芬是作者着力刻画的两个人物，张玉兰是个敢做敢说、革命热情极高的妇女，她心里想的是“咱们女人，也不能落后”，“也要和男子一样，当当村长!”她对区妇救会主任说：“替我给宋主任，捎个信吧：不是边区政府，咱们女人，怎么能够打日本……”“捎个信，给毛主席吧：我们和托村，愿意跟着他，永远不投降!”菊芬则是一个外柔内刚的女子，她深明事理，毫不犹豫地送丈夫参军打日本，临别时只对他说了一句话：“好好地去打仗吧!”她不甘落后，积极参与群众支前运动，还当上了村妇救会主任，因工作投入、认真负责，赢得了人们的信任。诗中在描述她当选为村长后的情景时是这样写的：“她红着脸，含着蔷薇似的笑，在人们面前站起来了：‘我，一个女人家，办不好事情；大家要帮助我……打日本!’”诗的最后写道：“太阳，平静得很。吻着晋察冀的山庄，吻在我们女村长玫瑰似的面庞上。”

这首长诗既真实地反映了敌后乡村抗战民主生活的现实，又颇具革命的浪漫主义色彩，体现了陈辉诗歌的特色。

几番赴前线采访，耳闻目睹敌人烧杀抢掠之暴行给边区人民带来的苦难和军民抗战的高昂热情，陈辉感慨很多，他多次向组织递交了请战申请，要求到前线去与敌人面对面地拼杀，他表示："我是劳动人民的儿子。为了人民的利益，我将时刻准备为他们战死，把自己投到战火最响亮的地方去！"

1940年5月，为加强对根据地的对敌斗争和满足根据地建设的需要，组织上安排陈辉到平西地区做青年工作。他满怀激情地与当地军民一起投入到抗战的斗争中。

平原上的红高粱

涞涿县是华北抗战前线的重要组成部分之一。它位于冀中区、平西区之间，北临北平，南接保定，平汉铁路从中穿过，战略地位极为重要，自古为兵家必争之地。陈辉来到涞涿县后，首先担任了青救会宣传委员之职。在工作中，陈辉注意随时随地宣传革命道理，启发群众的思想和觉悟，有不少农民和干部，在他的影响下，思想上发生了很大变化，走上了革命的道路。

抗日战争中的敌后根据地，生活条件是异常艰苦的，由于敌人的封锁，边区军民生活用品非常匮乏，但他们抗战的革命热情却特别高涨。为进一步发动群众，陈辉穿着当地农民的服装，到拒马河边的村落中去宣传党的政策，组织各村成立青救会组织。敌人的"扫荡"刚过，不少老百姓仍心有余悸，陈辉耐心地做工作，讲道理，和青年做朋友。两个月后，3个区、近60个村庄都建起了青救会。千余名青年晚上练军事，演节目，搞宣传，成为一支活跃的抗日力量。

初冬，陈辉在沈家庵办起了青年干部培训班，来自三个区的一百多名青年干部前来参加学习。陈辉是主持人，他自己写讲义，刻蜡版，自己讲课，导演节目，教唱抗日歌曲。青年干部们听陈辉讲抗日战争的形势，论敌我双方的特点和战争胜负的必然性，都增强了信心和斗志。他还指挥青年干部们把反“扫荡”当成最实际的考试，把大家分成三个青年抗日先锋队分队，每人发一件武器，与敌人做坚决的斗争。他选拔了30几个青年骨干，组成工作团，在县大队的配合下，深入到敌人频繁出没的地带，在据点、岗楼的眼皮底下，播撒抗日火种。几天后，前铺、后铺、常村等村庄，先后建起了青抗先组织，一度被敌人扑灭的抗日火焰又燃烧起来。

1941年秋，陈辉担任了县青救会主任。他带领60多名青救会骨干组成的青年游击队，参加了抗击日寇“紧逼平西”的反“扫荡”斗争。

这年8月，华北日军在冈村宁次的直接指挥下，调集6个精锐团、5个混合旅团及大批伪军共10万余人，采取“铁壁合围”的战术，分13路向北岳大举进攻。处于北岳边沿的平西根据地房（山）涞（水）涿（县）联合县（1941年6月由涞涿县改为房涞涿县）十渡、平峪一带山区，是冀中十分区党政机关、兵工厂和医院所在地。日寇分兵两路夹击十渡，妄图将我机关等一网打尽。正在平西开会的房涞涿县委，根据上级指示做出决定：组织力量，掩护机关撤往山里；发动群众，开展反“扫荡”斗争。

陈辉接受了“牵制石亭之敌5日，保证机关撤退”的任务，立即率青年游击队投入战斗。石亭是连接山里山外的重镇，驻有一个日军小队和一个特务中队，共300多人。出发前，陈辉和战友们一起宣誓：宁可在沙场上战死，决不在敌前跪下。他们印发了传单，散到石亭内外，以分散敌人注意力，动摇伪特军心，发动群众抵抗交粮款。敌人进山先头部队出发后，游击队立刻兵分两支，一支由三区青救会主任史文東率领，在山口截击，骚扰路上之敌；一支由陈辉带队，夜进石亭偷袭，破坏敌人的进山计划。陈辉又带领两支队伍，凭借路途熟悉，机动灵活的优势，与敌人周旋，牵制住他们的兵力，胜利完成了任务。

然而，由于汉奸出卖，他们在龙泉北被敌人包围了，战斗进行了数小时，陈辉终于带领队伍突出重围。但他的亲密战友三区青救会主任史文柬却壮烈牺牲了。战斗结束后，陈辉就病倒了，他躺在敌人据点不到五里的一个小村养病。期间，他更加怀念在战斗中牺牲的战友史文柬，几次在梦里又见到他。陈辉含泪用笔写下了一首二千多行的长篇叙事诗《红高粱》，真实地记录了这次战斗的经历。

在诗的后记中，陈辉写下了这样一段文字：

> 1940年，当我离开通讯社来到平西，正是五月。一转眼就是两年了。两年来，我是一个青年工作者。我忠实于我的职业，神圣的战斗的职业；在我的岗位上，也流下了我的血。
>
> 1942年，敌人的空前的“大扫荡”来了。在这次空前的残酷的反“扫荡”里，我和我的战友们在一起，向敌人做了勇敢的射击。我看见我的兄弟姐妹们，我的民族，我的平原，遭遇了空前的苦难。我的伙伴中，那些懦弱者，无耻地向敌人作了屈膝的小犬。而我的最敬爱的战友，史文柬同志却英勇地战死了。他战死了，在残酷的血的斗争里。
>
> 当他牺牲后，我又病了。一点不假，我在离敌人据点五里地的一个小村里养病。我有几次在梦里看见了他，他还是那样地笑，还是一样啊（那八月的天空，小虫子，平原的高粱……）走在他牺牲的土地上。我说，史文柬又回来了。
>
> 他的战斗的精神是不死的。

为祖国而歌

在艰苦的战斗生活中，陈辉仍经常拿起手中的笔，写下战斗的诗篇，他不是为诗而诗，而是用诗歌推动革命事业的前进，他曾说："我已经确定了我的任务：要深入地手触生活，投入斗争，把新的血的战争的现实写入诗里，我要给诗以火星一样的句子，大风暴一样的声音，炸弹炸裂的旋律，火辣辣的情感，粗壮的节拍，为了更好地为世界，为斗争着的世界而歌！"1942年8月他在房山八渡写下的《献诗——为伊甸园而歌》《为祖国而歌》，是他著名的代表作。他在《献诗——为伊甸园而歌》诗中写道：

那是谁说／"北方是悲哀的"呢？／不！／我的晋察冀啊，／你的简陋的田园，／你的质朴的农村，／你的燃着战火的土地，／它比／天上的伊甸园，／还要美丽！／啊，你——／我们的新的伊甸园呀，／我为你高亢的歌唱。

我的晋察冀呀，／也许吧，／我的歌声明天不幸停止，／我的生命／被敌人撕碎，／然而／我的血肉啊，／它将／化作芬芳的花朵／开在你的路上。／那花呀——／红的是忠贞，／黄的是纯洁，／白的是爱情，／绿的是幸福，／紫的是顽强。

在《为祖国而歌》一诗中陈辉写道：

祖国呵，／你以爱情的乳浆，／养育了我；／而我，／也将以我的血肉，／守卫你啊！

祖国呵，／在敌人的屠刀下，／我不会滴一滴眼泪，／我高笑，／因为啊，／我——／你的大手大脚的儿子，／你的守卫者，／他的生命，／给你留下了一首无比崇高的“赞美词”。／我高歌，／祖国啊，／在埋着我骨骼的黄土地上，／也将有爱情的花儿生长。

这两首脍炙人口的诗篇写出了陈辉那忠贞不渝的革命信念和他内心深处对革命事业、对劳苦大众的深厚的情感。陈辉的衣服上无论春夏秋冬都缝着一个大口袋，装纸笔、书稿和书刊，战斗的间隙，他不是勤奋写作就是认真学习。他的很多诗篇都是在地道里、地堡里就着昏黄的油灯光写成的，他把诗看作生命，把生命看作诗，在诗篇中倾注自己全部的情感，表达心中的爱与恨。他说：“我知道，我的诗，还有很大的缺点。但那缺点不要紧，我要用我的生命去克服它。”

1942 年 11 月，陈辉随一支 20 余人的武工队，秘密出山，穿过敌人的“包围线”和“封锁壕”，来到涞涿平原拒马河马踏营、古邱一带，开辟敌后根据地。这支武工队是根据平西地委的指示决定成立的，他们的任务是打破敌人封锁，到“敌后之敌后”开辟新的抗日根据地。

陈辉在武工队里担任了民运委员。此时，斗争的形势非常严峻。日寇秋季大“扫荡”之后，沿房涞涿山边修建据点，组成“包围线”，同时北从板城村北，南至四洛平向西南，挖了一条宽三丈六尺，长三十五公里的“封锁壕”，日伪三天两头出来“清乡”“扫荡”。

在敌人的“三光政策”面前，原涞涿县委组织部长潜逃了，三区区委书记郭瑞，副书记高金榜，一区区委书记范耀辉、区长孙山，四区区长郭汉投敌叛变了。这些叛徒带领敌人疯狂捕杀我基层干部，使这一地区的基层抗日组织遭到很大破坏。因此，武工队斗争的第一步就是铲除叛徒和汉奸。在陈辉等同志的努力下，一批在群众中民愤极大的汉奸和叛徒，被抓住并处决。当叛徒范耀辉被武工队抓住处决后，陈辉连夜写了《范耀辉低下了他可耻的头颅》，在《晋察冀日报》上发表，同时抄写数份，张贴在拒马河畔各村街头。

1943年冬，陈辉被任命为五区区委书记兼武工队政委。五区临近涿县县城，位于平汉铁路以西，拒马河两岸。这是一块半隐蔽的根据地，对敌斗争相当残酷，敌人的据点炮楼密布，敌伪还日夜出动“清乡”、查户口，残杀我县区干部。陈辉与区长陈琳一起制订了“依靠广大群众，消灭日寇汉奸”的计划，运用“引蛇出洞”的方法，打死双手沾满人民鲜血的汉奸、成立抗日群众组织、组建游击小组，他们通过具体行动团结开明士绅，开创了良好的斗争形势。

陈辉多次勇闯敌人腹地，留下战斗的业绩和诗篇，被人们称为“双手能拿枪，双手能写梅花篆”的“神八路”。根据地的人民爱戴他，而敌人却对他恨之入骨，出高价悬赏捉拿他。

在工作的间隙，陈辉也想到了美好的爱情，他在《亚当和夏娃》一诗中描写了根据地一对青年男女革命的爱情故事，诗中写道：

> 原谅我，你美丽的神话中的／人类最初的一对男女，／夏娃与亚当哟！／你俩是幸福的，／你俩是世界上的第一对爱人，／当上帝不在的时候，／偷偷地接了人生的第一次甜蜜的长吻。／但是，我要说，／你俩的爱情是平庸的，／比之我们的晋察冀的／人民和斗争的爱情的火花呀，／还不过是一粒颤动的火星。

他和县委一位女宣传干事之间产生了朦胧的感情，当同事关切地问他为什么不公开追求她时，他却说：“爱情是圣洁的，高尚的，与时代同步的。在抗战胜利之前，我不会投入热恋，更不会结婚。”

1944年夏，陈辉担任了房涞涿县委执行委员，仍兼任五区区委书记。房涞涿县委遵照上级指示，决定抓住遍地青纱帐的有利时机，发动一切力量，向敌人展开广泛进攻。7月末，陈辉参加了在房山十渡召开的沟外武装工作委员会议，会议决定兵分两路打击平原上的日伪敌寇。陈辉担任了一支武工队的政委，率领大家和敌人展开了机智顽强的斗争。在异常艰苦的斗争中，他们铲除了一些地方汉奸、特务，重新建立了地方抗日组织，争取了部分抗战力量，取得了较为突出的成绩。但由于革命力量过于分散，很难形成合力，给敌人造成了可乘之机，当陈辉回到路东准备到十渡参加县委对这次出击战的总结会时，听到了一个噩耗，日伪在马踏营南河套一带包围了我武工队30余人，经过艰苦激战，五区区长陈琳等十二三个同志英勇牺牲，其余人大部分被俘。这次事件后，县委认真总结了经验教训，展开了新的对敌斗争。

英雄抛碧血，化为红杜鹃

1945年2月7日夜，陈辉和另一位游击队员18岁的王厚祥一块从平汉路东返回路西，住在涿县韩村王德成家。第二天早晨，由于连日劳累，陈辉又病了，上吐下泻，王德成的母亲为他端上了热汤面送到西屋。正在吃着，两个特务忽然闯进屋里，用枪口对准了陈辉，陈辉借放碗的机会，顺手抓起了放在炕头的手枪，扬手一枪打中了一个特务的手腕。两个特务见势不妙，连忙退出屋子。陈辉和王厚祥继续向院子射击，两个特务又连滚带爬退出了院子。

因有汉奸向敌人密报了陈辉的下落，他们被敌伪100多人重重包围在韩村，陈辉和王厚祥守在窗户一侧，不让敌人前进半步。战斗持续了一个多小时，敌人急得团团转，但谁也不敢走近西屋。在战斗中陈辉击毙了一个伪保安人员，打伤几个敌人。

陈辉和王厚祥商量，一定要冲出去，翻过墙头就是树林，就有了生存的希望。他们连续扔出两个手榴弹，借着手榴弹掀起的烟雾，冲出西屋，来到院子里，但敌人密集的子弹，又迫使他们不得不分别隐蔽到东西两个耳房里。敌人看到陈辉钻进了东耳房，他们爬上房顶，挖开一个洞，将燃烧着的玉米秸扔了进去，小屋里放的柴禾立即被引着了，陈辉的衣服也被烧着了。他把已打完最后一发子弹的手枪在门口的石头上摔坏，然后冲出了屋子，守在门口的两个特务立即蹿上来，从后面死死抱住他，这时陈辉拉响了藏在腰间的最后一颗手榴弹，手榴弹轰然一声巨响，炸飞了敌人，也结束了陈辉年轻的生命。

同行的王厚祥同志也被敌人抓住后残酷地杀害了。

陈辉牺牲后，敌人凶残地将他的头颅用铡刀铡下，挂在村口的柳树上示众，同时将他随身带的七八个诗文稿本弄到涿县县城里“展览”。几天后，趁敌人不备，当地群众冒着生命危险抢下了英雄的头颅，将其安葬。

当时的晋察冀通讯社曾经对他作出这样的表扬：“陈辉是一个十分勇敢的战士，善于拿笔，也善于用枪，用手榴弹。”

新中国成立后，人们将陈辉的遗骨移葬在楼桑庙村北的烈士陵园，并为其立了墓碑，碑上刻着陈辉的一首遗诗：

英雄非无泪，不洒敌人前，
男儿七尺躯，愿为祖国捐。
英雄抛碧血，化为红杜鹃，
丈夫一死耳，羞杀狗汉奸。

这首“正气歌”，是陈辉写给他的亲密战友，在1944年11月牺牲的五区区长陈琳的，他们曾经一起并肩战斗在拒马河畔，在艰苦的对敌斗争中结下了深厚的友谊，他们都实现了自己的誓言，为祖国的事业献出了年轻的生命。这首述志的爱国诗篇，正是他们人生的写照，英雄的一腔热血早已化作那火红的杜鹃花，盛开在平原的土地上。

陈辉曾对战友说过，等抗战胜利了，他要把他的诗作整理成诗集，还要写一部长篇小说《拒马奔腾》，让后人看看中华民族不可战胜的精神，可惜他在这么年轻的时候就为祖国献出了生命，无法亲自完成这一心愿。1958年，陈辉牺牲后的第十三年，中国作家出版社从戈枫、叶丁乙、曼晴等老同志保存下来的陈辉的原稿中选诗40余首、17万余字，由著名诗人田间写序，集印出书，取名为《十月的歌》。1959年，他的《为祖国而歌》《献诗——为伊甸园而歌》等诗被选入中国青年出版社编的《革命烈士诗抄》一书中。同年，著名作家、诗人魏巍主编的《晋察冀诗抄》一书又选入了他的《平原手记》《到柳洼去望望》《六月谣》等十几首诗。1981年，日本九州大学教授、语言学家上尾龙介，又将他的诗集《十月的歌》译成日文，传播到国外。

“四八”英烈传千古

——记延安解放日报社社长兼新华社社长博古

郑德金　吴葆朴

博古，男，江苏无锡人，1907 年 6 月生。1925 年进入上海大学学习，并加入中国共产党。1926 年赴苏联学习，1930 年 5 月回国。回国后，在全国总工会、上海工联宣传部工作。1931 年 1 月任中国共产党青年团中央宣传部长，4 月任团中央书记。同年 9 月至 1935 年 1 月任中共临时中央负责人。1937 年 1 月，任新华社社长。1941 年 5 月延安《解放日报》创刊时任社长，11 月底兼任新华社社长。1946 年 4 月 8 日从重庆返回延安时，因飞机失事遇难。博古是我党早期领导人之一，也是我党新闻工作的奠基人之一，在他的领导下，新华社从简单的窑洞通讯社发展为初具规模的正规通讯社，他为新华社的事业作出了不可磨灭的贡献。

在为中华民族独立与人民解放事业而献身的无数英烈中，博古——这位因飞机失事而于 1946 年 4 月 8 日遇难的原延安解放日报社社长兼新华社社长，不仅是中国无产阶级的革命家、政治家、宣传家、著名的马克思主义理论家，是中国共产党著名的领导人之一，同时也是党的新闻事业卓越的开拓者和奠基人之一。他的名字将永远深深地铭刻在全党、全国人民的心中，铭刻在新华社每一个人的心中，他的人生历程将作为革命斗争的宝贵经验和教训而流传后世。

青少年时代

博古原籍江苏无锡，本名秦邦宪，字则民，乳名长林。1907 年 6 月 24 日（农历五月十四）出生于浙江省杭州。父亲秦肇煌生于 1870 年，后考中秀才，为浙江省候补县丞，早年研究法律，宣统年间出任浙江温州地方审判厅刑事厅长，以后在上海当过律师，1914 年考取县知事，后任兰溪、鄞县、长兴等县统捐局局长，1916 年因患肺病，携家人一起回无锡原籍养病，同年 11 月病逝。

博古 9 岁父亲去世时，其父遗有祖房一栋，田十余亩，由于经济来源断绝，只好将房屋、田地卖掉，得现款万余元，以此放债度日，家庭十分清苦。博古幼时曾在大姑父许国凤家私塾读四书五经接受启蒙教育，后考入无锡省立第三师范附小（即无锡师范附小），1921 年毕业后考入苏州江苏省立第二工业学校（后定名江苏公立苏州工业专门学校，简称“二工”“苏工专”）预科学习。在校期间经常阅读《中国青年》《向导》等进步书刊，较早地接受了革命思想。

1925 年 3 月 12 日，中国民主革命的先行者孙中山应冯玉祥邀请北上共商国是，不幸因患肝癌逝世。4 月 4 日，博古参加苏州各界在公共体育场举行的追悼孙中山先生逝世大会，中共党员、国民党上海执行部宣传部秘书恽代英在会上发表演说，对博古的思想触动很大，不久他参加了国民党。

1925年10月，博古经顾谷宜介绍，参加了中国共产党。11月正式批准。同时，党组织还通知他去国民党上海特别市党部宣传部工作。

留学莫斯科

1926年10月，中共中央要选送一批共产党员去苏联莫斯科中山大学学习，张然和找博古谈话，告诉他组织上批准他与樊警吾（当时是妇女干事、团员）两人去中山大学学习，做好随时出发的准备。年底博古离开祖国，踏上了新的革命征程。

博古怀着无比激动的心情来到了莫斯科中山大学，他是第二期留苏的学生，被分在四班。这期学生大约有250人，与博古同期去苏联留学的还有杨尚昆、张仲实、盛忠亮等人。5月份又进入俄文班。

1929年下半年，博古因学习成绩优秀，转入中国问题研究院当研究生，担任校内工人班政治常识教员兼党的指导员。

不久，苏联开始了大规模的清党运动，博古也不例外地参加了这次清党。在清党过程中，博古受到了批评，主要是自高自大、脱离群众、没有实际经验。因此，他在1930年初就要求回国，他的请求书直接送给学校，后转到东方部。不久联共中央组织部召集博古、王稼祥、沈泽民、何子述谈话，要他们交出联共证件，并告诉他们听候共产国际分配工作，给他们开了一封介绍信。东方部由阿勃兰莫夫接洽，办好护照，分批回国。博古当时的任务是携带一份秘密文件先去柏林交给在柏林的沈泽民，由他带往菲律宾。2月上旬，博古离开莫斯科赴柏林完成任务后，偷渡到比利时转到法国，在巴黎住了两个星期办好护照，从马赛乘船于5月初抵达上海。

在红色的土地上

1930年5月初博古抵达上海，一星期后即与交通员接上了头。开始被分配在全国总工会，担任工会宣传干事，并参加编《劳动报》等工人报纸的编辑工作。

1931年1月7日，中共中央四中全会在上海秘密举行，博古以团中央代表的身份参加了会议。当时团中央书记温裕成、组织部长顾作霖、宣传部长博古一同参加会议。3月，团中央书记温裕成由于贪污被撤职，4月中共中央决定由博古接替。

这时上海的白色恐怖十分严重，分管党的保卫工作，掌握中央大量核心机密的中央政治局候补委员顾顺章在武汉被捕叛变，并协助国民党特务在上海大肆逮捕共产党的领导人。紧接着总书记向忠发被捕叛变，共产党的地下组织连续遭到敌人的破坏，形势十分险恶，党中央完全处于混乱的状态，周恩来、王明等领导人相继隐蔽起来，中央工作由各部联席会议维持着。9月初的一天，周恩来、王明来到博古住处，告诉博古，周恩来将去中央苏区担任书记，王明去共产国际代表团任中国代表团团长，要博古到中央主持工作。博古提出这样做符不符合组织手续，周、王回答已与共产国际上海远东局商妥，再电共产国际批准即可。由于卢福坦有意见，所以周、王、卢及博古到一个酒店开会，会上“决定不设总书记”，博古临危受命，从此担任了中共临时中央负责人。中共临时中央政治局由博古、张闻天、卢福坦、李竹声、康生、陈云等人组成。

1932年10月下旬，团中央机关遭到严重的破坏，几个负责干部被捕后叛变，张闻天的住所也被敌人发现，因此向博古提出，要求去中央苏区工作，而博古希望张闻天能到北方局去开辟工作，由于意见不一致，电向共产国际请示，共产国际的答复是：整个中央首脑机关迁入江西中央苏区。于是确定博古、张闻天、陈云去中央苏区，康生去莫斯科，上海组织中央分局，由李竹声负责，而中央局继续和共产国际远东局联系并受其指导。

1932年年底，博古与陈云一起秘密离开了上海，1933年1月19日到达瑞金。1月下旬博古主持召开了一个会议，出席会议的有中共临时中央政治局委员博古、张闻天、陈云、刘少奇和中共苏区中央局委员项英、毛泽东、任弼时、邓发，会议决定成立新的中共中央局，博古提议任弼时负总责，而大家推选博古负总责。新的中共中央局刚一成立，就面临国民党蒋介石对中央苏区发动的第四次"围剿"。2月，蒋介石集中了五十万兵力，以陈诚、罗卓英等为主力，分三路向南丰、广昌推进，企图一举歼灭中央红军主力。博古刚到达中央苏区不久，又没有军事作战的经验，所以他依靠前方的指挥人员朱德、周恩来、王稼祥，放手让他们指挥作战，他们来电请示，基本上都表示同意，并不直接干涉前方的军事行动，只是在4月份根据周恩来的要求，去前线了解前方的战争情况。2月28日到3月1日，全歼李明、陈时骥两个师，3月21日在宜黄南部又全歼萧乾一个师又一个营，至此，国民党的第四次"围剿"基本上被打破，直到7月，红军乘胜追击，不断取得胜利。博古在总结第四次反"围剿"的经验教训时提到"在粉碎敌人四次'围剿'中游击战争的开展，非常不够，没有充分组织游击队，有计划的配合红军作战"，如果"有一支像从前朱、毛、彭、黄的游击队伍，即你们胜利，一定要比现在大得多"。

1934年1月中旬，在共产国际远东局的同意下召开了中央六届五中全会，博古在会上作了《目前形势与党的任务》的报告，最后并对全会作了总结。会议选出博古、张闻天、周恩来、王稼祥、项英、王明、陈云、康生、任弼时、张国焘、毛泽东、顾作霖等12人为政治局委员，刘少奇、朱德等 5 人为候补委员，中央书记处由博古、张闻天、周恩来、项英等 4 人组成。博古被推选为总书记。全会完全接受共产国际十二次全会对于目前世界形势的分析，并错误地估计了国内形势，提出了不可能实现的任务，使“左”倾路线发展到顶点。

长征路上

1934 年 10 月 10 日，中共中央和红军总部从瑞金出发，率领红三、红五、红八、红九军团，连同后方机关共 86000 人，开始了史无前例的战略大转移——长征。中央红军连续突破了敌人精心部署的三道封锁线，到达湘江渡口，经过激烈的战斗，红军突破第四道封锁线湘江，但付出了沉重的代价，这时红军只剩下 3 万多人了。12 月 11 日，红军攻占了湖南边境的通道，在慕城书院召开了会议，研究今后红军行动的方向。博古、李德坚持北上与二、六军会合的意见，毛泽东提出只有向敌人防御力量最薄弱的贵州进攻，才能排除红军目前的险境。经过争议，多数人赞成毛泽东的主张，博古只好同意大家的意见。

12 月 13 日，红军进入贵州，17 日攻占黎平，18 日召开中央政治局会议，李德当时正患病没有参加会议，但事先周恩来曾主动找李德征求过意见，经过认真讨论，绝大多数人认为放弃北上的方针是正确的，博古也同意大家的意见，否定了李德的看法。这时的博古已从血的教训中开始理解到李德的指挥思想并不正确。会后周恩来将会议研究结果告诉李德，李德大发雷霆，周恩来感到十分为难，来找博古，博古明确表态，按照会议通过的计划办，不要理他。

1935 年 1 月 3 日红军强渡乌江，7 日攻克黔北重镇遵义。1 月 15 日至 17 日，中共中央在遵义召开政治局扩大会议，这次会议集中全力解决当时具有决定意义的军事上和组织上的问题。博古在会上作题为《关于反对敌人五次“围剿”的总结报告》，他主要分析了五次反“围剿”失败的客观原因。紧接着是周恩来作副报告，他在报告中详细分析这次战争没有取胜，客观上有各种原因，但军事上犯了错误，并承担了责任，做了自我批评。会上毛泽东、张闻天、王稼祥都作了重要发言，尖锐地批评第五次反“围剿”战争中实行单纯防御，在长征中实行退却逃跑的错误，经过激烈争辩，多数人同意毛泽东等人的意见，认为博古在会上所做关于第五次反“围剿”总结报告是不正确的。会议将毛泽东增选为中央政治局常委，并委托张闻天起草《中央关于反对敌人五次“围剿”的总结决议》，取消“三人团”，仍由最高军事首长朱、周为军事指挥者，而周恩来是党内委托的对于指挥军事上最后决心的负责者，毛泽东为周恩来军事指挥上的帮助者。

2 月 5 日中央政治局常委在“鸡鸣三省”的水田寨开了会，决定以张闻天代替博古的职务，博古仍保留政治局委员、军委委员之职。2 月至 7 月博古代理军委总政治部主任。

一、四方面军会师后，6 月 26 日，中央政治局在两河口召开了中央政治局扩大会议，作出《一、四方面军会合后的战略方针》，决定集中主力向北进攻，首先取得甘肃南部，以创造川陕甘苏区根据地。但张国焘自恃兵多，口头上同意北上的方针，但实际上通过要挟，取得红军总政委的地位后，暗中仍酝酿南下四川、西康。博古这时被任命为军委总政治部主任。8 月 19 日中央政治局召开常委会议，会议确定将统一的权力集中于常委会和中央书记处，并确定了中央的分工，张闻天分管组织、毛泽东负责军事、博古负责宣传、王稼祥负责红军政治部。会议还决定中央机关报《干部必读》编委会由张闻天任主编，《斗争》杂志由博古任主编。

8 月 20 日，中央政治局在毛儿盖召开扩大会议，毛泽东在会上作关于夏洮战役计划的报告，他的意见是占取洮河流域东岸，向陕、甘边发展，以创造川陕甘革命根据地。博古完全支持毛泽东的意见，补充说：我们现在有两个口号，一是创造苏维埃新中国的口号，那就应当向东，而另外一个是向西到新疆，新疆少数民族还没有进到土地革命阶段。并认为向西不仅是军事上的退却，而且是政治上的退却，是放弃创造苏维埃中国的退却，所以我们应当向东发展。这次会议，为红军北上抗日战略方针的实现奠定基础。

10 月 19 日，中央红军终于胜利到达了陕西吴起镇，宣告中央红军二万五千里长征胜利结束。

从陕北到重庆

红军长征到达陕北后不久，博古先后担任了中央政府西北办事处主席和中共中央组织部长的职务，在短短的一年多的时间里，他承担沉重具体的政府工作和党的组织工作，特别是在稳定和发展陕北经济、为刘志丹等人的冤假错案平反做了大量工作。1936 年 12 月 12 日西安事变爆发，张学良电告中共中央，请速派代表团到西安共商大计。中共中央派周恩来先去西安了解情况，博古、叶剑英随后率代表团成员赶赴西安，博古负责党内工作，同时作好部分民主人士的工作，经过努力促使西安事变得到和平解决。

西安事变发生后，党在西安设立了红中通讯社，即红色中华通讯社的西安分社。西安分社在周恩来的指导下进行工作，博古到西安后，即协助周恩来工作。他曾前往西安分社看望工作人员，并研究发稿等问题。

西安事变和平解决后，博古为抗日民族统一战线的全面形成做了大量深入的工作，他受中央委派作为中共代表团重要成员，开始与国民党当局进行了多次谈判，经过多次的斗争和较量，9 月 22 日，国民党中央通讯社正式发表了《中国共产党为公布国共合作宣言》及蒋介石在庐山发表的《对中国共产党宣言的谈话》。至此以第二次国共合作为核心的抗日民族统一战线经过了各种曲折磨难，终于宣告形成。

博古在南京期间，另一项任务就是要设法营救在国民党监狱中的难友，这项工作是由博古负责的。从 8 月到 10 月，在这期间上海、南京、苏州、杭州等地 1000 多名政治犯被营救出狱。博古在南京以至武汉、重庆，主要负责组织工作。在恢复、重建和巩固南方党组织过程中作了大量工作，为中国抗日战争与解放战争的胜利奠定了十分重要的基础。

1937 年 12 月在延安举行的中共中央政治局会议，决定由周恩来、王明、博古、叶剑英组成中共代表团到武汉与蒋介石协商国共两党抗日合作事宜。同时还决定周恩来、博古、项英、董必武组成长江局，领导南方各省工作。在中共代表团与长江局召开的第一次联席会上，为了方便工作，决定合为一个组织，对外叫中共代表团，对内叫长江局，博古分工兼组织部长工作。

1939 年 1 月 5 日，中共中央书记处召开会议决定将华南局及西南局合并成立西南局，由周恩来、博古、凯丰等 13 人组成，周恩来任书记。后来，由于西南局的名称不确切，经中央批准改为南方局，博古任南方局常委，主管组织工作。为了传达贯彻中共中央扩大六届六中全会精神，博古离开重庆赴广东参加中共广东省委召开的第四次执委扩大会议，后又赶赴湖南邵阳参加中共湖南工委召开的第一次扩大会议。1939 年 7 月，由于周恩来在延安骑马受伤，右臂骨折去苏联疗养，从 8 月 27 日到 1940 年 5 月 31 日期间，博古代理南方局书记工作。

1940年5月10日，周恩来病愈回国，重返重庆继续主持南方局的工作。博古与周恩来一起先后听取了省、特委主要负责人及新四军政治部主任袁国平的报告，认真清醒地研究了当前国际国内形势的发展，认为1939年一年，抗战进入相持阶段，而国民党的反共事件层出不穷，1940年3月又在成都制造事端，公开逮捕共产党人，国民党顽固派制造摩擦愈来愈严重，这正是山雨欲来风满楼的象征，中国共产党在抗日的同时不能不采取相应的方针和策略，做好应急准备。根据中共中央的指示，博古与凯丰11月返回延安。

创办《解放日报》

博古在重庆亲眼见到《新华日报》被国民党视为眼中钉肉中刺，受到百般刁难，特务抓人打人，扣押报纸，阻碍发行，以至恫吓读者，威胁代销处的情形，使他十分气愤。那时他就萌发过一种愿望——办报。他曾表示希望在延安能创办一份日报和强有力的通讯社，以便毫无保留地将我党主张传播到全国全世界去，揭露独裁者的阴谋勾当，帮助全国人民，使他们的眼睛更加明亮起来，使他们的力量更加团结和壮大起来。

博古从重庆回到延安后，工作需要重新安排。在毛泽东、张闻天与他进行交谈时，博古提出了办报的想法。同时也由于有些敌后抗日根据地的新闻机构，对党中央政策把握不准，使宣传口径很不一致。因此，党中央于1941年3月作出决定，将中共中央机关报《新中华报》与新华社出版的《今日新闻》合并，改名为《解放日报》，一起搬到清凉山上新打的窑洞里工作。决定由博古担任社长，总编辑杨松、副总编辑余光生，正式组建《解放日报》。

像所有的报纸出版一样，要出报纸，首先要做一系列筹建工作。

GIEFANG RHBAO

解放日報

中華民國三十年五月十六日

蘇援華堅定不變

英美態度殊堪注意

國社黨副領袖赫斯出奔英國

社論

發刊詞

本報啟事

本報發行科啟事

1941 年 5 月 16 日《解放日报》创刊号

《解放日报》的筹建工作是1941年春天开始的。这时正是国民党第二次反共高潮之际，国民党加紧了对边区的经济封锁，完全停发了八路军和新四军的全部经费，企图从经济上扼杀边区政府，以达到消灭共产党的目的，因此陕甘宁边区在经济生活上出现了极端困难的局面。《解放日报》的筹建工作正是在这样的条件下开始的。

5月13日，在延安杨家岭后沟的两旁，堆满了家具等各种东西，在搬运物品的人员中，有一个瘦瘦高高的中年人，带着一副深度的眼镜，在忙前忙后地奔走，从早晨一直忙到黄昏，直到大家都初步得到安顿后，他才悄然离去。这个人就是清凉山的挂帅人、新任解放日报社社长博古。

新建的解放日报社坐落在两排崭新的石窑洞里。所有窑洞的面积加起来只有一百多平方米，对今天高楼耸立的报社来讲，实在小得太可怜了，然而在当时，已经是标准很高的建筑了。

石窑洞往东，有上下几排的十多个土窑洞，这是当时工作人员的宿舍，再往东就是新华社，拐过山南向北是中央印刷厂，印刷机被安放在凿空的山洞里。

5月14日清晨，新居里的人们刚刚起床，博古已从8里以外的住地赶来。他四周查看了一番后，立即在新建成的窑洞里召开了第一次编辑部会议，讨论《解放日报》的出刊问题。出席会议的有总编辑杨松，还有丁玲、张映吾、曹若茗、王揖、杨永直等人。杨松先报告了办报的计划，他提议明天试刊，后天争取正式出版。这是他与博古事先研究过的。接着博古又向大家讲了党中央要出版《解放日报》的重要意义，并且提出要把《解放日报》办成有战斗性的党中央的机关报。报纸要有鲜明的无产阶级立场，要用马克思主义的思想观点去分析当前事物，同时报纸要有生动活泼的形式。最后他要求全体工作人员要严格要求自己。他的讲话生动有力，有很强的鼓动性，使参加会议的人们，心情都十分振奋，决心将党报办好。

博古想听听大家对试刊和正式出版的意见，有些同志考虑到编辑部刚刚搬来，很多工作还没有就绪，实际困难很多，所以提议15日起试刊3天，然后再正式出版。博古听了后认真地对大家说：“因为最近时局变化很大，读者希望我们早日出版，可以及时报道国内外形势，为读者服务。因此我们只能在15日试刊一天，16日一定要正式出版。”他接着说：“困难一定会有的，但我们可以克服它。”最后，大家同意了他的意见，用革命和战斗的精神行动起来，争取按期出版。

博古既要抓报社的大事，又要管具体的细节问题，他精力充沛，有条不紊地工作着。他还特别请毛泽东为《解放日报》写了报头。毛泽东一共题写了7张报头，博古拿着报头题字在编辑人员和排字、拼版工人中征求意见。究竟选哪一个好？最后，博古采纳了拼版工人刘立夫的意见，选定了《解放日报》的报头。

《解放日报》按期出刊了，第一版登有毛泽东为《解放日报》创刊写的《发刊词》和博古写的通讯。

毛泽东同志在《发刊词》中指出：“本报之使命为何？团结全国人民战胜日本帝国主义一语足以尽之，这是中国共产党的总路线，也就是本报的使命。在目前的国际国内形势下，这一使命是更加严重了。”明确了《解放日报》在抗日战争时期的主要任务。

艰苦的改版工作

《解放日报》的正式出版，无疑是解放区新闻战线上的一件大事。《解放日报》作为我党一张无产阶级的党报，一经面世，就在宣传党的政策，介绍国内外形势的发展，指导当前各项工作方面，进行了有力的宣传。

但是，正像许多新生事物一开始难免存在许多缺陷一样，《解放日报》作为革命根据地的第一张大型报纸，在怎样把报纸办成党的宣传工具，办成重要的思想舆论阵地，成为中华民族解放斗争的号角，成为党的喉舌，成为团结群众、打击敌人的有力武器方面，是没有经验可以借鉴的，主要靠在斗争的实践中进行摸索，不断总结改进。何况在当时国际风云变幻，国内斗争异常尖锐复杂的情况下，宣传报道工作稍一不慎，就会在政治上、斗争上造成不良的后果。对于博古来说，过去虽然参与办过一些小报，但终究没有从事新闻领导工作的经验，更为重要的是整个领导班子对中国革命斗争的实践了解得不够深刻，缺乏联系实际、联系群众的观点。他们能够借鉴学习的，只能是苏联的《真理报》以及资本主义和国民党的报纸，这就不可避免地会走弯路。

早在 1941 年 8 月 26 日，毛泽东为高克林写的《鲁忠才长征记》一文作序文时就指出："必须把那些'下笔千言，离题万里'作风扫掉，把那些'夸夸其谈'扫掉，把那些主观主义，形式主义扫掉。"1 月24 日中央政治局关于给《解放日报》写稿与供给党务广播材料的决议中指出：今后《解放日报》应从社论、专论、新闻及广播等方面贯彻党的路线与党的政策，文字必须坚持废除党八股。

2 月 11 日中央政治局讨论《解放日报》问题，毛泽东发言指出：报纸要以自己国家的事为中心，这正是表现一种党性，现在《解放日报》没有充分表现我们的党性，主要表现是报纸的最大篇幅都是转载国内外资产阶级通讯社的新闻，散布他们的影响，而对我党政策与群众活动的传播，则非常之少，或者放在不重要的位置。《解放日报》应把主要注意力放在中国抗战、我党活动、根据地建设上面，要反映群众活动，充实下层消息。并提议根本改变《解放日报》现在的办报方针，使它成为贯彻我党政策与反映群众活动的党报。会议同意毛泽东的意见，决定委托博古根据会议意见，拟出改革方案，提交中央讨论。

3月11日，中央政治局会议讨论博古提出的改革《解放日报》草案，毛泽东发言说：党报是集体的宣传者与组织者，对党内外影响极大，是最尖锐的武器，要达到改造党的目的，必须首先改造党报工作，党报要反映群众，执行党的政策。无论什么消息都要想想是否对党有利益。

3月16日，中共中央宣传部发出了《改造党报的通知》。明确指出"报纸的主要任务就是宣传党的政策，贯彻党的政策，反映党的工作，反映群众生活。"博古对中央的批评与群众的意见非常重视，于3月17日在编辑部全体人员大会上，主动检查了《解放日报》办报10个月以来的主要缺点，即贯彻党性与群众性不够，联系实际不够，缺乏党报应有战斗性，并且提出了今后办报的方针。

3月31日，毛泽东亲自召开了座谈会，博古在会上首先作了自我批评，并列举了报刊中存在的一些问题，诚恳地欢迎大家提出宝贵的意见。

博古勇敢地挑起了党报改版的重任。1942年4月1日改版后的第一张报纸与群众见了面。报纸仍然是对开一张四个版，过去基本是国际新闻的第一版，改为既有国际新闻也有国内新闻，而以国内新闻为主，国内新闻中主要是报道边区军民抗日斗争和边区建设的情况，报道边区英雄模范的事迹，以便树立典型，指明方向，鼓舞斗志，第一版的社论也主要围绕这些重点进行。第二版过去也是国际版，现改为边区版，详细报道边区军民战斗、生产的消息。第三版改为国际版，报道一些国内外敌占区的情况动态。第四版原来是边区、副刊各占一半，全部改为副刊，使革命的文艺为当前革命斗争和边区建设服务。这天报纸头版头条还刊登了博古写的社论《致读者》，指出什么是党报，“第一，贯彻着坚强的党性”；“第二，密切地联系群众”；“第三，洋溢着战斗性”；“第四，响应党的政府的号召，或者根据党的方针倡导各种群众运动，经常注视和指导运动的开展。具体的帮助群众运动和工农大众的斗争”。同时提出改革的目的，就是要使《解放日报》能够成为真正战斗的党的机关报。最后“希望广大读者批评和监督”。

为了加强对《解放日报》的领导，中央决定调陆定一到《解放日报》工作，担任总编辑的职务。《解放日报》第一步改版虽然取得很大的进步，但还没有能够办成完全的党中央的机关报，这就要解决好怎样依靠党的领导的问题。9 月 5 日，陆定一在解放日报社、新华社编委会举行的二十二次会议上传达了毛泽东对《解放日报》的具体意见，大意是：《解放日报》有很大进步，但是尚未成为真正的党中央机关报，报纸仍未和中央息息相关，虽然总的路线是对的。报纸不能有独立性，自由主义在报社内不能存在。以后凡有重要问题，小至消息大至社论，均须与中央商量。博古在会上承担了全部责任，他说：“《解放日报》没有成为一张‘完全’的党报，主要指的是我，责任完全在我。”他仔细地做了检查，认为主观上是能够服从中央领导的，但是在客观上还缺乏及时请示报告，因此有些问题便不可能不出政治差错，这主要是组织纪律性不强所造成的结果。博古将编委会讨论的情况及研究确定的一些制度向毛泽东做了汇报，毛泽东表示满意，并在当天给中央宣传部代理部长何凯丰的信中说：“今日与博古谈了半天，报馆工作有进步，可以希望由不完全的党报变成完全的党报。”为了更好办好党报，博古在《解放日报》又先后发表社论《党与党报》《本报创刊一千期》等社论，进一步指出报纸这个集体的宣传者与组织者“是指整个党的组织而言的集体”，而“决不是指报馆同人”

而言，并提出“报纸是党的喉舌”，“我们的重要经验，一言以蔽之，就是‘全党办报’四个字”。《解放日报》又连续发表了不少篇社论，进一步阐述办报的基本理论与观点，其中不少都是博古所撰写的。

改版后的《解放日报》紧紧抓住整风和生产运动这“两个环子”。从 1942 年 4 月改版开始到同年 12 月底，先后发表有关整风的社论和代论 32 篇，消息 320 多条，这些社论与文章紧密配合中央关于整风运动的部署，联系党内思想状况，针对运动中的倾向和问题，根据运动的各个环节开展宣传教育工作，使整风运动沿着党中央所指引的正确方向前进。

为办好《解放日报》，博古付出了极大的心血，发挥了聪明才智。因此，对改版后的《解放日报》党中央和毛泽东是比较满意的，毛泽东在以后写给博古的信中称：“今天报载张平凯《晋察冀机关部队大生产的第一年》，请全文分数日广播，此文写得生动，又带原则性。早几日《贯彻减租》社论及路家口村新闻谅以广播了，也是很好的。我们报纸自己能写这样社论，大进步了。”

新华社的优秀领导

1941 年 11 月，因新华社社长向仲华调动工作，党中央决定，由博古兼任新华社社长。博古在 1937 年任中共中央组织部长期间，曾一度兼任过新华社社长。他在担任解放日报社社长后，虽然在新华社没有具体职务，但中央决定解放日报社与新华社组成一个编委会，博古任这个编委会的主任。因此，新华社的许多大事，都是经过以博古为首的编委会讨论通过后，才得以进行的。

这时，新华社的通讯事业建设，在经过了抗战初期几年的艰苦奋斗后，已发展到了一定规模。从业务上来讲，世界上一些主要通讯社的电讯，基本上都可以抄收下来。同时，国内文字广播数量有了增加，内容的针对性和指导性也都得到了加强。此外，新华社还在1940年底，试办了我党历史上的第一个口语广播——延安新华广播电台，扩大了新闻的传播渠道，使新华社的报道业务逐步开展了起来。这些新的业务项目的开辟，增加了新华社新闻的容量，扩大了宣传范围。

这个时期新华社还逐步在山东、冀中、华北等抗日根据地建立了自己的分支机构——分社。

但是，与迅速发展的国内革命形势相比，新华社无论从机构规模，还是新闻报道，都还必须大力发展，才能完成党中央和全国人民所交给的光荣而艰巨的任务。博古就是在这一关键时刻任新华社社长的。

博古担任新华社社长后，根据党中央的要求和新华社面临的具体情况，做了许多具有开创性意义的重要工作。

首先，根据中共中央的指示精神，对各根据地分社进行了必要的整顿。新华社各根据地分社在先后成立的最初几年里，敌后抗日根据地的新闻宣传尚处于分散状态。当时各分社除向总社提供消息外，自己也向当地发稿。某些分社发稿时，遇到涉及全国性的重大政治事件，有时把握政策不稳，出现与党中央宣传口径不甚一致的现象。晋东南分社、太行分社、山东分社、苏北分社、晋西北分社等，就均因发表了政治上有问题的报道或通电而受到党中央的批评。中央为统一各根据地的宣传报道口径，于1941年5月和次年的4月，发布一系列指示，要求各中央局、省委加强对宣传工作的领导，各地新闻机关除发表当地战况和地方情况的报道外，凡发表带全国性质的文件、电文等，必须事先征得中央同意，否则一律不准任意报道；各地方报纸附属的通讯社，应成为根据地对外宣传的重要机关；广播台及起广播台作用的战报台，应划归通讯社，并设立广播委员会专门负责广播材料的审查编辑，并由宣传部指定专人领导；各地应经常接收延安新华社的广播，没有收音机的应不惜代价设立之；各地报纸所属通讯社应有专门同志负责抄收新华社总社电讯和编辑工作，同延安新华社直接发生通讯联系，并一律改为新华社某地分社，其电台广播内容与广播办法均受延安新华社之直接领导；各地报纸应经常发表新华社的电讯广播。博古根据党中央的具体指示，与其他同志一道努力，于 1942 年上半年基本上统一了全国各抗日根据地的新闻电讯广播，把各地具有全党、全军和全国性质的新闻发稿权集中于总社，在新华社的业务发展上迈出了极为重要的一步。从此，新华社统一了全党的宣传口径，新华社电讯成为各敌后抗日根据地军民了解中央精神和认识国内外形势的重要依据之一。

第二，加强对分社的指导，使各分社的组织和业务建设得到了进一步发展。新华社到 1942 年已有五个分社组织，较大的分社已发展成总分社。因此，如何搞好分社建设，使总分社、分社的报道符合中央的要求，这是摆在博古面前的一个大问题。1942 年 5 月 12 日，博古在解放日报社、新华社编委会讨论新华社工作时指出：“新华社工作有了改进，人员安心工作，建立了校对制度。但是作为真正的通讯社，省未建立起完备的发稿系统和通讯网，指导分社也不够。现在应当向正规方向努力，要统一指导敌后各分社工作。”在博古的要求下，总社把加强分社建设提到了经常性的议事日程上来，陆续开展了如下几项工作：（一）向分社发有关新闻业务的指导性材料；（二）针对不同时期和情况，不定期向分社索取指定的汇报性材料；（三）针对分社来稿情况，每月或两三个月给分社以指示；（四）依照形势发展，不断调整机构，改进内部管理教育。

这些措施的实行，促使分社建设从此走上健全的发展轨道，总社开始与分社建立起正规的经常性的业务联系，发稿数量、质量日趋稳定。有的分社，如华中、山东等分社已粗具规模。

他们经过党的系统建立新华支社，发动各地提供稿件。其他地区的分社也相继建立了自己的支社。分社定期向支社发报道提示，并根据支社来稿中的问题，及时提出意见，在采访与写作上加以指导。

华中、山东、太岳、晋西北、晋察冀和太行等六个分社都在1945年初给总社写了工作汇报，对于分社的工作成绩、现状及问题进行了初步总结。博古还根据各分社的总结报告，于3月4日以新华社的名义致电各分社并各地党委，提出了加强分社建设的具体意见。这些意见主要有以下几点：（一）在机构与人事上，要求各地分社具有单独的组织，在精简的原则下初步可设编辑、采通和电务三科，其中采通科特需加强，编辑应有熟悉政策与地方情况的同志担任。电务必须自备发报机，而人事则尤须减少流动。地域辽阔的战略区，需要建立支社，分社要加强对支社的领导。（二）在通讯工作方面，以通讯小组为基本形式的通讯网应建立在党组织的基础上，由各级党委负责领导，并实行记者、基干通讯员、普通通讯员三者互相结合的办法，加强各地的通讯报道工作，其中要特别注意培养既有实践经验又热心宣传报道的得力的基干通讯员。各地还要注意通讯报道中最薄弱的环节——军队通讯网的建设。（三）各地党委要加强对分社的领导，分社和当地党委的关系，应该如头脑和手足的关系一样，各分社要打破“闭关自守”与社会脱离的状况，要主动同各部门保持经常的密切的联系。（四）各分社来稿，应多从与其他地区交流经验的观点出发，多介绍本地区的新经验与新创造，报道对整个解放区有意义的典型事例。要克服通讯多新闻少的现象，要学会写新闻电讯，用笔务求简练。要坚持新闻的真实性，老老实实，讲求分寸，不应故意夸大或造假。

在这个通电促进下，各分社的组织建设和业务建设进一步加快。总社与分社联络的通报台发展到四个，分别与晋察冀、晋西北、冀鲁豫、苏北、山东和太行等地总分社或分社通报联络，报务员有十几人。总社对分社的业务指导逐渐加强。各分社也不断以各种方式开展业务研究活动。

第三，创立新华社英文文字广播。新华社的文字电讯广播是我党进行舆论宣传的重要方式之一，但新华社自创立之日起，文字广播就一直只有中文电讯广播，对外宣传语种单一，与真正意义上的通讯社的要求还相距甚远。早在 1942 年 5 月 29 日，博古就召集编委会会议，讨论新华社如何在战争环境下建立现代通讯社的问题。但是，由于受战争环境的影响，以及国民党对边区的经济封锁，新华社对外外文电讯的广播一直没有条件建立起来。

1944 年，党中央指示新华社建立英文广播部，负责播发新华社英文文字电讯。以博古为首的新华社有关领导和工作人员，经过一系列准备工作，终于在 1944 年 8 月 8 日，第一次进行了英文试播。经过二十多天的试验广播以后，9 月 1 日正式开始了新华社英文文字广播。我党的声音第一次通过自己的通讯社传到了海外。标志着新华社历史上正式对外报道的开端。

新华社英文广播开始后，具体工作是由副社长吴文焘同志领导的，但一些重要稿件，却是由博古审阅后才广播出去的。延安新华广播电台早期英文广播在国外产生了一定的影响，英国广播公司的人们说，他们收听延安的广播比收听南京国民党广播的效果还要好。英国报纸上有时刊登的中国消息，就是从收听延安广播中得到的。

第四，延安新华广播电台恢复播音。新华社在 1940 年底，利用周恩来从苏联带回的一部广播发射机，自力更生，建成了广播发射台，开始试播中文口语广播。但是，由于电力太小，电压不稳，播出的声音有时清晰，有时模糊。到了 1943 年春天，因发射机发生故障，播音就暂时停止了。

后来，发射台的技术人员，把发射机拆开来，寻找故障的原因，试用新的线路，摸索着进行改装。经过一年多的努力，终于在 1945 年 9 月 5 日正式恢复了延安新华广播电台的播音。

延安新华广播电台恢复播音后，为了适应它的工作，在博古的领导下，新华社在编辑科下面设立了口语广播组，负责稿件的编辑、管理及内外联系。1945 年 10 月 8 日，新华社专门召开会议，讨论广播问题。会上，陈克寒副社长就新华广播电台的广播对象、广播内容及数量等问题发表了意见。博古则从对广播的要求讲了自己的意见，指出："解放区的新闻播音时间要长一些，时政评论要分我们的和转别人的。"在以后的编委会会议上，博古又针对口语广播中存在的问题，指出："口头广播要活泼，可以一问一答，不要太枯燥，要口语化。"不仅这样，他还经常利用茶余饭后的时间，收听延安新华广播电台的广播，每当听到口语广播声音很清晰时，就高兴地拿着耳机让别人也过来听。这一切，都充分体现了博古对党的广播事业的关心，以及对延安新华广播电台的爱护。

第五，通信技术事业得到了显著的发展。新华社从成立的第一天起，就要收发新闻，电讯是收与发的必经环节。在瑞金，红中社第一次进行新闻广播，用的是从国民党部队缴获来的一部电台，发报机功率是一百瓦。红中社到 1933 年春天才有了自己的新闻电台，报务员只有两人，译电员只有一人。到了延安，红中社改名为新华社以后，又重建新闻台。这时新华社用于收发新闻的电台，有两部三灯机（抄收国民党中央社和外电），一部一百瓦的发报机（只发国内广播），收报台有 6 个报务员，发讯台有 4 个报务员，除抄收国民党中央社电讯外，还抄收日本同盟社和英美通讯社的电讯。后来，随着抗日战争的进展，新闻收发业务日益繁重，新华社的收发电讯器材设备及报务人员就逐渐显得有些不足。通信器材主要来源靠前方缴获，有时周恩来等同志从边区外边带回来一些。环境促使我们的电务人员巧用双手，因陋就简办电讯。砍几棵又直又长的树木，把枝杈锯掉，竖到窑洞顶或山头，就装成了天线，有的收报机也是自己装配的，灵敏度低，收外国通讯社的讯号，声音低得像蚊子嗡嗡叫，抄收十分困难。有鉴于此，博古在1942年10月26日举行的编委会会议上，就新华社的电讯工作情况提出："电务科要尽量多收电讯，提高工作情况。"

在以博古为首的编委会领导下，新华社的通信技术人员克服了种种困难，奋发图强，刻苦钻研业务。一次，一个外国记者看到我们的报务员用自己制造的土设备，飞快地在纸上抄下一行行的英文，大为惊奇，认为了不起。当时，除通报台和中央社电讯使用明码电报、日本同盟社使用罗马字日文外，塔斯社、路透社、合众社、美联社以及德国海通社等都使用英文，而我们的报务员，连ABC都是现学来的。另外，在这个时期，由于国民党封锁，电池来源缺乏，电务人员就用手摇马达发电，保证收发电讯的正常进行。当时作为一项任务，从社长博古到一般工作人员下班后都要轮流去摇马达。

1944年12月，新华社的通信技术人员发展到74人，占全社总人数的60%以上。一些主要外国通讯社的电讯，也都能够基本上全部抄收完毕，标志着新华社的通信技术工作得到了长足的发展。

第六，抓作风，改文风，带出了一支新型的新闻队伍。博古认为，要办好党的新闻事业就必须培养新闻队伍的质量，就不仅仅是办好《解放日报》，同时也是办好新华社的基础。但是，当时清凉山上的新闻工作者多数来自国民党统治区，也有的来自沦陷区，个别的还是来自海外的侨胞。他们有着不同的经历，有着不同的目的和向往。正是因为他们来自五湖四海、四面八方，生活习惯、个人情趣都不尽相同，也不可避免在同志间产生这样和那样的矛盾。所以加强对新闻干部的培养，锻炼和提高他们的工作水平，及时做好他们的思想工作，便成为博古面临的重要任务。博古和其他领导一起，花费了大量的心血和劳动为新闻队伍的建设做了极大的努力。

一、要求新闻工作者认真学习理论，精通业务

博古深知要提高新闻队伍的政治素质，坚定无产阶级立场，提高业务水平，办好报纸，关键在于学习，学习马列主义理论，学习写作知识。所以他经常对大家讲："教条主义反掉了，更要多读书。过去读书方法不对头，不是书会害人。"他时常诚挚地劝导大家：要挤出时间多看书，对你们工作是有好处的。在他的倡导下，清凉山上树立了一个学马列、勤读书、钻业务的好风尚。

博古经常参加政治局的会议，他开会回来，总要将党中央和毛泽东主席关于当前形势任务的各种指示，尽快地在编委会会议上进行认真传达并组织大家认真学习，领会精神实质。特别是带动大家向毛泽东学习。博古经常揣摩毛泽东的思想方法和工作方法，对毛泽东的每一个指示和对社论、文章的修改，都与大家一起反复探讨。

博古还要求编辑人员不要只做文字匠，而要从改稿子的当中跳出来，不要就稿改稿，而要提高稿子的思想性与艺术性。这就要求搞那方面报道的编辑，要认真钻研，提高自己那一方面的知识水平，只有真正了解与掌握这方面的知识，才能在改稿子上有主动权与发言权。譬如搞一版的编辑，就要列席总参谋部的作战会议，能够及时了解抗日战争中的敌我动向，能够分析解放区抗日战场与国民党抗日战场发展的趋势。评论组的编辑们，他们积累了大批资料，翻阅了国民党统治区的报纸和外国通讯社的电讯稿，同时学习博古的工作方法在地图上插上不同颜色的小旗子，就可以一目了然地分析出敌我双方力量对比的变化情况，这样把大批丰富的资料，综合起来进行分析研究就能写出比较好、有独特见解的新闻通讯。

博古对业务要求是极其认真和负责的，他对于报社和通讯社的每一项工作，都能不时提出精辟的意见。他对重要工作，常常亲自动手，以身作则。他曾一再强调“有了正确的政治方针，业务就有决定意义。请问业务如果不精，正确的政治方针又何从表现呢?”同时，他还很注意写作技巧，经常指示记者们：“要忠实的报道，精确的报道，生动的报道，迅速的报道。”他最痛恨陈腐滥调，当他看了之后，往往叹口气，“语不惊人辞不修!”

1943年6月21日，博古在编委会上，作了一次关于新闻写作的重要发言，指出：“怎样反对党八股与建设新的文风，是一个重要问题，要在各方面创造新风格。改版以来有进步，但缺点还很大，不能满足于过去已有的成绩。可以吸收外国资产阶级报纸的经验，但要有原则的区别。也不能机械地搬运苏联的东西，要自己创造，这是个长期的过程。

新闻怎样写好？是个中心问题，内容写什么，应该看我们报纸的性质。过去官样文章太多，刻板化、概念化的东西太多，群众活动与具体行动少，表扬好的批评坏的做得不够。通讯应该是系统地全面地反映各个方面工作，要有中心、有计划，从各个侧面写，从别人认为平凡的事情中，发现该写的人和事。我们的东西，八股气很浓，单调、枯燥无味。

怎样才能写好？第一，熟悉了解事物的全面及各个侧面、历史发展与现状；第二，取舍材料，写一个侧面，如何开始、结尾；第三，明确写给什么人看；第四，用自己的字和意思来写，不用别人说过和别人写过的；第五，要写得快，迅速反映，有新闻性。

记者要有丰富的知识，对边区要熟悉，能懂得党的政策，掌握写作技巧，经常学习和研究新闻理论和别的通讯社新闻稿。”

二、要求新闻工作者深入群众，大胆实践

博古经常向记者们提出："到群众中去！到实际中去！"记者们根据博古这一精神，打起背包，下乡下厂下连队，在现实火热的斗争中，在沸腾的生活里，在与工人、农民、战士的接触中，搜集新鲜事物，给写作提供了无穷无尽的源泉。

穆青在鲁艺时学的是文学创作，所以他一心想成为一名作家。他调到《解放日报》工作后，博古让他和同班同学张铁夫一起去采访劳动英雄赵占魁，他们和赵占魁共同生活共同劳动了20天。每天他们一起在熊熊的炉火旁劳动，在炎热的太阳光下种菜，他们把赵占魁当成自己的良师益友，在共同的生活劳动中，逐渐了解到赵占魁的思想感情，感受到他优良可贵的思想品质。在实际的生活体验中，从1942年9月开始，他们陆续写了不少有关赵占魁的新闻报道，特别是他们所写的长篇通讯《赵占魁同志》和《恭喜赵占魁同志》两篇，全面反映了赵占魁的英雄事迹，深刻地刻画了赵占魁的精神面貌和思想感情。这两篇文章，对当时边区工业战线全面开展学习赵占魁运动，起了很大的促进作用。

三、深入细致循循善诱，关心新闻队伍的成长

博古十分关心新闻工作者思想上的成长，他循循善诱，经常做深入细致的思想工作，帮助他们解决思想上困惑的问题，鼓励他们克服困难，勇敢前进。清凉山的人都了解博古，但是人们并没有因为他在历史上犯过错误而不尊重他，因为人们看到的博古，是一位勤奋工作、作风民主、严肃认真、坦率真诚的共产主义战士，和这样的领导共事人们心情舒畅。

1941年11月下旬，博古把当时任《解放日报》编辑的吴文焘叫到他的窑洞中，告诉他："新华通讯社社长向仲华要调到前方工作，中央决定社长一职由博古兼任，副社长由吴文焘担任，并主持日常工作。”吴文焘听了以后面有难色。博古察觉后立即鼓励他下定决心，克服困难，和同志们一起，努力使新华通讯社成为解放区的新闻总汇，成为党和人民的耳目喉舌。

同时还告诉他“党中央要根据咱们收来的新闻电讯决定政策的。可不要再发生‘两个’大西洋宪章的现象啦”。所谓“两个”大西洋宪章，是指 1941 年 8 月美国总统罗斯福和英国首相丘吉尔在大西洋上会谈后，公布的那个联合宣言。由于新华社发给《解放日报》8 月 15 日刊登的宣言内容，有明显的破绽，与重庆《新华日报》的稿子有较大的出入，因而几乎成了两个不同的文件，引起了读者的怀疑，造成不良的后果。博古的意思是说，发文要准确，千万不能马虎大意。

四、对新闻队伍加强管理，严格要求

博古知道对干部不仅要热情关怀，同时也必须严格要求，培养出严谨的作风，这不仅是干部成长的需要，也是党报的需要。因为《解放日报》和新华社是党中央的耳目喉舌，必须根据党的政策，按照党的意图来办事，一字一句都必须考虑到党的影响，必须考虑到人民的利益，任何错误的报道都会给党的事业带来不应有的损失。所以他从不轻易放过报道中的错误，并对出现错误的人员，进行严肃的批评，以便认真总结经验教训。

1942 年，《解放日报》的一篇报道中写道：“鄜县城内家家户户纺织声”，博古看后觉得这篇报道不大真实，因为“鄜县城内有不少户纺织是可能的，但绝不可能是家家户户”，显然报道过分夸大了事实。事情发生后，他在会上多次强调：新闻一要真实，二要生动，三要迅速。一定要把真实放在第一位，失实的报道不仅在人民群众中造成极坏的印象，同时也给各级党组织决策带来了错误的导向，将极大地影响党报的信誉。

1943 年 2 月 7 日，在《解放日报》第一版，在一个标题下发了两条消息，一条是新华社鲁中5日电，内容是日寇由沂蒙地区转向滨海地区进犯，我早已派劲旅向敌猛追，迄至今晨，炮声隆隆未停，敌仍在我歼击中。另一条消息是新华社鲁中5日电，内容是滨海地区我军分袭石家岭、真武庙、黄沟峪、十字路等地，予敌以严重打击，现仍在围攻附近之横沟、竹墩两据点。

但是到了2月16日，时间仅仅隔了9天，在一版头条，又将这两条新闻登了出来，内容除了在电讯前加了“迟到”两个字，字句上有不多一点的增减外，其余内容完全相同。这是编辑工作中的重大失误。陆定一当时任《解放日报》总编辑，他及时发现了这个问题，向博古通报后，立即召开了编委会专门进行讨论。博古在会上表示，应该以这件事作为前车之覆，作出一个决定，可以成为后车之鉴。为了杜绝此类事故再次发生，《解放日报》和新华社制订出了关于错误惩罚的方法和改进工作的具体措施，将坏事变成了好事。

五、以身作则严于律己，带动新闻队伍的成长

博古严于律己，以身作则，用自己的实际行动教育和影响周围的同志。博古最突出的一点是能够坚持真理修正错误，在编委会中经常开展批评与自我批评。编委会的成员，大都是有水平、有见解、有独立思考能力的知识分子，所以对新闻报道、新闻理论有时意见并不都是一样的，有些问题是在探讨，甚至争辩中得到统一的。

1944年夏季，在陕甘宁边区展开了反巫神的斗争，穆青同志写了一篇社会新闻，题为《本市白家坪巫神杨汉珠，伤害人命判处徒刑》。讲的是延安市农村中一个巫神杨汉珠，自谓能捉鬼治病，用酷刑拷打将病人活活折磨致死的情况。这篇报道在编辑部有不同的看法，博古认为社会新闻是资产阶级报纸的一个特色，共产党的中央机关报不应登载这类型的新闻。而陆定一则认为共产党的报纸不但可以，而且应该登社会新闻，他认为社会新闻主要是看内容，如果刊登那些低级趣味的、黄色的、猎奇的社会新闻，这确实是资产阶级报纸的一个特色，我们的报纸当然不能效仿他们。但是社会新闻中，能够移风易俗的，对群众有教育意义的，我们共产党人的报纸是应该登的。经过大家认真讨论，大多数人支持陆定一的意见。博古经认真思考后修改了自己的意见说：一般的社会新闻，我们的报纸照例不登，但是像陆定一说的有益于社会，能够教育人民的社会新闻是应该登的。最后，这篇新闻报道在 1944 年 4 月 29 日延安《解放日报》第一版头条位置发表，取得了较好的社会效果，推动了教育改造巫神的工作，促进了陕甘宁边区医疗卫生制度的改革，加强了对医疗卫生的宣传报道工作。

博古对于自己认为正确的意见也是不轻易放弃的，譬如在宣传大生产的过程中，有人提出了“发财”的口号，博古看了后认为，这个提法不妥当，他说：“今天提‘发财’的口号有毛病，发财有两种，一种是吴满有式的，靠劳动而致富，一种是地主式的，靠剥削致富，单提‘发财’，不能显示出我们的方向，还是提‘丰衣足食’为好。”他指出了在宣传中提新口号，要十分慎重。经过大家讨论后，编委会同意了他的意见。

在博古的精心培育和严格要求下，一支无产阶级的新闻工作者队伍在延安这块革命的土壤上迅速成长起来，成为新中国新闻事业的中坚骨干力量。

在整风运动中解剖自己

从 1942 年春天开始，全党范围内开展了一次整风运动。这是一次极其深刻的马克思列宁主义教育运动，是一次用无产阶级思想克服一切非无产阶级思想的教育运动。它的主要任务是：反对主观主义以整顿学风，反对宗派主义以整顿党风，反对党八股以整顿文风。

参加整风运动，对博古来说，有着特殊的意义。他一方面要领导好《解放日报》和新华社的整风运动，要做好报与社的日常工作，更重要的是博古在王明路线时期，曾经做过党的总负责人，这次整风他必定首当其冲。所以各方面压力都集中在他身上，任务非常繁重。

面对这场整风和繁重的工作，博古没有丝毫的犹豫，而是以一个无产阶级革命家的宽阔胸怀，勇敢地投入了这场检查思想、路线、党性的整风运动中去。

还在全党整风运动开发始之前的 1941 年 9 月至 10 月 22 日召开的中央政治局整风会议上，博古就在会上作了两次检讨发言。他说：1932 年至 1935 年的错误，我是主要负责的一人。遵义会议时，我是公开反对的。后来我自己也想到，遵义会议前不仅是军事上的错误，要揭发过去的错误必须从思想方法上，从整个路线上来检讨。我过去是学了一些理论，拿了一套公式教条来反对人家。四中全会上我与稼祥、王明等反对立三路线的教条主义，也是站在“左”的观点上反的，是洋教条反对土教条。当时我们完全没有实际经验，在苏联学的是德波林主义的哲学教条，又搬运了一些苏联社会主义建设的教条和西欧党的经验到中国来，过去许多党的决议是照抄国际的。在西安事变后开始感觉这个时期的错误是政治错误。到重庆后译校《联共党史》才对思想方法上的主观主义错误有些感觉。这次学习检查过去错误，感到十分严重和沉痛。现在我有勇气研究过去的错误，希望在大家帮助下逐渐克服。

9 月政治局整风会议，对苏维埃运动后期错误路线进行揭发批判后，对这个路线负有较大责任的干部很难在中央书记处继续工作，因此于 1943 年 3 月 16 日至 20 日，中共中央政治局会议通过了《关于中央机构调整及精简的决定》，从组织上改组了中央书记处，由毛泽东、刘少奇、任弼时三人组成；毛泽东为主席。在中央政治局下面设立组织、宣传两个委员会，中央宣传委员会统管中央宣传部、解放日报社、新华社、中央党校、文委、出版局等，毛泽东任书记、王稼祥任副书记，毛泽东、王稼祥、博古、凯丰为委员。

1943年9月又召开政治局整风会议，在开始的三天中博古又作了检查。毛泽东在会上着重提出“两个宗派”的问题，一个是教条主义的宗派，一个是经验主义的宗派，要从破坏教条宗派开始，在全党揭露，对犯错误的“将一军”。毛泽东的发言为1943年9月政治局会议的整风定下基调，从这以后，犯错误的人都按这个思路进行检讨，其他人按这个思路进行批评。以后博古又作第二次检查，共花两天时间，其中包括别人插话，以及大家讨论提出批评。这次党内斗争虽然没有简单地采取“逼供信”和“惩办主义”的做法，但是过火批判，过高的上纲，给博古带来了很大的精神压力，他一次一次地诚恳地检查自己，甚至有些地方过分地责怪了自己，过分地上了纲。他自己20多岁就当了党的代理书记，虽然也读过一些马列主义著作，愿意为共产主义事业奋斗终生，可是知道的只是要打倒封建主义、帝国主义和国民党反动派，使劳动人民彻底得到解放。但是并不了解中国的实际，没有认真做到调查研究，总以为共产国际的指示一定是正确的，苏联革命胜利的经验我们完全可能照搬。这样指导革命，怎么能不犯错误呢？在博古的所有检讨中他丝毫没有逃避和掩盖自己的错误，他坦然而严格地剖析自己，勇于承担责任，表现了一个共产党人应有的气度和纯洁的党性。

由于博古在整风运动中能够认识和努力改正自己的错误，并且在新的岗位上做出了贡献，所以他在党的第七次全国代表大会上仍被选入新的中央委员会。

根据中央的决定，《解放日报》和新华社的整风运动是从1942年

4月开始的。在整风期间，以博古为首的编委会在党中央的具体帮助下，很好地领导了这场运动。

在检查和改进报道工作的同时，新华社和《解放日报》在整风运动中还开展了无产阶级新闻观点和理论的教育活动。当时，新华社和解放日报社编辑记者，大都是抗日战争爆发后投奔到延安的青年学生，他们充满了抗日救国的政治热情和对革命事业的崇敬思想，但是在他们的灵魂深处却存在着资产阶级和小资产阶级思想，工作中暴露出不少资产阶级新闻观点，新闻写作中党八股的毛病也相当普遍。在整风中，他们结合工作实践，对资产阶级新闻观点和党八股进行了揭露和批判，对于新闻的党性、真实性，新闻工作的群众路线、政治与技术的关系等问题进行了认真的学习和讨论。

延安整风运动对于新华社、《解放日报》社的思想建设和业务建设，具有十分重要的意义。

主要表现在新闻工作者的世界观的改造，用马列主义理论武装头脑等方面。参加过延安整风运动的新华社和《解放日报》社的工作人员在政治思想和新闻业务方面都受到了深刻的教育和锻炼，成为以后推动新华社事业发展的骨干力量。新华社在解放战争时期的迅速发展，以及在新中国成立后能够立即担负起国家通讯社的重任，都是与延安整风运动的深远影响分不开的。

“四八”烈士传千古

1945年8月10日傍晚，副社长吴文焘刚刚迈进新闻台窑洞，就听得正在值班的新闻台总领班李光绳高叫一声：“快看，是啥?”头也顾不得抬，左手把着度盘，息气凝神地迅笔疾书。吴文焘转身一看，已见抄报纸上一连串有三四个英文“急电”字样，随着耳机里微弱的蜂鸣声，又有两个英文单词出现在眼前：“日本投降了!”接着，路透社又播出一条比较详细的电报：日本天皇已经接受盟国条件，宣布投降。吴文焘飞步跑出窑洞，急赶至社长博古住处，这时博古有事外出，他急忙摇摇挂在墙上皮盒子里的电话机：“请接毛主席!”很快，毛泽东接电话了。吴文焘向他报告了前面所说的内容。毛泽东同志听后第一句话就说：“噢，那好啊!”随即嘱咐新华社有什么新情况继续报告。不久，博古就打来电话，要吴文焘同志在电话机旁等候中央指示。原来，博古是到枣园毛主席那儿开会去了。

约在半夜时分，就从枣园传来朱总司令签名的、勒令敌伪向八路军、新四军投降的延安总部第一号命令，由新华社向全国播发。这时，清凉山前后传来一阵高过一阵的锣鼓声和各种敲打声，延安城区和宝塔山麓已是篝火片片，欢声连天。

当抗战胜利佳音传来的时候，新华社已经在延安窑洞里度过了8年多。在这8年多的时间里，新华社的人员、机构和业务范围都有了较大的发展。在收讯方面，这时新华社在延安窑洞里可以抄收到美联、合众、路透、塔斯等各大通讯社的电讯，然后经过翻译，供给国内报纸公开刊载或供内部参考；在发稿方面，这时新华社每天以文字和口语等多种广播形式，向国内外发表根据地的重要新闻，宣传我党方针和主张。新华社电讯不但已经足以对中国时局的演变产生有力的影响，而且能够对国际舆论的动向产生显著的影响。新华社在国内外新闻舞台上，已经站稳了脚跟。国民党统治区人民和海外各阶层人民都把新华社广播作为了解中国解放区真实情况的可靠来源。

1946年2月初，根据中共中央决定，博古到重庆协助周恩来参加宪草审议工作，担任政协宪草小组委员会中共委员，其中主要职责是根据协商会议拟定的修改原则及各方所提的意见汇总整理，制订出《五五宪草》修正案，提供国民大会采纳。2月13日博古等人到达重庆，参加这场尖锐复杂的斗争。在会上国民党与青年党的代表节外生枝，要求将政协决议的各项原则进行修改，中共代表团则坚持政协会议的决定，会议展开了激烈的争辩，博古在会上义正词严地强调一定要维持政治协商会议各党派协商的决定，因为这项原则是根据孙中山先生的遗教所确定的，也是符合当前中国实际的。在这期间，国民党反动分子不断制造反苏反共的舆论，煽动一些不明真相的学生，制造反苏反共游行，国民党特务乘机捣毁《新华日报》营业部及民盟机关报《民主报》，打伤多人。中央代表团博古等 7 人于 2 月 22 日又向国民党政府提出严重抗议，又于 2 月 18 日，博古与周恩来、王若飞一起举行中外记者招待会，就国民党二中全会，周恩来在会上发表了谈话，博古回答了记者提出的问题。25 日晚博古又举行中外记者招待会，介绍政协会议综合小组争论的原因，同时揭露国民党处心积虑和推翻政协决议的阴谋。

考虑到宪草审议小组讨论中，存在一些原则性的重大分歧，王若飞、博古于 4 日乘飞机回延安向中央汇报请示，同机的还有在皖南事变中曾被国民党反动派囚禁过的新四军军长叶挺、出席巴黎世界职工代表大会的解放区职工代表邓发等 13 人。当飞机抵达延安上空时，正值阴雨，能见度很差，只好返回西安，由于迷失方向进入晋西北兴县山区，于浓雾中触山失事，同机 17 人全部遇难，（史称“四八烈士”），当时博古年仅 39 岁。事情发生后，14 日中共中央向死难者家属发了唁电，19 日延安各界隆重举行追悼会，公祭博古等“四八”烈士。这次的悼念活动，先后收到唁电函 115 件，挽联诗词 352 件，毛泽东、刘少奇、朱德、周恩来亲笔题词，并在《解放日报》《新华日报》分别发表文章，悼念失去的战友。周恩来的文章题为《“四八”烈士永垂不朽》，文中指出：“二三十年为中国人民解放事业的奋斗生涯，已经把你们锻炼成为人民的英雄，群众的领袖，青年的导师和坚

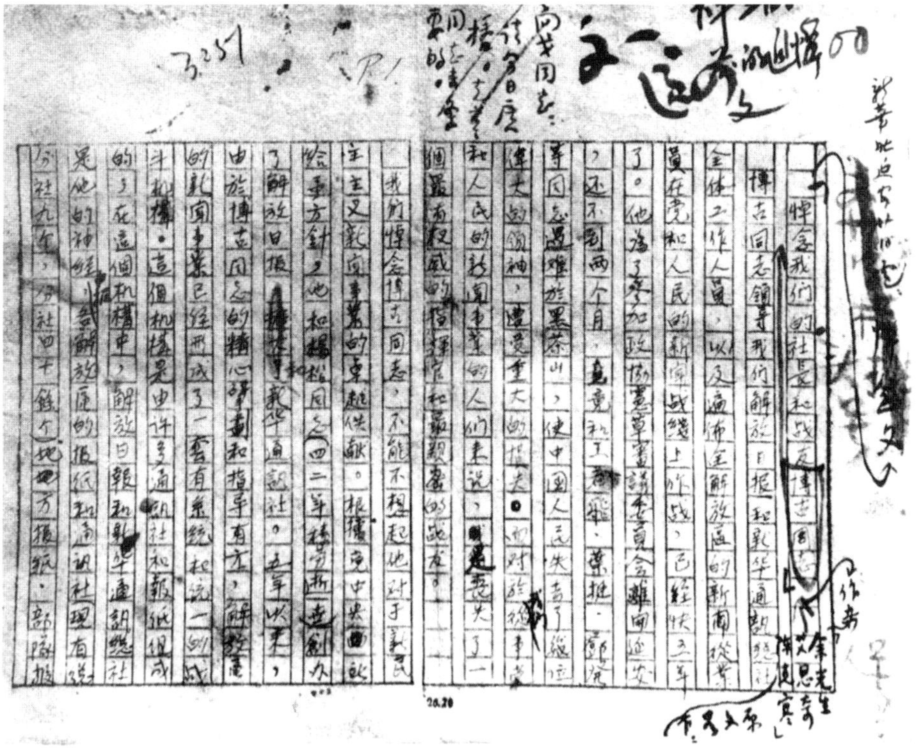

1946 年 4 月，余光生、艾思奇、陈克寒所写的《悼念我们的社长和战友博古同志》手迹

强不屈的革命战士。”“烈士们！同志们，你们的责任已尽，我敢向你们保证：有中国人民在，有中国共产党在，有中国一切民主党派和力量在，我们决不让反动派破坏政协、破坏停战、破坏整军的阴谋活动成功。你们坚持的方针，是全中国人民的方针。和平、民主终必会在全国实现。”“博古！你是为修改宪草而粉身碎骨的。我记住，我永远记住。我敢向你保证：我们要为坚持完成一部民主宪法，建立民主中国而奋斗到底！”

博古为人民而死，死得其所。他的崇高品德和光辉形象，永远留在中国人民的心中。

正义的呐喊

——记优秀的归侨记者仓夷

郑德金

仓夷，男，原名郑贻进，祖籍福建福清。1921年生于马来亚（现马来西亚），1937年从新加坡回国参加革命。先在山西民族革命大学学习，毕业后任民族革命通讯社、《救国报》记者。1939年进入晋察冀抗日根据地，任《抗敌报》记者和《实话报》主编。1940年冬加入中国共产党。1941年任《晋察冀日报》和新华社晋察冀分社记者，采写了《纪念连》《无住地带》《爆炸英雄李勇》等大批优秀通讯特写。1946年1月被调往北平任新华社北平分社、北平《解放》报记者，8月奉派调查“安平事件”时，因误乘国民党的飞机，在山西大同被国民党特务杀害。

他是一位华侨的儿子。当他正念初中二年级的时候，抗日战争爆发了。年仅16岁的他对父母说：“国家兴亡，匹夫有责。”遂怀着一颗报国之心，毅然告别了父母和女友，回国参加了抗日斗争。

回国后，他成了一名优秀的新闻记者，投身于晋察冀根据地的新闻事业，在艰苦的斗争环境下，用自己的笔为祖国而战，为人民而歌，采写了许多敌后军民英勇抗战的新闻篇章。他的《纪念连》《永定河畔的一支抗日武装》《爆炸英雄李勇》《晋察冀的子弟兵》等新闻通讯、特写，曾传遍战火纷飞的晋察冀根据地，激起了无数抗日军民的斗争热情。

他正义凛然，敢为真理而呐喊。抗战胜利后，他受党的派遣，来到国民党统治下的北平，与同志们一道在敌人的心脏里办起了《解放》报，创建了新华社北平分社。当《解放》报和新华社北平分社遭敌人镇压时，他正义凛然，义正词严地驳斥敌人的谎言，向总社发出了《正义的胜利》通讯，向全国和世界关心中国前途的人们揭露了国民党反动派破坏和平，企图发动全面内战的阴谋。

他还是一位激情的诗人。他的诗与他的新闻报道一样，都是正义的呐喊，都是指向敌人心脏的锐利武器。他有一首歌颂晋察冀子弟兵的诗，诗中写道：

死也不能屈服！
不能屈服！
你是光荣的战士，
你是铁的子弟兵。
　　光荣的战士啊！
你在人民的欢呼中站起来，
你用粗厚的手掌，
握紧了边区自造的步枪，
你的脸庞和枪机上，
都闪跳着钢铁的光芒。

　　勇敢的战士啊！
你一次一次的上战场，
你瞄准你的钢步枪，
敌人从没有一个在你枪弹下逃亡。
你是那么坚强啊！
你消灭那残余的仇敌，
子弹虽然打尽了，
枪尖的刺刀还是很锋快呀！
　　你这太行山的铁的子弟兵，
你这死也不屈服的战士，
你迎着敌人的刺刀挺进……

是的，他最后倒下了。他在调查国民党一手制造的“安平事件”真相时倒在敌人的刺刀下，用殷红的鲜血谱写了一曲青春的壮歌。他就是仓夷同志。

当仓夷牺牲的消息得到确证后，新华社晋察冀总分社和《晋察冀日报》、边区文化出版界代表共200多人，集会追悼他及另一位边区优秀新闻工作者田雨同志。晋察冀日报社和新华社晋察冀总分社社长邓拓同志在追悼会上号召大家向他们学习：“要把悲痛的悼念和向仓夷、田雨学习的精神变成力量，变成改进我们新闻工作的实际行动。”

少年壮志

仓夷原名郑贻进，祖籍福建省福清县人。1921年二月初三出生在马来亚（现马来西亚）玻璃市一个风景秀丽的热带海湾小村镇。父亲郑虾浦是一位勤劳正直的橡胶园工人，在老板林妹弟的种植园里开荒种树。母亲郭好宋是一位出生于黄包车夫家庭的独生女，年轻、勤快，既理家，又养牲口。

仓夷5岁时村子附近闹虎灾。由于老虎的威胁，无法生活下去，父亲三兄弟只得带着一家人，迁居新加坡。到了新加坡碗窑村后，自己动手建造了亚答屋（是用亚答叶编作屋顶的茅屋）。仓夷父亲盖一座，大伯和叔叔合盖一座。三兄弟还开办了一间建筑材料行，贩卖自制的水泥柱、木料、亚答叶。

同乡林阿炳看中了这三兄弟的勤劳和朴实，邀仓夷父亲三弟兄开办米粉厂。由林阿炳出钱，三兄弟出力，办起了一间“隆和兴”米粉厂。仓夷父亲掌管内务，大伯当工人，叔叔搞外交，几年后成为小康之家。

仓夷7岁时上私塾。“人之初，性本善……”无论在学校或是在家，小仓夷如饥似渴地读书，十分用功。仓夷的父母都是文盲，看到他如此努力，从来未操过心。仓夷热爱学习，善于学习。每当私塾老先生要写字时，他总是主动地站在老先生写字的桌边，一边替老先生磨墨，一边用炯炯目光注视着老先生写字。平时，他在家里一有空就练毛笔字，因此，仓夷从小就写得一手好字。12岁那年春节，仓夷自己写了一副对联，贴在家门上。

不久，仓夷转到新加坡后港光洋小学读四年级。他学习更加努力，上课专心听讲，勤于思考。从家里到学校，仓夷每天要走10里路程，不管刮风下雨，他从不迟到和缺课，每学期考试都得第一名，放假时还带回一些奖品。

仓夷的聪明才智博得人人喜爱。他小学毕业时，同班一位俊俏的富家少女朱秀金爱上了他。朱家托人来定亲，因为家穷，妈妈不敢攀亲。朱家父母亲自前来说亲。朱小姐也是一个品学兼优，秀外慧中的姑娘，他母亲也就为他定了亲。

1936年春，仓夷小学毕业，参加三州府会考（统考）。他中英文、算术全优，名列第一，被新加坡武吉抵玛华侨中学录取。

在中学学习期间，仓夷更是勤奋好学。他接受进步教师的开导，开始阅读进步书刊。每逢星期六回家，他总是把学校学习的、所见所闻的东西告诉妈妈："阿母，有一个人到学校作报告，他本事很大，用脚走路，周游了全世界。""阿母，老师讲，佛子（菩萨）是土做木雕的。信神信鬼是愚子。""阿母，听说日本仔真野心，要并吞中国。""听说共产党，朱德、毛泽东真厉害，中国抗日有望。"在进步思想影响下，仓夷热爱祖国，寻求真理，向往新生活。他崇拜朱德、毛泽东，一心想回国参加抗战，盘算着如何争得父母同意。

1937年初春，仓夷想好一套回国理由。一天晚上，当妈妈料理完生活，坐下来做针线活时，仓夷搬过一张小凳，坐在妈妈身边，亲昵地说："阿母，阿爹年纪大了，弟妹又小，一家的重担，将要落在我身上，我若不回国读书，将来没本事，怎么扶养弟妹呢？你让我回国读书吧！"34岁的妈妈，看看床上4个睡着的和摇篮里一个6个月的孩子，想想他爹已51岁了，被仓夷的一席话感动了。再看看16岁的仓夷，舍不得地说："中国在打仗，你回国怎么读书呢？"仓夷立即说："打仗归打仗，读书归读书，两回事，有什么相干。"妈被说通后，仓夷接着说："阿母，你跟爹爹说说吧！"妈迟疑一会儿说："我怎么讲呢？还是你自己讲吧。""你去讲会比我讲更好。你就把我的想法告诉阿爹！你告诉爹爹，陈嘉庚的儿子元翼也去！"受苦受穷的爹爹，也被仓夷的想法感动，欣然同意仓夷回国。仓夷钟爱弟妹，回国前，邀请同学为弟妹照相。当时，仓夷特意将8个月的弟弟抱在手里站在家门前照了张相。

1937年春末，仓夷告别了父母弟妹和未婚妻，与陈元翼搭乘意大利邮轮踏上了回国的旅程。

邮轮在香港停留期间，国内战事日紧，元翼家人三番五次写信催促其南归。仓夷写了封信，托元翼带回给父母，信中谈了旅途生活及坚持回国抗战的缘由，并顺便带回了一些旅途中的照片。

投身革命

1937年末，仓夷几经辗转，由进步人士介绍，来到晋南考入了民族革命大学。民族革命大学（简称“民大”），于1937年11月在晋南的临汾土门村成立。它是在中国共产党抗日救国主张和抗日民族统一战线的影响下，一所带有统一战线性质的进步学校。尽管阎锡山在名义上担任校长，但是主持学校工作的主要负责人开始多是中共地下党员。共产党员杜心源和杜任之分别担任政治处主任和教务主任。学校还有一些全国知名的学者专家、民主进步人士担任教授教师，如江隆基、侯外庐、温健公、何思敬、施复亮、陈唯实、秦丰川、周巍峙、徐懋庸、李公朴（爱国七君子之一）、萧军、萧红。讲授的课程，有艾思奇的《大众哲学》《大众经济学》《唯物辩证法》《社会发展史》《日本侵华史》和抗日民族统一战线等。

在“民大”，仓夷经过一段时间的学习，认识有了很大提高，觉得在中国，只有中国共产党才是领导人民革命的中流砥柱。

从“民大”学习结业后，仓夷于1939年初来到了民族革命通讯社，参加了敌后抗战的新闻工作。民族革命通讯社（简称民革社），是抗日战争时期，在中国共产党的抗日救国主张和抗日民族统一战线的政策影响下，由第二战区司令长官阎锡山拨款创办的官方通讯社，由战区司令部秘书梁延武任社长。它的任务是向第二战区《阵中日报》，同时向外地发送战报电讯稿。后来总社组织机构逐步健全，工作人员日渐充实，并在各地陆续建立了上党、汾西、岢岚、五台、平陆、河口、榆林以及香港、重庆、成都等10个分社（后又增设雁北分社），逐步形成了分布全战区的通讯网。民革社的采编人员大多数是来自大后方的进步青年知识分子和地方城市的年轻学生。他们跋涉数千里，离家来到山西，抗日爱国热情很高，具有一定的采写活动能力，热切希望到抗战第一线锻炼成长。总社将他们经过短期训练后，按工作需要和个人志愿，分配到总社或派往战地分社。仓夷就是在这种情况下，先在民革总社经过短期的培训后，又被派往五台分社工作。

五台地处晋东北地区，与察哈尔省和河北省接壤，为晋察冀中心。民革社的一些分社都是经过协商，在中国共产党的直接领导下建立，并由当地党委指派共产党员担任分社社长的。因此，当时它报道的战况，不只限于阎锡山所属部队，八路军在山西境内作战情况，各地记者也都及时地据实作了报道。在山西政局逆转以前，民革总社所编发的电讯、通讯稿件，在一定程度上如实地反映了山西前线的战争面貌，比较客观公正地报道了八路军和山西新军、地方抗日游击队对敌作战的战绩，以及八路军三大主力进入山西战场以后，在山西新派和人民群众支持下，依据太行山、五台山、吕梁山、管涔山创建抗日根据地的情况。当时，仓夷年仅18岁。

1940年5月，仓夷父母、弟妹等回到了故乡福建福清。同年10月，阿爹得了伤寒症，不幸病逝。噩耗传到五台山，仓夷很悲痛，但是他没有回家奔丧，写了封长信回家，悼念父亲及怀念家乡和家母弟妹，信上谈到人民的苦难和英勇抗敌的业绩，谈到对未来的胜利信心，要妈妈对他放心。次年春天，由于土匪猖獗，疾病流行，妈妈只得带领家人重返新加坡。

1940年冬，仓夷加入了中国共产党，成为无产阶级先锋队组织中的一员。

1941年1月，仓夷转任《晋察冀日报》和新华社晋察冀分社记者。《晋察冀日报》是我党在华北敌后抗日根据地创办的党报之一，邓拓同志任社长。新华社晋察冀分社是在原晋察冀通讯社的基础上发展起来的。当时，报与社是一个组织机构，两块牌了。分社即是报社的通讯部。

在《晋察冀日报》，仓夷最初担任地方版编辑，后来担任记者。他常常到下面去和群众一起生活，采访材料回来进行写作。他搜集材料和写作过程很快，内容生动逼真，作品正如他的个性一样年轻活泼，充满清新朝气。1942年冀中“五一扫荡”之后，冀中的领导机关转移到冀西来了，就住在离报社不远的地方。仓夷去那里采访了几次，他采写了“五一”反“扫荡”中对敌斗争最顽强而有功的八路军三纵队一个英雄连队的反“扫荡”事迹。这个连队，在平原游击战和地道战中，顽强地与“围剿”的敌人周旋，连续给鬼子重大打击，仅机枪班长赫赞一人，就消灭敌人150人。这个连队被三纵队政委程子华称赞为“纪念连”。他创作的题目就叫《纪念连》，在《晋察冀日报》上连续发表。这篇对冀中残酷反“扫荡”战争具有历史性意义的作品刊载以后，当时轰动了晋察冀边区，受到广大读者的称赞。

后来他又采写了晋察冀边区著名的民兵爆炸英雄李勇的故事。他曾亲自到过英雄的家里，反“扫荡”中和李勇战斗、生活在一起。在晋察冀开办爆炸训练班时，仓夷还到那里受训，学习埋地雷和爆炸技术。

关于李勇的事迹，仓夷前后一共写了9篇通讯：《爆炸英雄李勇在反“扫荡”中》《向李勇看齐的刘玉振》《曲阳群众的游击战》等。这些通讯，描写了李勇和他的爆炸组在反“扫荡”开始后的一个半月里，就炸伤敌寇217人（其中小队长1人），汽车两辆。敌人曾宣布要以牺牲100个“皇军”的代价活捉李勇，并在李勇的家乡——阜平五丈湾驻扎多日，进行“清剿”，但连李勇的影子也没有见到。

日寇不甘心他们的失败，调集了37万大军，对我晋察冀边区发动了空前规模的秋季大“扫荡”，对我根据地实行杀光、烧光、抢光的“三光政策”。为了粉碎敌人的“扫荡”，揭露日寇烧杀抢掠的滔天罪行，仓夷响应报社的号召，深入到遭日寇野蛮暴行的现场，发回了第一手报道：

记者仓夷、沈重报道：10月，阜平县平阳大惨案中，日寇惨杀我同胞1000多人。直接的罪魁是日本皇族出身的荒井，他率领由500多刽子手组成的混合大队侵入北岳山区后，下令：“杀个鸡犬不留!”

10月18日，平阳南山24个妇孺藏在土洞里，被敌人搜出后，她们严辞拒绝了日寇的一切讯问。鬼子拉出一个女孩子，先把她的头砍掉，放在椅子上，叫妇女们围跪着，硬逼着去拿人头。一个50多岁的老妇被逼着去拿，鬼子问出她是这女孩子的母亲，又一刀，把孩子的老母也砍头了。然后挑出5个年轻妇女，把其余的赶进土洞，点起大火，全部烧死。

在贾口，8个老乡被剥光衣服活埋。

……

水磨村被抓去当民夫的刘庆禄，亲眼看见荒井混合大队，押着150多个老百姓，把他们用绳子捆在一起，拉出村去，再也没回来一个。他们被集体屠杀了。

……

平阳惨案象雷鸣一般，震撼着、激怒着边区千百万人民。人民的报仇紧跟着到来，以李勇为首的五丈湾爆炸组、游击组，东古道的游击组……纷纷提出“为死难乡亲们报仇”的口号，仅平阳地区的民兵，苦战3个月，就毙伤日伪军500名以上。

这些报道，记录了当年日寇在我中华大地下所犯下的滔天罪行。铁证如山，是任何人也抵赖不掉的。

主编《实话报》

晋察冀日报社在敌我战略相持阶段，即对日寇斗争最尖锐、最残酷的时期，向根据地周围敌占区的同胞，特别是北平、天津、保定、张家口、石家庄、太原、大同以及沈阳、大连等敌占城市和游击区的被压迫同胞，发行了一种小型的抗战报纸——《实话报》。具体地向他们介绍敌后抗日根据地八路军的战绩，晋察冀边区抗日民主建设的新面貌，以及若干重大政策。同时，揭露日本侵略者的种种罪行，帮助人们识破日寇、汉奸叫嚷的“皇道乐土”“大东亚共荣圈”等谎言。

《实话报》创刊于1941年12月20日，先由编辑部的陈春森兼任主编。后来，仓夷被调来接任了《实话报》的主编。《实话报》每期发行5000份，持续出版两年。它的指导思想是，用全国持久抗战逐步胜利和敌后抗日根据地巩固发展的事实，指明抗战胜利的前途，坚定敌占区和游击区同胞争取胜利的信心，鼓舞他们用各种方式，同日寇汉奸作斗争，争取抗日战争的最后胜利。

在仓夷任主编时，《实话报》着重宣传报道了以下一些内容：

一、经常宣传抗日民主政府的政策法令。如1943年1月5日，《实话报》刊发了《晋察冀边区政府严禁粮食资敌》的政策法令，指出：“运粮到根据地的有奖，运粮资敌者严惩。”

二、宣传八路军打击日寇、保卫人民的胜利，警告当汉奸的没有好下场。

三、报道敌占区严重危机，物价飞涨、粮荒严重和敌军士兵厌战的混乱局面。

四、宣传日寇在太平洋战争中的失败，日寇受到的重大损失。

五、报道各国人民纷纷募捐援华。反映我国正义战争的得道多助，敌寇侵略战争的失道寡助。

六、报道日寇严重践踏宗教，破坏佛教圣地五台山的寺庙。1942年6月21日第二版介绍昔日风景秀丽的佛教圣地五台山，如今寺庙香火凋零。《日寇给五台山带来些什么?》一文指出：各寺庙普遍饥饿与穷困；强行奴化教育，污蔑佛教经典；破坏宗教组织；盗窃名器，破坏宝殿；任意驱逐和屠杀僧众，从前有3000多名喇嘛，现在只剩几百人。

七、报道日寇的盟国德意两国法西斯的惨败。

可以说，在仓夷任主编期间，《实话报》报道针对性强，内容丰富，形式灵活，有新闻、社论、时评、读者来信、论坛、民谣和资料，文字生动活泼，紧跟对敌斗争实际，因此很受敌占区和游击区读者的普遍欢迎。

出生入死

因种种原因，《实话报》于1943年底停刊，仓夷又被调任《晋察冀日报》记者。他常常深入到斗争第一线搜集材料，采写了一些反映边区军民斗争生活的作品。他还不畏艰险，突破敌人的封锁线，前往察绥前线、长城内外，报道了抗日军民是如何在中国共产党的领导下，与侵略者进行英勇的浴血斗争的。

这一时期，也是仓夷创作的高峰时期，《晋察冀日报》上经常刊登他发自第一线的报道，如：《韩凤龄》《无住地带》《冀中军民泥店反袭击》《军工英雄刘润田》《苦心钻研的牛步峰》等。这些文章充分反映了晋察冀军民在党领导下的英雄事迹，歌颂了晋察冀军民英勇无畏的精神。其中，发表于1944年4月29日的《冀中军民泥店反袭击》，报道了冀中区军民从春季攻势以来，我八路军部队广泛地攻击敌伪碉堡，集小胜为大胜，使敌人处处陷于被动的情况。

战斗在敌人心脏里

1946年新春，平静的北平宣武门外的一条小胡同——方壶斋9号，一个小院子，一座三层西式小楼，突然来了30多个不穿军装的“土八路”。胡同里的居民们交头接耳，议论纷纷，他们是干什么的？

事情很快清楚了。

1946年2月22日，晨光破晓，街头巷尾响起了一片异乎寻常的卖报声：“《解放》报，请看《解放》报！共产党的报纸出版了。”

《解放》报在北平公开出版、发行，在故都引起了不小的震动，报纸一出，消息风传，具有光荣革命历史的故都人民，特别是工人、学生、广大知识分子，莫不欢喜若狂，扬眉吐气！

那么，共产党的报纸何以会在“黑云压城城欲摧”的北平城内出版，话还得从头说起。

抗战胜利后，蒋介石迫于全国人民要求和平、民主、进步潮流的压力，加之他的兵力还主要龟缩于“大后方”，一时难于部署就绪发动内战。因此在美国支持之下，一方面用美国飞机往华东、华北、东北赶运军队，一方面又做出一副和平民主的姿态，同意召开有各党派及社会贤达参加的政治协商会议，并通过了改组政府、和平建国的五项决议，蒋介石还做出了保障人民权利、政党合法等四项诺言，签订了停战协定，下达了停战令，在北平设立了由国民党、共产党及美国三方组成的“军事调处执行部”，以监督停战协定的执行。根据军调部三方协议，军调部的命令、协议、公报等须由三方的新闻机构——国民党方面的中央社、中共方面的新华社和美方的美国新闻处发表。我方据此，经党中央批准在1946年2月于重庆、北平各建立新华分社，并在北平出版报纸。延安新华社总社为此电告各地分社：就近速派人员去平，参加筹办我党的报纸。

仓夷就是在此时，于1946年1月奉命从新华社晋察冀分社和《晋察冀日报》调到北平，参加北平《解放》报和北平新华分社的筹建工作的。他一到北平，就作为新华社记者，开始投入了采访、发稿等活动。在他与大家共同努力下，到1月中旬，北平分社就开始了工作，除向延安新华总社播发电讯外，还出版了新闻稿。

北平《解放》报在北平分社开始工作一个多月后，也于2月22日正式出版了创刊号。

北平《解放》报和新华社北平分社创建后，仍依延安清凉山总社的模式组建，即报社和分社人员合一，内部是一个机构，对外则两块牌子。工作人员主要来自如下几个方面：一、延安解放报日报社和新华社总社。二、延安大学。三、重庆《新华日报》。四、《晋察冀日报》。五、山东《大众日报》。六、晋绥《战斗报》。七、《冀热辽日报》。八、北平城工部。九、沈阳。大家从五湖四海相聚到一起，在共同的革命目标下忘我工作，上下级和同志间充满亲密无间的战斗友情。

《解放》报从创刊号开始，始终以主要篇幅，阐述和揭示抗日战争胜利后的时局和我们党的正确方针并且逐期大力宣传我们党对于这个决定中国命运和前途问题的正确主张，刊登了《平津保三角地带，国民党军发动内战》《陇海线军运频繁，河南形势紧张》等具体报道，以事实揭露国民党假和平真备战的狰狞面目。

《解放》报还开辟了“解放区之页”专栏，从各个角度介绍解放区欣欣向荣的景象。同时，又设立了“故都剪影”“读者呼声”等专栏，暴露国民党统治区黑暗与腐朽，反映人民的苦难与呼声。此外，《解放》报还经常驳斥反动报刊的造谣污蔑，用事实拆穿那些“谣言作坊”的西洋镜。

在北平，依据分社和报社的分工，仓夷的任务是采访北平市文教方面的新闻。新中国成立前，北平作为文化古都，有着像燕京、北大、清华这样的全国著名的大学，学生的思想活跃，反应敏感。仓夷经常身着整洁笔挺的西装，把自己打扮得像个洋学生似的，深入到北大、清华、燕京等几所重点大学，与学生们交谈，向学校老师们请教，了解他们对时局、对和平、对祖国未来的许多想法。这一段时间，他采写的反映学生思想的稿子常在《解放》报上刊登，因而也引起了特务的注意。起初，他对国民党特务的斗争方式比较简单。当时，国民党不但想尽各种办法阻挠《解放》报和人民群众的联系，限制记者的活动，并在宣武门外“方壶斋”9号（《解放》报社址）周围布满特务，跟踪记者和同报社往来的群众。对这些特务，仓夷总是轻蔑地瞥他们几眼，有时索性停住脚步，对他们怒目而视。后来他感到特务对他这个公开的记者不敢怎么样，但却会迫害与他接近的进步人士。于是他很快就学会多种斗争方式，巧妙地甩掉“盯梢”，或者给他们摆上“迷魂阵”，以突破特务设下的种种障碍。

仓夷对国民党破坏停战协定和摧残民主的罪行非常痛恨。有一次，他在路上碰到特务正在殴打一个叫卖《解放》报和《民主星期刊》的报童，报纸被撕了一地，特务还威胁着要把报童带走，仓夷立即上前斥问特务：“《解放》报是国民政府同意发行的，为什么你们又在这里捣乱?!”周围群众也纷纷对特务提出责问。那个特务一看风头不妙，就收起那副凶煞相，夹着尾巴溜了。还有一次，仓夷和许多中外记者去参观日本战犯的监狱。进去以后，他吃了一惊：许多国民党记者，竟和日本战犯亲热地握手，还亲昵地向这些刽子手嘘寒问暖，于是这些杀人犯乐了起来，重又露出狰狞的笑容。甚至在“审问”时，一个战犯竟敢放肆地狂笑。坐在记者席上的仓夷，目睹国民党这一帮人昏庸卑怯丢尽国家尊严的行径，霍然拍案而起，对着那个战犯怒斥道：“你笑什么？你们被中国人民战败了！你们欠下了中国人民多少血债？这笔账你们必须用血来偿还……”仓夷的这种尊严的话语，凛然的气度，使整个法庭的气氛为之一变。那个战犯立刻低头垂手，国民党法官也个个呆若木鸡。

北平《解放》报在蒋介石“华北行辕”所在地北平出版后，蒋介石一直如芒刺在背，无法容忍这种报纸的存在。当时国民党的一位要人曾说：“北平解放报的存在，相当于共产党在北平驻扎了一个师的兵力。”

因此，国民党北平市当局千方百计地想把《解放》报和新华社北平分社搞垮。事情果然很快就发生了。

4 月 3 日凌晨，以国民党警备司令部张靖、北平警察总局赵耀南为首，纠集了军、警、宪、特 200 余人包围了方壶斋 9 号，以查户口为名绑架了以《解放》报代社长兼新华社北平分社社长钱俊瑞为首的 29 人，同时，三道栅栏 41 号报社临时发行处 12 人也被绑架，共计 41 人。

事件发生后，国民党企图封锁消息。当晚军调部我方代表团负责人叶剑英同志向北平市市长熊斌提出抗议时，熊推说不知此事。仓夷当时住在翠明庄，国民党搜捕《解放》报社时，他正好外出采访，没有被敌人抓走。他得知 4 日上午北平市政府有一个新闻发布会，便赶去参加，想听听国民党是怎样歪曲介绍昨晚发生的事件的。谁料国民党的新闻官员只字不提此事，而参加会议的中外记者也无一人知晓。仓夷当即站起来询问：为何不谈昨天夜里国民党警宪包围袭击共产党的《解放》报社，殴打绑架几十个报社工作人员之事。该官员未料到昨晚竟有报社的记者漏网，并且又来参加了今天的发布会，当时张口结舌，推说不知此事。仓夷就说：既然发布官先生不知道这件事，我作为被侵害的一方，又是新华社和《解放》报的记者，有责任向各位同行介绍这一事件的经过。于是他详细叙述了 3 日夜发生在报社内的警察的种种暴行，并指出被强行抓走的几十位同仁现在去向不知，生死不明，这是蓄意破坏政协决议，践踏人民基本权利的严重政治事件。就这样，仓夷把国民党的新闻发布会变成了共产党的新闻发布会，向公众公布了关于“四三”事件的真相。

4 月 4 日晚，国民党当局迫于舆论压力，释放了我被捕人员，并当场道歉。仓夷又以《正义的胜利》为题，赶写出一篇通讯，连夜发回新华社。新华社随即向全国转发了这篇报道，向全国和全世界关心中国国内和平的人士揭露了国民党反动派破坏和平、企图发动全面内战的阴谋。

“四三”事件结束后，国民党反动派并没有真正放过《解放》报和新华社北平分社，他们加紧了对北平《解放》报的迫害。仅 4 月 26 日一天，国民党就出动特务在北平各处撕毁《解放》报千余份。并从北平、重庆一再放出北平当局将查封北平《解放》报的风声。与此同时，国民党军警、宪特加紧了对报社和临时发行处的骚扰，不时拦路检查，写恐吓信、打干扰电话。终于在 5 月 29 日，国民党北平当局奉蒋介石手令查封了北平《解放》报等 77 家报刊通讯社。

5 月 31 日下午 4 时，叶剑英同志在北京饭店就 77 家报刊通讯社被封举行了中外记者招待会，指出国民党当局这一行动是“完全违法的”，“一下子封闭了 77 家报纸、杂志、通讯社，这不仅是中国历史上，也是世界历史上空前的大反动，国民党此次暴行是第二次‘七七事件’，表示出中国民主的危机十分严重”，并指出“中国共产党在北平的机关报——《解放》及其通讯社——新华通讯社北平分社被当局违法查封，这明显表示出国民党当局对中共的仇视，……严重威胁了国共合作的局面”，“是国民党反动派扩大内战的阴谋的一部分”。

北平《解放》报和新华社北平分社也发表了《告全国同业及各界同胞书》，揭露国民党反动派的这一罪行，向国民党当局提出了严重抗议。

报社及分社人员于 6 月分别撤回解放区，其中包括仓夷在内的主要一路几十人是乘火车返回张家口的。

大同殉难

从北平回到张家口后，仓夷生活在自由的解放区里，可以到处走来走去。这儿的一草一木，使他感到有种特别的感觉，仿佛回到了晋察冀根据地。此时，他心里萌发了一种创作的欲望，一定要把晋察冀军民如火如荼的斗争生活写成一部中篇小说，用来体现边区军民的精神面貌。说干就干，他根据在边区积累的大量素材，立即动手写起了小说。

正在此时，仓夷和《晋察冀日报》另一位记者肖殷接到北平军事调处执行部中共代表团来的电报，让他们赴北平参加第二十五小组的工作，采访平津公路上安平镇发生的“所谓共军袭击美军”的事件。8 月 8 日清晨，他和肖殷二人乘一辆敞篷吉普车，从张家口东山坡向飞机场驶去。到了机场候机室不久，有一架飞机降落了。他们看了看墙上的挂钟，再过十分钟这架飞机就要起飞了。他们拎起自己的提包，走出候机室，由翻译同志带领走向这架飞机。他们刚刚踏上飞机的扶梯，就被一个美国兵拦住舱口，不让上飞机。经过翻译才闹明白，那个美国兵说，这架飞机是专程到大同去的，不是去北平的。翻译又领着仓夷和肖殷向另一架飞机走去。到飞机前翻译问："这是到北平去的飞机吗?"

两个美国兵正坐在机翼下的地上谈话，嘴里还叼着纸烟，含含糊糊地回答："是的，是飞往北平的。"他们又反问："你们有几个人乘飞机?"仓夷回答："两个人。"那个瘦个子的美国兵继续吸着烟，爱理不理地说："不行。"

"为什么?"

瘦个子美国兵站起来说："为什么? 因为这架飞机只有一把降落伞。"

"我们不需要降落伞。"仓夷理直气壮地回答了他。

"你们不需要是你们的事，我没有降落伞是不能把你们带到空中去的。一个降落伞只能上一个人。"

这样谈下去只会闹成僵局。翻译改了口气，询问他："这是不是北平到张家口的班机? 既然是班机，你当然知道有多少人要搭机去北平的……"

没等翻译说完话，那个美国兵面红耳赤了，蛮不讲理地说："管你们有多少理由，我只有一把降落伞，只能让一个人坐这架飞机到北平去。"在这种情况下，即使继续交涉下去，也不会有什么好的结果。仓夷很激动，生气地说："真没有道理!"

他们之间互相交换了一个激动的眼色。最后翻译说："肖殷同志，你先上去吧!"

仓夷对老肖说："你先走吧! 我回头搭那架飞机去，到大同就到大同，顶多在空中绕个圈子，没有什么了不起的。他是难不住我的。老肖，你在北平机场等我，我估计 11 点钟左右就可以到达北平了。"

仓夷又转向飞往大同的那架飞机交涉。那位美国驾驶员说了许多刁难话，可是，最终还是答应仓夷上了飞机。飞机上午 9 点钟在大同机场降落。仓夷原打算不下飞机休息，等飞机起飞到北平。正在这时麻烦就发生了。飞机降落不久，有十几个国民党策反团的特务拥上飞机。他们看见机舱里坐着一个戴着新华社徽章的人，就大喊大叫，要求驾驶员拿出名单查对。

仓夷没有理睬他们，知道美国人和国民党是一个鼻孔里出气的，也知道他们不怀好意。他挺起胸膛，不动声色地坐在飞机舱里。

国民党策反团的特务们，要立即查对名单。于是那个美国驾驶员问了仓夷的名字，接着他宣布："北平执行部的名单里，没有仓夷的这个名字。"

策反团的特务们大声嘶叫："快叫他滚下去，别占着我们的座位。"

仓夷气极了，愤怒地站起来，噔噔噔下了飞机。他刚走下飞机，国民党策反团的负责人刘荣先，身着有中校领章的军人服装迎上来，自称是大同三人小组国方代表。他拦住仓夷，还告诉他的勤务兵："叫弟兄们不要胡闹，把记者先生交给我就是了。"特务们见他们的头目刘荣先这样说，就都走开了。

这时刘荣先假装一本正经地说："我是国方代表，有什么事向我说好了。"仓夷告诉他："国共美三人小组正在谈判，而你们士兵刁难我，说明你们没有谈判的诚意。"自称国方代表的刘荣先表示遗憾，说："这是个误会。"

仓夷表示："由于你们士兵的无理纠缠，耽误了我坐这架飞机到北平去，这一切后果，由你们国方负责！"

仓夷声调高亢地说："请你这位国方代表先生，领我去找大同三人小组共方代表李波同志，我要弄清今天这个事件！"

刘荣先慌了，连声说："这是自然！这是自然！"刘荣先又喊他的勤务兵："叫司机把车子开过来，请这位记者先生上车。"

车子从飞机场开动了。

仓夷很生气，不愿意理他们，也不想和他们说话。他也不知走了多长时间，到了一个机关，车子停下了。勤务兵先下了车，接着刘荣先下了车，说："请记者先生下车，先在我们机关里坐坐。"

仓夷一听恼火了，他气愤地说："不是叫你领我找中共代表李波同志吗？到你们机关干什么？"

刘荣先说："记者先生不要恼火，先下车到屋里坐坐，用杯茶！"

仓夷生气地回答："我不渴，也不用茶！"他意识到了他们的骗局，始终不下车子，并严厉地说："国方代表先生，请你赶快把我送到中共代表李波同志那里去，我还有急事，你要拖延误了大事，后果由你负责。"

刘荣先见仓夷很生气，也很坚强，又怕拖延时间长了，被共方代表李波同志发觉了，他们的阴谋就难以实现。他马上进屋给他的上司打电话，报告了他们的阴谋计划。策反团的上司批准了他们的阴谋计划，叫他们立即行动。

刘荣先打过电话出来，见仓夷仍坐在车里，脸色严肃而生气，便皮笑肉不笑地说："记者先生，你别生气，叫你下车坐坐，你不下车。我刚才给共方代表打了电话，没有人接。我在电话上向我们的上司做了请示，我的上司说，由于共军的围攻，大同已经朝不保夕。执行小组的共方代表李波先生回共方领导机关请示还没有回来，执行小组已决定撤出大同了。"并接着说："北平到大同之间的班机，就要停航了。在战事这样紧张的情况下，你如果留在大同，再想到北平去，困难会一天天增加。小弟的意思，你不如即刻回张家口去，从那里到北平的机会多，不知道你的意见怎样？我这是纯粹替你着想的，你如果不同意，当然留在大同也可以……”

刘荣先说：“城东不远，过了御河桥就是你们共方的地带，我陪你走出国方区。”刘荣先和勤务兵上了车，叫司机把车子开到御河以东的东、西王庄方向去。车子开动了，因话不投机，他们在车上也没有说什么。路不好走，汽车走得很慢，大约走了半个小时，过了御河的木桥，又经过齐家坡到了东、西王庄地带。刘荣先叫司机停车，他的勤务兵从车上跳下来，接着刘荣先跳下来，随后仓夷也下了车。刘荣先指着东面的马连庄说：“前边就是你们共方地带，我不能再送你了。为了让我能知道你安全地离开国方区最前线，我希望你到了共方地带后，写个简单的字据，好让我放心……”接着他喊他的勤务兵：“你送这位记者先生！千万记住，送到马连庄村西后，别忘了带回字据来！好，记者先生你走吧。”勤务兵领着仓夷走到马连庄村西大水渠沟西边，停了脚步说：“记者先生，已经到了你们共方地带了。你看那不是共方的岗哨吗？我不能再走了，你给写个字据吧，我回去好交差。”仓夷也确实看到了前面的“岗哨”，就提笔写了：“我已出了国方前线。仓夷。”

仓夷签字后，就向前走，刚走到大渠沟旁，突然钻出来几个带枪的人，枪上都上着明晃晃的刺刀，一拥而上，围住了仓夷。“你是干什么的?”他们恶狠狠地问。仓夷回答：“我是新华社记者。你们是不是解放军?”那几个带枪的人凶狠地说：“我们不是解放军，我们是国民党的军人。”这时，也只有在这时，仓夷才知道上了国民党特务的当，但已经来不及了。这几个豺狼当即把仓夷同志杀害在马连庄村的西渠沟里。

*　　*　　*　　*

仓夷同志就这样牺牲了，他永远离开了人间。他没有留下任何财产，但是他却给我们留下了一份珍贵的报告文学财富。在他牺牲一周年之际，他的报告文学集《幸福》在晋察冀边区的新华书店出版发行了。这是仓夷生前将自己发表在各种报纸上的文章收集起来，准备出版的。该书收有《劳动美化了大地》《诗》《婚礼》《冬学》等篇和一组副题为《反扫荡片断》的特写文章。

仓夷在《幸福》的前言中写道："这本小集子里的几篇文章，是我在晋察冀边区服务 7 年间，一些当时当地的零星纪事，这本小书，是为献给对晋察冀生疏，然而又时刻神往的读者们。希望读者们能在这些简陋的文字中，引起对一个新的光明社会生活探讨的兴趣。"

周扬同志 1947 年 8 月为仓夷的报告文学集《幸福》作序：仓夷同志的作品正如作者一样年轻活泼，充满清新朝气，给予人一种衷心的喜悦。他写了人民的新的自由生活，也写了人民为争取生存与自由

仓夷烈士纪念碑落成仪式

的流血斗争的故事。他将他的集子题名为《幸福》，是有深厚的意思的。他说："人民能按照自己的理想来自由生活，那就叫作幸福。"这不是个人的幸福，而是人民的幸福，是人民流血斗争得来的。作者就为最伟大崇高的目的流了自己最后一滴血。

1986年7月8日，在他牺牲40周年后，新华社发了一条消息：《优秀记者仓夷烈士纪念碑近日在山西大同县党留庄村落成》。这座纪念碑是由大同县政府，晋察冀日报史研究会为纪念他的事迹，在他的牺牲地建造的。同时，新华出版社先后出版了仓夷的通讯集《时代的浪花》和《仓夷文集》。它们真实地记录了在中国共产党的领导下，晋察冀军民不畏艰险，不畏强暴，英勇抗战的斗争史实。

"今天的新闻，就是明天的历史。"仓夷作为一个新闻工作者，为党、为人民流尽了最后一滴鲜血。

刘胡兰式的女英雄

——记新华社苏中分社、《江海导报》记者叶邦瑾

蔚建民

叶邦瑾，女，江苏省如皋县人，1925年7月出生。她在读小学和初中时，阅读了不少进步书刊。1940年12月加入中国共产党，一直坚持在当地进行抗日斗争活动。1945年抗战胜利后，被党组织调到新华社苏中分社一支社当记者。1946年8月在进行群众工作时不幸被捕，受尽敌人严刑拷打，坚贞不屈。8月17日，敌人残忍地杀害了她，成为黄海之滨刘胡兰式的英雄，时年21岁。

1946年8月17日下午，在江苏省如皋县县城东门外，阵阵乌云压城。年仅21岁的新华社女记者叶邦瑾，在这里被国民党反动派极其残酷地杀害了。

在被捕后的一周里，敌人对叶邦瑾施加了惨无人道的酷刑。一次次鞭抽吊打，“灌肚肺”，“坐老虎凳”，用烧红的铁丝戳进她的乳房

……叶邦瑾一次次昏死过去，但她始终坚强不屈。

在县城东门外临刑前，虚怯的敌人要把叶邦瑾的眼睛蒙起来，她英勇地甩着头，怒斥敌人："祖国的河山是人民的，为什么不准看!""我是为人民翻身做事的，千万人民会替我报仇!"叶邦瑾高昂头颅，用尽最后的力气高呼：

"自卫战争一定胜利!"

"中国共产党万岁!"

叶邦瑾牺牲了。禽兽不如的敌人竟割掉她的双乳和耳朵，剖开她的胸膛，挖走她的心脏，抛尸于荒郊野外……

白色恐怖笼罩着黄海之滨。华中野战部队和新华社苏中分社一支社的同志们无法抢回叶邦瑾的尸体。当地老百姓在敌人"格杀勿论"的禁令下，也不能靠近她。是夜，在一片漆黑之中，几位素不相识的贫苦农民冒着生命危险，偷偷地含泪在自家的小块田里，埋葬了叶邦瑾的残尸。

这一惨绝人寰的事件发生后，对叶邦瑾的痛惜敬爱之情和对敌人的愤怒之火，汇成一股强大的激流，在苏中老百姓中迅速传涌，并传向全国。新华社延安总社全体同志悼文刊登在延安《解放日报》上，并电发各解放区。延安的电文说："电悼叶邦瑾，学习她坚贞不屈的精神。""叶邦瑾真不愧为是共产党员与解放区新闻工作者的模范。"当时，范长江同志特地给叶邦瑾的亲属发了唁电。新华社还发表了消息：《女记者叶邦瑾同志惨遭蒋军杀害》。这些唁电和消息刊登在当时坚持在苏北出版的党的报纸《江海导报》上。

北有刘胡兰，南有叶邦瑾（比刘胡兰早牺牲 4 个多月），这两位年轻女性惊天地，泣鬼神。

飒爽英姿的抗日“三姑娘”

叶邦瑾在1940年15岁时加入了中国共产党（在当时特定的环境下，入党年龄可以提前），成为一名出色的抗日女战士。她的事迹与广为流传的刘胡兰相似，她是一位江苏的“胡兰子”。

她太年轻了，又牺牲在敌人的疯狂反扑之中，留下的文字和其他遗物极少。后来发现她的一份初二语文试卷，纸虽发黄，墨迹依旧，从中可以看出14岁时叶邦瑾的思想倾向、品格和学识，多少了解她为什么15岁时坚决要求加入共产党的原因。

这份油印的“初二第一次国文临时测验”试卷，时间当是1939年秋或冬，初二上半学期进行的。右上角端端正正地写着“叶邦瑾”三个繁体字姓名，学号是162，教师的评分为98分。卷面上有解释、默写、问答三类题共18个。叶邦瑾全用毛笔小楷写，间有行书，已相当流畅秀美。

在“解释”类题中，叶邦瑾对“韦编”的书答是：“古时无纸，以竹简为编，用韦（皮）缀之，故曰‘韦编’。”对“林薄”的解释是：“林即树林，薄即草丛生之处，林薄即草木之间的意思。”对“德隆望尊”答曰：“即德行很高，名望很大。”在“烨然若神人”后她答道：“即形容衣服很有光彩，如神人一样。”

十道解释题全部答得正确无误，整个卷子也都如此，没有一个错别字。可见叶邦瑾的知识基础、文字功底已相当地好。

在问答题中，可以看出叶邦瑾的思想认识非同一般，抄录几条如下：

问：“什么是人生派？何人可为代表？”

答：“人生派又称人生艺术派，认艺术之目的在于人生，主张文艺须有利于社会，有益于道德。托尔斯泰可以为代表。”

问：“文艺的真功用是什么？”

答：“文艺的功用是无用之用，它关涉于全人生，是全的功用，综合的功用，所以不能把它局限了来说。它的真功用在给人以新意义，新趣味，教人以自然人生的观察法，从自然人生中去领略新意义和新趣味，能把人从厌倦的生活中救出于清新的风光之中。再进一层来说，它是人类生活的滋养料，是教示人生活的良师，有了文艺我们可以扩张乐悦和同情理解的范围，可以使自我觉醒。使人知道人生的秘奥，再以此为活力，从种种方面表出人的价值。”（对这一回答，老师给了最高评价：双圈）

问：“文艺作家和常人有什么不同？”

答：“文艺作家有着常人没有的敏感，对于自然人生有着炯眼，一切进步的第一声往往由文艺作家喊出，然后由哲学家加以研究，政治家加以改革，终于造成实际的真相。”

这个回答涉及了政治改革，讲得相当深了，简直不能相信是一个14岁的小镇姑娘所写，但这是真的。因为当时没有“开卷”考试。叶邦瑾还列举了郑板桥的诗、易卜生的《傀儡家庭》、屠格涅夫的《猎人日记》……看来，这些书她都是读过的。

这就是1939年一位14岁的女学生勤奋好学、追求进步的一份难得的历史答卷。

叶邦瑾1925年7月8日出生于如皋县掘港镇（现属如东县）。那是临近黄海的一个小镇，南边接近南通，再过长江离上海也不算太远。叶邦瑾的祖父叶永勤，当过清朝末年的秀才，精通古文，擅长书法，在小镇上颇有名气。父亲叶仲白，在县城中学当教师，母亲胡志成是南通女子师范学校的第一届毕业生，也当过教员。叶邦瑾在兄弟姐妹6人中，排行第四。因孩子多，母亲后来不再教书，专事家务，使叶邦瑾从小得到了很好的家庭教育，在五六岁时就有师范毕业的母亲教她学习，7 岁进县立掘港小学，学习成绩一直是第一名。1938 年考入掘港中学，她就立志要投身革命。而要在革命中发挥作用，就要奋发学习。她在一盏煤油灯下学习，常学得很晚很晚，有时学着学着就睡着了。十一二月天气冷了，母亲坐在旁边陪着她，喊醒她上床睡，她是不愿意的，醒了仍继续做作业。母亲希望她多睡一会儿，又怕她冷，就用棉衣给她盖着，陪着她。叶邦瑾顽强学习，中学成绩也一直名列前茅，是当地的一名小才女。

在高小、初中时，叶邦瑾超常地阅读了不少进步书刊，给她的人生带来了极大的影响。她二哥叶邦泉从外地带来了艾思奇的《大众哲学》、斯诺的《西行漫记》（即《红星照耀中国》）和俄罗斯、苏联的文学作品。而这些书大都是国民党查禁的。叶邦泉就把书藏在当地有些名气的老夫子祖父留下的一间书房里，用古旧书籍封面包装着。保长来查看，叶仲白说："这都是古书，秀才看的。"保长就走了。每到放学后，叶邦瑾就钻进祖父的书房，偷看这些进步书籍。在寒暑假里更是一本本地读，忘了外出玩耍。这些书籍使叶邦瑾大大开阔了视野。在《西行漫记》中，她惊异地得知，有一支走过二万五千里长征的中国工农红军到达陕北，为建立新中国而进行着传奇式的战斗。而《大众哲学》为她启开了探索革命真理的大门。

卢沟桥事变后，抗日的烽火在全国进一步燃起，在偏僻的掘港小镇，叶邦瑾也满怀爱国热情，和同学们一起参加了抗日宣传活动和抗日文艺节目的演出，成为一名活跃的抗日小姑娘。演出后的整理道具、服装等琐事，叶邦瑾都勤快地抢着做。她常说："麻烦的事我来干。"表现出一种热心为他人服务的精神，同学们夸她是"小管家"。

1940 年 10 月，新四军到达掘港。叶邦瑾和亲人、同学一起欢迎人民的军队。在《西行漫记》等书刊中，她已经知道延安和红军，她向往延安，一心想当一名红军。现在新四军真的到了眼前，她自然高兴非凡。叶邦瑾特别羡慕新四军里的女同志，有机会就去找她们，和她们手拉手说话，心心相印。驻掘港的新四军民运工作队也很快发现，并逐步了解了这位特别的小姑娘。两个月后，在一个深秋的夜晚，叶邦瑾秘密宣誓加入了中国共产党，和她同时入党的还有一位初三的女同学。她们在入党后兴奋不已，踏着小镇的月光散步，互相勉励，表述投身革命的信念。此后叶邦瑾参加了新四军的民运宣传工作，从此投身革命的解放事业。她姐姐叶邦瑜、二哥叶邦泉也先后加入了新四军。

1941 年春天，日本侵略军占领掘港，这个偏僻小镇成为沦陷区。新四军和如皋县党政机关决定转移到农村去。作为新党员的叶邦瑾也报告要求转移到农村去做民运工作。父母看她还不到 16 岁，劝她不要去，或半年后初中毕业了再去。但叶邦瑾说服了父母，打起背包，离开双亲，踏上了转移的征途。

在如皋县一个叫丰利的农村地区，叶邦瑾成为民运工作的骨干，干得很出色。后来又以“三姑娘”的代号，活跃在艰险的抗日第一线。

从交通站长到新华社记者

16 岁的叶邦瑾在新四军的队伍里，进入一个全新的天地。她在农村访贫问苦，发动群众，组织农民、妇女、青年抗日委员会，对地主开展“二五”减租，动员群众参加新四军，支援抗日前线，对新四军的烈军属进行优抚。她住在贫雇农的家里，吃的是橡子粥（麦麸粥），睡的是破席子，冬天连热水也烧不起。她身上长了虱子、得了疥疮病。这一切，她都不叫苦，无怨言，而以实现自己的革命愿望为乐，和群众打成一片。群众对她工作的支持和关心，使她得到了新的温暖和力量。

有一次，叶邦瑾病倒了，父亲叶仲白冒着危险，带着棉衣和食物从掘港老家越过封锁线来探望她。他看到，女儿躺在床上，周围不少农村妇女在关照她，为她洗衣服、做鞋子，端饭送水，还送来不少当时很珍贵的、乡亲们自已舍不得吃的花生、鸡蛋。叶邦瑾和老乡们亲如一家，精神很好，有说有笑。她父亲看到这些，不禁热泪横流。心爱的女儿在抗日的艰苦斗争中长大了，长大了。

病愈后，叶邦瑾参加了这年冬天的保卫丰利和花市街的战斗，带领群众，穿插于火线之中，慰问抗日将士。

1943 年 4 月，日寇对我苏中四分区进行了残酷的“清乡”，已是中共如皋县丰西区区委委员的叶邦瑾，同广大军民一道投入了轰轰烈烈的反“清乡”斗争。她带领一个行动小组，穿插在岔河、马塘、丰利一带，一次次捣毁日伪封锁线上的竹篱笆，粉碎了敌人妄图把敌占区和游击区的群众隔离开来的阴谋。她出生入死，用火烧掉敌人的封锁隔篱笆，干得非常英勇。群众说：“哪里有火光，哪里就有叶邦瑾。”这一年 7 月，在四分区破击敌人封锁隔篱笆的战斗中，叶邦瑾任组长的行动小组荣获“模范中心组”的光荣称号。

在抗战斗争的岁月里，叶邦瑾曾化名为叶达、李翠英，和当地农村妇女一样穿着，头扎花条毛巾，身穿苏中农家织的粗布衣服。但她有文化，随身带着记事的小本本，夹个小布包。群众称她为“剪花样的姑娘”。“剪花样”即剪纸，是当时农村流行的，妇女用剪的“花样”自己来绣个鞋面、衣被的装饰图案，以几个鸡蛋换些花色线来美化生活。群众叫叶邦瑾为“剪花样的姑娘”，是说她手巧、聪明，和群众很亲近。

1944 年春天，叶邦瑾奉调担任如皋城东区交通站站长，化名胡明俊，以“三姑娘”的代号开展工作。这个交通站是苏中总站第一干线上的重要大站，沟通苏中区党委和第三、第四地委的咽喉。这个区的南、西、北边都有敌人的封锁线，特别对北边向盐城方向，封锁得更严，有好几个交通员就牺牲在那里。19 岁的叶邦瑾任站长后，勇挑重担，积极开拓。她利用自己熟悉地形、路线，4 年来做民运工作的经验，对敌、我、友的情况作深入调查研究，把握敌人的活动规律，巩固交通站的老联络点，开辟新的联络点。有一次，丁家所附近的联络点出了问题，叶邦瑾根据平日的调查，得知当地的一个伪乡长有一点爱国思想，不是死心塌地倒向敌伪的，决心深入虎穴去做工作。在一天夜里，叶邦瑾奔走 20 多里，到了这个伪乡长的住所，向他宣传抗日爱国的道理，阐释新四军的政策，并告诉他在我方中心区的亲属的安全情况，讲明利害关系。经过耐心的说服教育，这个伪乡长终于愿意为新四军的交通站提供方便，使这一联络点得以安全畅通。

叶邦瑾的这个交通站共有 10 人，平日分别隐蔽住在老百姓家里。她虽然年龄最小，但工作老练，领导有方。交通员一般都在晚上出行，叶邦瑾在站时，总是守候着、翘望执行任务的同志安全回来后才睡觉。交通站战友的衣服脏了、破了、她为之洗补；走路多，鞋不够穿，她拿家里送来不多的钱买布买线，请群众做鞋大家穿；交通员一晚走好几十里路，消耗大，粮食不够吃，她自己省吃些，在稀粥里加干面，让别人吃饱些。她团结全站 9 人，情同手足。她特别注意随时分析敌情，研究交流交通站工作的经验，互相帮助，互通消息，出色地完成了党交给的任务。

1944 年夏天，叶邦瑾升任如皋交通站副站长，领导串场河两侧半公开的交通站和秘密交通站。她和交通员、民兵一起，穿梭于掘港、马塘、双甸、岔河、城东、丰西等地区，布置检查工作，传递党内文件，护送来往人员，受到如皋县委的表彰。她经历了一次次的生命危险，为新四军打击敌人、团结群众一致抗日作出了突出贡献。

1945年抗战胜利后，党组织调叶邦瑾到新华社苏中分社一支社当战地记者。她那年20岁，在当时已属“大龄”，正要筹办婚事。这时，党组织决定她到华中一地委党校学习，为了进一步提高自己的素质，她暂时撂下了婚事去党校学习。短期的学习结业后，就到苏中分社一支社开始了新闻工作。一支社设在如皋城内，凌建华为社长。当时，一支社与《江海导报》是报社合一，两块牌子，一套人员，叶邦瑾就是这支革命新闻队伍中的年轻一员。

壮烈的圣火燃遍大地

叶邦瑾作为新华社和《江海导报》的一名年轻记者，立即投入了新闻采访工作。不久，中共中央发出《关于清算减租及土地问题的指示》（简称为《五四》指示），解决当时阻碍中国社会发展的最大问题——土地问题。如皋地委决定组织土改工作团。新华社记者当时除了做新闻采编工作外，还兼做社会工作。根据工作的需要，叶邦瑾主动报名要求参加土改工作团。党组织考虑到她已有好几年群众工作经验，在抗日斗争中表现了出色的才干，就批准了她的要求。作为新华社记者的叶邦瑾，被委任为地委土改工作团如皋柴湾组组长，兼柴湾区委委员。

历尽艰辛的抗战虽然胜利了，蒋介石却撕毁停战协定，调集数百万大军向解放区发动全面进攻，苏中解放区离国民党首都南京、大都会上海很近，首当其冲地成了蒋介石竭力要拔除的重点，反动军队开始了对苏中解放区的围剿，当地蛰伏的反动地主、富农、兵痞也组成“还乡团”，进行疯狂的报复。柴湾西部的复兴乡三联村，反动势力猖獗。仅一个小村，就住着国民党的两个乡长、两个保长。土改工作不能开展，上半年的征粮任务拖到下半年也没有完成。本来组织上安排叶邦瑾到形势比较缓和、基础较好的柴湾区东北部工作，可是她说："干革命还拣什么地方？哪里有困难，我就到哪里去！"毅然与胡义昌、杨忠志组成"西挺组"（也叫"坚持组"），由她任组长，带领工作队员进驻三联村。她善于宣传群众，组织群众，工作有魄力，斗争有办法，使征粮、土改等工作取得节节胜利，深受广大贫苦农民的爱戴。

叶邦瑾这位在如皋已颇有名气的革命"三姑娘"，敌人自然恨之入骨。国民党反动派的情报组长李德义扬言："谁抓到叶邦瑾，赏黄豆十石；谁知情不报，就以通新四军格杀勿论！"制订了抓捕她的计划。在一片恐怖之中，叶邦瑾镇定自若，在群众的掩护下，继续坚定地开展工作，一次次越过了敌人设置的死亡线。

1946年8月9日傍晚，叶邦瑾和胡义昌在"翻身组长"杨玉琴家中开群众会，由于坏人告密，敌自卫队分三路扑来，形势极其危急。群众催叶邦瑾快走，她却沉着地先组织群众安全撤离。这时，胡义昌又催她赶快撤离。叶邦瑾撤出来了，刚过一座桥，发现在群众家里养病的新工作队员陈文龙掉队了，他头天刚发烧，可能跑不动。这时，叶邦瑾顾不得自己的安危，急忙去找陈文龙，就在其他人都已脱离险境之时，她和陈文龙被四面包围过来的敌人逮捕。

叶邦瑾作为"要犯"被押送到了如皋县城。敌人先端出一桌丰盛美味的饭菜来"请"她，"劝"她归顺国民党反动派，就有"好日子"过，如此年轻美貌，何必跟着共产党、新四军。叶邦瑾气愤地把一桌饭菜掀倒在地上。敌人企图污辱她，敌营长说："你给我做小老婆就不杀你！"她狠狠地扇了敌人一记响亮的耳光，以唾沫回敬。敌人要抢她的手表、钢笔，她把手表、钢笔都摔在地上，摔坏摔碎，表示自己的坚定意志。敌人无计可施，对她鞭抽吊打，“灌肚肺”，“坐老虎凳”，用烧红的铁丝戳进她的乳房，逼她交代党的秘密，交代哪些人是共产党员，叶邦瑾斩钉截铁地回答：“不知道!”“我们共产党人多着呢，你们是抓不完、杀不尽的!”最后，敌人极其残忍地杀害了叶邦瑾。

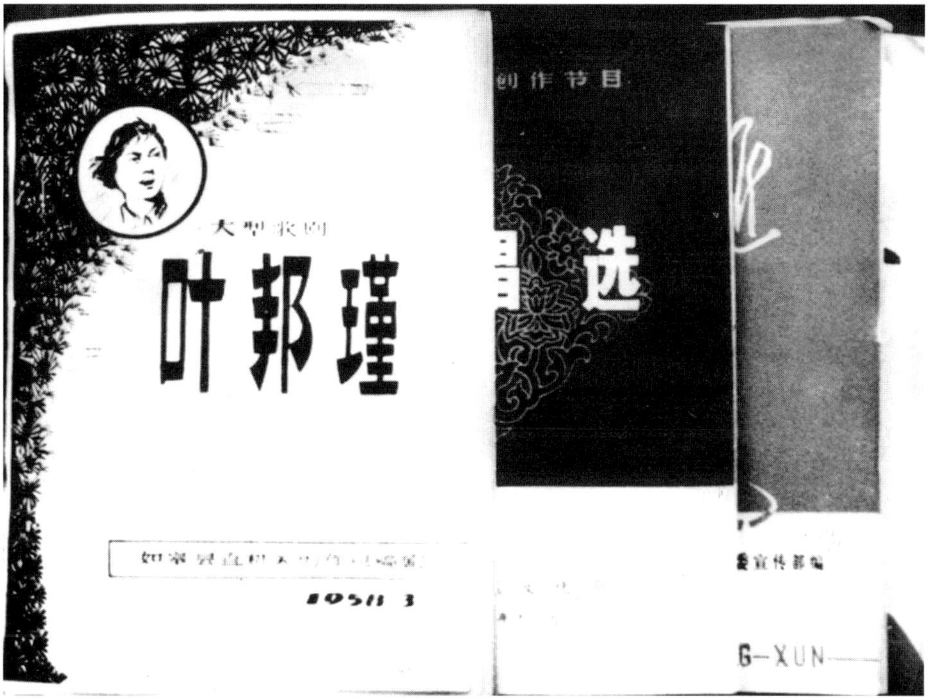

新中国成立后，江苏省如皋县文艺工作者编写的歌颂叶邦瑾烈士的文艺作品

21 岁的叶邦瑾、优秀的共产党员、新华社女记者如此壮烈地牺牲了。新华社、延安《解放日报》、山东《大众日报》、《晋察冀日报》、《新华日报》（华中版）和苏中、苏北解放区的报纸都播发刊登了叶邦瑾坚贞不屈英勇牺牲的消息和唁电。新华社苏中分社和《江海

导报》举行了纪念叶邦瑾等4位烈士的追悼大会，四壁悬挂“各就本位，努力工作，争取胜利，告慰死者”等挽联，激励广大军民“踏着他们的血迹勇猛向前。”叶邦瑾的事迹传遍如皋、苏中，老百姓“挥泪喁喁地说着她的壮烈事迹，认为这是人民军队自卫必胜的保证。”连国民党反动派统治集团内部也有人质问：“叶邦瑾参加抗日战争有五六年，没有牺牲，而竟在胜利之后被所谓‘国军’惨杀，这是什么道理！这是什么道理!!”

曾和叶邦瑾一起工作过的新闻战士丁振江自动要求，将自己改姓为“叶”，“继承她的遗志，努力为党报服务”。她的姐姐叶邦瑜在1946年11月25日写下了这样的话：“为了纪念为党的新闻工作而牺牲的妹妹同志——邦瑾，我要更关心党报，更爱护党报。”

叶邦瑾牺牲后，如皋人民为了纪念这位人民的英雄，将她被捕的柴湾三联村，改称为“邦瑾村”。如皋的文艺工作者还将她的事迹编写了歌剧《叶邦瑾》公演，成为当地的保留节目。

平汉前线洒热血

——记新华社晋察冀总分社记者田雨

蔚建民

田雨，男，原名申典午，1917 年出生于甘肃省武威县一个回族家庭。1936 年参加红军，同年 10 月加入中国共产党。1937 年随部队到达山西，先后在晋东北地区担任义勇队教导员、自卫队总部指导员、农会宣传部长、专区抗联主任等职务。1945 年 8 月任新华社晋察冀分社记者。1946 年 12 月赴平汉前线采访，踏响地雷负重伤，后牺牲于唐县和平医院，时年 29 岁。

1946 年 12 月 24 日，《晋察冀日报》头版刊登了一则题为《本报记者田雨同志平汉前线光荣牺牲》的消息：“本报暨新华社晋察冀总分社编辑委员会悲痛宣布：本报特派记者田雨同志于本月 5 日在平汉前线采访时，误入布雷区被地雷炸伤，经野战医院竭力挽救，因伤势过重并染破伤风，不幸于 17 日晨 8 时半逝世。”

“我们知道他是为了保卫人民的翻身利益，为了粉碎蒋介石的进攻而光荣牺牲的，他将永远活在我们全体新闻从业者和广大读者的心里。他的牺牲将成为一种力量，号召我们以更深刻的仇恨和卖国贼蒋介石作战，以更大的努力去发展人民的新闻事业，粉碎蒋介石的进攻，争取人民爱国自卫战争的彻底胜利。”

12 月 31 日，《晋察冀日报》在二版用三分之二的版面，刊登了标题为《临风洒泪忆英灵》的消息，报道了晋察冀日报社和新华社晋察冀总分社全体人员，以及边区文化界代表 200 余人，29 日沉痛集会追悼边区优秀记者仓夷、田雨二同志。邓拓在追悼会上号召边区新闻工作者，学习仓夷和田雨同志为人民的新闻事业鞠躬尽瘁的优良品质和战斗精神，把悲痛“变成改进我们新闻工作的实际行动”。同时还刊登了题为《悼仓夷、田雨》的文章，以及田雨同志的遗作《不见高山焉知平地——平汉前线散记》。

抗日救亡的先锋

田雨，原名申典午，曾用名申晋侯。1917 年出生在甘肃武威县一个回族家庭。抗战前在西安即参加文化活动，随着民族危机日益深重，田雨成为救亡运动的积极参加者。

为了民族的解放，1936 年田雨毅然参加了红军，并于同年 10 月加入了中国共产党。从此，他把人生最美好的年华，献给了中国人民的解放事业。

1937 年抗日战争爆发后，8 月田雨随部队从西安到达太原，在八路军总政治部宣传部工作，后来总政治部南下，他留在晋东北二分区工作，参加开辟晋东北抗日根据地，期间先后任义勇队教导员，五台县自卫队总部指导员，一专区农会宣传部长、专区文救会主任、专区抗联宣传部长、盂平抗联主任等职，在艰苦卓绝的抗日战争年代，田雨在晋东北地区一干就是 6 年，他领导群众，广泛深入群众，组织群众建立自己的武装力量和抗日团体，配合八路军进行游击战，打击和粉碎了日、伪军在根据地的多次“扫荡”，为保卫人民的财产和我根据地做出了贡献。

田雨在晋东北抗日根据地工作时，没有放弃写作。从 1940 年到 1944 年 8 月，他在《晋察冀日报》发表了大量的消息、通讯和特写，据不完全统计，这期间在《晋察冀日报》上署有田雨名字的新闻至少有七八十篇。如 1940 年发表了《万人追念白求恩》《适当处理汉奸财产》《灵丘县“三八”节》《文救会成立》《灵丘民主政治》《灵丘戴天之仇》《灵丘县节食救灾》等，新闻主要围绕自己的工作而写，新闻篇幅不长，三五百字，二三百字，这是田雨初涉新闻的尝试。

1941 年以后，田雨的新闻写作不再局限在自己的工作范围，涉及的面更广了，写作更进了一步，也写得更多了。如 1941 年发表了《群干训练班》《浑源文救会成立》《播下新种》《二专区》《广灵敌人报复残毒》《灵丘干训情况》《冬学的新果实》《繁峙七区武委会主任》《二专区春耕模范标准》《边区文联》《春耕初步总结》《专署经济会议闭幕》《繁峙敌寇阴谋活动》《组评审查团》《泸沱河上人民的怒吼》等 20 余篇。

随着晋察冀抗日根据地的巩固和发展，田雨视野日益开阔，他的新闻写作题材也越来越丰富，新闻作品的质量也在不断提高。他写的《五台窑头矿工生活》《游击区广大青年》《雁门关前的景色》等作品，深受读者的喜欢。从这些作品中，我们看出了田雨同志对根据地人民的爱，对晋察冀边区的爱，在残酷的抗战生活中，他充满了革命的乐观主义。

确实，田雨是个乐观向上的人，他精力非常充沛，身上总有一股使不完的劲；他有火一样的激情，加之思维敏捷，写起东西来十分快；他待人诚恳热情，无论是一起工作的同志，还是地方上的平民百姓，都愿与他聊聊、谈谈；他工作又认真负责，不避风险，有什么问题，大家都愿找他解决。与田雨相处的时间越长，就越能感受到他那朴实、谦虚、亲切、温静和作风正派。田雨一米七几的大个子，白皙的大脸盘，浓浓的眉毛下一双炯炯有神的大眼睛，文质彬彬的举止，给人一种江南才子的感觉。可他一开口，满腔的西北口音，沉重而又缓慢，透着一股北方大汉的豪爽与勇猛。

田雨对写作格外的爱好，除利用空隙时间采写新闻外，他还收集素材，准备撰写小说。1941 年至 1943 年，是晋察冀抗日根据地最艰难的时期，日寇对我抗日根据地肆行“三光政策”、“治安强化”和“无人区”，从山海关到娘子关，在长达千里的长城沿线，制造了“无人区”，企图摧毁我抗日根据地。针对日寇的疯狂进攻，根据地军民在共产党的领导下，充分发挥人民战争的威力，与敌展开了针锋相对的斗争。田雨对日寇在我根据地肆行的“无人区”作了较全面的调查研究，他曾经对身边工作的同志说：我了解“无人区”的斗争，也搜集了不少材料，我准备写部小说。现在手头只有故事梗概。田雨的写作计划得到了当时群众运动的杰出组织者李希庚的支持。他对田雨说：你的写作计划很有意义。田雨说：日本鬼子制造的“无人区”，其实并非无人，民兵仍在秘密活动着，他们神不知鬼不觉地在自己的家园、村落活动，种植庄稼，为抗日政府、军队提供情况。民兵既是民又是兵，实行劳武结合、村自为战、人自为战的机动灵活的游击战，他们不仅武装保卫了生产，而且不断袭击敌人，消耗敌人，为我军打击消灭敌人创造了有利战机。他在“无人区”发现了许多传奇性的典型人物。他对前来采访的晋察冀日报记者张帆说：“无人区”的斗争是极其尖锐的，作为记者，能到“无人区”去采访，是难得的抗战生活体验。

在用粉连纸订的小本子上，田雨密密麻麻地记述了“无人区”的许许多多的故事，其中有一段这样写道：“在狐峪沟村，村中无人，院中蒿草丛生，一片寂静，死气沉沉。我走进一家北屋，发现炕上有小狼崽子……”

“村里的民兵们在山间溪水旁活动，仍秘密种植庄稼，为部队、为区县干部站岗放哨。这是抗日的奇观，人间的奇迹。‘无人区’，有人，有不屈的抗日的人民……他还写道：‘无人区’的斗争，是敌后军民不屈不挠誓死与日寇拼搏的典型，也是敌后抗日根据地斗争的缩影。”

1944年8月，田雨奉命调晋察冀中央局党校参加整风学习。这次整风学习，进一步提高了他的马列主义理论水平，为他今后的工作奠定了基础。他在党校的学风和作风，得到了与他同期学习的同志们的一致好评。一年的党校学习结束后，1945年8月，田雨被分配到新华社晋察冀分社当记者，同时兼晋察冀日报社特派记者。从此，田雨从根据地地方领导的岗位踏上了记者之路。

财经报道的开拓者

长期在晋东北根据地坚持群众工作的田雨，在残酷的游击战争环境中得到了锻炼，有深厚的群众工作基础和经验，加之又经过理论学习，这些得天独厚的条件，无疑为田雨做记者工作创造了有利条件。所以踏上记者之路的他，就以不避艰险、刻苦钻研、谦虚好学、忘我工作的精神影响着新华社晋察冀分社和晋察冀日报社的同志们。

田雨来到分社和报社时，正值日寇投降，国民党宣传机构和西方报刊散布舆论，说共产党发源于农村，“土八路”不会管理城市，只有在国民党统治下，中国才会有出路。怎样用事实反驳这些不符合实际的谬论，新的报道任务摆在了晋察冀总分社（1945年10月10日晋察冀分社在张家口正式改名为晋察冀总分社）和晋察冀日报记者的面前。为此，总分社和报社对张家口和北平做了比较报道，张家口是八路军从敌伪手中经过浴血奋战得到的，北平是国民党从敌伪手中和平接收的。为了真实反映解放了的张家口，在共产党的领导下，政局稳定、经济繁荣、人民安居乐业的新境况，田雨深入到张家口的大街小巷、商店银号、城乡居民中，采写了一大批反映刚刚解放的张家口百废俱兴的报道，如《生活的分水岭》《人民的街长孟庆荣》《研究几个税收调查问题》《关于平津粮荒追源》《生意兴隆的聚丰粮店》《两个女旅客》《张市半月经济动态》《半月贸易评述》《张市七月来商业概况》《试论私营银号》《略谈当前的物价》《张市半月商情简述》等。当年与田雨一起工作的记者说：“那时《晋察冀日报》上几乎天天都能看到田雨采写的报道。”而在田雨采写的大量报道中，关于财经方面的报道占有很大的比重。他对一些经济问题的研究，也是颇有水平的。他在《研究几个税收调查问题》中这样写道：

商业征收的调查是一种复杂精细的工作，营业税与所得税在张市各区着手实施中有几个现实问题，值得提供大家研究。

三区商业税收的调查，采用了：分等估计、发动商户、填报典型户调查，三者联系的方法。进行中，70多家皮毛商号，划分十等，以民主讨论方法，确定每等的标准户，“矮子当中拔将军”，在工会、商会中，经过近十次的慎重估计，经过了一定时期的酝酿，订出了各商户应列的等位，求得皮毛业中初步的纳税根据。当调查进入填报阶段，营业额、利润率、消耗、在各商家的填报，就必须把动员工作深入到户，典型户的调查材料，应当是做为辨别商家填报的真实，还是假匮之根证，但在工作中，由于时间的压缩，极容易忽视了这步重要工作，如果把力量放重于估计，材料的调查与使用游离，便会形成一种调查的自流现象。

现在，各区的调查已进入评议阶段，三区的经验提示了我们，征税负担额的确定中，划等级与填报营业额两者的矛盾，是营业额掌握中所遇的特殊情况。如三区皮毛业某一等商户，资产与存货独属他最大，但近几年来，他的营业活动，不论是制裘、承揽、贩卖都异常少。而另一家商号，资产与存货都很少，但他在张市解放前后，做了近七八十万的生意。由此可见，前者的营业额小，后者的营业额大，征税中如果单纯从现实营业额出发，加重了后者的负担量，必然阻碍新兴商业的发展，有人认为我们征收的是营业税与所得税，而不是征收资产税对有存货而未做生意的商号应当减少负担量，这种认识显然是没有看到在物价的变动和高涨下，存货虽然没有流通，但他的利润率与营业额实际是增加了，存货一卖，他将比之现做生意商家的营业额大大超过。因此，这种情况下应该对存货不卖者，以所得税计算征税，负担小于新兴营业者是不对的。

一般情况下营业额的评定，应该以营业额填报为主，等级的估计划分为辅助，商情典型的调查材料，（包括行情、利润率、消费）作为户计算当中的根据，正确使用，三种工作紧密的结合。当商户填报的开始，干部应该深入商户那，把填报表发到各户，展开群众性的检举、争辩、斗争，假报户让群众给以修正。三区把划定的各等户中，区别出负担量的相差额，（如一等至三等差额为 50000 元，三等到五等差额为 100000 元，五等到八等差额为 150000 元，八等到十等差额为 250000 元。）这样使等次划分后，更能在差额区别上使纳税户公平，否则等次划分与填报脱节而成一种形式。

调查商情规律，为真实的掌握各行的营业额，必须掌握一种行业在制造贩卖过程中的一个主要行业。如在皮毛业中，分制裘业、承揽业、间居业、贩卖业，我们只要掌握了制裘熟皮一业，该行商户不论他承揽贸易有多少，贩卖生意有多少，从出皮衣料的环节上，即可确定他各行的营业活动多寡，否则机械地分别从各业调查，很难求得真实情况，因为承揽、制裘、贩卖，在他们之中，并没有明确的行业分工。

只有在深入调查的基础上，潜心认真地研究，才能写出《研究几个税收调查问题》这样有事实、有根据、有分析、有相当说服力的新闻分析。这篇深入浅出的分析新闻，对刚刚回到人民手中的张家口市商业尽快走上合理的纳税道路，是具有指导意义的。

踏上新闻之路的田雨，在较短的时间里，以其较强的工作能力和写作水平，以及突出的工作成绩，得到了新华总社、新华社晋察冀总分社和晋察冀日报领导和同志们的一致好评，成为总分社和报社的优秀记者之一。

田雨不仅擅长写财贸经济方面的报道，而且是我们新解放城镇财经报道的开拓者。正当田雨在财经报道上挥笔驰骋时，自卫战争的炮火击碎了他深入这方面报道的愿望。1946 年 6 月，蒋介石彻底撕毁停战协定，国民党军大举向我解放区发动进攻。8 月我军在大同战役失利，随之张家口形势日益恶化，10 月新华社晋察冀总分社和晋察冀日报社撤出张家口市。解放战争的硝烟，把总分社和报社的记者重新推向前线，田雨奉命带记者团在平汉前线采访。

平汉前线洒热血

离开了张家口市，离开了他喜爱的财经报道，田雨奔赴战火纷飞的解放战场，从此活跃在平汉前线，辗转于各个战场，钻战壕、进连队，跟随野战部队东奔西袭，及时采写了战报、战斗消息、英雄特写，战争通讯等报道。

田雨采写的战地人物特写也是独具特色的，如1946年10月5日在《炮手高云山》这篇人物特写中这样写道：

> 我们的战士从夜里9时投入固城战斗，激战了一天一夜，到第二天的午后，固城镇的四个大堡垒相继攻克了三座，只剩下固城北角的最后一座，赵玉嵬主力大队之一部共有60多个伪军还负隅顽抗，死不投降。
>
> 这个堡垒里的伪军，自黄昏开始放了彻夜的机枪，我们的十多次喊话争取，也没效果。早晨，里边的伪军们依次向外冲出，都被我们的勇士打回去了。太阳出来，敌人听见我们的战士在镇内到处嬉闹歌唱的声音，看见炮楼下的工事步步向前靠近，他们的机枪渐渐地冷落，他们抬头向垛口外看，我们的射手仍旧准确地瞄着他，四五颗子弹都命中他的脑袋，他们就缩着头一声不响，但仍然拒绝投降。
>
> 就在要攻打这个堡垒的时候，我和换下的战士们吃过中午饭后，副连长引我经过距炮楼三十米处的菜园围墙，我们透过枪眼清楚地看到这个碉堡，是筑在一个突起而孤立的高地上，高地四丈余，完全用坚硬的洋灰砌成，四周是一片开阔的菜园，这伙蒋伪军所以顽守一隅死不投降，正是他们过

分相信了这座碉堡的坚固。他们的中队长自豪地鼓励着战士说："除了一门准确的野炮，没有第二个办法攻破这个堡垒。"他们轻视我军说："八路军几条破枪顶毬事！"但是当我们的重炮轰击其他碉堡的时候，难道他们不曾听到么？这群当了八年伪军，又受了蒋介石一年特殊教育的流氓叛徒汉奸匪帮，是太怕人民的惩罚了。

午后3时，炮兵连长高云山把他的巨形山炮架起来，团长在旁边亲切地看着他。高云山调好目标，他的助手把炮弹装好，命准号一吹，高云山猛把炮绳一拉，第一颗炮弹不左不右落在堡垒的顶上，轰隆一声，炮楼的上顶陷落下去了。宣传员在一边喊着话："交枪吧！"里边依然没有回答。高云山把第二颗装好了，说："不交枪给一颗！"

第二颗炮弹又准准地落在堡垒的右角，炮楼整整的打掉了一个大角，炮声之后，紧接又是一阵喊话，高云山和他的助手喊道："喂，不交枪给你连底开个缝！"里边的伪军叫起来了，但是没有人敢说交枪。

"再看，这一个！"高云山便说着一拉绳，第三颗又准准地命中了，碉堡里冒起了烟尘，伪军们立刻开了门，放下武器，高举双手站出来。45个穿着黄褂子的伪军排成一列。站在炮楼外面的工夫，一个13岁的女孩子放声哭着扑过来，抱着一个叫徐凤林的老伪军说："爸爸，一家人劝了你多少次，你不听，你干过狗仔队，你就不管你的娃娃们了么？"

指导员的手抚着女孩子的头顶，亲切的安慰着这孩子，安慰着跑来哭着的一群伪军家属说："不要害怕，只要他们回头，我们就能宽大！"俘虏们低下头，偷眼看着开动的高云山的炮车，再没有一句话了。

田雨这篇千字人物特写，是配合同年 10 月 5 日他写的《解放固城》的通讯写的，通讯是通过敌我双方的大场面，刻画我军将士的勇猛善战，而特写则通过小场景的描述，更细腻地凸显人物的心理活动。这些作品都给读者留下了深刻的印象。

田雨不仅采写了许多野战军的新闻，而且还采写了大量民兵的报道。他在晋东北 6 年的救亡运动工作，使他对民兵实在是太了解、太熟悉了，与民兵结下了不解之缘。在他的笔下有《战斗在同蒲线的民兵》《平汉前线的民兵群》《满城的民兵连》……

田雨的通讯《战斗在同蒲线的民兵》被收录在“晋察冀军区民兵斗争史丛书之四”《民兵游击战与村落战》一书中，同时收录的还有他与肖逸一起采写的《满城的民兵连》《平汉前线的民兵团》。

正当田雨不畏艰险，英勇奋斗，夜以继日地深入火线采访，不幸的事情发生了。那是 1946 年 12 月 5 日清晨。这天晨 5 时多，他与记者韩庆祥一起从晋察冀野战军前线政治部出发，准备到驻扎在保定附近的野战军 4 纵队采访。严冬的凌晨是寒冷的，田野、村庄一片寂静，他们行走在平汉路西边游击区的小路上，韩庆祥牵着马走在前面，田雨一边走，一边哼着歌，当他们离开驻地有十几里，走到完县（今顺平县）南岳山村时，田雨不幸误踏地雷，轰隆一声巨响，田雨倒在了血泊中，左腿受重伤，血流不止。附近的民兵听到爆炸声后，立即赶到出事地点，火速将田雨送到唐县张各庄国际和平医院（也叫野战医院）抢救。晋察冀军区政委兼野战军政委罗瑞卿获悉田雨负重伤后，非常关心，亲自打电话指示，要想尽一切办法抢救。田雨负重伤后不幸又感染破伤风，而当时医院没有治疗破伤风的血清针剂。罗政委得知后提出，到敌占区保定去购买。虽费尽周折购来了药物，但田雨终因伤势过重，病情恶化，于 17 日晨 8 时半不幸逝世，时年

29 岁。

田雨牺牲后，12 月 24 日，新华社晋察冀总分社和晋察冀日报社联合播发了田雨牺牲的消息。消息说，田雨的牺牲“实是晋察冀人民新闻事业和广大读者的严重损失”。12 月 29 日 12 时，新华社晋察冀总分社和晋察冀日报社为边区优秀记者仓夷和田雨，举行了隆重的追悼大会。

田雨虽然离开了我们，但他的革命精神是永存的，他的新闻作品也是永存的。

热血青年战场洒热血

——记新华社苏中分社记者司徒惠

董彩兰

司徒惠，男，原名倪惠霖，1922年出生在浙江省绍兴余姚县。小时在老家上小学。抗日战争爆发后，随父亲到上海谋生。入上海绍兴七县旅沪中学读书，开始接受革命思想。1941年下半年，参加苏中抗日根据地领导的“如西服务团”，开始了他的革命生涯。1946年秋冬，被调到新华社苏中分社任记者。这年的腊月二十八日，他在一次战斗中牺牲。

一

司徒惠，原名倪惠霖，1922年出生在浙江绍兴余姚县，抗日战争爆发后随父亲到上海谋生。

来到上海后，父亲打工，司徒惠在上海绍兴七县旅沪中学读书。但是，因没有手艺，他的父亲只能零打碎敲地做一些临时工，收入微薄，所挣无几，根本无法负担司徒惠的学习费用。贫苦的生活使司徒惠更加发愤读书。在学校，他利用业余时间给学校刻蜡版、打杂，以此换得免费食宿和读书的机会。司徒惠采用这种半工半读的方法完成了自己的学业，他也是学校唯一的半工半读学生。

在学校，司徒惠是一个非常用功的学生，由于生活贫寒，他尽量节省自己的开支，长年累月穿在他身上的只有一套中山装。春夏秋三季还好说，到了冬天，这身中山装无论怎样都无法抵御风寒，但即使手上长了冻疮，他依然坚持刻苦读书，从不懈怠。

司徒惠是一位极富抗日爱国热情的学生，他在绍兴中学读书的时候，在“上海市学生救亡协会”会员沈定一的指导下，开始阅读各种进步书籍。沈定一把通过上海地下党得到的进步书籍送给司徒惠阅读，有鲁迅、高尔基、斯诺等中外进步作家的作品，还有毛泽东同志的《论持久战》《中国革命和中国共产党》等著作，这些作品使司徒惠在思想上对抗日战争的革命性有了更深刻的理解，为他参加革命打下了比较坚实的思想基础。很快，司徒惠就成为学校里最活跃、最积极的进步学生骨干。他迫不及待地向沈定一提出：到解放区去，跟着共产党打倒日本帝国主义，参加革命。为了不引起学校的注意，沈定一劝他等中学毕业以后再到解放区。

司徒惠听从了沈定一的劝阻，除了刻苦学习外，他更加积极地参加课外活动，在同学中间组织了读书会和文艺社，传播革命真理，热心帮助、带动更多的同学追求革命和进步。

由于司徒惠是敢于第一个站出来冲破学校的保守和封闭状态的进步学生，在同学中获得了极高的威望，再加上他读书晚，在同学中间年龄较大，很快被绍兴中学的同学选为学生自治会主席，帮助各班级开展进步的课外活动。他的所作所为遭到思想顽固的校长和一些教员的打击，但他在进步同学和老师的支持下，毫不退缩，斗争意志和信念更加坚定。

1941 年下半年，苏中抗日根据地如西服务团副团长董栗辅同志来到上海“扩军”，司徒惠和一些进步学生便随董栗辅到达“如西服务团”，开始了他的革命生涯。

二

如西服务团是苏中区党委第三地委如西县委创办的，当时，如皋城西部称如西县，东部称如东县。如西服务团建立的主要目的是吸收各地（主要是上海）来的学生、进步青年、上海撤退下来的地下党员和少数当地农村知识青年。将这些人集中学习几个月后，分配到如西县各区担任区干部（包括区书记、区长、区委委员、区农抗会长、区长助理，等等）。

司徒惠和同期到达如西的一些同志参加了服务团第二期学习班。服务团团长由县委民运部长丁正铎兼；指导员由上海地下党过来的方奋（女）担任，大队长也是一位女同志，名叫宋颖华，是新安儿童旅行团来的。每天，天刚蒙蒙亮，服务团的学员就起身练习唱歌。然后学习政治，由县委书记亲自来做报告。又下乡搞文娱活动，搞调查，帮助参加民运工作等等。

1941 年、1942 年是根据地最艰苦的两年，当时生活很艰苦，但司徒惠和其他从上海来的学生，在恶劣的战争环境中始终保持着旺盛的革命斗志，与根据地的农民打成一片。当时几乎天天要转移，有时为应付敌情，在天寒地冻的日子里，一个夜里也要移动好几次。但这些丝毫不能削减司徒惠的革命热情。一次，他曾对与他一同从上海来到如西的黎岳冰说：这里的一切可真像绥拉菲莫维奇的《铁流》啊！

这种良好的革命氛围使司徒惠找到了如鱼得水般的快乐，他在如西服务团满怀激情地做着各种工作，充分发挥了他在上海读书时培养的文艺特长，经常写墙报，对同志他始终是那样纯朴、谦虚、真诚、厚道。

在服务团结业之后，司徒惠到地方参加了革命工作，他曾担任过如皋县委秘书。此后，为了加强敌后宣传报道工作，他先后参加了《如东大众报》和新华社苏中分社的工作，并最终在新闻岗位上以身殉职。

三

抗日战争胜利后，蒋介石悍然发动内战，解放战争爆发了。1946年7月中旬，国民党正规军集中5个整编师15个旅约12万人向我苏中解放区发起了进攻，我华中野战军主力3万人奋起迎击。面对着数量和装备均占优势的敌人，我军在粟裕、谭震林的指挥下，采取出其不意、攻其不备，集中优势兵力、各个歼灭敌人的战略方针，从7月13日到8月27日，先后进行了宣家堡、泰兴、如南等战斗，连续作战7次，共歼敌近6万人，占进犯之敌的44%。这次苏中战役，是我军在解放战争初期取得的重大胜利之一，被解放区军民称为“七战七捷”。

在“七战七捷”中，仍然健在的老新闻工作者季音同志对当年他和司徒惠一起参加如南战役的采访时仍然记忆犹新：

> 如南战役是解放战争中的第一个大仗，也是歼灭国民党最多的一次。我和司徒惠同志一起，在战场上活动了两天，跟着民兵们一起抓俘虏，一起搜集枪支弹药，同时进行采访。这使我们了解到许多平时很不容易知道的情况。

1946年7月23日，我们采访结束返回如皋城时，误入敌阵，大约有三五个国民党士兵死命地追了上来，一边跑一边嚷，还不停地向我们射击，子弹在我们身边“嗖嗖”地飞过，追兵与我们的距离只剩下20多米了，就在这万分危急的时刻，两架国民党空军战斗机飞来，对着国民党的防地猛烈扫射，原来，他们和我们一样，对如皋城的战局变化不知底细，还以为如皋城仍在解放军手里，于是对着他们自己的人猛烈地开起火来，那些追兵慌忙逃了回去，我俩这才意外脱险。

虽然我和司徒惠在一起采访的时间只有两天，但他还是给我留下了很深的印象。我到上海的时候他已经到了解放区，但他的同学还经常提到他，他是一个作风非常朴实的同志，采访也很深入细致，有一股不怕死的劲头。

1946年秋冬时节，苏皖边区成立，原苏中三四分区合并，成立了华中一分区（一地委），原三四分区的机关报《江潮报》和《江海报》合并后改出《江海导报》；原来的苏中三四支社合并为华中一分社。《江海导报》社和一分社仍然驻在一起，属同一个支部，分社的记者也是报社的记者。

苏中“七战七捷”后，华中一分区分为北线和南线两大块，分社和报社驻在北线，情况比较安定；南线则全部沦入敌手，尤其是通扬河以南、长江以北的如皋、靖江、泰县、泰兴四县，被国民党第一绥靖区列为“清剿”实验区，斗争异常尖锐。当时，分社的许多记者都纷纷深入南线，出生入死，不避艰险，不顾个人安危，在极端险恶的情况下向总社发出大量第一线、第一手的报道，多次由总社广播全国，宣传了无数可歌可泣的英雄事迹。

正是在这种斗争极端艰苦的条件下，原来在如皋县担任县委秘书的司徒惠来到了分社，为加强敌后的宣传报道工作尽职尽责。他来到新华社苏中分社不久，即深入到南线采访，和他同时一起去的，还有袁素等同志。离开报社和分社时，他们向同志们话别，态度坚毅、沉着，谈笑风生，毫无惧色，大家相互勉励，互祝珍重，却没有想到这竟是最后的一别。

从 1946 年秋冬开始，司徒惠作为新华社苏中分社记者，跟随坚持南线斗争的指挥机关活动。

在如皋县西南乡临近黄桥的周庄头村，驻扎着我如皋县委的工作人员和独立团的所有成员，这里也是南线斗争的指挥中心。年初，敌人纠集几个团的兵力以及省保安大队、土顽自卫队共约一万人，采取“网箱式”的战略战术，对我驻地进行“围剿”，他们又是齐头并进，又是包抄、兜剿；每到一处，进行村村“清剿”，拉壮丁，烧杀抢掠，建立顽乡政权。

1946 年农历的腊月二十八日，我指挥机关得知敌人正在向驻地包围，便于当夜移驻到石庄区蒋家堡宿营，在得到敌人的一个中队配合土顽将要来此地抢粮的消息之后，立即派一连人埋伏到附近，准备伏击下乡的敌人。翌日晨，敌人果然下来了，当敌人进入我们的伏击圈后，被我一举歼灭，缴获了一挺机枪和若干步枪。战斗结束后，一连人马撤回防空洞蒋家堡休息、开饭。这时，驻扎在离蒋家堡不到 5 华里的明家岱的敌人又迅速向我扑来，为避敌人锋芒，我方人员便由驻地向北转移。在进入沙港（人工开凿的通往长江的河道，冬天没水）的时候，与埋伏在这里的洋顽遭遇，在前有堵击、后有追兵的情况下，边打边走，迅速向东北方向转移。结果，在这场遭遇战中，司徒惠同志英勇牺牲，同时牺牲的还有县财粮局局长蔡炎同志。

战斗结束后的当天晚上，群众自发地将两位烈士的遗体就地埋葬，司徒惠从此长眠在了如皋县的土地上。

血染的战地报道

——记新华社华东前线分社第四支社记者陈夏

蔚建民

陈夏，男，原籍江苏省扬州市，出生在一个工人家庭，很小就随父亲到上海生活。中学未上完，就到工厂当学徒工。在工厂做工时，在地下党的帮助和教育下，政治思想和文化学习上都进步很快。1938年加入中国共产党。1945年冬，到华中解放区参加革命工作。1946年2月，被选送到华中新闻专科学校学习。毕业后，被分配到华中《新华日报》工作。1946年9月，被分配到新华社华东前线分社第四支社当记者，在鲁南战役中，曾持枪与战士共同战斗，追击蒋军，被传为佳话。莱芜战役中，深入前线采访，冒着敌机轰炸采写新闻，当他在老乡的磨盘上写稿时，被敌机炸伤牺牲。

1947年2月23日，我军以歼敌5.6万余人的辉煌战果，取得了莱芜战役的大捷。在欢呼胜利的人群中，却不见了一向活跃的新华社华东前线分社第四支社的战地记者陈夏。

“陈夏哪里去了?”战友们焦急地询问着。

“陈夏同志牺牲了。”了解内情的同志沉痛地向大家报告了这一不幸的消息。

就在莱芜战役大获全胜的这天，陈夏正聚精会神地伏在老乡的磨盘上撰写战地报道。突然敌机向这里俯冲下来，炸弹击中了老乡的这间茅屋，陈夏倒在了血泊中，鲜血染红了他正在撰写的那篇没有写完的战地报道，染红了他的衣服、手中的笔和磨盘上的笔记本……战友们悲痛地将他埋葬在莱芜城东郊的山冈上，那年他才刚刚24岁。

陈夏原籍江苏扬州人，出生在一个普通的工人家庭，很小就随在上海做工的父亲来到上海生活。年幼的陈夏，耳闻目睹了生活在这座大城市最低层人民的生活苦难，自己也饱尝了生活的艰难。一天，他终因家境贫穷，失学了。没有读完初中的陈夏，为了生活，为了生存，他进工厂做了学徒。在工厂做工时陈夏很快接触到了上海地下党组织。在地下党的帮助和教育下，陈夏在政治思想上和文化学习上都进步很快，组织交给的任务完成得也挺出色。1938年，他15岁时，便光荣地加入了中国共产党，并开始从事地下工作和工人运动。陈夏从小就酷爱戏剧、文学和音乐，读了不少这方面的著作，但他最喜欢读的，还是高尔基的作品。

在他从事工人运动工作期间，他以自己收集到的上海工人英勇抗敌的素材为基础，创作了《保卫祖国》等剧本。陈夏在上海地下党的培养下，从一名学徒工成为抗战时期我党城市工人运动的组织者和参加者，为党的事业的发展做了大量工作，他本人也进步很大。为了迎接抗战胜利后全国形势的变化，为解放区输送人才，1945年冬，经上海地下党介绍，陈夏离开了上海，奔赴华中解放区。他冒着生命危险，冲过敌人封锁线，从国统区辗转来到苏皖边区政府所在地淮阴，在这里开始了他新的工作。

刚刚来到华中解放区的陈夏，被选送到华中新闻专科学校深造。华中新闻专科学校是新华社华中总分社和《新华日报》（华中版）共同创办的，于1946年2月7日正式开学。范长江和包之静任正、副校长，谢冰岩为教育长，恽逸群为教授。这是我解放区创办的第一所新型的、培养全心全意为人民服务的新闻工作者的专业学校。办学的指导思想、教学方针、课程设置均按照党对报纸、通讯工作的要求进行，教学坚持理论联系实际、学用一致的原则。这样培养的学员，能尽快掌握新闻理论和业务知识，并具有一定的实际工作能力。虽然当时的物质条件很差，没有专门的课堂，没有课本和讲义，学员听课坐个板凳，或者干脆席地而坐，把本往膝上一放就记录起来。恽逸群具体生动的《新闻学概论》，范长江内容新鲜的《人民的报纸》，以及其他同志讲的公共课，把刚刚离开国统区的陈夏，带进了自己今后要从事的新闻事业的新世界，明确了报纸要为人民服务、新闻的真实性、要按照党的方针政策办事、文字要生动活泼……陈夏如饥似渴地学习着新闻知识，他学习刻苦认真，热情很高，他还和其他学员一起，打起背包，奔赴战斗前线实习采访。扎实而紧张的学习，为陈夏踏上战地记者之路打下良好的基础。

1946年6月间，国民党悍然撕毁停战协定，开始向我苏皖解放区进攻，华中新专学习提前结束，全体学员根据战争形势的需要，一部分去部队当随军记者，大部分充实新华社华中总分社和华中《新华日报》，以及各分区报社和新华社支社。陈夏被分配到华中《新华日报》研究部工作，从此走上了党的新闻工作的岗位。当时华中总分社和华中《新华日报》是一个机构、两块牌子，所以陈夏也是新华社华中总分社的一员。

这年8月，华中形势紧张，蒋介石军队紧逼两淮，并派飞机轰炸淮阴。华中总分社全部人员迁往淮安北乡马厂、钦工一带，大部分记者分赴前线采访，留下的编辑部和电台，由恽逸群负责，继续在农村坚持向新华总社发稿。9月，陈夏奉命赴前线做战地记者，从事火线采访。因为此时华中战事向纵深发展，新的形势要求加强解放战争与人民军队的报道，《新华日报》（华中版）通讯部即新华社华中总分社，立即派出乐静等同志携带电台，在华中野战军总部建立了新华社华中前线分社（后改为第三野战军总分社），乐静任社长。记者有季音、韩晓鹰、吴牧华、陆光中、陈夏等。

临行前，华中总分社的同志们为陈夏等同志举行了简单而又热烈的欢送晚会。那天开晚饭的时候，忽然通知大家举行晚会，欢送派往前线采访的陈夏等同志。欢送会开得十分热闹，有的男同志尖着嗓子学着女腔唱了陕北民歌《走西口》，逗得大家捧腹大笑；有的男女同志合演了《送郎去当兵》。朝气蓬勃、性格豪爽、一向酷爱文艺的陈夏，为大家演唱了苏联歌曲，还跳了海军舞和踢踏舞，同志们赞扬说：陈夏是个多才多艺的人，等他从前线回来，我们一定选他当俱乐部主任。

出发的时刻到了，同志们像送别亲人一样，依依不舍地同陈夏握手告别，祝他早日胜利归来，陈夏在同志们欢送的目光中，背起行装，前往野战部队采访。

能到野战部队去采访，这是陈夏梦寐以求的事，如今梦想变成现实，他是多么的高兴啊！他热爱解放区这块热土，热爱解放区的人民，他要把自己的一切献给解放战争，献给中国人民的解放事业。陈夏到前线不久，便开始向前线分社陆续发稿，其中有一篇是他采访翻身农民而写的诗，刊登在1946年11月29日山东《大众日报》上，诗名是《农民翻身万岁！》，诗的全文如下：

农民翻身万岁！

陈　夏

我是一个工人出身的青年，刚来解放区不久，因有感于农民的翻身运动，作此以表示我的兴奋。(作者附志)

我放声歌颂，
这暴怒的翻身，
将几千年的封建锁枷，
踏在粗重的脚下！
于是，
我们扬起劳动的手，
甩出，
三颗铁弹：
土地改革！
增加生产！
支援前线！

我放声歌颂，
这暴怒的翻身！
将几千年来刻满了
“刁佃”，
“顽佃”，
“恶佃”，

封建的石碑推倒！（注）
于是，
我们昂起了头，
呼出：
我是中国的主人！

而我，
赶紧地倾听，
这声音，
像雷，
像暴雨，
像闪电，
震撼了大地，
呵哈哈哈：
我尽情欢笑，
张开臂，
投抱你们！

我放声歌颂，
忠心耿耿！
无比的，
爱！
论联合政府的巨人。
似赤子，
投准母亲的怀抱，
唠唠叨叨，

有说不尽的热和力！
一个粗鲁的工人，我
歌唱着，
伟大的新的农民！

写于访问五万人大山会夜
十一、二十二。

（注：“刁佃、顽佃、恶佃”等为封建地主对佃户的诬称；南方的大地主甚至将这些字眼雕在石碑上，现翻身的农民把那些石碑打碎了。——作者）

这首充满激情，通俗易懂，简洁练达的诗歌，抒发了陈夏对农民的那种质朴深厚感情，对解放区发生的革命运动的支持，他那纯真的阶级感情，溢于诗歌的字里行间。

1946 年 12 月 1 日，新华社华中前线分社在华野一师建立了支社，季音任支社社长。支社成立后即参加了涟水战役和淮海地区的一些战斗报道。陈夏是支社一员，同其他记者一样，深入前线采访。宿北战役前夜，正当华中战斗日渐激烈时，陈夏赶到苏北前线，对战斗作了报道。12 月底，华中野战军挥师北上山东。于 1947 年的元旦，一师到达鲁南蒲旺地区，师部发出“北上山东打胜仗，要把威名天下扬”的战斗动员，四支社记者遵照师部动员精神，纷纷深入作战部队连队，为进入山东后的第一个大战役——鲁南战役的报道做充分积极的准备，参加过战地报道的陈夏，这时更加活跃，他的工作热情更高，表现得十分勇敢，他那热情、豪爽的性格，给部队指战员留下了深刻的印象。在风雪交加的鲁南战场，陈夏像一名普通战士一样，直接参加作战，他冒着枪林弹雨，与战士们一起击退敌军的坦克，曾在部队被传为佳话。在歼灭蒋军快速纵队和枣庄攻坚战中，他深入火线采访，搜集材料。他不愿在战场后面写描述战斗的情景，他要与英雄战士在一起，目睹战士的英勇杀敌，他以自己的实际行动，实践了他体验战争生活、报道英雄业绩的誓言。他采写的报道，有的刊登在《大众日报》上，有的刊在《鲁南时报》上，有的被编发延安总社采用。

鲁南大捷后，陈夏等记者陆续返回华东总分社前线分社。在总分社期间，陈夏向同志们介绍了鲁南战役的情况，以及自己的所见所闻所感。他那激情满怀的讲解，把大家的情绪都调动起来了，同志们个个跃跃欲试，企盼自己有一天也能亲临前线采访。对经受了战火锻炼和考验的陈夏，无不投以敬佩和羡慕的目光。

1947 年 1 月下旬，华中野战军奉中央军委命令，与山东野战军组成华东野战军。新华社华中前线分社也扩大为新华社华东前线分社，原华中野战军一师改编为四纵队，设在华野一师的新华社支社改为四支社。四纵队政治部宣传部长杨恺兼任支社社长，季音与纵队战地报社社长金革任支社副社长，从此实行了“报社合一”，四支社也称“战地社”。支社记者有吴牧华、韩晓鹰、陆光中、陈夏等。这年春节过后，梅关桦调四支社任副社长，季音调华野总部俘管处负责战俘报道。

当时华东战局形势是，敌人企图南北夹击山东我军，根据中央军委指示，我军决定放弃临沂，挥师北上，围歼敌李仙洲集团于北线。2 月 10 日，四支社全体记者、编辑被编入华野四纵队，随四纵行动，投入“隐蔽北上”的强行军队伍中。北国的严冬，冰天雪地，寒风刺骨，陈夏同支社同志们一起，冒着零下十几度的严寒，晓宿夜行，一日百里，兼程急进，艰苦异常。一星期后部队到达预定目标——莱芜战场，这次由四纵队担任主攻莱芜城的任务。战斗是艰巨的，报道任务也是繁重的，梅关桦随即部署了记者的报道任务，陈夏负责四纵队10师的报道。10师师长卢胜，政委韩念龙。

华野四纵队是支英雄的部队，造就了四支社英雄的记者。在激烈残酷的战争中，战地记者和部队一样，在战火中出生入死。2月20日，莱芜战役发起攻击，白天枪林弹雨，夜间火光冲天，我军浴血奋战整整三昼夜，才夺得这次战役的全胜。陈夏跟随卢（胜）韩（念龙）部队，与指战员们一起冲锋陷阵，一起穿插于敌炮火之中。在枪林弹雨的火线上，在战壕中，陈夏收集战斗情况，采集英雄业绩。2月23日，是莱芜战役获得全胜的日子。这天，在莱芜城东南前线的一个小村庄，陈夏在村头一间茅屋里，正伏在老乡的磨盘上埋头赶写战地报道。突然，美制蒋机向这里俯冲下来，投下炸弹击中了这间茅屋，陈夏当即倒在血泊中，青春的热血染红了写满蝇头小字的稿纸，那是篇没有写完的战地报道，染红了手中的笔，染红了战地记录本……

闻讯赶来的部队同志抢救他，当他从昏迷中苏醒过来时，他痛苦地呻吟着："我……还没有完成报道任务，我对不起新华社同志……对不起党……"陈夏终因伤势过重，流血过多，永远地离开了我们，离开了他热爱的战地新闻记者的岗位。

战友们悲痛地把陈夏的遗体埋葬在莱芜城东南郊的山坡上，捡起他没有写完的报道、笔和记录本，以及他的一块被敌机炸弹炸脱的膝盖骨，放进他生前从上海随身带来前线的白色帆布挎包，交给赶来的四支社记者韩晓鹰。

韩晓鹰接过战友陈夏没有写完的报道，以及那块小小遗骨，背着陈夏的帆布包，转战华东各个战场。韩晓鹰经历了一次次的战斗，经过了百里到千里的行军，陈夏的帆布包始终相伴着他。一次，韩晓鹰在辗转鲁东渡滕河时，凶险的急流，将他所带的全部行李冲丢了，陈夏烈士的遗骨、遗物及帆布包也被滕河急流冲丢。韩晓鹰在鲁东宿营时，几次寻找陈夏的遗物，终未找回。在稍有空休时，他曾想写篇文章悼念陈夏，因材料不充分，而未写成，成为一件憾事。

安息吧，陈夏烈士，你未完成的报道任务，四支社的记者们前仆后继，在血与火的洗礼中，出色地完成了对伟大的人民解放战争的报道，你付出的鲜血和支社记者的汗水，浇灌出祖国解放的春天。

在烈火中永生

——记新华社盐阜分社特派记者、《盐阜大众》报副主编钱毅

董彩兰

钱毅，男，安徽省芜湖人，1925年出生。他是著名文学家钱杏邨的长子。4岁时移居上海。6岁入学读书。自幼受家庭熏陶，爱好文艺与戏剧，并逐渐接受革命思想。13岁时参加文艺演出，曾主演《高尔基的童年》等剧。20岁时入《盐阜大众报》任编辑。1947年3月2日，他作为新华社盐阜分社特派记者，在苏北淮安县石塘区采访时被俘，坚贞不屈，英勇就义，时年22岁。钱毅在《盐阜大众》暨新华社盐阜分社工作期间，致力于培养工农通讯员，并在报纸通俗化、新闻口语化方面作出了贡献。

1947年3月，苏北淮安县石塘镇的涧河在泣诉。

新华社盐阜分社特派记者、《盐阜大众》报副主编、中国共产党杰出的新闻战士、年仅22岁的钱毅同志被国民党反动派杀害了。恼羞成怒的敌人又将煤油浇在了烈士的遗体上，顿时燃起了熊熊烈

火……

在民间以土葬为习俗的年代，敌人烧掉钱毅，是出于“销尸灭迹”的仇恨，但是，老百姓不相信钱毅的死亡，深深地怀念着他。从此，在钱毅被焚的涧河两岸，就有了一个传说：钱毅没有死，他是坐在一朵莲花上，顺着清清的涧河向东流去了……

“江左少年”

钱毅，原名钱厚庆，1925 年 4 月 14 日生于安徽芜湖。他的父亲阿英（钱杏邨）是我国著名的戏剧、电影、文学家。

阿英于 1900 年 2 月生于安徽芜湖的一个小手工业者家庭。1919 年积极参加五四运动，在上海学生联合会担任《日刊》编辑；1926 年加入中国共产党；1927 年初与蒋光慈等一起在上海组织了革命文学团体“太阳社”，出版《太阳月刊》，倡导无产阶级文学；1930 年初，阿英参加了中国左翼作家联盟的筹建工作，在“左联”成立大会上被选为主席团成员和执委会常委，后又被选为“中国左翼文化总同盟”常委。在 1933 年—1934 年间，阿英先后和郑伯奇、夏衍、郑正秋、洪深等人合作改编、创作电影剧本《盐湖》《时代的儿女》等，并独立创作了电影剧本《丰年》。抗日战争爆发后，阿英着力于以戏剧创作激励人民的抗日激情，先后创作了多幕剧《春风秋雨》《桃花源》《不夜城》等话剧，从不同侧面反映了“革命的火花在地底潜流”，对国民党反动派统治下的黑暗社会进行了鞭挞，对日本侵略者及其汉奸、走狗的卖国行为进行了有力的揭露。上海成为“孤岛”后，阿英利用历史题材进行创作，宣扬民族气节，激励人民的抗日斗志，先后创作了《碧血花》《海国英雄》《洪宣娇》等多幕剧。阿英还著有小说集《革命的故事》《白烟》，诗集《暴风雨的前夜》《荒土》

以及散文集《流离》等。

钱毅是阿英心爱的长子。1928年，他随父由芜湖到上海。1930年入校读书。由于要躲避国民党反动派的迫害，阿英全家不得不一次又一次搬迁，钱毅也就不得不一次又一次地跟着转学，甚至改名换姓。颠沛流离的生活使钱毅从小就经受了磨炼，在幼小的心灵中播下了革命的种子。特别是1935年2月，中共上海中央局机关和其他一些机关遭到严重破坏，中央文委的田汉、阳翰笙、许涤新等多人同时被捕，阿英意外地躲过了风险。国民党反动派因没有逮捕到阿英，就把阿英的父亲、妻子以及4个孩子全部抓到监狱里关押起来。年仅10岁的钱毅就尝到了黑暗的牢狱生活滋味，在狱中他虽然只被关了7天，却更加激起了对国民党反动派的憎恨。

在家庭的熏陶和父亲进步思想的影响下，钱毅从少年时期就开始利用课余时间与同学组织剧社，从事戏剧活动，进行抗日救亡宣传。他先后组织和参加过子夜剧社、上海剧艺社、新艺剧社。1938年，他在"上海文化界高尔基纪念晚会"上主演了话剧《高尔基童年》，还参加了《夜上海》的演出；随后，他又在《一年间》《碧血花》《海国英雄》等剧中担任角色，艺术天赋初露头角，博得戏剧界前辈的赞赏。钱毅十分仰慕我国明末时期在嘉定壮烈殉国的少年英雄夏完淳，希望自己演夏完淳，在舞台上再现这位少年爱国者的英雄形象。阿英深解爱子的这份心思，准备为他度身"定做"有关夏完淳事迹的剧本，并起名为《江左少年》，后因太平洋战争爆发，阿英忙于其他工作而未能完成。后来，郭沫若写了剧本《夏完淳》。

钱毅还在中外文学的学习、研究方面做着刻苦的努力。他很小就喜欢并研究俄罗斯文学，研究高尔基，为此花费了大量的精力。在中国古典文学方面，他也很有功底，偏爱宋词，还曾经与同学尝试创办手写本文艺杂志。

1941年12月8日，日军进驻上海各租界。地下党组织因阿英长期从事抗日活动，目标已暴露，要他迅速撤离上海。当时组织上给阿英提出两种方案：一是去大后方，一是去新四军根据地。阿英决定去苏北抗日根据地。他把自己的决定告诉钱毅，并征求钱毅的意见：是继续留在上海还是一同去苏北？16岁的钱毅毫不犹豫地决定去苏北，真正做一名抗日的“江左少年”。23日，钱毅不顾“流火”（丹毒）缠身，抱病离开上海，于两天后到了苏中抗日根据地新四军一师一旅政治部；1942年元旦，他被分配到服务团戏剧组工作，立即全身心地投入到新的革命工作中去，找剧本，起草工作日程，对台词，排戏，演出抗日的文艺节目。

1942年2月初，服务团动员参加“靖泰战役”，钱毅积极报名。团领导和一些同志担心他没有战斗经验，吃不了苦，但他满怀信心。这是一次攻打“忠义救国军”的战斗，目标是位于靖江县的敌据点生祠堂。在这次战斗中，钱毅和同行的葛鑫等同志随部队做组织民工工作。他随身带了一个小本子，记了许多军事术语，想写点东西。当时正逢雨天，战斗结束后，钱毅浑身是泥地回到团里，却掩饰不住满心的喜悦，他由衷地感到能上前线参加战斗是对自己最好的锻炼。

从大上海来到贫穷的苏北，钱毅很能吃苦。不论是睡稻草、吃杂粮，还是行军走路，他总是那样精神饱满。夜间宿营，他抢着给同志们打洗脚水，抢着睡条件最差的门口，把苦和累留给自己，深得大家的赞赏。

钱毅在服务团工作5个月之后，于1942年6月开始随阿英一起，越过重重封锁线，在7月中旬抵达新四军军部。这年12月，钱毅调到新四军3师鲁迅艺术工作团，做戏剧工作。

1943年夏，中共盐阜区党委宣传部根据陈毅军长的提议，决定出版《新知识》杂志，由阿英任主编，钱毅亦调到杂志社当编辑。在父亲的指导和严格教育下，他画版样、发稿、校对，尽可能多地做着各种编务工作，工作认真负责，一丝不苟。当时，印刷工厂离他们的住地较远，每逢付印，钱毅总是拿着编好的大批稿件，徒步跋涉几十里地到印厂排印。

“群众真是母亲，靠近他们，总有乳（使我丰富的营养料）的”

钱毅在上海都市生活了很多年，对农民群众的生活一点都不熟悉。初到苏北抗日根据地，连农民的话也听不懂。当时，在新四军里除吃饭外，每人每月还发一元抗币（解放区通行的货币）津贴。钱毅不抽烟，也没有别的开销，领到这一元抗币，便向农民买来10多斤毛豆角，煮熟后分给大家吃。他一边吃一边问：“毛豆角和黄豆的种法有什么不同?”问得众人哈哈大笑。他那时还不知道，毛豆角就是黄豆的嫩角子。可是，他并不因为不熟悉农民群众而在工作中有所畏缩，他有一颗向群众学习的火热的心。

1943年秋，新华社播发了毛泽东同志《在延安文艺座谈会上的讲话》，钱毅在阿英的指导下认真学习，对文艺为什么人服务以及如何为人民服务等根本问题有所领悟，也更加坚定了他向群众学习、从事大众文化工作的志向。

钱毅始终牢记着父亲对他说的一段话：“你非要和他们（群众）滚在一起，使他们不把你看成比他有一点点高，比他有一点点不同，才能熟悉他们。”他在日记中写下了自己的心声：“群众真是母亲，靠近他们，总有乳（使我丰富的营养料）的。”他以自己的行动实现了这一诺言。

在苏北解放区，钱毅深入到农民、盐民、渔民、棉民中去，拜他

鹽阜大衆

《盐阜大众》报

们为师。在敌后游击战的不安定生活中，他也从未间断过向群众学习。每到一个新住地，钱毅首先要交几个当地的朋友，有老大爷、小伙子，也有老大娘、大嫂子、小姑娘、儿童团员，和他们谈种地、谈生活、谈抗日斗争，也谈生意经，什么都谈，非常投机。然后把不明白的话记在小本子上。他编写的稿子，也经常读给老乡听，老乡听不懂的就修改；听得入耳，说得上口、群众说好的，留在稿子上。

1944 年 7 月 17 日，钱毅调到《盐阜大众》报担任编辑。很快成为一名出色的编辑，随后挑起报社副主编和新华社盐阜分社特派记者的重任。

《盐阜大众》报是苏皖抗日根据地创办的一种通俗性报纸。在广大农村，七八岁的小孩都知道《盐阜大众》。每当报纸送到村里，不少小学教师和村里的文教委员就把报上发表的墙头诗抄写在农民家的墙上。报上发表的各种小故事、小通讯也成为农村冬学里的教材。《盐阜大众》得到广大群众的支持和拥护，是有钱毅一份功劳的。他以旺盛的精力不知疲倦地工作着。为了保证及时出报，他经常工作到深更半夜。行军途中吃午饭时，别人利用休息时间打个盹，他却咬一口馒头写几句话。他深入到解放区的老百姓和部队中采访，向群众学习，在认真实践和钻研“文化大众化”这一课题上逐渐形成了简洁、纯朴、生动、朗朗上口的语言特点，他采写了大量充满战斗气息、贴近群众的新闻、通讯、墙头诗和小故事，刊登在报纸上，迅速在军民中广为流传。

1945 年 4 月底，我新四军攻克阜宁，俘虏敌两千多人。《盐阜大众》报发表了反映这一新胜利的大量新闻、战报、墙头诗等，仅在 5 月 6 日的报纸上，就有钱毅写的反映战斗实况和解放区军民意志和情感的 7 首墙头诗：

柏林、阜宁城，／都是敌人的老巢营。／红军、新四军，／把它一下子攻得精大精。

红军刺裂希特勒的心，／三师砍断孙良诚的筋，／东西大胜，／百姓三天喜不尽。

水里煮，火里烹，／黑漆漆过了两年整。／三师拿下阜宁城，／太阳又照着七万老百姓。

中央溜，中央奔，／一天去掉一个城，／新四雄，新四勇，／把国旗插上阜宁城。

得亏新四军，／拔去盐阜一根钉，／贩盐不再簸远路，／伸伸坦坦走阜宁。

秧歌队，扭断腰，／打下阜宁快活不得了，／到家还要加加油，／准备到南京上海扭一遭。

“扫荡”不过百天，／旱荒整整一年；／“扫荡”牵连一小片，／旱荒全区受熬煎。

这些墙头诗，先在报上发表，然后群众把它写到墙头上，新鲜活泼，战斗性强，好记好念，许多人读过后很快就记住了，并且能背下来，在群众中传诵。

1945 年 8 月 10 日晚，得到日本鬼子投降的消息后，钱毅高兴得几乎一夜没睡，在老乡的圩堆上又唱又跳。他和报社的陈允豪各写了一首诗。老陈写的是《天亮了》，钱毅写的是《大喜临门》。当时来不及送到报社铅印，钱毅连夜用毛笔写成大字海报，天没亮时就到 12 里外的益林镇上，一张张贴到小街的墙上。老百姓一开门，满街都是《天亮了》《大喜临门》。

钱毅写的战地新闻通讯和解放区群众新生活的报道，如《出发》《拾蹊跷子——杀敌能手卜玉民的故事》《两个扩伪军的》《八个俘虏六根枪》《漏船》《民兵代表大会花絮》等，都洋溢着激情，思想性强，短小精干，生动可读。在 1945 年 1 月第 76 期《盐阜大众》报上，他写的《算半工》亲切通俗，把解放区新农民的新境界写活了。

算　半　工

——劳动英雄张福成的故事——

张福成这组里，有三个闺娘（闺女——编者注）组员，年纪齐差不多大，内中一个，是张福成的闺娘。

麦口时辰，张福成领导他的组员，推行割麦换工，算起工账来，他闺娘力大，够当一个整工，那两个闺娘力小，算半工。他们父母就不大舒心，心里挖挖苦苦的说："小伢子成人了，怎么好算半工?"

张福成见组员有意见，心里想：他们闺娘实在只能算半工，要算整工，以后就不好搞了。这样吧！我家闺娘能当一个整工的，也算半工。就跟组员说：

“我这伢子，在家老不做，老不会，上人家（嫁人家）就不会做了。这晚学了做做，上人家就不受罪。我家伢子也算半工！”接着说：“我家闺娘算半工，你们闺娘，随你们怎算怎好！”

组员见他这样，自然没话了，说：“那我们也算半工不咯！”

张福成用他这种模范行为，消除了组员意见，解决了困难。

这件事发生以后，大家更信服张福成了。他这组，又参加进六家。

这样的报道贴近群众，生活气息浓，老百姓都听得懂，用事实反映了解放区农民的优秀品质，在群众中传播后效果很好。

1946年，钱毅经过多年苦心搜集、整理出版了《庄稼话》一书。《盐阜大众》报主编赵平生在这本书的序言中说：“钱毅同志把他搜集了三四年的《庄稼话》付印了，他说我总要说几句话的；因为我是看着他一条条的苦心集起来，同时我也欢喜和看重这些东西。”“这些俗话，都是经过千百年的，经过千万次经验的，经过千万人的口传开去，传下来的。只有最简练、最顺口、最生动、最合用的留下来。每句都磨得光光的，压得紧紧的。”“就是这些俗话，使我们更加接近我们的农民大众，更加了解他们的心情，更加认识到他们经过千百年的磨炼、具有世界上最能勤苦耐劳的优良品质。一句话，更加了解农民，就更加了解了中国（因为农民占绝大多数）。”

钱毅在这本书的《序例》中作了说明：“凡是在庄户人当中通行、生产劳动、识看天时、种田经验、庄稼性子……这些话，整编进这本书；庄稼话是靠嘴传的，有许多，意思一样，说法不同，也一齐编进这本书。……有些念书人做出来的“庄稼话”，文绉绉的，一点黄泥气味都没有，全不编进这本书……”

《庄稼话》在当时是一本特别的书，编录了钱毅在苏北地区搜集的各类民谚俗语 2230 条，全书分“生产、天时、庄稼、杂粮”四大类，每一大类中又详细地分出了若干条目。例如：

扁担是条龙，一生吃不穷。
乡下没有泥腿，城里饿死油嘴。
勤利，勤利，一勤就有利。
只要下工夫，一亩抵十亩。
人勤地不懒，人懒地生癞。
田要朝朝到，地要朝朝扫。
要吃饭，大家干，家里不养闲懒汉。
孝顺公婆自家福，勤种田地自家谷。
稻不收，怨埂低；麦不收，怨种稀。
兴家犹如针挑土，败家好似水推舟。
每日省一钱，三年并一千。
闲时做下忙时用，渴了挖井不现成。
五忙六月，光棍好混；寒冬腊月，浪子难称。
……

钱毅编写了《庄稼话》，还编写了《大众诗歌》《小通讯》《小故事》等书，这些书籍都是党的新闻工作者在艰苦战斗的岁月里深入群众、和群众紧密结合的结晶，内涵丰富，别具一格，在解放区广为传颂。同时，不胫而走，扩散到了国民党统治区。《庄稼话》传到上海，当时不少人写了欢迎它的文章。《大众诗歌》出版后，香港进步人士还选择了其中几首刊登在香港《大众文艺丛刊》上。

“同志·老师·战友”

1946年，《盐阜大众》报就有几百名工农通讯员经常给它写稿。钱毅不仅是自己采写稿件，还用最大的精力，最热心、最诚心地帮助、辅导通讯员，使一大批通讯员成长为出色的新闻工作者和作家。后来全国知名的作家陈登科，就是钱毅一手培养的。他称年纪并不大的钱毅是“同志·老师·战友”，完全出于肺腑。

和钱毅一起度过难忘的战斗生涯的陈登科在《同志·老师·战友》一文中深情地回顾了作为编辑的钱毅的三个特点：

一、从不在来稿中以“不用”两字一退了之。

钱毅是一位优秀的编辑。他每天工作到深更半夜，特别是在夏天的深夜，他在那昏暗的煤油灯下，一手拿着芭蕉扇，拍打着蚊子，一手拿着笔，修改通讯员的来稿。这些作者都是工农通讯员，大多数是识字不多的人，错字，别字，还有叫人难认的怪字，他要一字一句按着他们的原意，从头修改。他还根据不同对象，不同水平，不同接受能力，用通讯员自己的语言向通讯员写信。他写的信，叫你看起来又亲切，又诚恳，好像他就坐在你的面前，连他的模样都能使你在信中感觉出来，他是那样一个白白净净的文雅书生，长得蛮漂亮的，轻声慢语在向你谈话，指出你的稿子哪些地方好，哪些地方写得不好，为什么没有写好，还是结构得不好呢，还是材料的不足呢？——帮你指出，使得你下次不再产生那些缺点。另外，他从来没有挥动过红笔，在通讯员的原稿上，大书“不用”两字，他更没有用一句话来否定来稿，如这篇稿子实在不能用，但全篇还可以找出一句话是好的，他也要将这一句话摘录出来，热情地写一封信告诉通讯员，这句话是好的，鼓励你再写第二篇或第三篇。

二、对通讯员娓娓传艺，情如亲人。

1944年11月30日，也是钱毅刚调到《盐阜大众》不久。我写了第一篇稿子，是在一天早上送到报社去的。我一到那里，先找到赵平生同志，他很热情地将我介绍给钱毅。钱毅刚起身，在刷牙，一见我去了，就慌慌忙忙漱了口，脸也没洗，就把我拉到他的铺上，和我攀谈起来。他先没有谈稿子的事，只是问问我们家乡的情形，有什么特产，然后问到边区日本鬼子活动一些事情，谈得很多，谈得很投机。最后，钱毅从他枕头底下拿出两本书，一本叫《怎样学写稿》，一本叫《李有才板话》，送给我道：“这两本书，就当作我们做朋友的见面礼。”我高兴极了，捧着这两本书，想不出什么恰当的话回他，只是问他一句：“我送你什么呢？”他伸手把我的肩背一拍道：“你写稿子就行了。”

我拿着这两本小书，回到机关，好几天心里一直不安：我那稿子也不知道有用没用，就把人家的礼物收下了，要是以后再写不出稿子，怎么好回答人家呢？又过了两三天，我收到钱毅寄给我的一封信，拆开一看，里面装有三件东西，第一件是我自己写的那篇弯弯扭扭六十个大字的稿子，发现上面又加上了好些红字。第二件是他给我的信，他告诉我，我这篇稿子有三句话文字不通，他是怎样帮我改过来的。另外又告诉我，我这篇稿子全篇只有六十多个字，有十三个是错字，二十一个别字，他又是怎样帮我改过来的。第三件是一张《盐阜大众》报，我那篇稿子他还帮我加一个题目，叫“鬼子抓壮丁”，登在这张报纸上，连我的名字也登上去了。……从此，我们真的成为很好的朋友了，我每写一篇稿子，就是报纸上不用，他也帮助我修改，写信告诉我，怎样搜集材料，如何处理材料，那信写得也不知有多好，说话亲切极了，叫你看了，心里凉飕飕的好过，不写一篇稿子寄给他，好像太过意不去了，想尽法子也要写一篇去。

这就是钱毅帮助陈登科改错的“60 多个字的故事”。

三、不顾一切，争分夺秒，出报第一。

1946 年冬，经过两天一夜的急行军，报社的人员在夜里到了阜东一个叫新港的庄子。谁也没有吃饭，背包也没有打开，倒在草铺上就睡觉了。钱毅的房间里却还亮着灯，原来，他正伏在昏暗的摇曳的小油灯下，一字一字地写稿子。我看到后便对他说：“你还不睡，外边下雪了。”钱毅回答：“明天还要出报啊！”

又一次急行军一天一夜，雪夹着雨，三百敌人把我们追到黄海滩的小庄子，各人的衣服经海风一吹，冻得像钢片一样硬，都围着火烤衣服，烤着烤着，有人倒在别人身上睡着了。火堆边也没有发现钱毅，以为他找地方睡觉去了。找了半天，见他还拿着一张没有发出的《盐阜大众》，坐在老百姓的锅屋口，检查这期报纸上有无错字。

啊，这就是钱毅。对通讯员的稿子不“一退了之”；为通讯员改错的“60多字的故事”，成日成夜急行军后衣服冻得像钢片仍争分夺秒地坚持出报。钱毅对工农通讯员，热情地一个个地教，这是“单兵教练”；同时，还在1945年、1946年间撰写了近10万字的《怎样写》一书，在淮城出版，进行“集团传授”。这本书用生动的群众语言，理论与业务相结合地论述新闻工作，集中反映了钱毅多年来的实践经验和学习心得，对解放区“工农通讯运动”和新闻工作起到了很好的推动作用。

这本非常通俗又富有内涵的新闻业务书籍有11篇文章。第一篇是《写什么？怎样写？》，钱毅以对工农通讯员亲切谈天的口吻，娓娓道来，把新闻报道中的一些基本问题深入浅出地讲得明明白白，条理清晰。在“写什么”一章中，钱毅讲了5点：

第一，写新的事情。写解放区、民主政府成立后的新事情，写了才投人民心；不要写旧的、封建的、无聊的稿子。

第二，写工农群众。解放区的主人是工农，我们的报纸主要是为工农服务，替工农、代表工农讲话的。是要反映工农斗争与生活的，要写工农心窝里的话。

第三，写好的，也写坏的。写好的是可以拥护、支持好的，鼓励好的更好。写坏的是为了攻击、打垮坏的，或者使人认清缺点，就不走弯路、坏路，改正缺点。

第四，写熟悉的事情，要深入调查。

第五，写中心工作。参军时候，大家全不写参军的稿子，倒去写减租，那么人家看报就不晓得你这个地区在搞参军，反映不出来。

在“怎么写？”一章中，钱毅提出：第一要搜集材料。确定自己的立场，提高政治水平。没有正确立场，对问题分析力就差，不能发现问题，写稿材料也就没有，更难写得好。同时要主动搜集材料，不能“饭来张口”。要养成记材料的习惯，“好记性，不如烂笔头”，“随笔登账，免后思量”。在第二点“处理材料”方面，钱毅介绍要先想想看说什么，进行思考，然后剪裁。前后要排好。钱毅对稿子的题目怎样起？怎样起“头子”？字不够用怎么办？用什么话写？标点符号的用法，都通俗精练地一一讲解，为工农通讯员想得很周到。他提出，要把内容“搜”在题目里头，意思要正确，不能起歪了，叫人想出别一个意思。不要平平淡淡没精神，要正派，不要油腔滑调。

钱毅还用农谚“娘好囡好，秧好稻好”来说明，新闻稿要写典型，不能用“逢二进一”的老调子。要写得具体、深刻，并引用通讯员陈登科的话说：写稿要“追根求源，把实际情形追出来，把根刨出来”。最后强调，要老老实实地写，不吹牛。报上登了100件真事，没有人说好，登了一件不真实的事情，人家马上就会提意见，甚至借口破坏，报纸威信马上就受影响了。在写稿的时候，要记住四个字——对党负责。

在其他新闻业务文章中，钱毅还说：写稿要“字字有用”，“要东里拣，西里拣，拣出顶得当的字”。钱毅说的“字字有用”，很精辟，也很通俗。他对新闻写作的生动可读也十分重视，指出要写得“有形有影”，不能总是“舌头跟着人家转”，人家说什么，自己也喊什么，喊来喊去，寿星喊大曲——老调子，真没意味。他还强调，大众报要大众化，“念出来听得懂”，通俗并不是简单，也要入情细致，条理清楚，语言简洁；通俗并不是啰唆，要朴实、简朗、有力。

从这些新闻业务文章可以看出，钱毅的心和工农通讯员贴得是那么的近。他在新闻写作、新闻报道的研究上，特别是在报纸通俗化上也很有见解，有不少论述相当深刻，富有启迪性。他作出的成绩是很突出的。而那时，钱毅还只是一个20岁左右的青年。

“宁可枪毙，决不自新”

1947年春，我新四军主力战略转移，撤到山东。国民党军队对苏北解放区的游击队和坚持人员大肆围捕，对支援新四军的老百姓烧杀抢掳。在这极其艰难的时刻，新华社盐阜分社和《盐阜大众》报被迫撤退到阜东县海边，活动范围大为缩小。这时，钱毅提出了主动出击的建议，经过组织上批准，决定钱毅作为新华社盐阜分社特派记者深入到盐城以西的腹地淮安，随地方游击队到蒋占区进行采访。钱毅不畏艰险，到淮安后英勇机智地开展了对敌斗争，用自己的笔热情地讴歌淮安人民坚持斗争的风采，揭露敌人临近覆灭的血腥罪恶，写下了不少激动人心的报道、通讯。他曾在写给亲友的信中这样描述自己在淮安的战斗生活：“六天里，我们打了两次仗……我在战斗空隙中坐在田埂上向联防队员谈记材料，联防队员又两次在黑夜里掩护我到鹅钱乡访问居民。这一切，给我极深的印象与激动，我感到我自动为党这样工作，是我的光荣。”

1947年2月6日发表在《盐阜大众》报上的一篇通讯正是他在敌占区采访的成果。

坚持在淮宝

一个飞雪的日子，我会见了一群深入淮宝坚持游击斗争的乡干部。他们从敌人侵占两淮之后，从十月二十三日在新河头（宝应北二十里）打响第一枪至今，已经胜利地坚持七十天。

一谈起那些斗争业绩，他们就发笑地想起说：“照敌人的说法，我们早已都死光啦！”原来敌人一进入淮宝，就漫天漫地散出谣言，说淮宝的“匪干”都在南湖挨逮住，喂鱼的喂鱼，枪毙的枪毙了。但是，不到十几天，游击队在南边枪打响，群众暗下可喜开了，唧唧嗽嗽地说：“我说一个未死吧，新四军不会没得的。”“新四军打游击哪个不晓得，不在意就冒出来了。”

是的，“新四军不会没得的！”这些淮宝游击队员们，从新河头打响开始，就时时神奇地突然出现在敌人面前。蒋记洪舟乡公所的人正呼呼大睡，游击队员已经到了门口，一脚踩在岗哨乔文相头上，还不晓得。张集乡七保副保长徐广厚请周围乡保长吃饭，饭锅才热腾腾冒气，游击队的枪就在外面响了，连群众都夸他们“鼻子真尖！”有六个蒋军到盐河西郭堆掳猪，也遇上游击队，吓得攀河直溜，三口肥猪，几担培头（玉米——编者注）整丢下，棉裤都未赶上穿。而在郭桥，七个游击队员以十几排子弹则抗击了五十六个还乡团的进攻，敌人先说：“把那几人逮来吃中饭！”可是从早上打到日落，游击队员皮未擦破，还乡团反倒贴了三百发子弹。在马子洋，蒋军一个连乘二十条船，轰了五十几炮，未掀倒一个游击队员，自己却挨打，死一个连副、一个司令员、三个当兵的……

在游击队这种积极活动之下，原先已经全部建立的蒋记乡政权，都挨掀得七零八落，垮的垮，溜的溜。张集乡里游击队员活动的××乡十几里，蒋记乡公所天未黑就缩到十二三里外观音庙北边（靠近淮阴）住宿，太阳出来才敢回张集“办公”。宋曹乡头二十个大小喽啰，挨打得只落乡长褚廷开光杆一个，萎头搭颈躲到淮安城里受饿。洪舟乡顽乡长洪广厚、副乡长金万忠甚至悲哀地哭起来，说：“我们游击打不过人家，没指望了！”而游击兵团收复淮宝中心岔河镇以后，东至临集、西至洪湖大堆、南至岔河、北至伍墩，方圆五六十里要找一个蒋军或还乡团玩玩都没有哩！

亲历斗争的这群乡干部，每当谈及还乡团的这些狼狈，他们脸上就会露出不屑的神气。我曾经反问："还乡团来到淮宝之前，你们不是害怕他们吗？"他们笑了一笑说："实在是他们不中啊！一听打枪，小腿肚就向前了！"事实上，战争教育了他们，教会了他们鄙视还乡团。也由于被鄙视的这班家伙对人民的迫害，更增强游击队员的斗争激情，得以在七十天里，以一比十，击毙了蒋记淮安第八区十二乡联防大队长陶光雅等一百一十几个还乡团，游击队员们只牺牲七人，伤五人。并且，将继续胜利地在淮宝坚持下去。

钱毅通过交通员，多次给敌后阜东海边《盐阜大众》报的战友们写信，传递淮安一带目睹的信息。

第一封信上主要叙述他向淮安县境突进时沿途的情形：

这天夜里，天下着雪，是狂风暴雪的深夜，游击队员开始行军了。开始的时候，人走得很快，因为是东北风，他们是由东向西的。正好，风雪推着背，吹得人如飞一样，脚下带小跑。到了半夜，他们突破了敌人凤谷村到苏家嘴这一线，也是敌人第一道封锁线。

当一进入敌人第一道防线，空气完全变了，到处是敌人的篝火，篝火照亮了原野，火光把纷飞的雪花都染红了。这个庄子上人哭狗叫，那个庄子上呼救哭喊，一片凄惨的声音，在广阔的平原上缭绕不已……

第二封信记叙了一个妇女对敌斗争的事迹：还乡团将这个妇女抓到淮安城，说她家隐藏着一个新四军的伤员，要她交出来。这个妇女，在敌人面前，始终是笑着，一句话也没有说。最后，敌人将她吊到把杆上，下面烧着一锅滚开的豆油，将她放到油锅里去。放下去，吊起来；吊起来，又放下去。就这样，这个妇女直到死后，她的脸上还是堆着笑容。

钱毅还写了一个民兵的事迹：这个民兵的母亲、妻子都被还乡团杀了，他一心要为母亲妻子报仇。他没有拿枪，也没有拿刀，他只带着两个手榴弹，混进敌人据点，炸死了十三个敌人。他自己也受重伤，被敌人俘获，敌人将他用棉花裹起来，用牛油烧成蜡烛，架在城门口点了三天。

2月22日，钱毅给他姐姐写了一封信：

> 我离开地委来到石塘区，我与北联防（离淮城南门最近的一个联防）在一起，每天同他们上西活动（砖桥一带），早出晚归。六天里，我们打了两次仗。一次，我们在一个地形不很好的旷野向敌人射击，撤退时，有大半里地没有一点掩蔽物，子弹尽从背后窜过去，跑下来也好笑了一阵。虽然过去也经历过危险，但现在我还带着初次遭受的心情来思念它们。我在战斗空隙中，坐在田埂上向联防队员谈论材料。联防队员又两次在黑夜掩护我到鹅钱乡访问居民，这一切，使我极为激动。我也感到这样为党工作，是我的光荣……这里的材料，可以说是多极了，脑子里好像要溢出来似的，只有等几天后，离开此地回地委机关，坐着慢慢写。……群众拥护我们的事太多了，太动人了。我们上西活动，每到一庄，大人、伢子就迎上来，真亲切！……明天，我再去北联防，搜集砖桥乡材料。听说部长要我回地委一次，我本当即去，但我不能“功亏一篑”呵。我决定三四天后回湓河北。而且，这两天，情况顿紧，宝应、淮安敌人可能“扫荡”湓

南地区。在这样的空气下面，我匆匆北去，会给人不好印象的。因此，如果顺利，我三四天后就北返。这将是我在石塘区给你们的唯一的信。

2月25日这一天，钱毅参加了石塘、平桥区干部扩大会。这时，报社已经通知他回去，在报上登了要他回阜东的启事。但他舍不得离开那里英勇的人民，要求继续战斗，直至胜利。

2月28日，钱毅随联防队活动完后于深夜回到芦受乡宿营，在芦家八大门吃饭。本地还乡团、伪保长芦仲球发现后，向国军告密。敌人连夜出动一个主力连的兵力由东向西兜剿。这时，联防队已转移到离八大门一截田远的蒋舍。敌军扑了一个空，就住下来做夜饭吃。3月1日拂晓，敌人发现了目标，迅速向蒋舍包抄过来。蒋舍庄外有一条河，区委副书记范万来、区委委员高端宝带领十几人渡河突围，钱毅不会游泳，大家想把他抬过河，但钱毅担心连累大家，坚持一个人掩蔽在一家巷口的柴蒲堆里与敌人周旋。敌人进庄后两次搜索，钱毅不幸被围捕。

钱毅被捕了，在石塘镇的蒋匪军团长陶富钱认为抓到新四军的一个不小的人物，一心想从钱毅身上获得大量情报。他先是派一副官前来劝降，试图软化、收买钱毅。副官对钱毅说："我们知道你是一个文化人，非常有才华。只要你答应跟我们干，就可以送你去南京养伤。"钱毅没等他说完，就怒斥道："滚，你没有资格同我讲话。"当天下午，敌团长亲自出马，摆出各种刑具恐吓、威胁钱毅，钱毅大义凛然，不为所惊。

"我要你说两个字，'自新'，就免你一死。"敌团长这样嗥叫。

"宁可枪毙，决不自新。"钱毅坚定地回答。

几天以后，钱毅被敌人惨杀在石塘镇附近的涧河畔。

淮安烈士陵园里陈列的钱毅烈士生平事迹资料

1947年3月24日，延安新华广播电台沉痛地播发了一条消息："华中新华社特派记者，阿英的公子钱毅，最近不幸为敌人所掳英勇牺牲。今年二十三岁（按虚岁计算），中共正式党员。"

诗人柳亚子先生为钱毅题词："是人民的文学，是民族的精英，从墨写的言辞中，辉映着血写的生命的火花。"

在山东前线的陈毅军长听到钱毅牺牲的消息之后，沉痛地勉励阿英同志："好好地搜集他的遗文，替他编个集子纪念他。"

邓子恢同志极为惋惜地说："像他这样大众化的人才，华中只有几个，死得太可惜。"

1949年，郭沫若同志为钱毅烈士的墓碑挥笔书写了碑文。

黄克诚同志于1949年10月题词，高度评价钱毅的一生："威武不能屈，临难不苟免，是真正的人民英雄。”

钱毅的牺牲地“芦受乡”被命名为“钱毅乡”。

钱毅，这位革命新时代的“夏完淳”，新华社的青年记者，千万群众永远不会忘记他。他如涅槃凤凰，将在烈火中永生。

通信技术的先驱

——记新华社东北总分社机务主任甘正

郑德金

甘正，男，上海市嘉定区人，1914年生，1934在上海无线电专科学校毕业。1940年参加革命。1942年在延安新华总社新闻台工作，任报务员。抗战胜利后，到东北任新华社东北总分社机务主任。1947年6月27日，因抢修发射机故障，不幸触电牺牲。

新华通讯社从1931年在江西瑞金成立的那一天起，就离不开通信技术。一大批通信技术人员，从革命战争年代起，前仆后继，鞠躬尽瘁，为建设有中国特色社会主义的现代化世界性通讯社作出了历史性的贡献。出生在南方小镇、牺牲在东北解放区的甘正同志正是新华社通信技术事业的一位先驱。

抗日的神秘电台

甘正，原名甘维清，1914 年生于江苏省嘉定县南翔镇（现属上海市）。父亲甘德恒，母亲金文缓，甘正在家排行第五。甘家本是南翔镇上的名门望族，但因父亲得了当时的不治之症——肺痨，家境就贫穷起来。甘正十岁时，父亲病殁，他在南翔镇翔公小学（今南翔中心小学）更加刻苦学习，毕业后，考入上海苏明中学，学习成绩总是名列前茅。

中学毕业后，因家庭经济困难甘正放弃了考大学的机会，考入了上海无线电专科学校，系统地学习了无线电通信原理、无线电收发报技术以及机务技术，包括通信器材的维修、维护等。1934 年，20 岁的甘正毕业于上海无线电专科学校，在国民党交通部上海国际无线电台找到了一份工作。

1937 年 7 月 7 日，卢沟桥事变爆发。8 月 13 日，日寇开始进攻上海，不久，上海沦陷。在此之前，上海的国民党机关纷纷逃向重庆、成都等地。这时，甘正的思想发生了转变，他不愿再在国民党交通部电台工作，通过在重庆的四哥联系，1938 年在成都找到了另一份工作。1939 年他又到了重庆。

当时重庆正是中国共产党与国民党进行谈判以促进抗日统一战线的地方。周恩来等中央领导同志经常往来于延安与重庆，与国民党方面进行艰苦的谈判工作。我地下党为了将谈判进展情况及时向党中央汇报，在重庆建立了一座秘密电台。地下党了解到甘正不但电信技术好，而且思想倾向进步，为人正直，痛恨国民党的不抵抗政策，就通过有关同志，将甘正吸收到了这座秘密电台工作。甘正欣然参加了我党秘密电台的工作。

这个秘密电台工作得很出色，甘正发挥了重要作用。1940 年 7 月，国共两党谈判陷入僵局，周恩来坐飞机返回延安，向中共中央汇报有关新的情况和新的问题，这时，有人向甘正的四哥通报了一个紧急情况：在国民党的黑名单上有甘正的名字，正准备将他逮捕处决。

在这危险时刻，甘正的四哥和秘密电台的领导立即决断将甘正转移到泸州，隐蔽在山区。在泸州一个叫牛屎坎的地方，甘正帮人抬滑竿，做挑夫，干了三个月，暂时脱离了电台工作。1940 年底，甘正的四哥弄到了一张从成都到西安的机票，亲自将甘正送到了西安八路军办事处。然后，再由西安八路军办事处将甘正一直送到了延安。

延安新华总社的电信骨干

延安是甘正向往的地方。他先进抗大学习，结业后，被分配在延安自然科学院工作。1942 年春，甘正被正式调到了新华社新闻台工作，任报务员，又开始了他熟悉和喜欢做的本行工作。

40 年代初期，新华社经过十多年的发展，已在新闻通信技术方面有了一定的规模。总社已建立了新闻台和通报台。新闻台直接抄收海通社、同盟社、斯蒂芬尼社、美联社、合众社、法新社、路透社、塔斯社的外文电台消息，以及国民党中央社、汪伪中华社的中文电讯。为了便于工作，新闻台将所抄收的对象分为三个系统：一是美联社、合众社、路透社、法新社等，二是德国海通社、意大利斯蒂芬尼社、日本共同社，三是中文的国民党中央社、汪伪中华社。甘正一到新华社，就被分配到了新闻台抄收三个法西斯国家通讯社的英文电讯。

在艰苦的抗战年代，国民党对延安根据地也是严密地进行技术封锁的，新华社新闻台的工作条件极差，收报机功率很小，用的都是从

6 瓦到 15 瓦的小功率电台，抄报时信号弱，细得像蚊子叫。而且都还只能用人工抄报。在信号很弱很不清晰的条件下，报务员抄报的错码、漏码、重码的情况经常发生，很难看懂，被戏称为“天书”。

甘正来到新闻台后，由于他在无线电技术学校学习时就熟练地掌握了无线电收发报方面的技术，参加工作后也一直在国民党的有关电台工作，他不仅可以在信号很弱的情况下凭借过硬的技术，用手抄出一份比较完整的电报，而且还可以在信号较强的情况下，用打字机抄收电讯。甘正毫无保留地将自己多年练就的这一技术，悉心教会了其他同志。在甘正同志的帮助和抄报同志的共同努力下，使延安新华社抄收电讯的工作迅速改观：首先是抄报速度上去了，原先人工抄报时容易发生的错、漏、重码的情况不再轻易发生了，为新闻报道提供了可靠的材料。其次是报文整洁了，给翻译同志带来了工作方便，提高了效率，为编写新闻和评论、抢得时效创造了非常有利的条件。第三，报务员的工作强度减轻了，上一次班下来，不再头晕目眩。

甘正到延安时，带了一块手表。这是他在上海国民党交通部电台工作时用的，在当时相当稀罕，属珍贵物品。新华社电台仅有的一块表，因比较老旧，用坏了。这样，电台人员工作时就难以准确掌握时间，开机工作，上班、下班都是凭大约估算来掌握。为了准点抄收电讯，提高工作效率，甘正把自己心爱的这块表贡献出来，供所有电讯人员使用。这块表使用了好多年，成为大家的“时间准心”。大家一看到这表，就想起了甘正。

甘正精通技术，工作一丝不苟，不仅使新华社的电信技术工作有了新的发展，而且培养了一批电信人才，为新华社以后的大发展奠定了技术基础。

在东北总分社的开拓

1945 年 8 月日本帝国主义投降后，党中央从延安和各个解放区抽调大批干部奔赴东北，创建东北解放区，为全国的解放进行准备。新华社、延安解放日报社从革命事业发展出发，决定派遣一支先遣队，奔赴东北组建东北总分社。当时的设想是东北总分社要在一旦延安不能发稿收讯时成为立即代替总社的补报中心。

新华社、解放日报社先遣队由副社长吴文焘同志带队，有记者、编辑、报务员、印厂工人等 20 人左右。甘正同志因业务技术强，思想好，作风朴实，能吃苦耐劳，被挑选参加了这支先遣队，随中央大队一起于 10 月份北上。

在向东北进军的路上，适逢我军解放了热河省省会承德（现属河北省），新华社先遣队到达承德后，接办了承德《大众日报》，并成立了新华社承德分社，由吴文焘同志任社长，甘正同志作为报务员积极参加了建设承德分社的工作。

一个半月后，除留下一些人员在承德继续开展工作以外，吴文焘同志率甘正等大部分人员，于次年的 2 月赶到吉林省的海龙县。

当时，海龙汇集了三个方面来的人员：一是以吴文焘同志为首的新华社、延安解放日报社先遣队；二是从山东、浙江过来的部分干部；三是东北局宣传部和《东北日报》（当时尚未出版）的部分人员。在汇集这三方面人员的基础上，东北总分社于 2 月在海龙正式成立，社长吴文焘。下设三个科：一是编译科，主要任务是把抄收到的新华社电讯稿译出，向当地报纸发稿；二是通讯科，主要任务是采写编辑东北地区的稿件，向总社发稿；三是电务科，负责总分社所有电讯的收发工作。电务科下属一个通报台，一个收报台。甘正同志这时既是报务员，又担任电台的机务员，除承担日常的收发电报的工作外，还负责电台的检修和维修工作，及时解决电台发生的各种故障。

4月初，东北总分社随东北局进驻长春。在长春，东北总分社接收了伪满洲国通讯社。伪满洲国通讯社遗留有大量的通信器材，这对急需通信器材的东北总分社来说，真是雪中送炭，喜出望外。吴文焘社长马上让甘正带着同志们一起去收集电信器材。大家在那儿忙碌了几天，从50瓦、150瓦、500瓦的发射机，到美国AR88型收报机和日本高质量的收报机，足足收集了两个火车车皮。随后就将这些电信器材于1946年5月运到了哈尔滨。

在哈尔滨，东北总分社又接收了一大批电讯器材，不仅有高级收报机，而且有1000瓦以上的大型发射机。这使甘正兴奋不已。

有了机器设备，没有使用设备的人，机器还是不能运转。但由于当时工作急需，不可能先集中训练再上机工作，而只能采取边工作，边培养。谁来担负此项培训任务呢？甘正同志本来工作已经够多了，但他满怀着对新华社电台的热爱之情，主动挑起了这一重担。那时由于懂电信的人员少，他既要担负调机值班，又要检修机器，还要培训人员，备课讲课，有时还在新手值班时跟班。为了争时间，他吃住都在机房。繁忙的工作使甘正经常到凌晨二三点才能睡觉，很少休息。同志们看到他太劳累了，经常劝他休息，他总是说："没有关系，为了工作，吃点苦、受点累算得了什么？"甘正认真负责，身体力行，夜以继日，埋头苦干，使东北总分社的一整套、新的强大的电信设备电务工作终于大大向前跨出一步。

东北总分社根据接收到的机器情况，决定建立发射台，并任命甘正同志为机务主任，负责建立发射台的具体任务。

1947年6月由甘正任台长的东北总分社发射台成立。地点在哈尔滨的南岗。发射机有500瓦、250瓦、100瓦、50瓦。规模较大，报房与机房分开，实行遥控。发射机除担任通报任务外还对东北全境、分社电台、十个纵队新闻台发同文电报，并转发总社文字广播。

新华社的电讯通过这一发射台传向四方，发挥了比过去更加强大的威力。新华社的电信技术也如虎添翼，大踏步地前进。

不幸的是，在1947年6月27日晨零时四十分，值班人员发现广播机发生故障，报告给甘正。他不顾连日工作疲劳，立即起床，只穿一条裤衩，连上衣都来不及穿，就带上工具，到现场检修。就在这次检修过程中，由于连日过度疲劳的原因，他不幸触电，经抢救无效牺牲，时年33岁。

甘正同志牺牲的消息使东北总分社的同志，为失去这样一位好同志、好老师而悲痛万分，抽泣痛哭。《东北日报》6月28日发表了题为《修机器奋不顾身，新华总分社机务主任甘正同志牺牲》的消息，并组织了盛大的追悼会，痛悼这位为新华社通信技术事业献身的先驱。

甘正同志为了革命的新闻事业献出了他年轻的生命，但因当时解放战争正处于最紧张的时候，无处办理授予他烈士称号的事。1984年新华总社得知“烈士”手续还未办理时，根据甘正同志的事迹，写报告给民政部，要求追认他为“烈士”。此信经民政部批准并转发上海市政府。上海市政府于1985年3月29日正式发文，批准甘正同志为革命烈士。

甘正同志牺牲后被埋葬于哈尔滨南岗公墓。他生前没有留下什么财物，只是两件破旧衣服和一床棉被褥，但他不为名利、以精湛技术和自己短暂的一生，奉献于党和新华社事业的精神是永远无价的。

生命在激流中逝去

——记新华社华东前线分社第四支社副社长金革

董彩兰

金革，男，原名蔡泰来，江苏省吴江县人。1919 年出生在上海一个普通人家庭，从小失去了父亲。小学毕业后，即到其舅父开的小店帮助记账。1940 年春天，加入崇明县抗日民众自卫武装，负责编写油印小报。1940 年冬，加入中国共产党。1947 年任华东野战军纵队所办的《战地》报社社长兼新华社华东前线分社四支社副社长。在战争中，金革虽然身体虚弱，但他处处以身作则，为审改稿件常常彻夜不眠。1947 年 7 月，在随部队转移途中，抢渡滕河时不幸被激流卷走。

1949 年 5 月，上海解放了，在千万户欢庆解放的上海人家中，有一家人一直在痴痴地等待着他们的一位亲人。每一次有人敲门，他们都会兴奋地跑去开门，以为自己的亲人回来了，但每一次都是失望。直到有一天，他们收到了中国人民解放军第三野战军第 23 军的来信，拆开一看，是这样一件证明材料：

金革同志已于 1947 年 7 月 29 日在鲁西南出击中抢渡滕河时牺牲，家属应享受烈属待遇，此证。

一家人惊呆了。

从1939年到1949年，他们等了整整10年，一直在企盼着当年远行的亲人——金革早日回到他们身边，想不到，漫长的10年等到的却是这样一纸证明材料。

一

金革，原名蔡泰来，江苏省吴江县人。1919年，他出生在上海一户普通人家中，很小的时候就失去了父亲，靠母亲给人帮佣维持着这个贫寒的家。

金革在接受了小学教育之后，因家境贫困，遂到舅父开的一家肉店里帮助记账和经手店铺的钱款。在这里，他利用一切空余时间，废寝忘食地阅读了大量中外进步文学名著，并且开始自修哲学、文学，努力写作，向上海的各种进步报刊投稿。

1939年2月，我地下党组织在上海公开发行的《上海译报》副刊《大家谈》发起了一个“文艺通讯运动”，公开征招文艺通讯员，意在动员和培养年轻的文艺爱好者参加抗日救亡运动。金革积极写文章应征，在200多人的应征者中被选为第一批通讯员。与他一同应征并被分在同一小组的好友宋煜章回忆当年的往事时说：“在一个时期的相处中，我感到金革是一个不善言谈的同志，无论是在小组讲座会上还是个别接触，他总是一个比较沉默的倾听者，即使是发言，也朴实简要，绝对实际。他写出来的散文细腻，杂文则深刻、犀利，从字里行间中可以感受到那喷涌而出的革命激情。”

1939年8月10日，在上海《大晚报》上，金革以“白旋风”的笔名发表了《“夜读”》一文，对国难当头之际一些人“躲进小楼”

的“风雅”予以贬驳：

提起读书，便得佩服古时候“十年寒窗”的那些秀才们了，摇头摆尾，抑扬顿挫，以“现代化”的目光看起来，才无处不是“旋律”的呢。

然而这种情调迄今已不复存在，“读书会”一风行，一般读书人似乎把“书声朗朗”的读书法遗弃了。

不过“物以稀为贵”，秀才似的读书既不可得，那末名士派的“夜读”也不妨代之而起了，现在且来“共赏”幽闲的小品——“夜读”吧：

“我尝试到了夜读的滋味。暗绿的灯光。悠闲的神情。和几只新鲜的果子。没有来吵闹。只一页页充满了智慧的书卷。在眼前翻滚着。我感到，我兴奋。我笑，我哭，都没人理会。书正如一个芳草秀美落英缤纷的田园，在那里，我可以自在地徜徉着。叶的甘郁。小室内水潭样的静默。和书内的境界，造成离弃的情调，这是多么的值得迷恋和回味呀!”

很可惜，我们不知道这位先生读的是一本什么书，那“书内的境界”，竟会“造成”这样“值得迷恋和回味”的“情调”。又不知在“暗绿的灯光”，“新鲜的果子”，“充满了智慧的书卷。在眼前翻滚着”的当儿，可曾想到许多青年正忍着艰苦在受“岩洞教育”，和许多在饥饿线上挣扎着的小职员，学徒，劳工们……正在偷着时间读书没有?

有这样伟大的“夜读”精神，“孤芳自赏”地“悠闲”着活下去，真使我们佩服，不过这“境界”和“情调”会不会值得我们跟着来“值得迷恋和回味”，却还是问题。至于我的印象呢，我似乎觉得这比“肉感照相”，“桃色新闻”之类较胜一筹而已，别的可也“不过如此”了。

于是，当年《新青年》上“八字主义”中的：

“四曰不作无病之呻吟”。

这一条，确有再促此辈“夜读”朋友注意的必要了。仅仅为了单纯的一些“迷恋和回味”而“呀”上几“呀”，抑住了自己的思想以为是有含蓄的“散文”类，便未免太使人“那个”了。

“夜读”的朋友，搁笔吧！假使还以为写这种“悠闲”文章是聪明的话。

二

1940年春天，金革在好友黄群华的动员下，离开上海，来到崇明。

黄群华原是上海地下党员，1939年离沪去崇明抗日民众自卫总队工作，这个自卫总队是一个属上海地下党和江苏省委直接领导的地方武装。后来，黄返回上海组织秘密交通，遂动员金革一起参加武装斗争，金革毅然听从了好友的动员。从此，金革离开了上海。金革入伍后即在崇明县人民抗日自卫总队政训处负责编写油印小报。1940年8月，部队北撤，转移到南通和海门两县交界一带活动，金革先后在崇启海常备旅政治部、苏中第四军分区第三旅政治部担任宣传工作。由于金革工作认真，政治思想上积极要求进步，大约在1940年冬天，他光荣地加入了中国共产党。

抗战期间，金革先后担任过一师三旅九团政治处宣传干事，政治部宣传科副科长，主要负责办报纸。解放战争期间，他先后在华中军区八纵队政治部、华中野战军一师政治部担负宣传工作，并带领大家共同创办了《战地》报，他担任该报的第一任社长。报纸刚创办，人手少，做过新闻工作的更少，通讯工作没有基础，印刷条件、技术都跟不上。面对种种困难，金革带领同志们白手起家，克服重重困难，终于使报纸打开了局面。

他当年的老战友吴文斗回忆金革的一次采访时说：当时，我团住在灵璧县，而纵队总部在十多里之外的泗县。金革虽然已是社长，但他也没有骑马，只是让一个战士背了一个小背包，自己带了一件大衣步行来到我营。我对他说："你还是像过去当宣传干事一样艰苦朴素。"他一到部队，也不休息，马上开始了解部队情况。

三

1947 年 1 月下旬，鲁南大捷后，遵照中央军委的命令，华中野战军与山东野战军统一整编，组成华东野战军。新华社华中前线分社也相应地扩大成为华东前线分社，并在野战军各纵队建立了支社。

此时，金革所在部队改编为华东野战军四纵队，该纵队在原有《战地》报社的基础上，加上新华社派去的季音、韩晓鹰、吴牧华、陆光中等同志，成立了华东前线分社四支社，实行报社合一，统称"战地社"。四纵队政治部宣传部长杨恺兼任支社社长，金革任报社社长兼新华社支社副社长，另一个副社长便是季音同志。

金革同志对党的新闻事业鞠躬尽瘁，为所在部队的新闻工作做出了积极贡献。他的身体比较瘦弱，眼睛也高度近视，但他总是把一分一秒的空余时间都用在学习上。虽然他只读到小学毕业，但这种勤勉、刻苦的学习精神使他的知识水平大有长进。他从哲学到文艺，从古代诗词到民间小调，都做过一番研究，当时苏中各报经常能看到他的文章。在苏中泰兴宣家堡打响解放战争第一炮的战斗中，金革任社长的战地报社出版了第一期《战地新闻》，随后，他又参加新华社支社的创建工作。他为部队的新闻事业呕心沥血，常常是白天研究工作、审改稿件，夜晚照样与全体指战员一道行军，宿营后编报、发稿，通宵不眠是常事。在苏中四支社，他写的通讯《白桐本区长》很有影响。

金革的体质非常虚弱，在战争年代，这样羸弱的体质给他带来的痛苦是可想而知的，但他即使做了营级干部之后，也从不搞特殊化。抗战胜利后，享乐思想在部分人中间蔓延开来，但金革仍然背着他那简单的背包，里面始终是一条老布被，一套老布衣。从内线到外线作战不久，部队给他配备了一匹小白马，他骑在马上，心里还时时惦念着步行的同志，看谁拄着拐杖走路艰难，就主动下马，把马让给脚上打泡的同志。并不强壮的小白马在烂了脚的战士们中间轮换着，致使他的主人久久地步行，连饲养员都着急了，既心疼金革，也心疼那匹马。还是金革，笑眯眯地劝解满腹怨言的饲养员："非常时期，就别太计较马的辛苦了。"

就是这匹瘦弱的小白马，1947 年 7 月 29 日在抢渡滕河的关键时刻，没能把它的主人驮稳，终致与它的主人一起牺牲了。

四

这年 6、7 月间，驰名中外的孟良崮战役之后，蒋介石不甘心自己的失败，对山东解放区再次发动大规模进攻。为了打破敌人的重点进攻，使晋冀鲁豫野战军顺利南渡黄河，转入战略反攻。华东野战军根据中央军委和毛泽东同志的指示，除留下第二、六、七、九纵队正面阻击敌人外，其余组成北路兵团和南路兵团，从两翼间隙较大地区向敌人的后方出击。北路兵团（含三、八、十纵队）经莱芜、博山间，出津浦路。他们攻克泰安，渡汶河，向宁阳、曲阜前进；由第一纵队司令员叶飞率领的南路兵团（含第一、四纵队），经临沂、蒙阴间挺进鲁西南，攻占费县。这两个兵团像两把锋利的钢刀，猛烈地刺中敌人的侧背，迫使蒋介石急忙从鲁中地区调回 6 个整编师，约 27 个旅，陆续后撤西援，以堵住这个缺口。由于我军的行动对敌人威胁很大，并且是孤军深入，敌人在惊慌之余，又调集优势兵力，从三面夹击，妄想一口把我一、四纵队吃掉。

鲁南出击由于远离我军后方，军需供应不上，伤员也得不到妥善安排。当时正逢雨季，山洪暴发，没有几天的工夫，小沟变成了小河，小河汇成大川，遍地泥泞，寸步难行。敌人以为我军处在东有沂水、西有微山湖相阻，进退两难的绝境，拼命驱使其 7 个整编师的兵力向鲁南分路合围我军。形势对我十分不利，情况越来越危急了。

7 月 29 日，四纵队从南沙河车站穿过津浦路，新华社四支社的大部分人员紧随四纵队来到了鲁西南的滕河边，只见平常一眼就能看见河底卵石、细沙的浅浅的滕河已经变成一条浊浪滚滚、水深流急的大河了。原来，此时的鲁西南正值雨季，四面八方的雨水都涌向了滕河，致使滕河河水猛涨，河面水位宽至 100 多米，中流有两人深。山洪由东北向西南猛冲而来，水流很急，人在其中很难站住脚。

这时，敌人已经发现我军主力已跨过津浦路，于是一面派飞机轰炸滕河两岸，一面派部队追击。

我指挥员紧急命令："马上轻装渡河。"四支社所有人员也必须马上渡过滕河。执行军令是不能讲条件的。抢渡开始了，所有的人都在团结一致，互相帮助，战士们用电话线和绳子拉到对岸，让不会游泳的同志扶着绳子过河，有的人则借助水缸、木盆等泅渡过河。天上不时有敌机侦察和轰炸，但这没能阻挡我军抢渡的信心。

新华社四支社记者韩晓鹰看到社长金革骑在一匹白马上，纤细的手握着缰绳，准备过河。韩晓鹰一边将自来水笔、笔记本塞在金革胯下的马包里一边问："你会水吗?""不会"。"那你?"韩晓鹰没有接着往下问，想不到金革自己却回答："过不去，就牺牲。"那语气中没有惊慌，只有镇定和坦然。韩晓鹰安慰金革："你骑着马，会过去的。"但是，韩晓鹰没有想到，四支社的同志们也没有想到，他们的金革社长真的牺牲了，牺牲在湍急的滕河里，无情的激流把金革同志连同他那匹数不清有多少人骑过的小白马一起卷走了。

小白马太疲惫了，它的主人也太疲惫了，共同的疲惫把一个年轻的生命葬送在激流中，那个生命只有 28 年。

金革同志就这样成为继陈夏之后四支社牺牲的第二位烈士。

战士心中的"大哥"

——记新华社华野前线分社第三支社记者宋大可

郑德金

宋大可，男，山东省峄县人，1924年出生。自幼家境贫寒，仅读过几年小学。1942年参加地方抗日武装。1943年加入我党领导的山东军区主力部队，担任团宣传队员。1943年入军区政治部主办的《山东画报》社工作。1947年任新华社华东野战军前线分社第三支社记者。他与部队的首长、战士关系都相处得极为融洽，战士们都称呼他为"宋大哥"。1947年9月7日在鲁西南消灭国民党整编第57师的战斗中牺牲。

我们的新闻要反映人民群众呼声，引导人民群众前进，就要求我们的记者必须到人民群众中去，与人民群众打成一片，成为他们可信赖的朋友。只有这样，我们的记者才会从人民群众中不断获得新闻线索，完成党和人民所交付的重任。因此，作为一名记者，他必须善于同人民群众打成一片，热情、谦虚、大方，没有架子，不摆官腔。这样的记者，老百姓自然喜欢把心里的话儿掏出来对他讲。1947 年 9 月 7 日在鲁西南沙土集歼灭蒋介石军队整编第 57 师战斗中牺牲的新华社华东野战军前线分社第三支社记者兼《山东画报》社前线记者的宋大可同志，就是这样一位作风踏实朴素，尊重部队干部战士，深入连队，博得指战员一致爱戴的一位优秀新闻工作者。他活着的时候，就像一团火，走到哪里，哪里的干部战士都叫他“宋大哥”，并以叫“宋大哥登登报”为莫大光荣。他牺牲后，战士们高呼着“为宋记者报仇”的口号，杀向敌人。

宋大可是山东峄县人，1924 年生。自幼家境贫寒，仅读过几年小学。1942 年，年仅 18 岁的他，即参加了鲁南地方抗日武装，次年随队一起加入山东军区主力部队，成为我党领导下的一名光荣的八路军战士。在部队，由于他上过几年小学，领导让他担任了团宣传队员。因此，宋大可除了参加部队的战斗以外，每次战斗结束以后，他都要和其他同志一起，刷标语，画漫画，出墙报，用自己学到的一点文化知识，号召人民起来进行抗日斗争。

也就在这时候，宋大可通过刻苦自学，学会了木刻。组织上根据他的特长，于 1943 年将其调入山东军区政治部主办的《山东画报》社工作，让他担任美术编辑并兼摄影记者。这可真使宋大可感到英雄有了用武之地。于是，他根据部队工作的需要，经常深入连队，在艰苦而又频繁的行军作战中，又是木刻，又是摄影。他的反映山东军区抗战生活的作品，不断在《山东画报》《大众日报》和八路军 115 师政治部的《战斗报》等报刊上发表，不仅在广大读者中获得一致的好评，而且也引起了山东根据地一些专业工作者的注意。1944 年秋，《山东文化》月刊编辑部的一位同志，想邀请宋大可给刊物的封面或扉页创作一幅木刻，就到山东军区政治部去找他。在这位编辑同志的想象中，宋大可可能是一位留着大背头、不修边幅、不小于 30 岁的艺术家。可是一见面，却发现宋大可原来才是个刚满 20 岁的青年战士，圆圆的脸庞，一脸的童稚气，腰束皮带，腿上绑带打得紧紧的，神采奕奕，一位标准的八路军战士。而后，这位编辑又了解到，宋大可根本就没进过专门的美术学校，他是在参军后，依靠自己的刻苦自学，从而走进山东根据地美术家行列的。从此，这位编辑与宋大可成了好朋友，业务上互相帮助，工作上互相促进。

1945 年 8 月 15 日，日本正式宣布无条件投降。八路军山东军区所属各部队执行毛主席和朱总司令的命令，向盘踞津浦、胶济、陇海铁路沿线各地区之敌据点发起大规模的反攻。由于鲁南地区峄县、枣庄、临城、藤县、邹县、曲阜、泗水等据点的日伪军，以及由徐州经津浦路北撤的日军，执行蒋介石的反动命令，拒绝当面向八路军缴械投降；也由于国民党军队及其收编的汉奸武装，正经由徐州集结，沿津浦路之北进犯，企图抢夺山东军民抗战胜利果实。所以，作为山东解放区南大门的鲁南前线，其战略地位的重要性就更为突出。为了加强对鲁南前线战事的报道，这期间新华社山东分社、大众日报社、山东文化（月刊）社、山东画报社、鲁南时报社、鲁南军区前进报社等单位都派记者到鲁南前线采访。宋大可同志作为山东报社的记者，在大众日报社的陈冰同志统一领导下，进行战地采访报道活动。

在前线，宋大可先后参加报道了 1945 年 9 月 7 日攻克峄县城之战，10 月 3 日攻克宿羊山之战，10 月 17 日攻克邹县城之战，11 月 4 日界河阻击战，11 月 11 日攻克柏山之战，以及 12 月 13 日攻克藤县之战。

1946 年夏末，解放战争开始不久，正是国民党军对我鲁苏解放区发动全面进攻之时。宋大可同志响应华东局发出的文化工作者到前线为战争服务的号召，赶赴苏北前线，并作为山东野战军政治部前线记者团的记者，被派到山东军区第八师，执行战地新闻报道的任务。

宋大可同志到八师时，除了是共产党和八路军干部外，还是以三重身份从事战地访问活动的，那就是：山东八路军部队美术工作者，《山东画报》的摄影记者，山东野战军前线记者团的记者。

1947 年 1 月 20 日到 3 月 23 日，山东军区第八师与滨海警备旅鲁南新编第十师等地方部队合编为华东野战军第三纵队。在这期间，华东野战军前线分社派出人员到三纵，在纵队政治部领导下组建成立了新华社华东野战军前线分社第三支社。

宋大可同志这时又添了两重身份，即新华社华东前线分社的记者，并兼三纵队支社及《麓水报》的记者。而主要是在新华社华东前线分社统一领导下，完成战地文字和摄影的报道任务。他虽是已经成名的木刻家，但他不摆架子，不强调美术工作的特殊性；他服从组织对他的工作安排，从不讲价钱；他虚心地服从部队各级政治机关的领导，不以客人自居，主动地参加部队政治工作。在频繁而艰苦的行军作战环境中，他又是写新闻通讯，又是摄影（包括暗房洗印），又是绘制连环画，还帮助团政治处的油印小报编稿子，排版样，画报头，甚至刻蜡版。总之，部队需要他做什么，他就做什么，把自己所掌握的钢笔、木刻刀、照相机等所有的文化武器，统统都用来为部队服务，为战争服务，为士兵服务，出色地执行着军事宣传的任务。

每次战斗，宋大可同志都深入到最前线进行采访。他很清楚自己所冒的危险，但他认为：“不到前沿，我怎么能拍实战的照片呢?”鲁南战役中，他和战士们一起冲到兰陵战场，追赶狼奔豕突的敌坦克，抓拍了不少生动的镜头；泰安战役中，他随突击营冲上蒿里山，拍下了我军三名战士扼守山顶孤堡、与敌人对峙一天的战斗情景，并及时地写出了题为《蒿里山三勇士》的战斗通讯。从此以后，在三纵队，“蒿里山三勇士”成了一个公认的专指英雄称号，成为我军英勇无畏、顽强不屈革命英雄主义的典型。

宋大可同志一面深入采访，一而帮助连队工作。他参加报道了部队发起的壮烈牺牲的突击排长曹文选运动（团结、互助、进步运动）中的连队工作；郭继胜运动（英勇与机智结合）中战术学习以及坦白、诉苦、立功等各种群众运动。他还找战士们谈心，成为战斗员的知心朋友和指挥员的得力助手。宋大可待人诚恳憨厚，平易近人，在部队中上自纵、师、团首长，下至连队战士，他都处得极为融洽。战士们把他的名字宋大可，亲切地演绎为“宋大哥”，一见面就以“宋大哥”称呼他，并且以叫“宋大哥登登报”为莫大光荣。有的战士在战斗前表示决心说：“这次战斗一定完成任务，再叫宋大哥给我照个相。”

1947年9月7日在鲁西南沙土集歼灭蒋军整编第57师的战斗，是我华东野战军由内线歼敌转向外线出击的第一仗，是我军开始全面反攻的第一仗，及时报道这次战斗的胜利消息，对鼓舞部队胜利信心有着重大意义。宋大可同志对此是有明确认识的。本来，指定他的位置是随主攻团指挥所行动，以便随时了解战斗进程，及时报道。但战斗打响后，大可同志觉得这个战役意义重大，自己有责任要将战士英勇突击的情况好好报道出去，遂不顾团宣教股长的劝阻，自己赶到突击营的前沿阵地。当时，突击连已从北门两处突破敌人阵地，冲进镇内。守敌则犹困兽之斗，拼命用炮火轰击我方阵地，企图压制我军火力，拦阻我后续部队。营指挥所一带，正遭受敌人六〇迫击炮的连续轰击。营教导员一见大可跑上来，跌脚不迭地说：“啊呀！宋记者你怎么来了!?”他赶紧把自己蹲的掩体让给大可。大可未及谦让，教导员已经跑开了。

就在宋大可同志跳进掩体不久，一颗可恨的六〇炮弹突地落下来，正好在掩体的坑沿上炸响了。

为了党的新闻事业，为了解放战争的胜利，24岁的宋大可同志血染沙场，贡献出了自己宝贵的生命！

大可同志牺牲的噩耗传出，指战员们不胜悲痛。华东战斗英雄郭继胜副营长正在吃饭，闻讯后立刻放下碗筷，不胜哀痛。“郭继胜连”的战士与大可相处最熟，均喜叫他“大哥”，战士们听说“大可牺牲了”，两眼发红，紧握拳头发誓要为大可报仇。许多同志伤心地哭了。纵队首长也屡次打电话询问大可同志牺牲的经过。纵队政治部发出了纪念宋大可同志的决定，赞扬他是“文化战线与军事战线密切结合的范例”，并追认他为纵队模范记者、一等人民功臣。

三支社立即向总社发了关于宋大可同志牺牲的报道，很快就收到了新华社总社致支社的唁电。总社在唁电中表扬宋大可同志：“堪称毛主席的学生，我们新闻工作者的模范。”并号召大家向他学习。

宋大可同志贯彻执行新闻工作为战争服务、为部队服务，以永不倦怠的精神从事战役战斗采访报道，并着重表扬英雄模范、鼓舞士气的模范事迹，将在新华社军事报道史上永放光芒。

生命之光

——记新华社刘邓大军野战分社副社长谢文耀

周倩萍

谢文耀，男，1913年生，湖北汉川人。1932年入武汉大学学习，创办《武汉学联》。1937年加入中国共产党，为中共武汉大学支部负责人。抗战爆发后赴洪湖地区开展游击战争。1939年任《七七报》总编辑，1947年从中原突围到太行，调新华社临时总社，任总编室秘书。8月到中原前线，任新华社中原（刘邓）野战军分社副社长。1948年2月在河南参加土改工作时被地主武装杀害。

1948年早春，党的优秀新闻战士谢文耀，被国民党反动派杀害了。新华社报道了他在大别山壮烈牺牲的消息。同年9月1日记者节，新华社社长廖承志同志，在党中央所在地——河北平山县西柏坡，主持召开大会，沉痛悼念在解放战争中光荣牺牲的战友，特别表彰了谢文耀烈士。

半个世纪过去了，文耀烈士用鲜血和生命浇灌的新闻园地，已是茂林嘉禾的春天；正在实行改革开放和社会主义现代化建设的祖国欣欣向荣！文耀同志的生命虽然短促，但生命之光，永不熄灭……

从“青年救国团”到中共武大支部

谢文耀同志于1913年出生于湖北省汉川县榔头镇谢家垸。那是一个鱼米之乡。他的大哥、作家谢文炳的自传体长篇小说《一代知识分子》中，对家乡曾有下列一段生动的描绘：

“江汉平原，自古号称鱼米之乡。中秋前后，天朗气清，朝阳万里。登高一望，湖港交错，河山蜿蜒，田野亮晶晶的，宛如无数鱼群，锦鳞银鳍，在那里戏水腾跃；但见畎亩纵横，阡陌连绵，收割的稻田一片金黄伸展到天边；村落毗邻，乡镇俨然，在丛林树木掩护下，飘出缕缕炊烟，传出鸡鸣狗吠之声。远山起伏，岗林耸翠，峰岚腾辉。古人常用‘锦绣河山’‘沃野千里’描绘祖国的天然环境，这用来点缀江汉平原是恰如其分，也是表达着无限爱慕之情……”

“在汉水下游，俗名襄河的南岸，有一个榔头镇谢家垸，离汉口不过半天路程。20世纪初，住着几十家姓谢的自耕农。正常年景勉强能自给自足，一遇天灾水患就要逃荒要饭。民谣唱道：‘小小谢家垸，年年打水战，旧堤垮了修新堤，挖了良田好心酸！’”

文耀的父亲谢明访，自耕几亩薄田，读过几年书，自学绘画，教过私塾，人称“先生”。他热心公益，既是维修襄河堤的负责人，又是襄河泛滥时防洪抢险的总指挥。为人正直，思想开通。母亲周佳，是个勤劳善良的农家妇女。文耀兄弟姐妹6人，他排行第三。上有大哥、二哥、大姐，下有小妹、小弟。二哥早逝，小妹从小送人，进了尼庵。

大哥文炳1900年出生，天资聪慧，勤奋好学，1914年初中毕业，就以优异成绩考入北平清华学堂。1923 年夏天，又考取公费赴美国留学，在旧金山斯坦福大学专修英国文学。三年后获学士学位，又进入芝加哥大学和康乃尔大学获硕士学位。文炳身居美国，心系祖国。他与闻一多、冰心、钱伟长是同一代人。20 年代，美国已是资本主义发达国家，留学生涯，使文炳对资本主义国家物质文明背后的诸多问题有深刻认识。他与留美的共产党员施晃常有往来，阅读到《共产党宣言》《帝国主义论》《国家与革命》等书籍。1928 年夏回国，由闻一多介绍，受聘于武汉大学外文系。为了照顾父母生活和弟妹读书，他把全家由汉川县搬到武昌贡院街 30 号。

这样，1928 年文耀和大姐景屏、四弟文煊，从汉川来到武昌读书。童年生活的贫困、国民党政府的腐败，中华民族深重的灾难，这一切在他们幼小的心灵里，埋下了对国民党反动派仇恨的种子。

中学时代，文耀受大哥的影响，酷爱文学，读过不少书，从莎士比亚、普希金、惠特曼、莫泊桑，到高尔基、鲁迅的作品。他特别喜爱高尔基和鲁迅，也推崇惠特曼一边劳动，一边读书，“卷起裤脚，挽起袖管，走向马车夫和船夫，走向以捕鱼和种地为生的人们……”他一心想当一名作家。

1932 年，19 岁的谢文耀以优异成绩考入武汉大学外文系（同时考取北大）。他得到在上海暨南大学外文系任教的大哥文炳的指导，梦想一起当“兄弟作家”。他曾以国民党地方官盘剥农民而又沽名钓誉的故事，写过一部中篇小说《万民伞》，还与大哥合作写了一篇反映失业工人受屈辱和苦难的小说《做工的狗》（发表在上海出版的《前进》半月刊 1937 年第 6 期上）。

但是，“作家梦”的理想，为无情的现实所破灭。国民党蓝衣社特务控制下的武汉大学，政治空气特别沉闷。“一二·九”学生运动的革命风暴，一扫武大的沉寂，各种传播马列主义和苏联十月革命的书刊，潮涌珞珈山校园。谢文耀如饮革命甘露，终于领悟一条真理：振兴中华，崛起民族，只有寻找共产党，只有社会主义才能救中国。他专修英文，自学法文和世界语。1938 年，他以优异成绩毕业于武汉大学外文系。可是，学校当局以从事“非法活动”为名，扣发了他的毕业文凭。

谢文耀究竟从事什么“非法活动”呢？

原来，在 1936 年暑假，他与武大一批进步青年，成立了一个秘密团体“武大青年救国团”。参加者有李汝俊、郭佩珊、魏泽同、王前、李厚生（李锐）、刘锡尧（刘西尧）、万国瑞（杨纯，女）等，共 40 余人。李汝俊、谢文耀和郭佩珊被推选为负责人。

“武大青年救国团”（简称“青救”）多数成员被选为各班级的代表。谢文耀、李厚生、万国瑞三人，还在武大办了一个秘密的油印刊物——武汉学联，搜集材料，写文章，刻蜡版，印刷装订，经常熬到深夜。武大学生救国会出的校刊，是公开发行的，文耀在上面发表的时论，最受读者欢迎。他们的一切活动，完全与国民党 CC 分子相抗衡。蓝衣社特务把他们视作“眼中钉”。

但是，在白色恐怖下，他们深深感到，没有共产党的领导，有如大海中漂泊的孤舟。于是，他们决定一边找党，一边准备“建党”。

1937 年 2 月，他们在蛇山脚下的武昌贡院街 30 号（谢文耀的家），一间简陋破旧的平房内秘密集会，姐姐景屏为他们放哨。谢文耀、李厚生、陈约珥等 8 人，庄严举手宣誓，每人都填写了入党表，正式成立了这个自发的党组织，称为“中共武汉临时支部”，推选谢文耀、刁东光等为负责人。6 月，谢文耀继李厚生等同志先后来到北平，和北方局取得联系。9 月以后，党中央派董必武同志到武汉建立湖北省工委，临时支部成员除个别人外，都正式成为党员。陶铸同志到武汉大学建立武大第一个党支部。谢文耀、郭佩珊等为武大支部第一任负责人。后来，在延安，钱瑛、陶铸同志见到李锐时，都谈到党后来承认了这个自发的支部，认为这个组织对抗战前后武汉的救亡运动和党的发展，起到了很好的作用。

抗日烽烟

1937年7月7日，卢沟桥一声炮响，揭开了抗日战争的序幕。谢文耀从北平回到武汉。

湖北省工委建立，八路军武汉办事处公开成立，董必武同志亲莅武汉，上海许多文化界人士和大批平津留亡学生相继汇集武汉。武汉革命形势空前大好。但是，国民党反动派仍残酷镇压进步的学生运动，以至纪念“一二·九”运动两周年大会不能在武大召开，只得在武昌华中大学举行。这天，国民党特务军警包围会场，并开枪打死打伤了在孙中山先生铜像附近游行的学生。

1937年12月下旬，周恩来同志和其他领导人来到武汉。1938年春，武汉地区出现新的革命形势。在党的领导下，“青年救国团”的成员发展到200多人。他们举办读书会，秘密传阅进步书刊；组织群众歌咏队，大唱抗日救亡歌曲；举办抗战训练班，培训抗日救亡干部。八路军武汉办事处的负责同志叶剑英、邓颖超、张爱萍等同志，亲临抗训班讲课。武汉地区抗日救亡运动轰轰烈烈，抗日烽火燃遍武汉三镇。“到敌人后方去，把鬼子消灭净！”的歌声，响彻四方，革命青年纷纷奔赴抗日救亡的第一线……

在“青年救国团”的成员中，有一位东北籍的姑娘肖梅。她是开设在武汉八路军办事处地下室的中共长江局秘密党员训练班的学员，以“青救”的公开身份，参加“保卫大武汉”“团结各阶层、促蒋（介石）抗日”的活动。

“青救”成员经常冒着敌机的轰炸，抢救人民的生命财产。一次，日机飞临武汉上空狂轰滥炸，到处一片火海，肖梅冒着浓烟冲进快要倒塌的楼房，抢救伤员。突然，她被一只有力的手强拉出来：“楼快塌了，快走!”顷刻，瓦砾齐下，房屋倒塌。“多危险呀!”肖梅醒悟过来，她晶莹的眼睛，闪动着感激的泪花，似乎在说：“多亏您救了我!”她定神望着面前的这个年轻人，认出他是“青救”的成员，往日多次听过他的演讲，对他的革命激情十分敬佩。这样，她和谢文耀就相识并相爱了。

连日的空袭警报，把人们撵到了长江边的河堤。肖梅不止一次和文耀相会。肖梅总是把文耀当成危难中的保护人、良师和益友，接受他兄长般的教诲，请教现实斗争中的各种问题。

肖梅的老家在辽宁丹东。“九一八”事变后，日本帝国主义的铁蹄踏遍了东北三省。十三岁的肖梅跟随父母逃到关内，饥寒交迫，风餐露宿，父亲病死，姐姐被卖，母女二人于1934年流落到北平。母亲靠当保姆，供肖梅上学。聪颖的肖梅思想进步，学习勤奋，1935年考上革命气氛较浓的北平市立女中，在高年级学生共产党员的影响下，她参加了共产主义青年团。以后，又参加了共产党。“七七”事变后，她随平津流亡学生到了武汉。她是中共长江局秘密党训班中年纪最小的学员，大家亲切地称她作“小妹”。

1938年夏天，中共长江局秘密党训班结业。组织上为了照顾肖梅和文耀的关系，把他们一起分派在黄陂交通站开“夫妻店”。可是，这对热恋着的青年，一个坚决要到前线；一个坚决要到敌后，准备接受更严峻的考验。这一“前”一“后”的革命理想，使这对志同道合的青年，面临分离的抉择。

盛夏之夜，他俩相约在武昌明月桥畔。往日谈理想，今日憧憬战斗的明天：

——“我们还年轻，等待抗战胜利再重逢。”

——“等待东北光复再结合。那时，你当记者、作家，反映那战地的生活。”

——“我们先结兄妹，我排第三，你排第五。”

——“海誓山盟，预期三年后……”

他俩带着胜利的希望和喜悦，并肩合影，各自寄往家中。8月，肖梅参加了东北战地服务团，与文耀流泪告别，上了火车。她沿着陇海路，到了黄河之滨，后来，又奔波在冀东平原、晋察冀，和古城西安……。战争阻断了她和文耀的联系，彼此天各一方，互相思念。

而谢文耀呢？1938年10月，武汉沦陷。沦陷前夕，党布置撤退。文耀去到八路军武汉办事处，和姐姐景屏告别，不巧未遇。他留下一本英文版的《大卫·科波菲尔》，写下三字的便条：“我走了！”

文耀被党分配到洪湖地区的天门、汉川一带工作。他先后在汉阳侏儒山等地，找到地下党员肖利三和肖永思父子，建立了乾侏地下党；随后，返汉川童家岭、马口、叶家兴集一带，找到彭怀堂（老党员），又建起天门地下党，和天汉区委领导下的三四个党小组，开展党的活动。并和杨学诚、陈秀山、庄果、鲁明健、梁立琳（女）等10个同志接受任务，到鄂中地区开展游击战。在鄂中，他还负责编油印的“党的建设”讲话小册子，供鄂中特委办党训班学习之用。在一间火炉般闷热的小楼上，文耀连续工作十多天，每天工作十多小时，操作手印卷筒油印机，汗流浃背，油墨气息熏人。他一边擦汗，一边逗乐打趣：“哦！滚汤面一碗，臭味可口——给鬼子一发子弹！”

1938年11月至次年3月，文耀又与当时天汉地区的各派游击队取得联系，做统战工作。

大革命失败后，洪湖一带革命处于低潮。洪湖赤卫队的红军老战士陈哈子、王新哲、周干臣，坚持在天汉一带活动。抗日战争初期，他们拉起队伍上百人，分别建立三支游击队。陈哈子忠实于党，队伍纪律较严明，但怕改编队伍。王新哲的队伍有七八条枪 30 余人，但方向不明，而周干臣则“拖架子”（留在当地成了土匪军），成为县自卫队——地方武装，捞财伤民。

为了改造以上三支队伍，枪口对外，一致抗击日寇，文耀深入群众，做了许多艰苦的工作。他先到陈哈子的队伍中，一身当地农民打扮，和战士们滚在一起，同甘共苦，启发他们的觉悟。先后在陈队发展了几个党员，建立了党小组。接着，又到周干臣的自卫队，与打入该队的其他同志分别做周干臣和战士们的工作。文耀打扮农民模样，除了带一支自来水笔和笔记本，谁也不知他是一个外文系毕业的大学生。他经常和战士们拉家常，和群众打成一片，群众把他当自家人，无话不说。连家庭纠纷，也找他解决。他把当年参加洪湖赤卫队的女战士一一动员起来，讲抗战形势，激发革命热情，再让她们去做丈夫的工作。全队上下，十分欢迎文耀，把他当成“军师”，称他为“诸葛”。时值 1939 年 3 月，这支地方自卫队开始分化，人心向党。周干臣见势不妙，军心背离他，于是对文耀等翻脸威胁：你们这些八路军奸细！非活埋不可！一下，把文耀等同志抓来，五花大绑，关进韩家集戏台子后面的小屋，就地挖坑，准备活埋。县委及时派梁立琳同志送来八路军的证件袖章，并用重兵同周干臣的自卫队对峙，迫使他不敢下毒手。周干臣无可奈何，只得说“误会，误会!”周队瓦解，王新哲队也站了过来，和陈哈子队一起，接受党的领导。1939 年 7 月，这三支队伍终于被改编成抗日游击队天汉第三中队，走上了抗日前线。

后来，文耀同志还担任过鄂豫边区天汉地委宣传部长职务。

1939 年秋，谢文耀调到刚刚诞生的《七七报》工作。《七七报》是鄂豫边区党委的机关报，7 月 7 日在湖北京山县养马畈创刊，社长夏忠武，总编辑李苍江。同年冬，李苍江同志在应城与安陆交界处被敌人包围，壮烈牺牲。谢文耀接任总编辑职务。从此，他长期战斗在党的新闻战线，在艰苦的斗争环境中为坚持和发展党的新闻事业，做出了重要贡献。

鄂豫边区，是敌顽夹击的游击区，经常处于敌顽疯狂“扫荡”之中。《七七报》从诞生之日起，就是在隆隆的炮声、频繁的转移和流动之中办报，差不多每隔一两天就要换地方。《七七报》的工作，从收发电讯、美术设计，到写文章和消息，都是大家动手。最初是油印，刻钢版、打印的任务很重，1941 年 1 月 1 日改为铅印，铅印厂只有七八人，设在一个隐蔽的地方，工作十分困难。发行报纸靠鄂豫地区交通站传送。

1942 年，敌人第一次大“扫荡”，鄂豫边区被 14 路敌军合围，边区人民生活艰苦，半年没有油盐。《七七报》纸张短缺，且无处隐蔽，文耀和报社同志几经转移，冒着枪林弹雨，搬到一个隐蔽的地方坚持出报。《七七报》的存在，成为鄂豫边区存在的标志。在大扫荡中，《七七报》及时传播我中原地区党委和我军的方针政策和胜利信息，革命人民一天也离不开它。在长期的游击战争中，《七七报》是我党在中原地区团结人民、教育人民、打击敌人、消灭敌人的重要武器。敌人丧胆，千方百计要捣毁它，都未得逞。《七七报》在敌顽夹击中，光荣地完成了历史使命。

文耀同志在领导《七七报》的工作中，出色地完成了任务。在鄂豫边区，同志们对他的评语是：“平时没有豪言壮语，沉默寡言，关键时刻表现了无私无畏。他把一切献给党的新闻事业，埋头苦干，从不顾及自己的家庭和个人安危。他心中只有革命工作、工作……”他的第一个孩子在战乱中夭折；第二个孩子在 1944 年 2 月出生，还未满月，连名字也没顾上取，就送给了当地农民，先后寄养在七八个农民家庭。孩子的代号叫“革命花子”。直到文耀同志牺牲时，孩子也没见过爸爸。新中国成立后，湖北省委派江仲华同志寻找五师战友的孩子，文耀同志的遗孤——“革命花子”才被认领回来。这时，“花子”已是六七岁的牧童了。为了感谢中原人民抚育之恩，“花子”正名——谢中原。

中原突围

抗战胜利后，《七七报》于 1946 年 1 月 14 日改名为《七七日报》，并成为中共中原局的机关报。夏农苔任社长，谢文耀任副社长。

1946 年 6 月 26 日，蒋介石撕毁“双十协定”，国民党反动派武汉行营举行了中外记者招待会，气势汹汹，大肆鼓噪：“未来二十四小时内，将发生惊人的奇迹!”

凌晨，炮声隆隆，火光漫天……一场全面内战爆发了!

蒋介石依仗他手中有 430 万绝对优势兵力和美式装备，首先集中 10 个整编师共 30 余万兵力，铁壁合围我 6 万中原部队——谢文耀所在的新四军第五师。敌人筑起 10 万以上的碉堡，一道道、一层层密布着铁丝网的堑壕，将我中原部队紧紧围困在东西长不过 200 华里，南北宽仅有 50 华里的狭小地带，妄图一口“吞掉”我军部队，实现所谓“惊人的奇迹”。我中原解放军遵照中央军委的指示，在李先念、郑位三等同志领导下，除留部分武装就地分散坚持游击战争、钳制敌人外，我主力部队分左右两路向西突围，实行战略转移。右路 15000 余人，于 6 月 29 日晚越过平汉路，7 月下旬进入陕南，胜利转入鄂豫陕地区，其中王震率领的 359 旅横越鄂、豫、陕、甘 4 省，8 月底返回陕甘宁边区。左路 10000 余人，于 7 月 1 日越过平汉路，进入长江以北、大巴山以东的武当山为中心的地区，创立了鄂西北游击根据地。向东北方向突围的一个旅 7000 余人，于 7 月下旬到达苏皖解放区。中原部队的胜利突围，宣告了蒋介石“围歼”计划的破产，钳制了大量敌人，在战略上有力地配合了晋冀鲁豫和华东我军的作战。

谢文耀和《七七日报》社长夏农苔等同志，随我军主力部队转战在千里突围线上。浴血奋战，日夜行军，风餐露宿，骡背上驮着文件和油印机。战斗间隙，文耀和战友们就用饱蘸激情的笔触，撰写千里突围中英雄们可歌可泣的业绩和胜利的喜悦，鼓舞全军的斗志。

在笔者面前，摆着一本文耀烈士保留下来的《突围日记》。这是一本用旧黑布装帧，土纸作芯的记事本。它是文耀的亲密战友夏农苔所记、文耀续写完成的历史见证。上面记载着中原突围最后阶段，也是最艰苦的战斗历程，反映了浴血突围的战地生活的一斑。

1947 年元旦

一切都准备好了，明天就要出发。晨起，贺新年，直属队的旱船秧歌已出场，天气好像春天一样。

2 日。翻过两座大山，行军五十里至黑沟。午饭后，又行二十五里至龙驹宿营。

3 日。晨起，行军步步加紧。翻过七座大山至横涧。

7 日。传来胜利消息，临沂驱敌三个半旅，缴汽车百辆，坦克十辆，大炮四十余门……

8—15 日。小雪，沙河方面枪声稠密，敌人在洛北开始扫荡。

16—17 日。沙河方面又在打枪。召开干部会研究行动路线，准备明日行动。

20 日。拂晓即起。行四十余里至文峪，乡公所二十余人被打走。

21 日。在文峪休整。今晚为旧历除夕，我们移至前屋，让房给老百姓过年。

22日。天气寒冷。雪终日未止，一片白色。东行二十里，至庙坪一带宿营，住窑洞。

23日。十时出发，行二十里，在范鑫苏村间过洛河，又行五十里，翻了五六座大山，至壮科宿营。最后一个大山极高且陡，摔三跤，骡子滚下山……

24日。拂晓起床，东北行约七十里，翻了无数大山，至上戈正北七八里之麻沟一带宿营。天晴雪化，路还算好走。

25日。向斜庙行，漫天大雾，触手成冰。人人须发皆白。约行三十余里，山高路滑，故宿营于观音堂一带。我们住其西的贾村，商讨行动，大家考虑，一夜未眠。

26日。拂晓前一小时出发，十一时过斜庙，打一小仗，续前行，过张茅附近之铁路，再行三十里。计经21日夜百五十里之行军，始抵河边。刮西北风，积雪扑面，冷极！

27日。河中冰块太多，船不易靠岸，故半夜到。我们过第一船时，已四时夜深了，过后至鳖盖子休息。不久即闻隔河炮声，敌追兵已到，但我部队尚过得极少。

29日。饭后，去大峪沟，过望远。吃住不好，人开始有病意。果病，腹胀痛，支持着并拟一电讯稿。

2月1日。行四十里，宿岩头。

2日。行三十里，宿祁家河。

3日。行七八十里，过封锁线，至涧底夜营，疲劳不堪。

5日。行二十五里，至同善镇。开群英大会，热闹异常，几十里内，群众均到此。

7日。约行三四十里，至傅家河附近一小湾宿营。

8日。经西烘烘、东烘烘、李疙疸、蔡疙疸，又行四十里，赶至东峰镇。共行约七十余里。

又是玩灯，庆祝翻身。

9—10日。下雪，行四十五里，至阳城，住司令部。

11日。……不能进食……无论如何支持不住了！把身上洗了一下，早早睡去！

19日。趁病休，阅读《腐蚀》，又看两本小册子：①胜败图——李自成革命故事；②《艰苦奋斗迎光明》。

20—23日。读完苏联小说《勇敢的人们》，又看《战斗员阿列克赛·顾阿夫》小册子。

24日。阅《恐惧与无畏》数章。

25日—3月1日。刮大风。部队已过河，三日内可进阳城。

中原局复电，又报告山东驱敌六万余人，李仙洲及敌两军长被俘，胜利的好消息……

《突围日记》写到此，执笔人夏农苔同志因病再也不能握笔了。文耀同志接过《突围日记》，续记下去：

3月2日。夏农苔同志卧床不起。

3月12日。晚9时，病逝于太岳阳城之郭峪。

3月16日。安葬于晋城孔庙。

从此，突围队伍中，少了一位优秀的新闻战士。文耀同志含着热泪，诀别了战友，又继续前进，战斗在漫天硝烟的风雪大别山中……

血沃中原

1947年暮春，我中原部队经过八个多月浴血奋战，终于胜利突围，迎来曙光。

饱经战乱的谢文耀，满怀胜利的喜悦，憧憬着美好的明天。他的美好的愿望，洋溢在他写给还在延安、生离十年而疏于音讯的姐姐谢景屏的家书中。这封信是文耀同志留给家人唯一的、也是最后的手笔。这时，党中央已经从延安撤退，这封家书几经周折，才辗转送到谢景屏同志手中。

屏姊：

我随部队由中原突围到了陕南。前后八个月，于二月底渡河到了太岳。北上之行总算达到了目的。此次部队过河主要为休整补充，准备时机一到，回戈中原西北。我们二十九日抵阳城，四日去晋城。五师部队干部及家属都将集中在那里作较长的整顿。我不惯于部队宣教工作，已向组织提出去延安学习，或去解放日报、人民日报工作……我搞报纸近十年，从党的事业方面，从个人兴趣和经历方面，都是以新闻文化工作为自己终身事业。因此我有比较长期的打算。在新闻文化工作方面，我比较长于组织管理，特别对新闻事业有较深的兴趣和感情。至于写作，我对自己估计已不是那么高了，主要原因是，在中原八九年长期处于游击战争环境，技术荒废了，落在时代后边了。政治生活经历虽然有些，但写不出、写不好。我之想去延安，一方面在政治水平思想锻炼上更提高一步；一方面把英文和世界语温习一下，再学俄文，将来兼做翻译工作。……我拟以全力争取这个前途。

小刘（刘健，文耀的爱人——笔者注）于去年突围前半个月生场病，乘火车去邯郸，现带着孩子（谢韦克）在人民日报工作。她来电告我，母子均好。我要是能去延安，将与她一同去，那时，你便可以见到久别十年的三弟和小侄了。对我们来说，未必不是一件最大的乐事……我多么想和你见面，倾谈十年以来的心情啊！……我明日到晋城，行止确定后再写信给你。回信暂寄太岳区晋城新四军五师政治部我收。

祝你好！

李涛兄不另。

三弟

三月三日于阳城

1947年4月，谢文耀调到太行涉县的新华社临时总社工作，任总编会秘书。7月，从延安撤退的新华总社转移到太行，与临时总社会合。谢文耀被派赴中原。8月5日，刘邓大军中的新华社野战分社（又称中原野战分社）成立，李普任社长，谢文耀任副社长。野战分社成员有：王匡、张铁夫、黎辛、方德、杜宏、张柯岗、曾克、何力夫、庄栋、陈勇进、阎乃一、李佩光、乔树植、郝名唐等。

刘邓大军跃进到大别山，像钢刀插入敌人心脏。蒋介石惊恐万状，急忙抽调33个旅的兵力，尾随刘邓大军，企图将远离后方的我中原部队歼灭在大别山区，激烈而艰苦的战火在蔓延……刘邓大军从局部反攻，转为全面进攻，我军以运动战为主，大力开创了大别山的革命局面之后，以摧枯拉朽之势、排山倒海之力，消灭敌人的有生力量。文耀同志随军采访，以满腔热情发通讯、写述评，歌颂刘邓大军

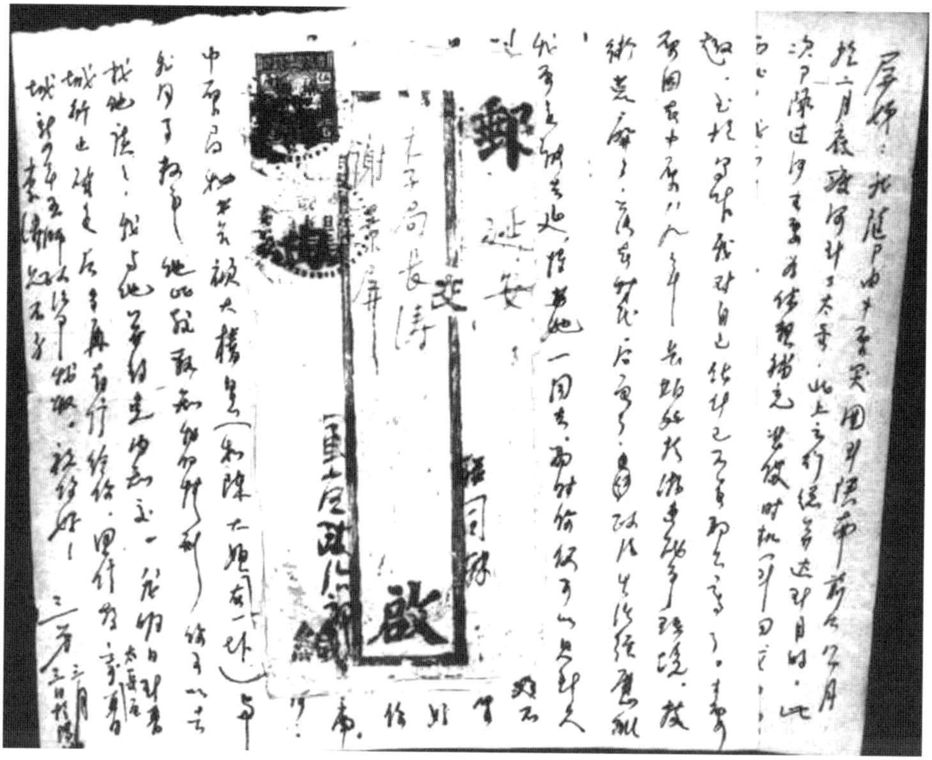

谢文耀生前写给胞姐谢景屏的家书

“如蛟龙入海，驰骋江淮河汉之间”，对革命大好形势作了综合报道。

下面是谢文耀写的一则述评，新华社于 9 月 23 日播发全国，现摘引如下：

前线记者谢文耀评述刘邓大军南征以来敌我态势称：南下解放军的伟大反攻行动，使蒋家匪帮们张皇失措，部署错乱，军心动摇。

蒋贼及其统帅部始终以为刘邓大军是北渡或被迫南移，其蠢愚无知缺乏战略眼光可谓惊人！

及至8月14日以后，南下大军突然出现在沙河以南，蒋匪这才慌了手脚，为了掩盖他惊慌忙乱的丑态，又不愿意也不敢于承认南下解放军的行动乃是一个预定的巨大反攻行动。无可奈何之余，只好叫中央社出来叫嚣所谓“刘匪全部被歼于沙河”以自解嘲。蒋家匪帮们所苦恼的，是尾追部队对解放军既可望而又不可及，在沙河仅有的一次阻击亦告惨败，而长江以北的广大地区更无一兵一卒可以阻击解放军的前进。

南征大军把蒋匪一切尾追部队远远地扔在后面，从容渡过淮河，进入大别山区。蒋介石匪帮们的一切所谓“围歼”“追击”“堵击”都已变成纸上的名词。解放军现正驰骋于江淮之间，如蛟龙入海，纵横自如，它高兴进兵哪里便进兵哪里，同时可以西越平汉，进入桐柏山区；或南渡大江，插足湘赣；或东出皖中而叩京、芜之门；或回师北上，再渡黄河。蒋匪军则东碰西撞，顾此失彼，处处可防，而处处不胜防。四十八师向光山、经扶碰了两下，忽然觉得不妙。又夹起尾巴掉头东奔皖西，图救合肥。五十八师则于固始、商城间徘徊不前。罗广文及八十五师等则龟缩于平汉东侧，不敢动弹。五十二师之三十三旅才到郾城，又忽然返防武汉。六十五师也急忙沿平汉赶回汉口。蒋匪军郑州前方指挥所，则由菏泽而开封，而信阳，只能望着刘邓大军的背影移动。二〇六师及第三师等才“追”到许昌、正阳，忽然豫西告警，又中途折转，西奔洛阳。蒋贼及其统帅部手忙脚乱之窘态表露无遗。

解放战争时期，刘邓大军强渡黄河、挺进大别山，揭开了人民解放军从战略防御到战略反攻的序幕，标志着人民解放战争的历史转折点。这篇述评对这伟大变化作了有声有色的生动描述，笔锋泼辣，分析深刻，真是振奋人心！

刘邓大军开创了大别山根据地之后，主力部队返回淮河北岸，大力开展新辟地区的群众工作。文耀等同志随同陈克寒同志参加了河南汝南县东南部的土改工作。他们冒着严寒，于 1947 年 12 月底出发，1948 年 1 月中旬开始工作。兵分四路：克寒同志在北面，张铁夫同志在西面，李普同志在东面，文耀同志在袁寨正北十二里的李楼。各组相距七八里。

1948 年 2 月 14 日（旧历正月初五日），我军战略反攻胜利在望，中原大地满怀喜悦的人们，正在送旧迎新，沉浸在一片欢乐之中。敌顽土崩瓦解，狼狈逃窜，但反动的地主武装“还乡团”，却在做垂死挣扎。这一天，国民党主力部队十一旅开向汝南城，我土改工作队先一天得知敌军主力部队过境扫荡，乃于深夜向正西方向转移约 30 里，到了汝河河套之内。

2 月 15 日（正月初六日），土改工作队的同志探知敌军主力部队已过，决定返回原地继续工作。这天凌晨，文耀同志起床很早，顾不上吃早饭，独自一人迎着寒风朝着原来工作的李楼走去。这李楼四周，有一条河沟，水深齐腰，一架独木桥通向寨门。文耀同志趁晨光熹微行人稀少之际，悄悄进入寨内。约一小时，只见十多个腰挂短枪的匪徒——“还乡团”，穷凶极恶，蜂拥而来，四处搜捕我方人员。文耀身挎二十响驳壳手枪，当武装匪徒向他扑来，他连发两枪自卫，便钻进一草堆躲藏，不幸被匪徒击中腰部被俘。

李楼的乡亲们惊闻枪声，目睹武装匪徒押着文耀在刺骨的寒风和冰凌中徒步过河。敌人怕我部队追赶，仓皇朝正阳县方向逃窜。文耀同志身负重伤，又涉冰水，举步艰难，被敌人杀害。但他大义凛然，表现了无产阶级革命英雄气概，只听他高喊："中国共产党万岁！"口号声划破长空，震天回响！

文耀同志被俘后，土改工作队多方营救，曾派士绅前往交涉，我们愿意出钱赎，或者交换，因为他们也有人扣押在我们这里。但经查看，业已牺牲。李普同志在3月3日致信廖承志社长，详细汇报了谢文耀同志殉难经过。新华总社得此噩耗后，去电致哀，并慰勉中原前线分社全体同志，继承文耀同志的遗志，化悲痛为力量，为创建江淮河汉间革命新闻事业而奋斗！

文耀同志牺牲时年仅34岁。他把壮丽的青春和生命献给了党的新闻事业，实践了自己庄严的誓言。同志们为他的牺牲万分惋惜和悲痛。他永远活在人们心中。友人李锐同志作诗《痛哀谢文耀》，诗云：

故人又似笑来前，
喜读"蛟龙入海"篇，
正待中原席卷日，
何期万里哭南天。

（诗末附注：1947年，刘邓大军南下江淮河汉之间，文耀作综合报道，有"蛟龙入海"句。）

高洁的白莲花

——记“生留战友死留自己”的新华社记者袁素

董彩兰

袁素，男，1922年出生在江苏省如皋县一个农民的家里。1930年进鄂堡小学读书。1940年进入新四军创办的滨江中学学习，1942年加入中国共产党。1944年，他被调到《江潮报》和新华社苏中分社第三支社当记者，写了许多战地通讯。1946年农历11月11日，他在深入敌占区采访时不幸被捕。1948年4月被敌人残酷杀害。牺牲时年仅26岁。

20世纪90年代，曾经担任过新四军苏浙军区文工团政治指导员兼戏剧主任的李明写了这样一段回忆难友的话：“危难中的同志之爱如高洁芳香的白莲花，永不凋谢；每当梦幻中出现为掩护我们而牺牲的袁素等烈士的身影，心头总像插上无数利刃，久久不能平静……”

这位让女文工团主任难忘的袁素，就是新华社的一位普通记者。她与袁素原来并不相识，只是在国民党狱中当过一段难友。袁素死于敌人屠刀下，年仅26岁。

抗日的热血青年

袁素，原名袁香章，1922 年生于如皋县九龙口一个农民家里。在他很小的时候母亲就去世了，父亲续弦后，继母又生了三个孩子，家境非常贫寒。“穷人的孩子早当家”，袁素从小养成了勤俭、朴实、好学的习惯和关心他人、替他人着想的品质。

在袁素的家乡九龙口附近有一所鄂垈小学，是中共江苏省委 1925 年建立的第一个直属党支部据点，由校长陆植三任支部书记，在附近的六甲、周严墩、群岸等小学的师生和农民群众中，进行了大量的革命宣传和教育工作，发展了一批积极分子入党，并很快在全县建立了党组织。1928 年五一节，以这个直属支部为核心，领导了农民武装起义。起义中牺牲的第一个县委负责人苏德馨同志就是袁素的同乡九龙口人。后来，革命形势迅猛发展，在如皋、泰兴、南通等县的广大农村也建立了革命根据地，创建了红十四军，进行了轰轰烈烈的土地革命，三年多里留下了许多可歌可泣的英雄事迹。

袁素因家境贫困，8 岁才进鄂垈小学读书。他耳闻目睹了周围民众的苦难和革命的变化。

1937 年，抗日战争全面爆发，不久，苏中一带包括如皋被日寇侵占，袁素也失学了。1940 年，新四军渡江东进，这里重新获得了解放，并在如皋县宝庆寺创办了滨江中学，袁素转到这个学校继续读书。

1942 年，袁素在滨江中学加入中国共产党，并被选为学生支部负责人之一。第二年中学毕业，组织上分配他到如皋县车马湖区任区委宣传干事，后又担任宣传科长。他工作兢兢业业，遇事勇敢沉着，和同志们一道深入边缘地区开展对敌斗争，为当地抗日力量的发展壮大做出了积极的贡献。

在苏中抗日根据地，我党的宣传力量非常强大，宣传工作开展得有声有色。

1942 年 9 月，新华社华中分社在江苏阜宁成立，由华中局文委书记钱俊瑞在政治上负责，范长江任行政社长，谢冰岩任编辑部主任。11、12 月间，考虑到将来的胜利和发展，华中分社将主要骨干派往苏中、苏南、浙东等地区建立新华社支社。谢冰岩被派往苏中筹建支社。当时，苏中区党委下辖的四个分区都办了自己的报纸，一分区是《前哨报》，二分区是《滨海报》，三分区是《江潮报》，四分区是《江海报》。这些报纸积极宣传我党的抗日方针、政策，成为强有力的一支抗日队伍。

1943 年，在第二次世界大战苏德战场上，苏联红军由退守转为反攻，英美盟军也加强了对德意日法西斯的作战。在国内，八路军、新四军英勇作战，使我抗日根据地日益巩固和发展。在这样一个重要的历史转折时期，中共苏区党委决定在原来二分区《滨海报》的基础上改出机关报《苏中报》(12 月 2 日出版了创刊号)，并于 11 月成立新华社苏中支社。抽调了一批报务员、译电员到支社工作，苏中支社和《苏中报》社，两个单位一起工作和生活，实行统一领导。支社抄收新华社的新闻广播和重要文件，立即向报社供稿；向上级新华社发稿，接受新华社的指示和要求；并承担采访、通联任务。

1945 年 3 月 4 日，新华总社发表了《关于通讯工作致各分社并转党委》的长电，指出："通讯社应有单独组织，(自然应与报社密切联系)，在精简原则下初步可设编辑、采通、电务等三科。其中采通科特需加强，编辑应由熟悉政策与地方情形的同志担任，……在目前环境下，通讯社是对外宣传的唯一组织，也是向中央反映工作与各地交流经验的最好工具，在这上面花费些力气是完全必要的。希望各地党委和分社负责同志，共同把分社真正健全和充实起来。”

总社的这份长电引起了苏中区党委和各地委及报社领导的重视，他们立即加强了通讯组织和通讯工作。华中分社升格为华中总分社，苏中支社也升为苏中分社，在原来各报社的基础上建立新华社一、三、四支社，保持经常的业务联系。

无畏的青年记者

1944 年，袁素被正式调到《江潮报》和苏中分社三支社当记者。

袁素 1942 年在车马湖区委做宣传工作时，就经常给党报写稿，是《江潮报》非常积极的通讯员。他一方面在区委直接从事抗日斗争的组织动员工作，另一方面又拿起新闻的武器进行抗日宣传。为了提高自己的写作能力，他在日常工作中挤出时间，主动挑选报纸上一些较好的新闻通讯进行分析比较，从中学习人家的长处。在给报社当通讯员的实践中，他经常和同志们进行交流，深感党报在基层工作中的重要作用，对一条好新闻给人民群众带来的鼓舞和教育也有着深切的体会。

袁素调到三支社以后，以百倍的热情在干中学，学中干。特别是火线采访，表现了大无畏的英雄气概。抗日战争胜利后，他又随军采访，先后参加了攻克泰兴、如皋等战役。随后，他和陈扬同志负责地方支前报道。在硝烟弥漫的岁月中，袁素是哪里艰险到哪里去，哪里有革命斗争的新闻到哪里去，他冒着枪林弹雨，深入采访。为了抢时间把所采访的素材写成稿子，他废寝忘食，在煤油灯下奋笔疾书，经常工作到深夜。他写了不少新闻、通讯刊登在当地解放区的报纸上，并发向延安。1945 年 10 月 5 日，以他为首，和陈扬、石铎合写的一篇战地短通讯，以新的感人事实，反映了人民战争无往不胜的一个侧面。

江潮報

新解放區人民生活改善

打退十倍敵人

袁素生前所在的苏中三分区地委机关报《江潮报》

民兵健儿在总攻击中

在总攻如皋城的日子里，敌人把所有希望寄托在高达三丈的城墙以及墙外三丈多宽的护城河上，他们把所有的武器弹药使用在挡住新四军冲过护城河和爬上城墙上。

我们的民兵，则不顾一切的，以惊天动地的壮烈行动，帮助自己的军队，冲过护城河，爬上城墙。

总攻击在21日早上8点钟发动了，雨如瓢泼，护城河里的水陡涨起来，辛苦了几大筑起来的土坝，淹下去的淹下去了，冲倒的冲倒了——但必须在几分钟内渡过这条护城河。

肉　　桩

为了掩护搭浮桥，土坦克从屋子里推出来，河坎很陡，轮盘儿不住自动地往河底滚，石庄区的马贵福仿佛不很理会敌人那不脱链的机枪声，从土坦克下面爬出来，半身浸在水里，双手抵住了滚下来的轮盘儿。浮桥在土坦克掩护下搭成功了，但不够长，手一松就会顺流漂走。渡军井区的钱正富跳出土坦克，钻进水里，用肩膀当桥桩，扛住浮桥。就这样，一个连的战士在这根肉桥桩上冲过去了。桥太窄，跑得太快了，“扑通”！三个战士一挺机枪掉下河去，钱正富连忙扑向河中央，一个一个地救了上来，把机枪交还了它的主人。

水　　龙

敌人拼死命地想斩断浮桥，有一座浮桥中了敌人的一支火箭，桥上的稻草烧起来了，石庄区民兵预先架好的水龙得用了，一个班虎彪彪的战士冒着弹雨，跳出来汲水的汲水，压水龙的压水龙，终于救出了费尽心血的浮桥。

绳　子

没得浮桥的地方，民兵用绳子渡过冲锋的战士。石庄区一个民兵带着绳钻下水去，一口气“攻”到了对岸，揩去眼睛上的水一看，“呃，对面没有人了?”原来因为水流太急，把他斜冲过去有三五丈远。他回到目的地，木桩般蹲在水里，拉紧了绳子，让战士们一个个地系过来。

梯　子

民兵会游水，他们带过去一批批梯子迅速地散布在城脚下，架起来，生龙活虎的主力健儿，一个紧跟一个往城头上冲，民兵徐水宾也想跟上去，但忽然一张梯子的柱子裂开来，他就一把捏住，使出全身的劲捏着这把裂破的梯子，又 12 个战士上去了。然后，他从一根未断的柱子上也跟了上去。

在另一张梯子上，爬在第一个的人快要抓住城垛了，忽然飞来一刀，没砍着，又紧接着打来一枪，糟糕，他从第二个人的头上滚下去了。下面的却毫不气馁，拿着手榴弹一鼓劲向上爬，终于在城头上与主力会师。聚在一起看，都是石庄区的民兵。

锈刺刀

芦港区的李昌生拿了一柄锈刺刀，跟一个机枪手冲到三丈多高的城头上。敌人看见了，正想拉枪栓，他猛扑过去，敌人在锈刺刀尖下面倒下来了。他接二连三地缴了许多枪、子弹，胆更大了。最后，他肩上已有六根步枪，却又缴到一挺机枪、一只盒子炮、一些军用品，拿不动，都送给了主力同志，连最心疼的三八式也给送了去，他咂咂嘴还要去缴。

（原载 1945 年 10 月 5 日《江潮报》）

在苏皖边区成立、《江潮报》和《江海报》合并为《江海导报》后，袁素作为一名骨干记者被调到靖江县任县通讯站站长。

当时的靖江已经成为我华中一分区与蒋介石统治地区隔江相峙的主要前哨阵地之一，形势十分险恶。1945 年除夕，蒋介石命令驻守长江南岸江阴的国民党军队偷渡长江，强占了江北解放区内的靖江和泰兴。因此，袁素到靖江去，不仅冒着生命危险，而且能不能发出新闻来，也是大家担心的。但是，袁素赴汤蹈火，依靠群众，工作得非常出色。报社和新华分社几乎天天都收到他从靖江郊区寄送来的稿件。这些稿件以翔实的材料揭露了国民党反动派如何抢劫人民的胜利果实，残杀无辜群众以及他们奸淫掠夺的种种罪行，同时还报道了靖江人民如何积极开展反蒋自卫斗争、取得胜利的消息。这些稿件都迅速见报，同时，发往延安总社，向全国和世界转播。在这些报道中，袁素以犀利的笔锋，揭露了国民党反动派破坏和平、撕毁“双十协定”、妄图发动内战的种种事实，消除了一些人在抗战胜利后产生的和平麻痹思想。袁素在事后的一次新闻工作会议上说：“我已适应了危险的环境，我一定要把靖江人民同国民党反动派斗争的英勇事迹报道出来，决不辜负党和人民的期望。”

1946 年夏秋间，蒋介石国民党集中几十万兵力，向我苏皖解放区大举进攻。我华中野战军在粟裕同志的指挥下奋起反击，在短短的三个多月时间里，就取得了苏中“七战七捷”的辉煌胜利。之后，部队主力向山东撤退。袁素和报社、分社的一些同志在苏中东台、大丰一带流动，处于边工作边转移的状态，常常是刚住下来，敌人就接近了，不得不马上背起背包转移。在难以想象的艰苦条件下，袁素和同志们争分夺秒抢时间写稿、编辑、出报。每一份新报散发出去，就是对敌人有力的打击，对人民极大的鼓舞。

1946年，为了再次加强对靖江人民自卫反蒋斗争的报道，组织上决定让袁素同志二进他熟悉的靖江县进行采访报道。分社、报社的同志们是多么舍不得他离开呵，但为了深入敌后得到更多南线的消息，大家还是依依不舍地和他分手了。临别时，寒风瑟瑟，袁素同志穿着单薄的夹衣，背着背包，随身只带了一些极简单的用具。送行的同志劝他多带点衣服，他说："我就只这几斤重的东西，过封锁线更方便。这次正好顺道回家拿棉衣穿。"

生留战友死留己

新的征途，生死叵测。

1946年农历十一月十一，在穿越据点林立的如（皋）黄（桥）封锁线时，袁素不幸被捕，同时被捕的还有好几个同志，但他们之间都不相识。袁素被捕后，敌人从搜出的证件中得知他是我方新闻记者。敌人责问他："你为什么要当共匪?"袁素反问："我不知道你在问谁?"敌人说："我在问你。"袁素坚定地回答："你错了，我是抗日爱国的新闻记者。匪的名称只能冠在以武力抢劫人民财物、奸淫烧杀的歹徒身上。我们是爱人民的，我们的纪律就是不拿群众一针一线，借物要归还，损坏要赔偿。试问世界上有这样的匪吗?!"说得敌人哑口无言。敌人对袁素严刑拷打，但他始终坚贞不屈，不给敌人任何口供。敌人毫无所获，只得把他押送到如皋，后又转到唐闸集中营。

当时，唐闸集中营关押着大约1000多人，都是从解放区抓来的，包括新四军的各类干部和老百姓中的可疑分子。这真是一个庞大的法西斯集中营。其中有 4 位女同志，分别是李明（苏浙军区文工团政治指导员）、顾永怀（南通干部）、贾明芳（如皋县区干部）、何秀萍（南通乡间的妇女积极分子）。

李明是 1947 年 12 月被关到唐闸集中营的，敌人多次对她诱降、威逼、施刑，都无结果，于是宣布："再顽固下去，就送你到金山寺。"金山寺集中营四面环江，是更为恐怖的阎王殿，去了必死无疑。李明和难友商量：被押送到金山寺肯定是死路一条，不如在唐闸集中营设法越狱，冲出去，也许还有一线生机。几个女同志又设法与集中营的秘密支部取得联系，通过互传字条，在秘密支部的组织下，制定了一个越狱计划：由袁素与魏令贵（原我军排长）、杨春生（原我军文化教员）三人组成突击组，先越高墙，破电网，在墙外隐蔽等候，再由另一位同志伺机带领女同志越墙，会合后由男同志带领泅过集中营外的大河。这一计划是袁素主动提出的，当时，他与李明几位女同志从未谋面，但当他得知女同志不会游泳，即使逃出集中营，也无法泅渡集中营外的那条大河时，毫不犹豫地承担起越狱最艰巨任务。

1948 年 3 月 6 日，是他们选定越狱的日子。这天晚点名后，天黑了下来，袁素给女囚室的同志送去了准备越狱的信号："快回去睡了！时间到了！"这个信号的真正含义是：越狱行动准备就绪，等候通知。说完这话，袁素扫视了一下女同志，旋即离开。几个女同志心照不宣，一边在集中营大厨房烧粥，一边等待着出逃时机。时间，在焦急、紧张的等待中一分一秒地缓缓移动着……突然，砰砰砰，对面响起了激烈的枪声，"出问题了。"李明等同志预感后果不妙，只能盛了粥返回囚室。

原来，就在袁素三人翻越围墙的时候被巡逻兵发现，当场抓获，并从他们身上搜出了匕首以及女囚室与他们联络时写的小字条。

越狱失败的当天夜里就开始了审讯。敌人拿着从袁素身上收缴的小字条严刑逼问："是谁写的?"

已经被打得遍体鳞伤的袁素挺身而出说："条子是我写的，不必冤枉别人。"

敌训导主任反问："既然是你写的条子，怎么会放在你身上?"

袁素迅即回答："原来想交给别人，组织同逃，后来没有找到对象，就放在自己身上了。"

敌人要袁素当场写字对笔迹。结果，平日对美术也有研究的袁素写下了与字条笔迹相同的字迹，敌人找不出破绽，信以为真了。

把生留给了战友，把死留给自己。袁素在这人生的生死关头，表现是何等高尚。和他一起组织这次越狱的女同志和支部的许多同志，受到了掩护，终于历尽坎坷，得以生还。

不久，敌人将袁素、魏令贵、杨春生押解到南通，在那里，袁素通过一位可靠的同志给李明等留在唐闸集中营的难友转去一张字条，上面写着："请放心，敌人没有从我们口中得到他们想要得到的一个字。如可能，请转告党组织，我们尽了党员应尽的义务。"

1948年4月的一天，袁素和其他两位同志被敌人以"组织越狱暴动"罪在南通花园巷处决。行刑前，他们大声高唱着新四军歌曲："光荣北伐武昌城下，血染着我们的名字……"难友们目送着他们，热泪滚滚。在刑场，年仅26岁的袁素高呼："中国共产党万岁!""毛主席万岁!"壮烈牺牲。

"生留战友死留己"。袁素，一朵高洁芬芳的白莲花，将永不凋谢，永远怒放。

枪林弹雨中的摄影尖兵

——记新华社华野第 13 支社兼《进军报》摄影记者姜树堂

姜庆肇

姜树堂，男，1925 年出生于山东省海阳县，1943 年在我党创办的胶东公学学习期间加入中国共产党。曾任胶东画报社编辑，后主动要求赴前线从事战地采访，任新华社华东分社特约记者、华东野战军第 13 纵队《进军报》摄影记者。他以普通一兵的身份出现在部队，既做宣传员，又做战斗员，并且拍摄了不少反映我军指战员英勇作战的历史镜头。1948 年 6 月，在山东兖州战役中被弹片击中，英勇牺牲。

在新华社队伍的前辈中，有一批勇敢的摄影记者，他们在战火纷飞的解放战争中，不怕牺牲，不畏艰险，穿越枪林弹雨，拍下了珍贵的战斗情景，极大地鼓舞了军民的斗志，留下了难忘的历史画卷。华东野战军第十三纵队新华社支社兼《进军报》摄影记者、新华社华东分社特约记者姜树堂就是其中的一位杰出的代表。

从小立志抗日的山东汉

1925年姜树堂出生于山东省海阳县郭城区陈胜村的一个普通农民家庭。祖父是个铁匠，父亲姜渭深吃苦耐劳种田。姜树堂从小就帮家里干农活，深知家计的艰辛。他八岁入本村小学念书时，下田劳动是常事。1939年春天，日寇已占领大半个中国，13岁的姜树堂在郭城高级小学读书，就立志要当一名坚决抗日的山东汉。当时，班上一位同学的父亲被日寇的炮弹炸伤，造成极端痛苦和困难，这位同学因父亲失去劳动能力而要被迫退学。姜树堂得知这一情况，更增添了对日寇的仇恨，他找班主任老师提出，不应让这位同学退学，并说出了帮助同学排忧解难的想法。老师深受感动，当即出面向校方代为申请减免这位同学的学杂费；接着，又在全校发动募捐，接济这位同学。很快便使这位同学得以继续就读，并初步解决了他的经济困难。这一募捐活动，在全校师生中，也更加激发了团结一致坚决抗日的决心。

当时在山东海阳等地，中共地方党组织已非常活跃。1940年秋，15岁的姜树堂高小毕业，因学习成绩好，为人厚道，助人为乐，受聘于本区高村小学，当了一名教师。姜树堂满怀激情，不仅尽心教小学生识字，还率先在高村开办了夜校和妇女识字班，向男女民兵和其他农村群众传授文化。同时，以中共胶东区党委编印的《抗战道理》、抗日军政大学编印的《中国革命基本问题》等为教材，进行抗日革命宣传，深受农民群众的欢迎。姜树堂通过讲课，坚定了广大群众打败日本帝国主义的胜利信心；他还积极组织发动群众，按照抗日民主政府的法令，实行减租减息，开展反对日寇、汉奸和国民党投降派的实践斗争，起到了积极作用。

在地方党组织和抗日政府的关怀下，不久，姜树堂考入胶东公学师范班，进行深造。胶东公学是中共胶东特委在敌后创办的一所培养革命干部的抗大式的中等学校。公学的生活和教学条件虽然十分艰苦，但教学内容扎实，与抗日斗争紧密结合。姜树堂在公学里抓紧分秒，刻苦学习，并深入群众，参加社会活动，在生产劳动中争当模范，受到同学和老师们的一致好评。

在胶东公学，姜树堂对绘画很感兴趣，画了一些反映抗日题材的图画。他画的公学学生自己做鞋、推磨磨面的两幅速写，反映了抗日群众自力更生的精神，被我解放区的《胶东画报》刊出，署名为“胶公学生姜树堂”，初步显露了他的形象思维能力。

拿起相机英勇战斗

1943 年姜树堂在胶东公学加入了中国共产党，第二年 9 月，公学毕业后，他被分配到《胶东画报》社任编辑。从此，他深入八路军部队采访，熟悉军队生活，了解火热的战斗生活，和部队战士亲密无间，尽情地画战士、写战士，工作十分出色。

1945 年 3 月，姜树堂参加了八路军。起初，他被分配到胶东军区西海军分区政治部宣传队任分队长，不久调任宣传科摄影干事。在血与火的战场上，他不仅搞摄影，而且和战士们冲锋陷阵，既当宣传员，又当战斗员。在平度城北的花埠伏击战中，他跟随一个主力营参加战斗，积极带头开展战地宣传和鼓动工作，使部队的士气异常高昂。战斗打响后，他和部队战士一起，冲向我伏击圈内乱作一团的敌人，英勇歼敌，直到取得最后胜利。

1947 年，蒋介石调集重兵，对山东解放区进行了疯狂的“重点进攻”，为了粉碎敌人的阴谋，我华东野战军第十三纵队正式成立，随即建立了进军报社和新华支社。姜树堂从西海军分区调到第十三纵队新华支社和进军报社任摄影记者。

姜树堂极其珍惜当时不多见的陈旧的照相机和不多的胶卷，积极投身到胶东保卫战中，哪里战斗激烈，哪里有可以拍摄的新闻镜头，他就出现在哪里。没吃没喝他不顾，子弹头顶飞，炸弹身边炸，他不顾。为了拍下胶东保卫战的镜头，真实记录近景，他一心冲向前。

《我军于灰山英勇阻击犯敌》是姜树堂在战地拍摄的新闻照片，记录了我野战军前线英勇激战的现场；《莱阳城守敌核心阵地覆灭》《浴血奋战将军顶》是姜树堂和战士们在同一战壕里拍摄的。在1947年12月将军顶阻击战中，我军用火箭筒击毁敌军坦克一辆，这是山东战场上我军第一次击毁敌人耀武扬威的“乌龟壳”，是敌军走上下坡路的一种标志，姜树堂在现场拍摄了我军穿着棉军服的战士登上坦克参观的情景，这张《我军击毁敌坦克》的照片在当时是很有意义的图像新闻。

姜树堂拍摄了敌人残杀民夫于莱阳禾家疃的照片，画面上，一位民夫的头部特写倒在杂草和破衣之中，仰望长天，死不瞑目，极为惨烈。他拍摄的《白林庄群众的控诉》，画面上五位胶东妇女，在悲愤地控诉蒋军对自己亲人烧杀奸抢的罪行，泪如雨注，激起周围战士的无比仇恨。他还拍摄了《支前大军浩浩荡荡》等照片。在五个月的胶东保卫战中，姜树堂拍摄了大量战地照片，被解放区的报刊广泛采用，有力地鼓舞了我军英雄杀敌，促进了军民的团结抗敌，为粉碎敌人的“重点进攻”做出了贡献。

在战火纷飞的岁月中，姜树堂还以绘画、木刻作武器，打击敌人。在高密西老庄战斗中，九班长只身冲进烟火中，活捉两名敌人，缴获一支捷克式机枪、一支步枪、一支匣子式手枪。姜树堂立即画了《功劳簿上第一名》的两幅画，刊登在报纸上。他了解到蒋介石第八军在山东潍县油房，包围群众一次捉去壮丁50多人，在上庄一次捉去壮丁 30 多人，用长绳捆着连成一串，拉去为蒋军充炮灰，就迅速画了一幅木刻《捉壮丁》，刊登在当时的《大众日报》上。这些及时反映现实的绘画、木刻，也极富有新闻性、战斗性，在军民中起到了团结群众打击敌人的震撼作用。

姜树堂在随军采访中，成绩卓著，很受领导器重，渐渐有了名气。但他始终把自己看作“普通一兵”，既做宣传员，又当战斗员，倍受指战员们欢迎。他到过的部队，从团政委到连队指导员，都常常用他的模范事迹来教育和激励战士们，要求战士们像姜树堂那样不怕艰苦，不怕流血牺牲，去英勇战斗，夺取胜利。

1947 年秋，胶东保卫战开始后，他随三十八师一一四团做战地采访。为了粉碎敌人的猖狂进攻，这个团奉命参加奇袭被敌人一度侵占的掖县城。总攻一开始，姜树堂就背着照相机赶到第一营指挥所，然后，他主动地扛起一箱子弹，跟随重机枪排去担负掩护攻城突击队的任务。他的这一行动，怎能不给正在准备攻城的突击队以极大鼓舞！战士们相互鼓励说：人家当记者的都这么勇敢，和咱们一起打仗，还给咱们照相，咱们可不能当孬种啊！

我军势如猛虎，一举登城成功，突击队向纵深发展。这时，只见前面有一幢大瓦房，挡住了前进的通路，却不见这幢房子里有敌人抵抗的迹象。排长想带领战士冲进去，姜树堂不同意，他感到这其中可能有诈。于是，他自告奋勇地带领两名战士先摸上前去侦察。果然不出所料，发现三四十个敌人隐蔽在大瓦房顶上，企图居高临下地给我军以出其不意的大力杀伤。姜树堂当即和两个战士一齐开枪射击，给敌人来了个突然袭击，打得敌人措手不及，死的死，伤的伤，纷纷从房顶上滚落下来，当即被我突击排全部歼灭。战后，部队为姜树堂请功，纵队首长予以表彰。

不久，姜树堂又跟随这支部队参加了围歼窜犯莱阳城之敌而进行的将军顶阻击战。他一面做火线鼓动，一面做战地摄影，拍下了我英雄的阻击部队紧守阵地、英勇杀敌的多幅照片，其中包括拼刺刀，进行肉搏战的珍贵历史镜头。

一位参加过这次战斗的英雄排长在战斗后回顾说：当时的战斗打得非常激烈、残酷。一次，约有一个连的敌人一窝蜂似的冲上来，我们的前沿阵地全被敌人的炮火摧毁了，人员也大部分伤亡，我身边只剩下三四个战士和七八个轻伤员。这时，我发现姜记者还在战壕里照相，我让他快走，他不理，真使我又急又感动！心想：“人家记者是从上级来的，性命要比咱们的宝贵，可他为了完成任务而不怕死。咱还怕个啥。”于是，我觉得浑身是胆，喊了声：“同志们，跟我来，反冲锋！”连伤员在内，我们十几个人，马上投出一排手榴弹，乘机跃出战壕，一齐高喊“杀”，向敌人冲去。十几把明晃晃的刺刀，一下子把敌人吓破了胆，后边的掉头跑，前边的跑不及就被我们捅死了几个。当打退敌人这次进攻、我们撤回战壕时，见姜记者还端着照相机朝我们照，他高兴地说：“你们真勇敢，打得太好啦！”并告诉我：他刚才把我们和敌人拼刺刀的镜头也照下了！

马革裹尸在兖州

1948年6月，我野战军部队经过“三查”（查阶级、查工作、查斗志）的新式整军运动以后，斗志更加高昂，开始向津浦路进军。当时，我军战士第一次坐了一段火车，尽管是运煤的闷罐车，战士们出来后都成了“黑包公”，但大家都感到军事局势大转折就要到来了。就在这时，姜树堂跟随十三纵队三十七师向前挺进。

兖州之战即将开始。兖州乃为古战场，素有“九省通衢、齐鲁咽喉”之称，南屏徐州，北护济南，东窥沂蒙，西瞰鲁西，是历代兵家必争之地。此时兖州在蒋介石“确保津浦路，坚守中原”的战略防御体系中更是战略要地，部署了一个多师的兵力坚守。我军发起兖州战役则是为了策应刘邓大军挺进大别山和掩护华东野战军西线兵团逐鹿中原。因此，战略意义重大。

十三纵队三十七师一〇九团担负着从兖州老西门突破登城的任务，姜树堂与战友姜庆肇到达这个团的时候，正赶上全团在一片河滩上举行战斗誓师大会。在团长田世兴和政委张志勇分别作了动员讲话后，张政委还特地向全团介绍说：“同志们，我还要告诉大家一个好消息，就是纵队政治部派两位姜记者来了，一个照相的，一个写稿的，他们要跟咱们团一起参加战斗。你们哪个单位、哪个人，打得好，当了英雄，成了功臣，他们就给你们照相，写稿子，登报，让你们的亲人，让全解放区的人民，让毛主席、朱总司令都能看到!”

这是特殊的鼓舞，也是特殊的战斗。7 月 7 日一〇九团进入兖州城西关接替兄弟部队防备，直接作攻城准备。姜树堂首先随部队指挥员一起冒着冷枪冷炮，爬到护城河边，仔细观察了地形和敌情；然后从团部下到突击营——第一营进行采访。当时正是盛夏酷暑，掩蔽部内又闷又热又潮湿。为了活跃战地文化生活，他常常掏出随身携带的小口琴，吹奏给战士们听，并给尖刀班和爆破手画肖像，鼓励他们胜利完成战斗任务。

7 月 12 日黄昏，当部队向兖州城发起总攻时，姜树堂即跟随架设浮桥的第三连到达护城河边。河宽 10 米、深 2 米，加上敌人的火力封锁，使架桥十分艰难。第一组伤亡了，第二组接着来；又失败了，连长亲自带领第三组又冲上去……前仆后继，气壮山河！这时，姜树堂冒着生命危险，拍摄了这些激烈的战斗场景，当通信员小王叫他回去时，他坚决不肯，一定要留在河边继续拍摄，小王只好找了个钢盔扣在他头上……

入夜，架桥终于成功。姜树堂跟随部队突击登城，现场拍摄突击队的战斗英姿，在突破口上，他还端起手枪，和战士们一起射击，打退了敌人的反扑。

次日拂晓，城内的守敌垂死挣扎，集中炮火向老西门方向轰击。这时，姜树堂仍奋不顾身，冒着炮火，拍摄我后续部队源源攻入城内、歼灭残敌的胜利场景。

东方发白时，一发炮弹突然落在姜树堂身边，弹片飞射，击中他的头部。姜树堂没有说一句话，非常突然地壮烈牺牲了。

噩耗传开，部队指战员个个都认识姜树堂，他们无不悲恸万分。纷纷表示："一定要为姜记者报仇!"他们更加英勇地进行战斗，迅速全歼守敌，占领了兖州古城。

兖州战役胜利结束后，十三纵队政治部为姜树堂同志举行了隆重的追悼大会。新华社华东分社专门发来了唁电。山东《大众日报》等报纸也都发表了专文，悼念这位党的优秀新闻工作者。政治部首长号召部队干部学习姜树堂同志英勇战斗的精神、敬业勤奋的品德和深入实际、联系群众的好作风。

年仅 23 岁的姜树堂长眠在兖州这块他战斗的热土中。曾和姜树堂同志战斗生活在一起的老新闻战友周树熙写下了这样的一首诗：

比年鏖战兖州城，卌载雄姿心上萦。
抢架濠桥摇铁笔，争当雉堞快机鸣。
常同袍友苦为乐，竟伍先驱死若生。
遗志已酬堪告慰，今朝华夏正升腾。

他在黎明前倒下

——记新华社华北军区第20兵团分社记者萧逸

卫元理

萧逸，男，1915年生，江苏南通县人，30年代为上海乐器公司工人，积极参加抗日救亡活动。1938年赴延安，入鲁艺第一期学习，曾任周扬秘书，后参加鲁艺实验剧团，在延安文艺协会工作。1945年与茅盾女儿结婚，1946年任晋察冀日报社和新华社晋察冀总分社记者。解放战争开始后任新华社华北前线记者。1949年在太原前线牺牲。

1949年4月，在人民解放军解放太原的战役中，一位随军采访的新闻记者倒在了战火纷飞的前沿阵地，鲜血染红了他的采访本。他青年有为，怀着美好的希望，牺牲在人民革命事业即将胜利、新中国的曙光徐徐升起的前夕，这使他的战友们无不感到悲痛和惋惜。这位长眠于太原城郊的革命烈士，就是新华社驻华北野战军第20兵团分社记者萧逸。

从南通到上海

萧逸，原名徐德纯，乳名广金，江苏南通县竹行镇人。1915 年 6 月 17 日出生于一个农民家庭。父亲徐忠输，以农为业，兼做看布生意。兄弟姐妹 8 人，徐德纯最小。

他 9 岁进竹行镇小学读书，15 岁在张芝山小学读完高小。据他姐姐徐德贤回忆，德纯从小性格活泼，天资聪敏，吸收新鲜事物快。学习成绩总是名列前茅。

1929 年夏季小学毕业后，他去苏州考中学，由于交通不便，延误了考期。后经人介绍，去上海一家乐器公司当学徒。

在上海期间，萧逸广泛接触到社会现实，感受到人间的疾苦和社会的不平。他喜爱文学，读了不少进步文艺书籍，特别是鲁迅先生的作品，对他的思想影响很大。“九一八”事变后，国土的沦陷，民族的危亡，激发了他的爱国热情，积极投入了抗日救亡运动之中。1932 年，上海发生了“一·二八”事变，日军进攻闸北、吴淞一带，受到驻守上海的国民党第十九路军的英勇抵抗。在中国共产党的领导下，上海工人举行抗日总同盟罢工，各界民众成立了反日救国会和反日救国义勇军，组织起运输队、救护队等，积极支援前线。在热火朝天的救援活动中，萧逸是积极参加者，受到了实际的教育和考验。

1936 年，萧逸参加了上海读书生活出版社（后改名读书出版社）的工作，成为一名工作人员。这成为他思想和生活的转折点。这个出版社的前身，是李公朴先生主编的《读书生活》半月刊。主持社务和编辑工作的，有艾思奇、柳湜等人，总经理是黄洛峰。它出版的期刊有《读书》《战线》《大家爱》《认识月刊》等，多达 6 种，还出版了大量的政治、社会和文化读物，传播革命理论和知识，在读者中产生了很大影响。艾思奇著的《大众哲学》(原名《哲学讲话》),就是在该社出版的,受到广大青年的欢迎,不断再版。萧逸在这个党所领导的革命出版机构里,接受了革命思想的熏陶,受到革命前辈的教育,使他开阔了眼界,提高了觉悟,对中国革命和中国共产党有了一定的认识。

1937 年 7 月抗日战争爆发,8 月 13 日日军进攻上海,11 月上海沦陷。萧逸在中国共产党的指引下,满怀抗日救国的激情,跋山涉水,历尽艰险,于 1938 年初到达革命圣地延安,并在延安加入了中国共产党。

延安鲁艺第一期学员

抗战时期的延安,是中共中央的所在地,是抗日救亡的领导中心,到处呈现着欣欣向荣的革命景象。全国各地的爱国青年,冲破国民党反动派的封锁和阻挠,从四面八方长途跋涉,奔赴延安。他们在这个火热的革命熔炉里学习马列主义,学习军事技术,纷纷走上抗日民族解放的战场。

萧逸到达延安后,先是进入抗大学习。1938 年 3 月鲁迅艺术学院筹备成立,有戏剧、音乐、美术三系(后增设文学系),开始招生。爱好音乐的萧逸前去报考,被录取为音乐系第一期学员。鲁艺音乐系第一期学员共 15 名,其中有郑律成、安波等人。3 月 14 日开始上课,4 月 10 日才在城里的中央大礼堂正式举行开学典礼,毛泽东等中央领导同志出席。

鲁艺办学初期遇到了很多困难,如办学的物质条件极差,学员入学后,还要动手挖自己住的窑洞,没有教材,也没有参考资料。音乐系只有三名教员,吕骥、向隅、唐荣枚。也缺乏可供练习的乐器。由于教员和学员们的共同努力，这些困难很快就基本上得到了解决。教员自己动手编写讲义，学员互教互学，集体讨论研究。向隅从国统区带去的一把小提琴，大家轮流练习，其他如胡琴、笛子、口琴、手风琴、打击乐器都利用了起来，所能找到的中外歌曲、乐谱、民歌小调，甚至宗教音乐，都成为教学的参考资料和研究对象。经过三个月的紧张学习，期终结业时，学员们都取得了较好的成绩。

1938年7月，萧逸在鲁艺音乐系毕业时，赶上了延安两次盛大的音乐活动：一次是抗战周年宣传周。为纪念“七一”党的生日和“七七”抗战一周年，鲁艺举行了一系列大型演出。音乐系学员除了担任乐队与合唱队的节目外，还协助戏剧系演出了新歌剧《农村曲》（李伯钊编剧，向隅作曲），演出20余场。另一次是7月18日延安举办了纪念聂耳、黄自的音乐晚会。鲁艺音乐系师生由于人手不够，一部分先到校的音乐系第二期学员也参加了演出。

7月1日，鲁艺与解放社印刷厂的工人同志们在清凉山上联合举行了一次庆祝活动。由于当晚鲁艺在城内中央大礼堂有重要演出，故改在当天下午举行。这天鲁艺派出了一部分同志参加，并向印刷厂负责人说明，为了保证晚上的演出活动，大型剧目和主要精力都放在那里了，这里只有音乐系的节目，请他们谅解。这次演出的场地就在清凉山上印刷厂所在地万佛洞，一个天然的大岩洞连着平房，地上用石头垫起一排排长木板条，作为观众席，靠头留有一片空地，四角还搭着木架子，这就是演出舞台。令人兴奋的是，印刷厂工人同志还邀请了中央领导同志来参加。毛主席高兴地来了，兴致勃勃地与大家同坐在木板条凳子上，观看演出。那天鲁艺演出的节目，有四部合唱，演唱的歌曲有《国际歌》《抗敌歌》《游击队之歌》《光明赞》，女声齐唱《新的女性》，男声齐唱《抗大校歌》《鲁艺院歌》，郑律成独唱《延安颂》，张林簃的小提琴独奏，梁寒光等人的广东音乐合奏。萧逸也参加了演出，节目是口琴独奏。印刷厂工人演出了以抗日为题材的活报剧，短小精悍，精彩生动，博得了毛主席和全场观众的热烈掌声。最后，纪念活动在《义勇军进行曲》的激昂雄壮的歌声中结束。

参加鲁艺实验剧团，赴前线慰问演出

1938 年 8 月 1 日，鲁艺成立了实验剧团。

这是为了集结人才，适应延安文娱活动及开展演出需要而建立的专业性戏剧团体，团员有龚伟、萧逸、孙强、温容、韩塞、里珂、张平、徐一枝、阿甲、张东川、张林簃、张鲁、岳慎、张颖、陈锦清、邸力、地子、熊塞声等人。剧团主任和各科科长都由戏剧系教员担任，剧团主任兼教育科长王震之，组织科长李伯钊，剧务科长钟敬之。导演有左明、崔嵬、张庚，音乐顾问向隅。8 月 27 日，剧团正式举行成立典礼，晚上演出话剧《一心堂》、新编京剧《松林恨》。后来又演出了三幕话剧《打虎沟》。

实验剧团的成立，给延安的文艺生活带来了蓬勃活力和生机。那时这批艺术青年，革命情绪饱满，经常聚集在城内与边区文协同院的两间平房内，紧张地学习或排戏，并常借用近旁的中央大礼堂（旧天主教堂），作为排练和演出基地。鲁艺住地在北门外，离城一里多路，他们经常往来奔波，虽然艰苦，但精神很愉快。他们先后演出了多幕话剧《团圆》（沙可夫作）、《血宴》（陈荒煤作）和新歌剧《军民进行曲》（李伯钊编剧、冼星海作曲），受到了延安军民的欢迎。

1939 年 3 月，遵照中央指示，为了更好地开展抗战戏剧活动，与抗战实际结合并为前线服务，鲁艺派出实验剧团赴晋东南八路军总部慰问演出。他们是随同开赴前线的八路军炮兵团一起去的，同行的还有以陈荒煤为主任，团员有黄钢、梅行、乔秋远等由文学系师生组成的鲁艺文艺工作团。

这次赴前线慰问演出，鲁艺院领导极为重视，对实验剧团的人员作了重新配备和调整：主任王震之，秘书萧逸，剧务科长张平，组织科长安波，宣传科长龚伟，总务科长徐一枝，团员有张鲁、地子、刘谟、张潮、周云深、齐瑞棠、张守维、江雪、聂眉初、安琳等约20人。他们于3月11日从延安乘卡车出发，12日到西安，以后即随八路军炮兵团乘火车到达河南渑池，然后步行到黄河渡口，进入山西垣曲。在垣曲，他们为炮兵团举行首次慰问演出，稍事休整后继续跟随炮兵团前进。而后，翻越王屋山，经阳城、晋城，北向高平、壶关、长治等县，到达八路军总部驻地潞城。在其后的时间里，他们在八路军总部的领导和安排下，赴前线各地慰问演出。在晋东南时，从抗大分校又分配来一些同志，如徐徐、黎辛、周震山等10余人，充实了实验剧团的力量。他们去了太行山区的平顺、陵川、屯留，又渡浊漳河北向黎城、辽县（左权）、和顺，东至赞皇、内丘一带，后转榆社、太谷，最后南下风陵渡过河，于12月底返回延安。

实验剧团这次深入前方，长途跋涉，历时9个多月，沿途为前线部队和地方机关及群众进行了紧张的慰问演出和宣传活动，影响是巨大的，共计演出（晚会）100多次，演出剧目有从延安带去的《农村曲》《一心堂》《人命贩子》等，还有临时创作的，如《游击队的母亲》《沉冤》《傻子护游击》《小过年》《磨擦鉴》等，内容紧扣前方实际，短小精悍，生动活泼，受到广大战士和群众的欢迎。经常演唱的歌曲，有《延安颂》《在太行山上》《游击队之歌》《到敌人后方去》《大刀进行曲》《松花江上》《打回老家去》《红缨枪》《军民合作》《抗日点将》《骂汪小调》等，还利用民歌小调谱写抗战新曲。剧团还演出京剧片断、快板、相声等。当时，大家思想上没有什么条条框框，只要是能宣传抗日和党的政策的，是符合抗战需要的，不管什么形式都利用起来，加以改造，为抗战服务。因而剧团演出内容丰富多彩，形式生动活泼，富于战斗性和鼓动性，为群众喜闻乐见，收到了很好的宣传效果。

抗战前线的艰苦环境和战斗生活，使年轻的艺术家们受到了严峻的考验和锻炼。他们日夜行军宿营，排练演出，十分紧张。7月，日军在华北地区发起大扫荡，战斗频繁，环境险恶。有一次，在长治演出，恰逢日寇扫荡，敌军先头部队已逼近，这时演员已化好装，会场汽灯高悬，一切均已准备妥当，突接敌情通知，只好立即停演，收拾道具，迅速转移。由于反扫荡斗争持续时间长，战斗部队都开赴前线、抗击敌人去了，实验剧团等非战斗部队则在太行山的崇山峻岭间与敌人周旋，天天行军转移，又困又饿。米袋子空了，就吃野菜（黄花菜）；累了，就靠在路旁草丛睡觉。他们除演出任务外，还帮助八路军部队开办培训班，提高部队宣传队的水平，讲解如何排戏、化装、布景，教唱歌、指挥和写美术字。当时是国共合作时期，为争取友军团结抗日、不搞摩擦，他们还奉命到国民党军队驻地慰问演出。有一次演出结束后，他们就在友军驻地住宿，半夜，一位老乡急匆匆地跑到剧团的团部敲门，说国民党军队已经开走了，你们为什么还不走？剧团领导大吃一惊，估计有敌情，当即决定立即撤离该村。后来得知，当剧团撤走不到一小时，日寇就进了村。好险，要不是老乡及时报信，那后果真是不堪设想。

萧逸在剧团担任秘书工作，负责剧团文书起草和行政事务，安排和管理团员生活，还要参加演出、搬运道具等，什么工作都干，忙碌异常。他性格活泼开朗，讲话风趣，办事能力强，给大家留下了深刻印象。

实验剧团圆满地完成了赴前方慰问演出的任务，于12月底回到延安。经过一段时间的总结工作和调整后，与鲁艺教务处艺术指导科合并，1940 年 2 月改组成新的实验剧团，田方担任团长。萧逸则离开了实验剧团，调任周扬秘书。

在延大俄文系和延安文抗

1941 年 8 月 28 日，延安《解放日报》刊登了一条消息："中共中央决定，将陕北公学、中国女子大学、泽东青年干部学校合并成立延安大学，以吴玉章同志为校长，赵毅敏同志为副校长，校址设在女大原址，限于八月底将原有三校结束，并将延大筹备就绪。闻延大学制将延长，使成正规大学，并附设中学部，现正积极进行筹备工作，约于九月中可正式开学云。"

9 月 22 日，延安大学举行开学典礼，校长吴玉章讲话，宣布教育方针，指出：延大成立了，这是教育上很大的转变，中共中央以及边区政府在延安推进新的教育。中国学术和教育都很空虚，不实际，这是很大毛病。清朝的士大夫，都是迂夫子，只懂做八股，不跟现代事情发生关系，考上进翰林就能做官，所以戊戌变法时，废科举，办学校及派留学生出洋，当时的青年很拥护。后来先进青年忙着革命，没有功夫做实际工作，另一方面政府不用专门人才，只要人事关系搞好就成，弄得学非所用。今天，大后方的教育仍是无甚用处，在我们革命的地方，过去因前方需要，六个星期就训练完毕，只学会一般革命的基本课程，近两年还是如此，还是很空虚。主观主义、教条主义做不好事情，不能使我们活泼地运用马列主义。目前我们要应付这个革命的时代，教学方法就感到不够。我们党实行整顿学校，变成正规化，纠正不切实习惯。今后要培养能做事的了解中国国情的青年，大家要努力学习科学和外国语。

在会场上，有 500 多名入学青年在全神贯注地倾听着吴老的讲话，不时高呼“反对公式”“反对教条”的口号。在他们中间，可以看到萧逸的身影。

延大是适应革命形势的需要、向新型的正规化的方向发展、建立起来的综合性大学，设有社会科学院、法学院、教育学院和俄文系、英文系、体育系，称三院三系，为大学部。三院的班级属本科，学制二至三年；三系的班级为专修科，学制一至二年。另附设中学部，地点在原青干校舍。全校学生 800 人，大学部 500 名，中学部 300 名。萧逸是俄文系的学员。他是鲁艺保送来的几名学员之一。在这里，萧逸开始了新的生活，努力学习俄语，并在这里参加了党的整风运动，1943 年 3 月毕业。可能是由于年龄偏大一点，对俄语掌握起来有些吃力，毕业时他仍想回到老本行，因此，他分配到延安文抗，从事文艺创作工作，直到抗战胜利。

在延安，萧逸与艾思奇的关系是密切的。抗战前在上海读书生活出版社，萧逸就经常受到艾思奇的思想启蒙和教导，可以说是他的革命引路人。到延安后，在延大时期，艾思奇是延安大学社会科学院院长，经常给学员讲课，萧逸又受到教育。1943 年艾思奇调任《解放日报》副刊部主任，后来任报社副总编辑，萧逸在延安文抗工作，住在大砭沟，离清凉山不远，经常去报社看望他。这里有一件事应当提一下。1944 年底林默涵同志离延安去重庆时，带去一部艾思奇翻译的书稿，德国著名诗人海涅的代表作《德国——一个冬天的童话》，由黄洛峰主持的读书出版社在重庆出版了，有一笔稿费留在那里。萧逸的老母在家乡生活困难，艾思奇曾让黄洛峰寄去一部分稿费，以解燃眉之急。从这里可以看出艾思奇关心同志、助人为乐的高尚品质，以及他对萧逸的关怀和爱护。

痛失爱妻，奔赴张家口

在延大俄文系学习期间，萧逸的个人生活中发生了一件大事，就是一位姑娘闯进了他的心扉。这位姑娘叫沈霞，是著名革命作家茅盾（沈雁冰）的爱女，他的同班同学。1940 年 5 月，茅盾一家脱离盛世才的魔爪，从新疆经西安到达延安，住在鲁艺所在地桥儿沟的东山。茅盾应邀在鲁艺讲课，10 月离开延安去重庆。临行前，为了使年青一代更好地得到锻炼和成长，他把一双儿女留在延安，参加革命。女儿沈霞进入中国女子大学学习，1941 年 9 月转入新成立的延安大学俄文系学习。她天资聪慧，勤奋努力，俄语学得好，是班上的高才生。1943 年俄文系停办，她转入军委创办的俄语学校深造，1945 年初分配在中央编译局工作。正是在延大学习俄语期间，萧逸与沈霞相识了，共同的志趣和爱好，使两人建立了深厚的感情。1945 年春，萧逸与沈霞在延安结婚。

8 月 15 日，日本宣布无条件投降，抗日战争取得了伟大的胜利。延安一片欢腾，举行了火炬游行。为迎接新的形势，党中央决定，组织大批干部到新的战区，开展革命工作。延安文艺界也积极行动起来，组织文艺工作团，奔赴各解放区进行艺术宣传活动。经组织决定，萧逸和沈霞参加华北文艺工作团，赴张家口地区工作。当时，沈霞已怀孕，他们考虑到有了孩子会对工作带来不便，决定做人工流产。这本来是极简单的手术，但由于医生工作马虎，器械消毒不彻底，造成细菌感染，夺去了沈霞年轻的生命。当时她年仅 24 岁。这是一起严重的医疗事故，在延安影响很大，有关责任人员分别受到了处分。延安《解放日报》在 8 月 25 日二版上曾报道了沈霞去世的消息，全文为："老革命作家茅盾先生之爱女沈霞同志，不幸于本月二十日病殁于和平医院。编译局全体同志二十一日曾举行追悼”。

就在同一天，《解放日报》还刊登了延安文化界欢送文艺工作团上前线的消息，内称：由文抗发起与组织之延安文艺工作团，日内即将开赴各解放区，进行各种艺术宣传工作。分两团，一团40余人，由舒群率领，第二团50余人，由艾青率领。延安文化界于昨日假交际处举行欢送会，到会百余人，周恩来、彭真、边区林主席等亦莅会讲话。首由丁玲致辞，代表文抗勉励去前方的同志，坚持毛主席的文艺政策，为更广大的工农兵服务。最后，周恩来讲话，他于报告时事后，恳勉去前方的同志，要贯彻毛主席的文艺政策和鲁迅的方向，坚持文化统一战线政策，并针对文艺工作者的某些弱点，号召大家在新时期中更须长期埋头苦干，不求急于出名，不怕默默无闻，到了新地区，尤须防止骄傲，不要装出是从延安来的，要比现在更虚心，这样才能顺利开展工作。

萧逸参加了欢送会。他强忍悲痛，埋葬了爱妻，于9月初随艾青率领的华北文艺工作团离开延安，11月8日抵达张家口。在张家口出版的《晋察冀日报》于11月13日报道了华北文艺工作团到达张家口的消息，中共晋察冀中央局宣传部、晋察冀日报社、新华社晋察冀总分社、边区文联、军区抗敌剧社召开盛大欢迎会，邓拓同志致欢迎词，说这是边区八年来少有的一次文艺界大集会。

1946年2月，张家口市文化界成立“北方文化社”，筹备出版《北方文化》杂志。该刊编委为成仿吾、邓拓、刘皑风、周扬、沙可夫、何干之、丁玲、萧三、萧军、艾青、吕骥等。在3月出版的《北方文化》创刊号上，萧逸发表了一篇报告文学，题目是《“大炮”刘安和他的战友们——八路军的武工队开辟工作故事之一》，内容是记述抗战时期三个八路军战士，如何以少胜多，巧妙地打击日本鬼子的故事。情节生动，语言活泼，受到好评。

张家口是西北通向东北的走廊，抗战胜利后许多从延安、晋绥等地来的干部，陆续汇集到这里。1946 年初，为了加强和充实新闻队伍，以适应党的新闻事业的发展和内战报道的需要，党组织从他们中间挑选了一批干部，分配到晋察冀日报社和新华社晋察冀总分社工作。萧逸就是其中的一个。

从此，萧逸踏上了新闻记者的征途，不避艰险，不怕牺牲，在战火硝烟中采访，报道了人民解放战争的胜利进程，直到生命的最后一息。

活跃于前线的战地记者

当时，进驻张家口的晋察冀日报社与新华社晋察冀总分社，是一套人马，两块牌子。晋察冀日报社的采访科，也就是新华社晋察冀总分社的采访科。

萧逸是 1946 年 2 月调到晋察冀日报社和新华社晋察冀总分社的，接待他的是采访科的副科长张帆同志。后来，张帆在一篇回忆文章中曾写到当时的情景：

“我叫萧逸，前来报到，当记者。”个子高高，前额突出，两眼炯炯有神的萧逸，热情豪爽地笑着说。

“欢迎，欢迎！”我急忙走上前去，和他握手。

“我原来是搞文艺创作的。工作需要么，叫我当记者，我服从分配。”萧逸补充说道。

……

国内的局势是十分严峻的。神州大地密布着战争的乌云。虽然国共两党经过谈判签署了停战协定，后来又通过了政协协议，但蒋介石集团在美帝国主义的支持下，正加紧部署全面内战。很快，6 月 26

日，国民党悍然撕毁停战协定和政协决议，公然以大举围攻我中原解放区为起点，疯狂发动对解放区的全面进攻。我人民解放军在各个战场进行了英勇的反击。人民解放战争爆发了。

在人民解放战争初期，人民解放军执行了中共中央军委和毛泽东的作战原则，采取了积极防御的作战方针，主动放弃了一些城市和地方，诱敌深入，然后集中数倍于敌的绝对优势兵力，选择敌人薄弱或孤立的部分，在运动中各个击破，求得战略形势的根本转变。晋察冀野战军联合晋绥野战军于7月举行晋北战役后，又进行了大同、集宁之战，10月主动撤离张家口，转移到平汉前线北段作战，大量歼灭敌人。在战争开始后，萧逸积极要求到前线去，做一名军事记者。他参加了晋察冀日报社和新华社晋察冀总分社派出的前线记者团，深入战地采访，写出了《平汉前线的民兵团》《满城的民兵连》等通讯，报道了解放区军民的英勇战斗和平汉前线的胜利。

1947年4月，新华社晋察冀前线分社成立，军区政治部宣传部副部长丘岗兼任分社社长，李希庚为副社长。分社下属四个支社，各支社社长由野战军各纵队政治部宣传部长兼，各支社副社长为：二纵队支社杜导正，三纵队支社张帆，四纵队支社王惠德，后勤系统支社林间。萧逸先在三纵队支社活动了一段时间，又回到前线分社，任机动记者。在这段时间，他随军转战华北各地，参加过保（定）南、正太、清风店、涞水、石家庄、平津等战役的报道，发表了大量的新闻和通讯。

1947年，满城大捷，晋察冀野战军歼敌主力第53军一部，缴获了大批美械新式武器。萧逸及时采写了《访新生的战防连》《模范的机炮连》等报道。在1月的保（定）南战役中，他随军在风雪除夕之夜，进击保定南之定县城，切断平汉路北段，打开冀西与冀中的交通孔道，采写了《定县城解放第一天》《“登城头功”八连连长赵晋有升任营长》等通讯，以及定县人民政府欢宴联合国救济总署代表的新闻，随后，又写了《一个新兵连队是怎样锻炼起来的》《爱民的模范班——赵小贝班》等通讯。在《定县城解放第一天》这篇通讯中，作者分别以旗、围兔子、敌人痕迹、拉话、复活了为小标题，从各个侧面生动地报道了解放定县的战斗场景和所见所闻，有的段落写得十分精彩，如“敌人痕迹”一段：“记者跟随先头部队首先突进城里去，到处可以见到敌狼狈逃窜的痕迹。国民党定县党部正在生火煮饭，蒸笼里还正冒着热气，大碗的肉菜、炖肉，有秩序的放在架子上，显然他们是正要开饭，可没有来得及就跑了。敌人专员的私房里，炉火熔熔，在这极其雅致的私房里，我们的战士正坐在沙发上，围炉烤火。敌保安司令部办公室里文件完整无缺，只是地上乱丢了美式军官帽、撕下来的臂章和可能识别的官长军衣。”通讯以目击式的手法，写出了敌人狼狈溃逃的窘状，现场感强烈，给读者留下了深刻印象。

4月的正太战役，是晋察冀野战军为配合陕甘宁和山东野战军，粉碎敌人重点进攻，彻底摆脱我军在华北的被动局面，所进行的主动出击。部队实行先打弱的、后打强的、你打你的、我打我的政策，亦即完全主动作战的政策，用少量兵力监视保定以北敌军主力行动的同时，在南线发动强大进攻，横扫石家庄外围之后，沿正太铁路向太原前进，攻克井陉、娘子关、阳泉、寿阳和盂县等县城，歼敌3万5千人，解放县城7座，煤铁矿区3个，前锋直指太原外围榆次城。人民解放军勇猛快速，犹如神兵天降，敌人尚未发现，我军已到跟前。敌34军中将军长兼49师师长张翼，就是在这种战术下被俘的。作为新华社前线记者的萧逸，迅速抓住了这一特点，采写了《活捉装死的张翼》这篇通讯，揭露了敌人狼狈逃窜的丑态。正太铁路沿线，是阎锡山长期统治的地方，阎军残酷搜刮老百姓，许多地方被掠夺一空，我军给养困难。萧逸写了长篇速写《粮食》，反映了部队的严明纪律和人民心目中的解放军形象，生动风趣，引人入胜。

10月清风店战役是晋察冀野战军的翻身仗，全歼敌第3军1.3万余人，敌军长罗历戎、副军长杨光钰均被活捉。此役连同保北阻击战共歼蒋军2.1万余人，对扭转晋察冀战局起了关键性作用。萧逸随军作战，采写了欧洲部一营机枪连三排正确执行建军路线，党员团结战士，教育群众，部队一直保持了巩固模范的通讯，又及时报道了清风店西南合烈士纪念亭落成、两万军民举行揭幕典礼的消息。

11月6日至12日的解放石家庄之战，是大规模的城市攻坚战，开创了我军夺取敌人大城市的先例。战士们打得勇敢顽强，并在战术上有所创造，取得了重要经验，受到朱总司令的表扬。萧逸深入战地，连续采写了《宋家营部讨论攻打石家庄街市战》《大功臣纪红凌怎样坚持阵地》《三个英雄班》，并随军攻入市区敌军核心工事，写下了《核心堡战后巡礼》。后者发表于1947年11月21日《晋察冀日报》，是篇短小精悍、生动感人的现场特写，真实地报道了市街争夺战斗的残酷和我军战士的英勇精神：

> 战斗刚结束，记者踏上浓烟密布的石家庄市街。到处是破砖断瓦、残破枪械、匪军尸体和还在冒烟的匪军汽车。在以旧正太路大石桥、正太车站、正太饭店组成的蒋匪军核心工事的周围街道，挖着纵横交错的地道和交通沟。每个小小的地堡里，第一层是枕木，第二层是铁轨，铁轨上再加三四尺厚的泥土，地道通到工事内部。洋房晒台、窗口以及高高的天桥，都堆满了沙包，挖满了枪眼，在核心堡的内部，子弹壳、火箭炮弹空筒、重迫击炮弹箱、手榴弹铁片狼藉满地，显示蒋匪军曾在这里作过绝望的挣扎。刚进核心堡还可以见到十丈八丈见方的平地，到里面就是一个接一个的地

堡，密密层层，在每个地堡和洋房的墙上，到处都留下了我军英勇的战迹——数不清的弹痕。

在一个南面的突破口，地堡还是完好无缺。据同行者说，立功部队一营一连战士王景文，曾在我机枪掩护下，一个冲锋到了地堡口，敌人的机枪弹从他的裤裆里穿过去，他依然勇敢的用刺刀逼着保护地堡散兵堡内的敌人交了枪，然后用手榴弹一个个塞进地堡里。但突然另一个敌人端着冲锋枪对准他喊道：交枪！交枪！王景文把刺刀一挺说：要我交枪吗？看刺刀！那个敌人吓得软了腿，自己反而乖乖的放下了武器。这时我后续部队就一个冲锋，全部占领了突破口。

我回顾后面的楼房，在三层楼的窗口边，还可以见到那挺机枪掩护王景文冲锋的机枪眼，红砖白缝的墙壁上，露着一个个枪眼，和正太车站的洋房工事组成了当时半空中激烈的战斗。

这里还流传着一个故事：我军的小炮手张春纲，听到地堡里的敌军叫交枪，一怒之下猛冲到地堡口，一伸手就将敌人的机枪筒抓住，从地堡里拔了出来，掩护了其他战士的冲锋。

在地堡里，在工事上，到处洋溢着我战士们的胜利的欢笑。一批又一批的敌人，由我战士押着，拖着疲惫萎靡的步子，离开这座所谓不可攻破的核心工事。整个核心工事，像一具残缺不全的僵硬的尸体躺着不动。敌人的飞机，还在它的头上，散发着“石门定可坚强保卫”的传单。

萧逸采写的优秀新闻作品，还有《王纪华班立双功》《揭穿中央社的牛皮》等篇。它们是1948年初涞水之战的胜利纪实。敌华北

“剿总”刚成立时，妄图实行主力对主力，将主力部队集中于保定以北，与我决战。涞水前线的敌35军是敌军的“王牌”部队，是破坏大同战役、侵占张家口的祸首，晋察冀军民恨之入骨。为有效地打击敌人，粉碎其确保平、津、保三角地带的阴谋，我军以运动战的方针，歼其新编32师于涞水庄町，击毙师长李铭鼎，敌35军军长鲁英麐自杀身亡。可是，国民党中央社却吹嘘此役是胜利之役，欺骗人民。萧逸在战场上迅速采写了《王纪华班立双功》《揭穿中央社的牛皮》等消息，通过英雄人物的战斗事迹，报道了我军的胜利；利用敌军俘虏之口和大量事实，戳穿了国民党的谎言。这些报道在当时都产生了重大影响。

萧逸是优秀的新闻记者，又是英勇的革命战士。他热爱党的新闻事业，不畏艰苦，不怕牺牲，深入前线，冒着枪林弹雨采访，和连队战士们打成一片，深受指战员们的欢迎。他的新闻报道的特点，在于真实、鲜明，有血有肉，现场感强烈，善于通过典型人物和英雄事迹，来宣传我军的伟大胜利和战士的革命英雄主义精神。它们是时代的纪录，历史的见证。

这里还有一个小小的插曲。晋察冀野战军在安国县整训时，新华社晋察冀前线分社驻在县城南关。大家都分住在老百姓家里。萧逸房东的女儿见他英俊潇洒，歌声婉转，便喜欢上了他。当时部队有规定，28（岁）7（年党龄）团（级）的干部才能批准结婚。萧逸是够这个条件的。但追求他的是房东的女儿，考虑到这层军民关系，会造成不良影响，而这正是野战军政治部所强调的。因此，党小组的同志对他提出了劝告。萧逸心胸开朗，表示个人服从组织，决不影响军民关系，对房东女儿虽有好感，但战争结束前决不谈恋爱。他诚恳地接受了同志们的意见，表现了一个共产党员的坚强党性和优秀品质。

太原战役英勇献身

1949年1月底，北平和平解放。萧逸随军入城。

在北平，他高兴地拜见了早已进入北平的岳父母茅盾夫妇，汇报了自己这几年的生活和工作，并谈到自己在战争中正在构思创作长篇小说，想留下来有一个完整的时间进行创作。茅盾听后对他进行了热情的鼓励，说：你已参加了这么长时间的战争，对创作来说是很可贵的。

看来这个仗已打不多久了。现在是应该放弃战斗生活，埋头写小说呢？还是先把写小说的事情放一放，去参加战斗呢？我想应该选择后者。如果不参加战争的全过程，写一点战争的插曲还是可以的，但要写出反映宏伟壮阔的人民解放战争的好作品，就比较难了。你想一想，是不是这个道理？我看，还是先参加完战争的全过程为好，不要失掉了这个大好的机会……

茅盾的劝导，给了萧逸以极大的启迪和鼓舞。他接受了岳父的建议，愉快地奔赴太原前线。临别时，他还利用携带的相机为岳父母拍了照片。萧逸写小说的事，是前线分社同志们知道的，也都谅解。他原来就是搞文艺创作的么，记者生活为他打开了一个广阔的天地，使他有机会深入到战争的风暴中，亲历紧张壮烈的战役和战斗场面，为战士们可歌可泣的英雄业绩所感动，拿起笔来反映和歌颂他们，是很自然的事。一次，萧逸把写在练习簿上的长篇小说的草稿的几章拿给一位战友看，这位战友边翻边说：“在炮火连天的环境里还能写长篇小说，真叫人佩服。”他说：“全凭行军时构思，宿营后起草，先写个初稿，等以后有机会时再润色加工。”这次从北平回来后，他显得很愉快，对分社的同志说：“听了茅盾先生的话，你想，我还能仅凭一时的冲动而违背他的教导吗？所以，我就全心全意地当记者，等打完仗后再写小说了。”

4月，华北人民解放军发起太原战役。为了攻破这个阎锡山集团经营多年的老巢，从1948年10月起，华北我军即对太原外围要点发起进攻，占领城南和东山各要点，歼敌5万余人，紧缩对太原城的包围圈。后来遵照中央军委的指示，为稳住平津敌人，太原前线部队暂缓攻城。1949年3月，太原前线司令部和党的总前委组成，以徐向前任司令员兼政治委员和总前委书记，以统一各部队的指挥。华北军区第18、19、20三个兵团联合会攻太原。

萧逸原是新华社第19兵团分社记者，后调20兵团分社工作。他希望参加攻打太原城郊要塞双塔寺的战斗，这里是19兵团的作战区域，因此，他留在了19兵团。

双塔寺原名永祚寺，位于太原市东郊郝庄村南，建于明万历年间。因寺区耸立两座砖塔，故名双塔寺。两塔相距30米，塔身13层，均高54米，离城两公里。寺区地势较高，南可控制太原东南，北可俯瞰太原城。相传明末闯王李自成征战路过时，曾作诗一首：“郝庄两座塔，就把天来穿，穿也穿不上，多放两块砖。”为了固守太原城，敌东南防御区指挥部及43军军部即设于双塔寺。在寺区不足一平方里的土地上，敌军筑有山炮阵地和48个碉堡，并设有布雷区、外壕、鹿寨、铁丝网等副防御工事。守敌为暂编49师全部、第73师一个团和第70师一部。我华北军区第19兵团以63军之187、189两师的4个团进攻双塔寺，以188师向太原城推进。

4月上旬，华北人民解放军完成了对太原的包围，逐一展开了扫清外围之敌的战斗。攻打双塔寺的部队每天除阻击敌人的反扑外，还展开了猛烈的政治攻势，向敌军喊话：“平津解放了，你们还能守住太原吗?”“阎军兄弟，投降起义是你们的出路!”双方阵地相距不到一百米，本来双方约定，在喊话时互不打枪，但是，敌人狡猾残忍，施用诈降的诡计。那天是 4 月 14 日，萧逸随我军敌工干事来到前沿阵地采访。在新占领的敌军碉堡内，他拿起话筒，向敌军喊话，宣讲形势和政策，要他们立即放下武器。这时，敌人突然放出冷枪，一颗罪恶的子弹从碉堡的枪眼外射进来，正击中萧逸头部，当即倒下，血流满地，英勇牺牲。年仅 34 岁。4 月 24 日，我军以摧枯拉朽之势解放了太原。整个战役我军共歼敌 12 万余人，太原绥靖公署副主任孙楚、太原防守司令王靖国等均作了俘虏，从而结束了阎锡山在山西 38 年的反动统治。

萧逸同志牺牲后，前线分社记者见到胡耀邦同志，向他报告了萧逸同志牺牲的经过。耀邦同志曾任 19 兵团 63 军、64 军的政委，当时是 18 兵团政治部主任，与新华社记者都十分熟悉。他十分悲痛，嘱咐大家要把烈士安葬好，化悲痛为力量。4 月底，前线分社派人寻觅墓地，把萧逸葬于双塔寺西北处约 200 多米的地方，墓前立碑，并刻有墓志。

萧逸之死，使茅盾几次落泪

萧逸的牺牲，给分社的同志们带来巨大悲痛。战友们清点他的遗物，里面有一本本采访日记和写作计划，没有写完的数万字的小说草稿，还有萧逸在北平为岳父母拍的照片，以及沈霞的部分遗物。4 月 16 日，即他牺牲后的第三天，第 20 兵团分社负责人张帆将萧逸牺牲经过向茅盾同志作了专函报告，并寄去了萧逸的遗物。

不久，收到了茅盾以极为沉痛和复杂的心情写来的回信，全文是：

张帆先生：

四月十六日来信收到了。感谢您不怕麻烦，把萧逸为我们拍的照片寄来。萧逸此番在前线牺牲，大出意外，我们的悲痛是双重的，为国家，失一有为的青年，为他私人想，一番壮志，许多写作计划，都没有实现。张帆（恕我这样直呼大名），我想您也和我一样，觉得萧逸如果死后有知，一定也恨恨不已，因为他不死在总攻时的炮火下，而死在敌人假投降的诈谋中。正如昔年小女沈霞为鲁莽之医生所误，同样的死不瞑目罢？我已经多年来“学会”了把眼泪化成愤怒，但萧逸之死却使我几次落泪。萧逸的朋友在此间者都来看我，这给我很大的感动和安慰。您的来信也同样给我很大的感动和安慰。感动的心情您当然了解，至于安慰则是代萧逸感到安慰。一个人死后，有他的战友来悼念他，他在地下一定感到安慰的！我和您虽不识面，但我觉得我们好像相知已久。朋友，为国珍重，为赍志而没的您的战友珍重！日来事冗，恕不多谈。顺祝健康。

茅盾上

1949，5月2日，北平

茅盾对女儿和女婿是极为喜爱的。1945年8月女儿在延安去世时，他还在重庆，10月初才接到噩耗。这对他是一次极大的精神上的打击。12月2日他在重庆写给内弟孔另境的一封信中，表达了他的悲痛心情：

……此番我有月余之久胸中如塞冰块，现在只要静下来时也郁郁难以自解。亚男如果死于战斗，我倒不会这样难过的！昔年泽民（指沈泽民，茅盾之弟。——作者注）之不幸，我闻讯一恸之后也就排遣开了。我并不为亚男悲，因为她力求上进，牺牲了青年时代应有的享受，但结果如此；她是一颗“未出膛的子弹”，这是人的浪费！该医生应负责任！其他有关人员也应负道义上的责任的……

现在，又接到女婿的死讯，这是对他精神上的又一次沉重打击，怎不使他悲痛难抑？

萧逸与岳父之间曾多次通信，茅公的复信，总是充满着慈父般的关爱和慰勉之情，十分亲切，使他深为感动。请看第一封信：

萧逸：

你离延前及以后所写各信都收到了。霞的意外的死，我们直至十月初，方才知道，那时你已离开延安了。我们很悲痛，虽然时时从大处远处想，极力自慰自宽，然而又何能遽尔释然呢。这大概因为我们老了之故。我们却不愿你们年青人也学我们的样，你要把悲悼之情转化为学习与工作的勇气与毅力。从桑的来信中知道你在张垣做报馆工作，很好。我们不久也要到上海去，下半年或者（如能交通方便）要到北平去；我们有机会见面。望你自爱自重，我们把你当作霞一般的爱你。此信因托人带北平，匆匆不及多谈了。

祝好

父母字

一九四六年二月廿六日

第二封信内容如下：

逸儿：

去年八月以后，陆续接到你的几封信，最近又接到桑转来的信，知道你一切都好，我们很高兴。霞的死，我们悲伤不能自已。日久以后，这悲痛之情，或可稍杀，但是这创伤是永远存在的。我们不愿意多说，以至引起你的悲痛，我们但愿你努力学习，日有进步，不久以后，希望能见你。现在你做记者，也好；做记者能使见闻广博，且有练习写作的机会。作事不能有恒是学习上一大障碍。我们也知道有时不能随心所欲专作一事，但能做一事而较专较久，自属必要，我们盼望你能够久于这现在的职务，比方说一年或两年。前次听说你身体不大好，心脏不强，现在如何？年青有这些毛病，应当及早医治。从前种种条件不够，以后想可不同。下半年我们要到北平游历，那时我们设法为你医治，——如果你的心脏的确不大强。我们最近要离重庆，转道香港再到上海，你有信可交给桑寄来。

这是最近我们给你的第二信，第一信收到没有？余后详。祝好。

爸妈字

一九四六年三月十三日

第三封信写于 1949 年 4 月 3 日，是翁婿在北平见面之后，萧逸牺牲前十一天：

逸儿：

二月廿八日来信早已收到。老盼你的第二封信，至今你的身体是好的。我最近常患感冒，这是抵抗力薄弱之故，已打了针，略觉好些；然会客多了，看书久了，便仍感倦不可支。此次巴黎和平大会，我因身体不好，恐途中生病，故而辞退了推举；另一方面，全国文艺界代表大会筹备工作，我在北平也要担任一部分工作。此会恐须在五月初旬举行，筹备工作以后渐渐要紧张起来了。霜儿来信，谓仍任新闻工作，将来也要南下，地点也许是武汉或广州，说不定你们会在南方会合的。关于部队生活，我想要知道的太多了，信里是写不完的，将来再说。我很羡慕你能在部队中工作，可惜我是条件不够。妈妈身体尚好，前几天开妇女大会，她天天去，我们仍住北京饭店。盼来信。即祝健康。

雁　冰

一九四九年四月三日

那天你临走时，妈妈说有话问你，其实她也并无特别要说的；接到你的信提及此语，她倒记不起来要说的是什么话了。

杜甫诗云：烽火连三月，家书抵万金。在千里外的烽火中接到亲人的来信，是特别宝贵和激动的。萧逸对于岳父的书信极为珍视，用心保存。他牺牲后，这些经历了炮火的书信由萧逸的战友寄回到茅公手中，得以保存下来。

新中国成立以后，茅公把女儿和女婿的照片长期挂在客厅里，朝夕相伴，以慰思念。在动乱的“文革”时期，1966 年夏，一度掀起抄家之风，茅盾这位享誉国内外的文学大师的家也在劫难逃。8 月的一天，一群红卫兵气势汹汹地闯进门来，四处翻箱倒柜，砸抄物品，进行所谓的破“四旧”活动。一个小瘦子东张西望，看到了墙上挂的萧逸的照片，怪声地叫嚷：“这个穿国民党军服的家伙是谁?”这一下把茅公激怒了，他不能容许别人对女婿，一位对革命奉献出生命的烈士的诬蔑，他大声斥责道：“你错了，他穿的是八路军军装。他是新华社战地记者，他在前线牺牲了，是国民党打死的!”那个小瘦子弄得狼狈不堪，嚣张的气焰被顶了回去。

茅公一直记挂着萧逸，保存着他的遗物。1975年，“文革”尚未结束，孔另境爱人金韵琴住在茅盾家，一次，看见茅公捧出一个用很旧的红布包着的小包袱，对她说，这是女婿萧逸的遗物，里面是日记本和写作计划，是萧逸牺牲后他的战友寄来的。说着，打开了包袱，用手轻轻抚摸着那些纸页已泛黄的日记本，流露出无限怀念之情。粉碎“四人帮”以后，1979年11月，中国文学艺术工作者第四次代表大会在北京召开时，茅公见到作家康濯，请他代为搜集萧逸的作品，拟编印一个集子，作为永久的纪念。后来，茅公、康濯相继去世，这件事就搁置下来了。

烈士的鲜血浇灌了人民解放事业的胜利之花。1989年4月，在萧逸牺牲40周年之际，山西省新闻工作者协会、山西省新闻学会、晋察冀日报史研究会和新华通讯社，联合在太原烈士陵园内为萧逸立碑纪念，碑文介绍了烈士的生平和一生战斗事迹。松柏常青，鲜花怒放，烈士生前为之奋斗的理想今已实现，可以含笑九泉了。

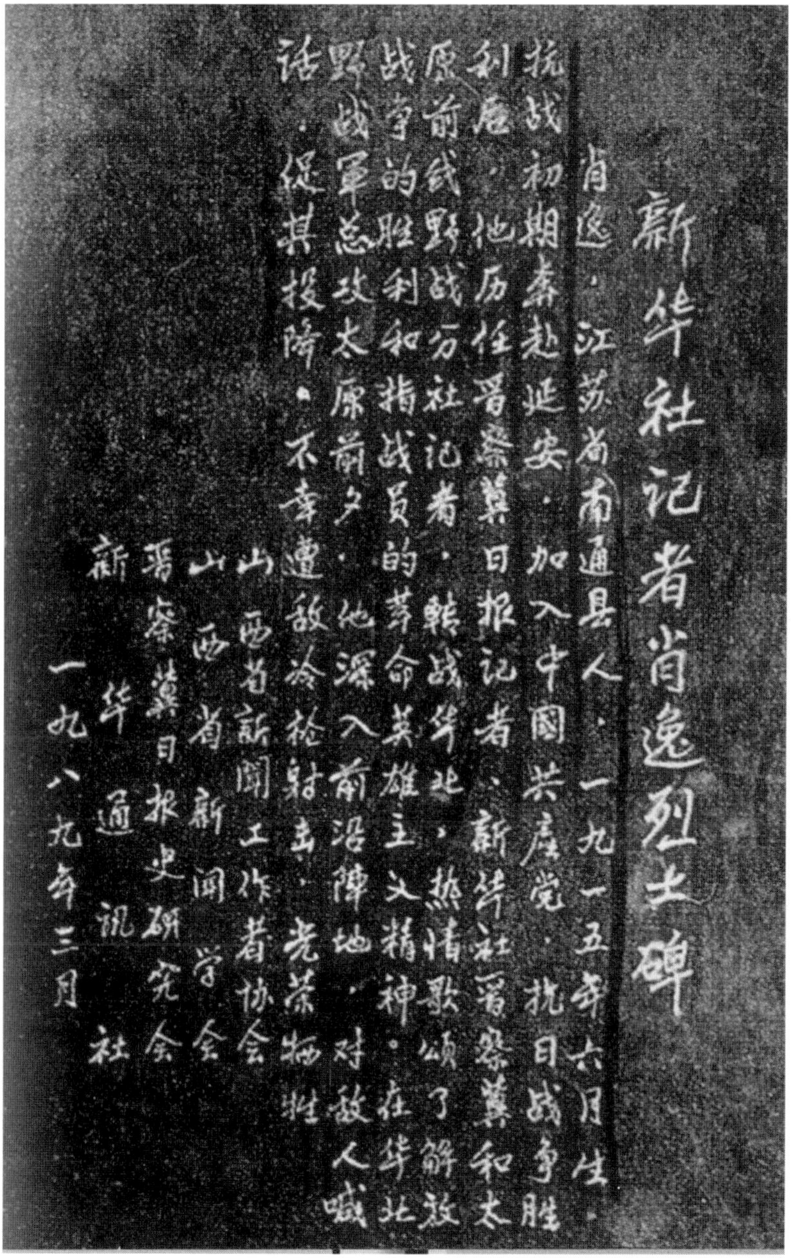
新华社记者肖逸烈士碑
肖逸，江苏省南通县人，一九一五年六月生
抗战初期奔赴延安，加入中国共产党，抗日战争胜
利后，他历任晋察冀日报记者、新华社晋察冀和太
原前线野战分社记者，转战华北，热情歌颂了解放
战争的胜利和指战员的革命英雄主义精神，在华北
野战军总攻太原前夕，他深入前沿阵地，对敌人喊
话，促其投降，不幸遭敌冷枪射击，光荣牺牲
山西省新闻工作者协会
山西省新闻学会
晋察冀日报史研究会
新华通讯社
一九八九年三月

萧逸烈士纪念碑碑文

血洒江南岸

——记新华社三野24支社记者陶迅、女译电员吕平

万京华

陶迅，男，1925年出生于江苏省南通市。1944年加入中国共产党，1945年赴华中解放区，解放战争开始后，由地方转到部队，任新华社三野总分社第24支社兼《火线报》编辑记者，担负起战地采访报道任务。他勤奋学习、专心业务，经常深入前线采访，与战士并肩战斗，受到部队指战员的赞誉。在1949年4月的渡江战役中，他和支社大部分同志一起乘船渡江，到达对岸时，先行下船的通讯员踏上敌人埋设的地雷，弹片穿透船帮，陶迅被炸伤了腹部，因伤势严重而牺牲，临终前他向党组织交上了最后一次党费。

1949年4月22日，新华社播发了毛泽东主席撰写的一条著名消息《我三十万大军胜利南渡长江》：

英勇的人民解放军二十一日已有大约三十万人渡过长

江。渡江战斗于二十日午夜开始，地点在芜湖、安庆之间。国民党反动派经营了三个半月的长江防线，遇着人民解放军好似摧枯拉朽，军无斗志，纷纷溃退。长江风平浪静，我军万船齐放，直取对岸，不到二十四小时，三十万人民解放军即已突破敌阵，占领南岸地区，现正向繁昌、铜陵、青阳、荻港、鲁港诸城进击中。人民解放军正以自己的英雄式的战斗，坚决地执行毛主席朱总司令的命令。

这条新闻气吞山河，迅速传遍中华，传向世界。解放全中国已经指日可待，伟大的新中国即将诞生。就在这历史性的渡江战役中，新华社三野24支社记者陶迅、女译电员吕平随军挺进，英勇战斗，壮烈牺牲在安徽段长江南岸的铜陵。他们的坟墓守卫着长江，目送着滔滔长江水滚滚东流。

热血的抗日青年

陶迅原名李鼎香，1925年4月出生于江苏省南通市唐闸镇，先后就读于唐闸镇工人子弟小学、唐闸实业小学、平潮中学、南通中学。年少时的他秉性耿直，勤奋好学，喜爱文学。

1938年，日军侵占南通。此时，陶迅正在中学读书，他眼看着家乡沦陷，饱尝亡国之恨，心中燃起抗日的怒火，并逐渐增强了对现实社会的认识。1943年夏，他参加了苏中三分区如西县（今如皋县）青年夏令营。在这里，他如饥似渴地学习革命理论，探讨革命的人生观，并加入了我党领导的进步青年组织——青年解放团。夏令营结束后，他带着组织交给的任务，返回南通中学，在学校里热情传播革命火种，介绍同学们阅读进步书刊，进行团结青年、抗日救国的工作。

1944 年 6 月，陶迅加入了中国共产党。从此，他工作更加自觉，斗志更加坚定。他在学生中宣传民主意识，参加了争取学生伙食自理的斗争。他的活动，引起了当地日伪的注意。为了保存革命力量，1945 年 4 月，在组织的安排下，陶迅撤离了南通城，转赴华中解放区工作。

英勇的战地记者

离开南通后，陶迅被分配到华中建设大学新闻训练班学习。华中建大位于淮南区（包括今江苏、安徽两省的部分地区）的新浦，这里集中了全国不少著名的教授、学者，是抗日民主根据地创建的一所新型正规大学。在校期间，陶迅学习努力，表现突出，受到老师和同学的赞誉。

1945 年 8 月 15 日，日本无条件投降的消息传来，全校一片欢腾，大家共同庆祝胜利的到来。抗战胜利后，华中建大的学习提前结束，学员们纷纷南下或北上，投入到开辟新局面的斗争中去。不久，陶迅被调到新华社华中分社工作，历任报务员、通联干事、助理编辑之职。他用自己的笔反映根据地军民的斗争生活，工作勤奋，不怕吃苦，业务能力提高很快。

一天深夜，陶迅在帮助驻地群众救火时丢失了自己心爱的钢笔。在当时当地，买一支钢笔也不可能。此后的一段时间里，他一直随身带着一支蘸水笔，挂着一个墨水瓶，走到哪里，就用这蘸水笔写新闻。

解放战争开始后，党决定抽调干部充实和加强野战部队的编辑记者力量。陶迅坚决请求参军上前线。1946 年 10 月，他被调到华中野战军第六纵队（后改编为第三野战军第 24 军），历任纵队《火线报》、新华社 24 支社电讯编辑，通联干事，记者，担负起战地采访报道任务。

陶迅对工作认真负责，在支社里他不是埋头写稿、编稿，就是抓紧时间读书学习，提高自己的写作水平和业务能力；他年纪轻轻，就已取得了比较丰富的新闻工作经验，在战场上他沉着冷静，临危不惧，表现出大无畏的优秀品质。他非常热爱新闻工作，经常主动要求到最艰苦、最危险的地方采访。他跟随部队指战员一起爬山越岭，风餐露宿，历经莱芜、孟良崮、豫东等多次重大战役。他深入前沿阵地，冒着枪林弹雨，记录人民子弟兵的战斗业绩；利用战斗间隙采访指战员，整理材料，编发稿件，及时为团报、军报、新华通讯社提供了大量新闻和通讯。

1947 年，山东沙土集战斗中，他奋不顾身地拿起牺牲的战友的钢枪，同连队战士并肩战斗，英勇杀敌，受到了部队指战员的一致称赞。

1948 年 11 月，淮海战役开始后，陶迅随部队投入战斗。他采写了许多战地新闻和火线通讯。其中《英勇机智积极歼敌的张忠班》、《周口子阻击战》两篇充满革命激情的战场纪实，由新华总社播发后，被地方报纸广泛采用，及时传播了淮海战役的胜利态势，起到鼓舞士气、坚定信心、教育群众的积极作用。

1948 年 12 月 6 日《大众日报》刊载了陶迅的战地通讯《英勇机智积极歼敌的张忠班》一文，文章写道：

积极歼敌的斗志，英勇机智的作战，及时补整组织，是解放军某团九连六班——张忠班在攻占彭庄歼敌一百军军部等及攻占前线黄滩歼敌四十四军军部等两次战斗中所表现的特色。十五日，彭庄战斗发起后，六班就勇猛迅速的进入突破口，当敌人以一个排的兵力反扑时，全班利用一个墙角把敌人击退；敌人一个连的兵力又反扑过来，全班协同友邻，组织了短促火力，沉着的杀伤敌人，这时班内两个战士负伤，依据以抗击敌人的墙角，又成为敌人集中火力轰击的目标，张忠判断敌人还将进行第三次反扑，立即把全班散在敌人遗下的工事里，等敌人冲到面前，就用短火器打退了敌人；这时排长负伤了，张忠马上把失掉联络的两个战士编进自己班内，保持了班的完整建制和战斗力，又主动联络上了八连的二排长，报告了情况，并请求任务。当重新调整布置后，突然发现敌人从两侧交通沟里插到张忠班的后面，企图迂回夹击他们；张忠接到八连二排长的命令后，迅速配合了友邻，迂回到敌人的侧面反击敌人的包围，把敌人全部歼灭。火线上张忠就被评立了功。战后他又向上级要求下次战斗的突击任务。

十八日开始攻击后黄滩时，张忠班冲进敌人的交通沟，但后路被敌人切断，处在三面是敌人，一面是火力封锁的情况下，他们仍然连续击退了敌人的五次反扑。在敌人第二次反扑时，两个敌人直冲过来，六班在前，张忠来不及使用武器，顺手拿起一把洋锹砸倒了一个敌人，当另一个敌人向他扑来时，他迅速的闪开了，战士杨学武、韩运富就各用榴弹、机枪把敌击退。敌人第五次反扑时，榴弹尽在张忠班阵地附近爆炸，杨学武光荣牺牲，张忠脸上负伤，全班大部被震昏，衣服爆破了，但他们在地上一滚迅速清醒后，继续用榴弹还击敌人；榴弹打光了，就从敌人的尸首上找出榴弹、子弹继续向敌人射击，张忠率领两个战斗员在最前面，一共打了八十多个榴弹；当敌人被击退时，张忠想着“不让敌人逃走一个”，他率领一个战斗小组插到敌人的退路上截击，当即俘敌四十多名，并缴到步枪和迫击炮，接着后续部队就顺利的向敌人纵深发展。

这篇通讯通过两次生动翔实的战斗实录，报道了某部九连班长张忠在特殊艰险的战斗中的大无畏英雄气概和沉着机智，经过广泛传播，有力地鼓舞了我军指战员的斗志。

血洒铜陵渡

1949年4月21日，毛泽东主席、朱德总司令发布了《向全国进军的命令》，第三野战军在总前委的指挥下，和第二野战军一起，按预定部署发起了著名的渡江战役。我人民解放军百万雄师强渡长江，为消灭蒋家王朝向江南挺进。先头部队的许多船只冒着敌人的炮火、枪弹劈浪驶向南岸，痛击敌人的沿江防御部队。新华社三野总分社24支社和火线报社的同志们，为了不失渡船作战的报道最佳时机，以最快的时效报道胜利的消息，主动要求作为军政治部机关的首批人员渡江。

渡江之前，新华支社的全体人员，从社长到记者，从电台领导到译电员都表了决心，要为渡江战役的伟大胜利而不惜牺牲一切。

当晚10时左右，江面一片漆黑，平时的渔火点点早已匿迹。全社的编辑、内勤人员、电台、油印股、机要译电组和摇机班等约30人左右，在支社社长夏公然的带领下，同乘一条渡船随部队第二梯队从江北岸的姚沟过江。

船到江心时，下起了毛毛细雨，随后，江上风起浪涌，船身开始颠摇，数次险些翻倒。船老大沉着老练，以独到的技术稳稳地掌住舵。船在静静地快速进发。新华社的同志们屏住气息，警惕着敌人随时可能发炮的动向。

半夜时分，船只终于平安到达南岸，同志们按规定背上背包、马达、装具，准备上岸。这时夏公然拿了电筒跳到岸上，查看地形，发现这一地带不是停船的码头，船不能靠岸，他立即返回船上，坐在船头，寻找适合靠岸的地方。

雨越下越大，同志们的棉衣都被淋湿了，夜风袭来，阵阵凉意沁入骨髓。当船终于抵达目的地江南铜陵附近的金家渡口第二次靠岸时，站在船头的通讯员第一个跳上岸，不料他竟一脚踏上了敌人预先埋下的地雷，只听轰的一声，刹那间，弹片横飞，江动船摇，船上很多同志都被弹片炸伤了。因地雷在船旁爆炸，弹片洞穿了船帮，船舱里的人比站在上面的人伤亡还要重。站在船头准备指挥大家下船登岸的夏公然是船上唯一碰巧没有受伤的。

此时，天上还下着雨，敌人仍在打炮，夏公然赶紧指挥受伤不重的同志一起将伤员抬到岸上，开展抢救工作。

陶迅是记者中伤得最重的，他被地雷炸伤了腹部，肠胃穿孔三处，血流不止，但他仍强忍疼痛招呼没有受伤的夏公然同志赶快救助其他伤员。他被抬上岸后，虽经大家极力抢救，但终因腹内大出血，流血过多而牺牲。

最后一次党费

陶迅在临终前用微弱无力的声音对身边的支社社长夏公然说："我没有完成任务，对不起党，对不起人民……"他最后断断续续地对夏公然说："我上衣口袋里还有几块钱……这是我最后一次党费，请收下……"说毕，他就停止了呼吸。

眼看着自己最亲密的战友永远闭上了双眼，周围的同志们无不失声痛哭，这位年仅24岁的青年，热爱党的、新华社的新闻工作，热爱战斗的军旅生活，他多么希望亲眼看到新中国的成立，然而，他永远看不到这一天了。

渡江战役前夕，陶迅给分别多年的父亲的信中写道："共产党革命胜利，乃是一件翻天覆地的大事情，比过去历史上任何改朝换代都不同。一切都要翻过来，土豪劣绅官僚资本家都要打倒，几千年来受剥削压迫的工人农民，要彻底翻过来做社会的主人。""我过去有饭吃，有书读，为什么要参加革命自找危险，自找辛苦呢？就是因为我看到了这一点。""参加了革命工作，不仅为人民服务，对人类尽最大贡献，对自己来讲，也是无穷的乐趣，不辜负此一生。"

1949年5月3日，新华社发出电讯，悼念在渡江战役中光荣牺牲的青年记者陶迅，并号召全体新闻工作者学习他忠于职守、克己奉公的精神。

同时牺牲的译电员吕平

吕平，女，1929年出生于山东省胶东地区，曾在胶东日报和大众报社工作。解放战争开始后，她转到前线工作，由于表现突出，很快担任了新华社三野总分社第24支社机要组组长。在1949年4月的渡江战役中，她和陶迅等支社同志一起乘船渡江，到达对岸时，先行下船的通讯员一脚踏上了敌人埋伏的地雷，她被弹片击中肺部，当即牺牲，年仅20岁。

和陶迅一起牺牲的还有刚满 20 岁的支社机要译电组组长吕平，她是一位女同志，中雷被人们抬到岸上时，身体已变得软绵绵的，感觉不到她的呼吸。弹片从她的腋下穿入肺部，鲜血染红了她的棉衣。她没有来得及跟周围的同志说最后一句话，就告别人世了。

人们依稀记得她原名吕萍，1929 年出生于山东省胶东地区，曾在胶东日报和大众报社工作。解放战争开始后，她转到前线工作，由于她表现突出，很快就担任了新华社三野总分社第 24 支社机要组组长。她性格活泼，思想上进，工作积极，在地方时还不到 18 岁就加入了中国共产党。她说，她不喜欢女同志名字花花草草的，所以将自己的名字改为“吕平”。她平时就喜欢留短发，为了部队生活方便，她更是特意把自己的头发剪成男式。刚到部队时，不少人还以为她是个男同志，后来大家都亲切地叫她“假小子”。她曾参加过豫东战役和淮海战役，在工作上她一直冲在前面，行军中也不甘落后，从未掉过队。

夏公然同志回忆说，在渡船第一次靠岸没有靠成之后，原来他的座位被吕平坐下了，于是改坐在了船头。没想到第二次靠岸时，坐在他座位上的吕平不幸牺牲了。

吕平热爱新华社的译电工作，技术熟练，工作负责，译电非常准确，支社的渡江作战报道前夕共发了 20 多篇稿子，都是通过吕平发往总分社的，篇篇没有出现一处差错。

吕平热情洋溢，活泼大方。她平时喜欢记日记，不管行军作战多么紧张，她都挤时间坚持写。她的日记不给别人看，却喜欢念给要好的朋友听，她曾说过打算把自己一生的经历记下来，等年老的时候拿出来回味。她的日记中充满了以艰苦为荣，征战图强，爱家爱国，为共产主义事业奋斗不息、战斗不止的精神。

然而，她还没来得及把渡江战役的亲身经历写进日记本，没来得及看到解放战争的最后胜利和即将成立的新中国，在 20 岁这个花季时节就永远停下了她手中的笔。

这一次，和陶迅、吕平同时牺牲的还有油印股股长陆文翰、船老大等 5 位烈士。他们的遗体分别被安葬在长江边上，新华社三野 24 支社的同志们怀着悲痛的心情，掩埋了战友的尸体，包扎好自己身上的伤口，又投入了南进的新的征途。

忠诚的新闻战士

——记新华社三野29支社记者戴陶

夏威一　王　竞　丁　固

戴陶，男，1930年出生于江苏东台。他于1946年投身革命，先当教师，后调至《新东台报》从事新闻工作。1947年，戴陶调入新华社华野第11纵队支社工作，成为当时支社年龄最小的战地记者，之后他参与了淮海战役和渡江战役的采访工作。1949年大担岛战斗前夕，戴陶主动申请参加战斗报道。7月26日，他在战斗中观察火线情况时被敌人的子弹击中颈部，当场壮烈牺牲，时年20岁。

1950年7月，戴陶同志在厦门前线执行采访任务光荣牺牲，他的音容笑貌，他的矢志丹心，他的忘我精神，时常萦绕在我们心头，往事犹如银幕上的镜头，经常从我们的眼前缓缓掠过，心情久久无法平静。

戴陶原名戴涛，原籍江苏南通，1930年出生在江苏东台，从小聪慧过人，在小学、中学读书时，是品学兼优的学生，他写的作文，有明显的个性和主见，常被老师列为班级的范文；他写的文章，常被校刊采用。读书时，正是日伪统治时期，日伪军烧杀抢掠的罪行，他看在眼里，记在心里，幼小的心灵铭刻着对敌人的仇恨，经常与老师和同学们寻求救国救民的真理。1945 年 8 月日寇投降，东台解放，戴陶开始了崭新的生活，他向往共产党，向往新四军，萌发了参加革命的念头，1946 年走上革命的道路。先当教师，后调至《新东台报》工作，从此跨进新闻工作的大门，逐渐锻炼成为一名优秀的新闻战士。他那刚毅活泼的个性、认真朴实的作风、忘我苦干的工作精神，深深留在人们脑海里。

在《新东台报》工作期间，戴陶才 16 岁，他以高度革命热情投入了工作。他深入街道、商店、居民中采访，及时报道了东台人民在共产党和民主政府领导下，涌现出的新人新事新面貌，他的报道很受人民群众欢迎。这年春天，国民党飞机常来东台县城狂轰滥炸，戴陶为了深入第一线，常冒着敌机轰炸在防空洞里写稿，无情揭露了国民党发动内战、进攻解放区的罪恶目的。1946 年 7 月，他调入新华社苏中分社做内勤工作。一到苏中分社，冯岗社长对戴陶作了一次长谈说："新闻工作是党的工作一部分，是党的宣传鼓动工作最锐利的武器。做新闻工作不能有地位观念，要做党和人民的喉舌；要艰苦奋斗，不怕流血牺牲，不能半途而废。"这次谈话，在戴陶思想上深深扎下了根。新闻工作专业性很强，解放区因对敌斗争情况紧张，没有专门的新闻学校或培训班，除了领导和老同志的传帮带外，主要靠自己钻研，在实践中提高。他边工作边学习，业务水平有很大提高。

1947 年春，分社派他去对敌斗争紧张的东台城东区采访，他不顾敌人袭扰，艰苦紧张、行动频繁、孜孜不倦地忘我工作。一个月中，他写了三四十篇新闻、通讯稿，报道苏中人民如火如荼、生动的对敌斗争事迹。刚做记者工作的他，稿件质量还不高，采用率也很低，工作有些压力，但丝毫没有影响他的工作情绪，相反他对其他同志说："工作不但要有高度热情，还要重视工作效果，以后要好好学习，提高思想水平，提高稿件质量。"此后，他工作更勤奋了，更加钻研业务，边学习边实践，终于写出不少好的报道。

1947 年 8 月，17 岁的戴陶调到新华社华野第 11 纵队支社工作，当了一名人民的军事记者。做战地记者，他是支社年龄最小的一个。年龄虽小，但由于勤奋好学，工作积极肯干，为人坦诚热情，很受大家欢迎。他先后参加了淮海、渡江、福州、福厦等战役，得到了很好的锻炼。由于他热爱部队，深入火线，以他的生花妙笔，写出不少出色的新闻报道，对鼓舞士气，增强部队战斗力、凝聚力，起到很好的作用。

淮海战役是解放战争中战略决战阶段最辉煌的三大战役之一，戴陶受支社与战线报社的派遣，随夏威一去第 31 旅第 91 团采访。当时国民党军徐州"剿总"副总司令杜聿明率邱（清泉）、李（弥）、孙（元良）三个兵团，被我军紧紧围困在河南永城东北以陈官庄为中心的狭窄地带。敌人多次夺路南逃，均被第 91 团打退，两军对峙等待总攻命令。在冰天雪地的战壕里，戴陶始终和战士们吃住在一起，报道第一线部队艰苦战斗和革命的乐观主义精神。他就是这样，以实际行动填写着入党志愿书。

扫清外围的战斗打响了，第 91 团先后不到 30 分钟时间，一鼓作气歼敌 900 余人，这是总攻前扫清外围第 11 纵队的首战胜利，意义重大。如何尽快报道是战地记者的紧迫任务。夏威一与他研究报道，他提出这次战斗胜利的特点是神速、速战速决。报道好胜利的根本原因，对正进行扫清外围的战斗，有很强的指导性。戴陶主动请缨执笔，在掩蔽部的油灯下，他连夜赶写出 2000 余字攻克李楼五大特色的新闻。新闻很快被《战线报》刊出，受到部队好评和支社、报社领导的表扬。

淮海战役结束后，纵队在苏北淮阴、淮安地区休整，下部队的记者陆续回到支社、报社。那时正值过春节，记者们准备放松一下过年，戴陶却埋头整理材料。他说："指导员在火线上用自己的鲜血换来了胜利，这些可歌可泣的事迹一点不能遗漏，要用我们手中的笔将它报道出去，让人民群众知道胜利来之不易。"在他的影响下，记者们利用假期写了不少稿件，均被有关报刊采用。戴陶写的《老英雄的心思》报告文学，刊登在《新文艺丛刊》上，随着渡江的胜利，影响着江南新解放区的人民。

休整期间，戴陶交给王竞一份入党申请书，决心做一名忠诚的共产主义战士，为共产主义事业战斗到最后一刻。他请王竞做他的入党介绍人。1949 年 11 月党支部根据戴陶的一贯表现，批准他为中共预备党员，他向党立下钢铁誓言："今后不管在任何艰苦困难的情况下，我都要坚守新闻阵地，做一个忠诚的新闻战士，坚决完成一切报道任务，宁可前进死，决不后退生。"入党后的戴陶以崭新的姿态投入工作，更加不计名利，不图享受，自觉地把个人与奋斗融汇到新闻工作中，以强烈的事业心和高度的责任感，创造优秀业绩。厦门战役后，王竞调到新华社 10 兵团分社工作，戴陶仍经常写信向他的入党介绍人汇报思想，检查预备期中的不足，开展自我批评，直到 1950 年 4 月成为正式党员。

1949 年渡江前夕，第 11 纵队整编为第 29 军，支社更名为新华社第 29 军战线支社，与《战线报》合署办公。2 月下旬，第 29 军由苏北两淮地区向长江北岸推进。经过 10 多天的行军，部队在如皋一带结集待命。戴陶收到父亲的来信，信中流露出不安心在人民政府工作的情绪，并准备举家迁回原籍南通，靠资本家姑父接济生活。戴陶马上写了一封回信，表示坚决反对举家回南通，信中说：“你现在已在民主政府工作，靠自己劳动创造财富，这应当感到光荣的，要珍惜这份工作，不能回原籍依赖姑父去享福。诚然，民主政府目前虽有不少困难，我看只是暂时的，只要顶过去，光明就在前头。你在民主政府做事，要在工作上吃苦耐劳，我知道作为儿女不该用这样口气对待你，但作为一个革命者，在大是大非面前不能含糊，必须毫无保留地表明我的立场和观点，请你理解宽容。”寥寥数语，道出了他对党的忠诚和对父母的赤子之心。

1949 年 4 月 21 日，戴陶奉命随第 85 师行动，参加渡江战役报道。当晚 19 时第 29 军发起渡江战役，船队越过长江中心线后，南岸敌人开始炮击，顷刻间敌人的炮弹不断地向我船队飞来，在战船周围爆炸，他和战士一样镇定地坐在船上。当船队靠近彼岸时，敌枪炮齐鸣，越接近火力越猛，他随着部队一道冒着密集弹雨冲上岸去，并把第 85 师攻占西占沙、激战巫山港等战斗情景，及时报道出去。

渡江战役后，部队很快投入解放上海的战斗。戴陶很想参加，但领导上确定他和夏威一留守军部作机动力量，他愉快地服从决定。正当上海战役打得激烈的时候，第 29 军张藩政委率军部留守人员去接管浙江嘉兴市。夏威一和戴陶的任务是，了解和接管《嘉兴日报》。一次戴陶单独去报社执行任务，后据报社地下党的同志反映：报社工作人员对戴陶这位年轻解放军同志反映很好，讲话很内行，又熟悉报纸业务工作，并说解放军有人才。不久，地方党接管班子来到嘉兴，夏威一和戴陶将工作作了移交，随张藩政委回到军部所在地苏州。

同年 7 月初，第 29 军进军福建。在这千里征程上，戴陶为了采集新闻，冒着酷暑炎热，不知疲倦地埋头工作。他经常颠簸穿行在一些师、团指挥机关和基层连队的行军队列中，运用问、听、看、记、想等方法采访。他的心紧贴着采访对象，同他们吃宿在一起，开会学习在一起，涉水登峰在一起。行军时帮助体弱的战士扛枪、背背包，甘苦与共，亲如兄弟；主动帮助他们抓政治形势教育和开展行军宣传鼓动工作，在帮助工作中接触实际，发现和选择有价值的新闻题材。那时战士文化水平低，他利用行军间隙为战士代笔写家信或求战决心书，从而赢得指战员们的信赖和厚爱。这样就会有共同语言，指战员把他当作知心的战友，什么话都愿意对他说，什么事都无保留地告诉他，就很容易采访到有新闻价值的第一手材料。要把这些新闻素材写成稿子，必须进一步地分析、核实、提炼和加工，不知他爬了多少格子，绞了多少脑汁，熬了多少夜。几乎每天他都不顾白天百里行军的疲困，晚上在油灯下开夜车笔耕，有时实在睁不开眼，就打一会盹再写。有一次，为了突击采写两篇稿子，在时间短，任务紧的情况下，他忙碌了三天三夜，没有好好合眼，稿子脱手了，而疲劳过度的他却疟疾复发了。同志们劝他要注意劳逸结合，他却说："搞新闻报道不能磨磨蹭蹭，要像打仗一样，抓住战机连续作战，失去了时效，就会打败仗。"

为了文笔敏捷，他长期坚持练笔，每天不动动笔头，写点什么，就感到心里空荡荡的。熟能生巧，写多了，他脑子灵活，手笔流利，稿子出手快。同其一起工作的战友都赞佩他："有拼命忘我的工作精神和倚马可待的写作能力。"

戴陶先后参加了解放福建全境的各主要战役、战斗的新闻报道。在火线采访中，他坚持同广大指战员生死战斗在一起，与他们聊天，借以了解瞬息万变的战局情况，丝毫不理会漫天硝烟滚滚的战火。有时他随穿插部队在敌人炮火下长途艰苦跋涉，日夜兼程，追击逃敌；有时他跟突击部队冲锋陷阵，炮弹在附近纷纷爆炸，子弹在头顶上不断呼啸，也全然不顾。从 1949 年 8 月 17 日攻占福州开始，至 10 月 17 日厦门解放，整整两个月，戴陶就是这样无私无畏地战斗在福建前线海疆上，常常风餐露宿或“蹲猫儿洞”，吃不上饭，睡不了觉，眼圈熬得铁青，仍为新的题材、新的构思、新的人物操劳奔波，紧追不放。有些稿子，是他在战壕里照着手电筒的光亮或是坐在地上用膝盖代替桌子写成的。

戴陶作为军事记者有个老习惯，就是每次战斗报道，自己总是出生入死亲临激战最前线观察体验。以报道厦门战斗为例吧！10月15日21时，戴陶随第29军第255团主攻突击第一连船队起航，迅猛向厦门进发。当船队靠上彼岸守敌滩头阵地时，敌人各种武器一齐开了火。他和突击连的战士机智勇猛地冲向前，首先越过深及膝盖的淤泥滩，再叠人梯攀上2米高的海岸峭壁，强攻敌阵地制高点——神山。这时，有卓越胆识的戴陶，跃身跳入敌战壕，利用敌人发射的照明弹，敏锐地观察我主攻突击连与守敌展开争夺战情景：一个手擎五星红旗的战士冲在最前头，他突然中弹倒下了，另一个战士立即接过他手中的红旗，又继续猛冲上去……就这样，前仆后继，12个勇士同敌人拼杀而献出了年轻的生命，终将血染的国旗插上了神山顶。戴陶为指战员们这种勇于献身的崇高的爱国主义精神所强烈感动。他含着热泪，怀着对战士真挚、炽热、深沉的感情，以亲身经历和耳闻目睹的第一手材料，生动、具体、形象地写出了《把新中国国旗插在厦门岛上》的通讯。这篇出色的报道，经新华通讯社播发后，被全国省级以上报纸普遍采用，并受到上级领导表彰和广大读者的好评。是时，他在这次战斗中还采写了题为《突击登岛的四个英雄连队》《陆上行舟》等数篇新闻通讯。这些曾在广大群众中起了很好宣传作用的报道，以生动感人的事实，歌颂了我参战部队指战员发扬近战夜战的优良战斗作风，英勇善战，势不可当的海上雄风。

厦门岛解放后，摸不清金门守敌调动频繁的情况。1950年7月中旬，第29军第86师第258团受命攻击位于小金门岛西南侧的大担岛，进行武装侦察。

这次战斗的前几天，该军《战线报》和新华社支社的领导潘澄同志到记者组征求意见：“谁去参加大担岛战斗报道?”戴陶同志争先报了名，他坚决要求说：“我去，我是新党员，让我再接受战火的考验吧!”当这个请求得到领导批准时，他特别起劲，好似从心底升腾起一股冲天的力量。他还跑到战线报社编辑部，对报社同志说：“下星期报纸请留下攻打大担岛的新闻和通讯的版面。”他说此话时，充满了胜利归来的喜悦心情。为做好报道准备工作，当即，他徒步赶到数十里以外的参战部队，了解战前政治动员、作战部署、主攻分队的作战特点和背景材料，制定采访计划等。他的行动表明：战斗报道的“果”不可能唾手而得，需要全身心投入，甚至有时需要洒鲜血或献出生命才能获得。

7 月 26 日 19 时许，我军炮火试射后，攻击部队船队，分东、西两路，先后起航。戴陶乘西路主攻的一只突击船，飞驰在最前头。他聚精会神地扫视着大担岛守敌的动静，心想的不是自己的安危，而是怎么才能搞好这次战斗报道。他生前曾说过：“随军记者靠炮火越近，写出的稿子越有感染人的现场气氛。”现在他离炮火够近了，可他还想近些再近些。有了这种敢于拼搏的敬业精神，就会无所畏惧。可就在这一个多小时后，天气突变，海上风力越来越大，突击部队船队在航行中便乱了队形和建制，无法按预定计划到达指定的登陆点。即使少数分队在敌火下强行登陆，终因部分船只被敌炮火击毁而伤亡过大，弹药耗尽，寡不敌众未能突破敌阵，致使攻击受挫。就在这危急时刻，戴陶同志依然镇定自若，为观察火线情况，他在船老大身边站起来，这时敌人射来的一颗罪恶子弹击中他颈部，当场壮烈牺牲，年仅 20 岁。

噩耗传来，认识他的战友无不痛心疾首，我们失去了一位风华正茂的知己战友和同行，党失去了一个无限忠诚的新闻战士。

戴陶同志虽然早已为国捐躯，但他那忠于事实、忠于真理，为党的新闻报道勇担风险和奋斗不息的坚毅精神，将在天地之间长存。

（写于 1999 年）

金刚山下别战友

——记新华社志愿军总分社记者周斯杰

于云先

周斯杰，男，1928年出生于浙江德清。1949年在上海光华大学加入中国共产党。抗美援朝前夕，他调入新华社工作，成长为一名优秀的战地记者。1953年，周斯杰奉命随监督朝鲜停战的第10联合观察小组活动，进行停战谈判报道。8月4日，在一次地雷爆炸事故中不幸身亡，他的遗骨永远留在了朝鲜的土地上。

1953年7月27日上午，我在板门店参加朝鲜停战协定签字仪式之后，回到开城，当天下午记者团领导即决定我和周斯杰同志随监督停战的第10联合观察小组活动。

根据停战协定规定，敌我双方停战之后，沿朝鲜军事分界线由西向东设10个联合观察小组，协助军事停战委员会监督停战协定中关于非军事区与汉江口各项规定的执行，并限定第4到第10七个联合观察小组必须于 7 月 31 日及 8 月 2 日到达指定地点进行会晤，开始执行职司。

根据上级指令，我和周斯杰便与第 10 联合观察小组我方人员联系，约定出发时间。

第 10 联合观察小组的工作地段位于朝鲜的最东端。经过两天准备，我们于 7 月 30 日一清早，由开城出发了。我和周斯杰被安排在联合观察小组的通讯车上。车厢内两边有两排座位，坐起来倒也舒服。但因路况太差，东摇西晃，一不小心，就会从这边撞到对面的座位上。经过一天行程，夜间下起了倾盆大雨，但因任务紧迫，只得冒雨继续前进。31 日凌晨，我们终于到达金刚山北麓朝鲜人民军第 7 军团的军团部。

金刚山是朝鲜著名的风景区。我们在军团部用完早餐后，便盘山而上。这里峰峦秀丽，风景如画，可谓人间仙境之地。车在山巅公路上盘旋行驶，山上云雾缭绕，山下却洒满阳光。当我们下山时，雨衣都被雾水打湿了。

越过金刚山，到达一个山间，即是我们此行的目的地。这是朝鲜人民军一个师团部的所在地。第 10 联合观察小组的我方首席组员金斗洪上校，原先就是这个师团的副师团长。

根据军事停战委员会的指令，第 10 联合观察小组的双方人员必须于 8 月 2 日上午 10 时在指定地点进行首次会晤。

这天上午，我们驱车前往会晤地点，途经朝鲜东海岸的高城。

当车子驶进非军事区北沿村，在一个转弯处的树林间，我发现一个炸弹形的东西。驶近一看，我不禁大吃一惊，这不就是我曾在北京劳动人民文化宫参观“美国侵略者细菌战罪行展览”时所见到的细菌弹么！这是一枚绿色 4 格型细菌弹的一半，另一半不知到哪里去了。美国侵略者为了挽救他们在朝鲜战场上的惨败，从 1951 年 11 月开始，就有计划地在朝鲜前线和后方及我国东北地区大规模地推行暗号为“超级宣传”的细菌战，而且一直持续到朝鲜停战之前。进入非军事区，如同进入死亡区一样，山岩上布满了累累的弹痕，到处是烧焦的山林，山间乌黑一片，这里听不到鸟声，见不到人迹。停战前夕，我军在这里又将自己的阵地向前推进了四分之一公里。因此，当我们越过当时敌人败退的阵地时，战壕内外处处是丢弃的炮弹、子弹、钢盔、罐头盒子和破烂的衣物，真是遍地狼藉。

我们同联合观察小组对方的会晤地点设在紧靠海岸的一片松树林边上。这里插着一块如同十字架形的军事分界线标志物。牌子这边用朝中两国文字写明“军事分界线”，那边是用英文和朝文写的。这天上午，双方人员都按时到达会晤地点。一张桌子不偏不倚地摆在“军事分界线”的中央。真是泾渭分明，双方人员都站在各自桌子的一方，谁也不跨越雷池一步。

第一次会晤，美方带了桌子和椅子，并且让我方组员坐。为了体现不卑不亢的平等原则，我方决定8月4日上午10时，双方再次会晤时，也带桌子和凳子，免得再受人家的施舍。

8月4日早晨，我和周斯杰到河边洗了衣服，搭在通讯车旁边的荆条枝上，准备中午回来时收拾。开罢早饭，我方首先派参谋人员乘车带路，另派一辆卡车装上桌子和凳子提前出发去非军事区内的会晤地点。就在这一天，不幸的事情发生了。

这天我方人员出发比较早。当我方组员到达非军事区北沿时，忽然听到非军事区内传来一声爆炸声。于是，我们急忙赶来非军事区内。路上，两名非武装的朝鲜人民军战士搀扶着一个受伤的战士走了下来，告之说，拉桌凳的卡车被炸了。这是怎么一回事，为什么第一次与美方会晤时没有发生什么事情，而在今天发生了？我们在被炸毁的卡车前后搜索和分析出事的原因。

正当大家议论纷纷时，双方约定的会晤时间快到了。而这时被炸毁的卡车正好堵在一个狭窄的小山口上，挡住了后面朝中组员乘坐的车辆，无法通过。这时只有在卡车前面参谋乘坐的那辆带路的吉普车，一辆吉普车，加上司机只能坐4个人。而这时大家都争着往这辆吉普车上爬，一下上去了六七个人。我方组员看到这种情景，便喊大家下来，不要坐那么多人，说叫敌人看见像什么话？于是我和另外的同志从车上跳了下来。而正当车子开动的时候，周斯杰跃身一跳又坐在我原来坐的位置上。当车子在沙地上开出百米左右的时候，突然一声巨响，一次大的恶性事故又发生了。

随着地雷的爆炸声，只见人飞高一二十米。这时，大家都惊呆了，我知道周斯杰就在车上！

根据朝鲜停战协定的规定，停战生效后72小时之内，双方军事力量及其装备必须撤出非军事区，并应立即为军事停战委员会或其联合观察小组人员清理出一至两条安全通道，以保证监督停战观察人员的安全通行。而一天之内，竟发生两次爆炸事故，并造成人员伤亡，为此，朝鲜人民军的有关方面向朝中方面观察人员进行了道歉。他们立即派出工兵人员清理爆炸现场，并对朝中方面观察人员的通道再次进行彻底清理。据说，第二天在爆炸地点附近，即敌人原来撤退的前沿阵地上，又挖出美式反坦克地雷几十枚，事后想起来真有些后怕！

4日这天上午，幸好朝中组员没有上车，免予不幸。同美方进行简短会晤后，中午返回驻地，我清理了周斯杰的遗物，准备返回开城时，交给记者团的党组织。下午，我怀着极为沉痛的心情向开城记者团秘书长陈伯坚同志发了一份电报，报告了周斯杰不幸牺牲的消息，并向组织上保证不怕一切困难和牺牲，坚决完成组织上赋予自己的任务。

当天晚上，在朝鲜人民军同志的带领下，我们去探视周斯杰等同志的遗体。在路边的一间小房子里，我们用手电筒照射着，三具尸体平躺在那里，都用白布包裹着。据朝鲜人民军同志介绍说，周斯杰同志身上并无外伤，只是一条腿折断了，是地雷爆炸时被抛向空中，掉下来摔死的。牺牲的另一名王金柱参谋，也是这种情况，是从一个掩体中找到的，身上也无伤痕。牺牲的还有一名朝语翻译同志。汽车司机摔断了几根肋骨，幸免于难。

经过准备，在我们驻地，当地朝鲜人民军和居民按照中国的习俗，为周斯杰等同志举行了隆重的遗体安葬仪式。

9 月中旬，根据开城记者团的指示，驻靠近东线的几个观察小组的记者都汇集到第 10 联合观察小组，与我会合一起回开城。大家会面后，当闻知周斯杰同志牺牲的消息，无不伤心和悲痛。

周斯杰同志是一名淳朴诚实的青年，1928 年生出于浙江省德清赵家弄，1949 年 4 月在上海光华大学加入中国共产党。入朝前夕，他刚刚调入新华社。我们虽相处时间不长，他却给我留下了终生难以忘怀的印象。

我们就要走了，汇集在一起的记者们，商量行前到周斯杰墓前向他告别。大家采集了柳条和野花编织了一个花圈，行前的头天上午，来到他的墓前默哀告别。

朝鲜停战已经 50 多年了。周斯杰生前送给我的照片和他墓地的照片，我至今仍然精心地保存着。在纪念新华社成立 75 周年之际，我将他的照片奉献给新华社的党组织，以求永远存念。

我们这些人还活着，而这名青年记者的遗骨却永远留在了他国的土地上，安息在秀丽的金刚山下。

（写于 2006 年）

卓越的对外英文广播事业组织者

——记“克什米尔公主”号事件中牺牲的沈建图烈士

成　芳

沈建图，男，广东梅县人，1915年出生。香港大学二年级肄业。1938年到延安，入抗日军政大学学习，1939年加入中国共产党。1944年到新华社工作，任英文广播部编辑，是新华社最早的对外英文广播事业开创者之一。新中国成立后，他历任国际新闻局新闻处处长、新华社对外新闻编辑部主任、新华社编委会委员、新华社党组成员等职。在朝鲜停战谈判期间，他在朝中代表团负责新闻发布工作，领导全体同志出色地完成了对敌斗争报道任务。他还用“吴敏”的笔名，撰写了60多篇重要新闻和评论。1955年4月11日，他奉命前往印度尼西亚万隆参加亚非会议的报道工作，从香港乘坐印度国际航空公司“克什米尔公主”号飞机，因台湾国民党特务在飞机上放置了定时炸弹，在飞行中发生爆炸，不幸遇难。

1955 年的 4 月 11 日，印度航空公司一架“星座”式民航机在爪哇海面上空遇难。后经证实，这是中国政府包租赴印尼参加万隆亚非会议的专机——印度航空公司的“克什米尔公主”号，飞机因被国民党特务在机翼中放置炸弹爆炸而坠海。

4 月 13 日，《人民日报》及其他报纸，刊登了我外交部的声明。声明除严厉斥责国民党特务阴谋杀害我方人员的罪行外，还讲述了我国事先曾要求香港英国当局保障我方人员安全的经过。公布的遇难人员名单中，中国代表团工作人员和中外记者共 11 人，其中新华社记者 3 人：沈建图、黄作梅、李平。

4 月 18 日，新德里的全印广播电台发出印度国际航空公司的声明说，根据 3 名生还的乘务人员报告，飞机上一声爆炸，行李间起火，“飞机相当猛烈地碰到水面，几乎立即下沉。”

外国记者曾多次访问 3 名生还的“克什米尔公主”号飞机乘务员。谈到飞机爆炸起火的一瞬间时，一名乘务员说中国共产党人真是非凡的人物，他们直到飞机落水下沉，始终保持惊人的镇静态度，纪律严明，毫不惊慌失措，是他从来没见到过的一种人。

在这一事件中牺牲的沈建图同志，是中国共产党对外新闻宣传工作的开创者之一，是新华社对外部的第一任主任。

他在为新中国开拓和发展英文新闻电讯的事业上做出了卓越的成绩。可惜他正当为祖国的对外宣传斗争大显身手的盛年时（40 岁），竟遭敌人的暗害而长眠海底。

沈建图，原名庆琳，广东梅县人，1915 年生于新加坡。他的父亲沈孝金原是贫民，后来在南洋经营商业和橡胶园，最后破产。华侨当年在海外是要受人欺负的，因此华侨男孩都被迫学会了打架，沈建图也不例外。有一次，有人企图欺负他，他奋起自卫，鼻梁上落下了一个伤疤。建图同志在新加坡英国人办的小学和中学读书，打下了深厚的英文基础。1931 年，他到香港入香港大学，后因家庭经济困难而辍学，在香港政府办的一所中学里当秘书（或称办事员），在 5 年多的工作期间，他接触了一些港大的进步同学，初步读了一些马克思主义书籍。他对国民党的腐败政治和对日不抵抗主义极为不满，但对共产党也很不了解。后来他读了斯诺写的《红星照耀中国》（《西行漫记》）一书，大受感动，才开始知道祖国的西北另有天地，于是决心到大陆参加抗战。由于他长期在英语环境中生活，中文很差，所以特地补习了一个时期的中文。后经廖承志同志介绍，他于 1938 年夏离开香港，于同年 11 月辗转到达延安，进抗大学习。后又随抗大分校迁到敌后的晋东南地区。1939 年加入中国共产党。抗大毕业后被分配到山东根据地工作。1940 年在中共鲁西区当宣传干事、区党委机关指导员兼组织部干事。以后还担任过筑先抗战学院的支部书记、指导员和政治课教员等职。

1942 年，他被调到太行区《新华日报》（华北版）编译英文电讯，1943 年春调回延安参加整风审干，1944 年调交际处任英文翻译（因为那一年有一些外国记者到延安访问，需要有人做翻译）。

1944 年 8 月新华社英文广播创立时，他从延安交际处调到新华社，担任英播部编辑。当时英播部工作由副社长吴文焘负责，下面只有两位编辑，一位是他，一位是陈庶。当时，英播部每天发的稿件虽只有 5 页稿纸，可是解放区人民的声音却从此通过新华社电台的手摇发电机而传播到海外，传播了真理的声音。

那时，新华社的驻地在延安清凉山上的窑洞里。英播部的那孔窑洞，面积不过十三四平方米，里面放着 3 张白木桌，还有一只白木书架。书架后面是沈建图的床铺。沈建图调到英播部工作，不久就担任了组长工作。他每天上午 9 点开始工作，中午不休息一直到下午 3 点才结束。工作量虽不大，但要用打字机打出稿子，然后改稿、誊清，也是够紧张的。平时存下的一些特写或不急的稿件，都是由沈建图一个人在星期天处理。

英播部开始工作之前，沈建图几乎每天都到翻译部去看外国通讯社的电讯，那时的外电是手抄的，抄写者不懂外文，抄下的电文不易辨认，不过沈建图已熟悉了外电的规律，阅读很快。

1947 年 3 月胡宗南部队进攻陕北，新华社大部分人转移阵地，只留下一小部分精干人员随党中央在陕北坚持战斗和工作。即令在最艰苦的环境下，新华社的英文广播仍然坚持发稿。

新华社从延安转移时，陕北的英文广播由沈建图和黄龙在坚持，后来黄龙过了黄河，就剩下沈建图一个人了。直到在太行建立起另一个据点时，沈建图才转移到了太行。这时英播部工作更紧张，但在沈建图的领导下，人人都紧张而有秩序地工作。沈建图为人比较严肃，但究竟是年轻人，休息时还是好动的，尤其是爱跳舞。

新中国成立后，对外广播的工作规模扩大了许多，人员也增加了，外国专家也有好几个，沈建图的任务也加重了。但是他同样的自信，同样的严格要求自己和别人，同样的重效率，作风干脆，亲临前线。他不仅参加一部分翻译工作，别人译完的稿件他还要修改、审查，直到没有一点错误。进城后，英播部有了自己的记者。他要求记者写完稿后必须亲自给他，直到待他把稿件修改好才能离开，算完成任务。

新中国成立后第一个“七一”纪念会是在先农坛举行的。那天正落大雨。毛主席在会上发表了后来题为《论人民民主专政》的讲话。英播部的党员同志们参加了纪念会，回来后不顾浑身雨湿，立刻投入翻译讲话全文的战斗。当时拿到的清样标题是《二十八年》，上面还有毛主席和周总理等领导同志的改动笔迹。沈建图同志负责审稿。当时，英播部的几员大将陈龙、陈庶、彭迪、郑德芳、钱行等十几位同志分段的译稿，陆续送到他的手上。他仔细对照原稿，稍有疑难，便由坐在他旁边的一位女同志讲解中文的意思。他全神贯注地修改文字。中间还不断接到中央来的电话要改动某句或某字，他又要注意译稿是否漏改。在英籍顾问的协助下，他修改一页便由打字同志打出一页，再由韩托夫同志和其他同志校对。校完的稿子他还要再看一遍然后签发。几千字的重要讲话稿，在大约 6 小时之内完成了任务。沈建图同志既要做战士，又要做指挥员，负起全部的政治和业务的责任。他没有喊一声累，叫一声苦。

有一次对外部的同志每人分到一小包咖啡，因为没有糖，大家都不愿喝那煮出来的苦水。建图同志见了咖啡如获至宝，他已经好多年没尝到咖啡味了。从小就喝惯了不加糖咖啡的建图同志也只分到一小包。当大家把咖啡都送给他时，他笑得合不拢嘴，说："有这个东西，我干 24 小时也不会累。"不久，第一届全国人民政治协商会议开幕，他果然一连几天熬到深夜，次日照常上班。当然不是咖啡之功，而是他对革命事业的责任感激发了他旺盛的精力。

中央人民政府成立后，英播部并入国际新闻局成为新闻处，搬到新华社院内的口字楼。当时有英共派来的三位同志协助改稿工作。沈建图同志除了和陈龙同志分担审稿工作外，还紧抓政治思想工作，建立了更完善的工作制度，分了早中晚三班。他很注意校对工作，负责校对的同志发现他的错误时，他总是诚恳接受，尽力改正，使所有同志都养成了写稿谨慎和不嫌麻烦，勤查资料的好习惯。

并入新华社成为对外部后，每天上班有简短的工作汇报会，外国专家也要参加。沈建图同志带头坚持这个制度，在会上检查前一天的工作和计划当天的工作，并传达上级的指示。英国专家有时提出一些听起来很好但不符合党在当时的宣传政策的意见时，他总是当场解释，使专家们满意地放弃原来的意见。有时英国专家无故不到会，他也当面批评。对于他的原则性，外国专家也不能不表示敬佩。

范长江同志曾是建图同志的领导，他在陕北主持给沈建图同志所做的鉴定就有这样的话：建图同志“总能自己克制，服从组织意见”，“本单位同志们对沈建图同志已很自然地取消了‘外国人’的绰号，这全是沈同志进步的结果。”为什么叫他作“外国人”呢？因为他刚到陕北时，还带着“洋”习惯，有的同志看不惯。但经过党的培养教育和他自己的努力，他能很快地摒除了某些自由主义的缺点，具备了坚强的党性和组织纪律性。

沈建图同志好像没有规定工作时间，因为他无时不在工作。好像他脑子里除了工作没有其他。那时他的夫人从城外来看他，坐在外间办公室里。他们已好多天没见面了。有些同志告诉他这个消息。他好像没听见一样，连钢笔都没有放下。他的夫人等了差不多两个小时，结果还是未交谈一言而去。他平时为工作不讲价钱，随叫随到，不拈轻怕重。这个好风气，一直影响、鼓励着对外部的全体同志。

沈建图同志是比较严肃的人，党性强，满脑子工作、工作、工作。他在侨生党员中是很突出的一个。但他是一个有血有肉的人，他有感情，有生活方面的诸种兴趣。他常和个别同志谈心，倾听别人的意见，为别人解决困难，很少说教。他也和同志们开玩笑，所以人们对他敬而不畏。周末他也鼓励同志们组织晚会，他穿上平常不露面的尖头黄皮鞋参加跳交谊舞。他说他很同意“只工作不游戏，会使杰克成为傻瓜蛋”这句西方谚语。晚饭后他也常和一群单身同志逛大街，什么也不买，叫作“穷遛”。可是工作时间一到，从第一分钟起他就认真地干起来，他也要求别人这样做。

朝鲜战争后期，沈建图同志被调到朝鲜开城，在前线负责对敌的国际宣传战，他写了许多尖锐有力的评论文章。有一天，编辑部收到一篇署名“Wumin”的新闻电稿，电文内容是中国方面的口气，英

沈建图（左一记录者）在板门店中立区采访美国飞机炸死朝鲜儿童的现场

文写的呱呱叫，很像出自英美记者的手笔，但政治性又极强。我们不知道是谁发来的，拿给社长吴冷西同志看。他说："可能是沈建图他们在当地请某一位外国人写的。""Wumin"署名当夜就暂译"吴敏"发了中文通稿。后来才晓得"Wumin"就是沈建图。他说原来的意思是"无名"二字，要总社决定用一个署名。既然中文稿已经用"吴敏"署名发了几篇，吴冷西同志也就决定不更改了。

这样，总社吴冷西和蒋元椿同志所写的以"江南"为署名的评论，加上由沈建图同志从前方发回的"吴敏"的文章，不但在国内为读者所传诵，国外的采用率也很高，宣传效果很好。对外部同志最欢迎"Wumin"的来稿，因为他的电稿没有什么可挑剔的，不必经过翻译程序，能很快地发出去。

朝鲜战争结束阶段，交换战俘谈判斗争很激烈，建图同志写的评论最多，对谈判的脉搏掌握得很准，评论及时，有效地打击了敌人的阴谋诡计，把他们虐待战俘的情况迅速地通过北京的电波向全世界揭露。沈建图还要求周围的同志看事物要看到本质，不要停留于表面。记者黄龙在板门店就有过这样的经验。他说在沈建图指导下曾写出了一条他认为是最难处理的稿子，这就是美军在我被俘人员身上刺字这件事。黄龙的初稿是写俘虏们由于被刺了“反共抗俄”的字句，不敢要求遣返。沈建图不满意这篇稿子。他说：“你这样说，不就等于承认美方心理战的成功?”他又说应该要写美方的失败，虽然战俘被刺了字，蒙受了耻辱，然而还是选择了遣返。后来黄龙重新搜集、整理材料，写出了一条体现这个主题的较好新闻。

建图同志战斗在朝鲜前线，只回来过两三次，每次都是很快地又回去了，他的孩子长到很大才第一次见到爸爸。

从朝鲜回来后，他休息了一段时间，那也许是他一生中最长的休假了，再挑起主任的担子时，他已不像从前那样吃力，因为对外部已经成长起来，不再需要满头大汗地改稿了，他有了较多的时间去学习政治和为对外部的未来思考。

1955 年 3 月的一个夜晚，他到对外部对同志们说，过些天他就要到印尼负责亚非会议的对外报道工作，同去的还有曾和他在日内瓦和朝鲜共同战斗过的李平同志。他向同志们交待了一些发稿的技术问题和可能使用的暗号。想到他在朝鲜报道中的杰出表现，这次老将出马去万隆，还有已在当地的彭迪同志配合，一定会作出更大成绩。每个在家里的同志都怀着必胜的信心，准备迎接紧张的战斗。

大概在 4 月 7 日，建图同志踏上了征途，可能是乘火车去广州转香港的，就像是一次普通旅行似的。但是万万没有想到，壮士竟一去不复返了。正如周总理所说的，中国参加亚非会议“付出了沉重的代价”。这“沉重”二字的分量，当时恐怕没有任何人比对外部同志们的感受更为深刻了。

再也看不到建图同志那朴实的黝黑脸庞和亲切的笑容了，再也听不到他那鼓舞同志们努力工作的广东口音了，但他那美丽的人格和革命精神却一直在人们身上产生影响，激励着大家在困难中乐观向前。

新华社海外事业的先驱

——记“克什米尔公主”号事件中牺牲的黄作梅烈士

黄伟建

黄作梅，男，广东省番禺人，1916年出生。小时在香港上学。1936年被分配到香港湾仔政府货仓工作。抗日战争爆发后，参加了香港的抗日爱国运动。1941年6月加入中国共产党。1947年，黄作梅被派往伦敦，创办新华社伦敦分社。1949年6月返回香港，任新华社香港分社社长。1955年4月11日，黄作梅从香港前往印度尼西亚万隆参加亚非会议的报道工作，在“克什米尔公主”号事件中不幸遇难。

黄作梅是我的父亲，父亲遇难已40年了。随着时间的推移，父亲的形象在我脑海中非但没有模糊却越发清晰；父亲的往事和生平在我的记忆中非但未淡忘却更加熟悉。这有赖于那些微微发黄的照片和人们的文字记载；还要感谢亲人的述说和前辈的回忆。正是这些历史素材的不断积累，促使我拿起笔，尽力追忆父亲的一些往事，以表对他深切的怀念。

一、聪颖好学，体恤孝顺

“我家原籍福建，入籍广州，世居香港”。大姑是这样向我讲述家史的。我的曾祖父不知哪一年来到香港，在政府学校教中文。他在一年的春节前得了暴病，被送回广州，不久便过世了。一个远房亲戚将我年少的伯爷和祖父从广州带到香港。从此，他们在香港上学，后考入政府工作。伯爷做政府学校教员，祖父在政府工务科当文员。后来，祖父回到广州番禺与我奶奶——一个当地秀才的女儿结婚。1916年2月13日，我的父亲就出生在这样一个家庭。

父亲自幼聪颖好学，五岁读私塾时，常因成绩好而获得好喝酒的祖父以水代酒的奖励。父亲却是从来不饮酒的。可能是从小接受中国文化传统教育的缘故，父亲考上了香港湾仔区的一所中文学校“敦梅学校”。该校由莫敦梅先生创办，治学严谨，在当时颇有些名气。父亲在那里读了7年书，打下良好的中文基础，培养了对中华文化的浓厚兴趣。后来，父亲曾不时在香港报刊上发表一些散文和小说。

父亲的老同学谭庭栋先生①回忆说：“我和作梅都是1932年保送到皇仁书院，又同在一个班。那时的学制与现在不同，我们是从三年班上到一年班毕业。一年班相当于现在的预科。”最近，我在皇仁书院李校长的热情帮助下，找到一些父亲当年在该校学习的有关资料。那时的“皇仁”校刊《黄龙报》中有这样的记载：（1）1933年至1934年，黄作梅获得二年级A班第一名嘉奖。（2）1935年6月，在

① 谭庭栋先生香港出生，原任中国国际信托投资公司董事，港澳经济研究所顾问，现已离休

香港大学举办的第一届中学会考中，黄作梅以可升入港大所有院系的资格通过了会考。皇仁书院已有130多年的历史，一向都被人们视为香港的名校。可能是因为该校教育水准较高，且中国民主革命的先驱孙中山先生亦曾在此就读。李校长对我说："皇仁书院有一个良好的传统，大多数毕业生走上社会后都是默默耕耘，而不炫耀自己。在他们为社会做出贡献后，人们才发现他们毕业于皇仁书院。令尊亦是如此"。

父亲上学期间，家中人口不断增加，兄弟姐妹已有九人之多，仅靠祖父一人的收入很难负担这样一个大家庭。此时，父亲作为长子已开始以自己的稿费和上街卖报得来的钱补贴家用。由于家境困难，他未能进入已考取的香港大学，而去报考政府工，以取得一份较稳定的收入。

"1936年1月，我们一起参加了有几百人报名投考政府文员的考试。后托作梅在政府布政司署的朋友了解，作梅以第11名、我以第18名的成绩一同考入。作梅被分到湾仔政府货仓工作。"谭庭栋先生回忆说。

父亲从此结束了学生时代，走上社会，同祖父一起承担起家庭的重担。

二、热血青年，爱国向上

"九一八"事变后，香港青年感到身受双层压迫：一是英国殖民主义者的统治，二是日本帝国主义者的侵略。那时的香港与中国内地许多地方一样，爱国志士组织各种进步团体，不断宣传爱国抗日的思想。青年学生对此最为敏感，刚刚走上社会的父亲亦是如此。他积极阅读三联书店和商务印书馆发行的进步书刊，参加抗日爱国运动。

1937 年父亲曾因参加香港工会组织的纪念“九一八”活动，被港英政府逮捕。当晚家人借钱将其从警察局保释出来。第二天一早，港英警察又来抄家。1938 年，父亲与当时一些进步青年一起参加了“中华圣教总会”。大家以读书班、座谈会和唱诗班的形式，讨论时局，宣传抗日救国思想，开展活动。其间，还不时地请当时在香港的进步人士来作报告，其中有刘思慕、金仲华、乔木（乔冠华）等，分析抗日时局与国际形势，团结爱国青年和各方人士。这些进步组织确实培养了许多青年走上爱国抗日的道路，许多还成了中共党员。

1940 年，通过中共地下党人的介绍，父亲又参加了香港华人文员协会。该协会会员包括政府及香港商业机构的文员，接触面更广，层次更高。这为其在香港沦陷后开展营救活动打下一定基础。此时，父亲虽然接受了多年进步思想和开始参加革命活动，但还未加入中共组织。那时二叔和二姑均已参加革命，离开香港参加抗日，家中剩下父母和五六个未成年的弟妹。在这种情况下，父亲为了照顾家庭留在香港，以尽孝道和长子之责，是一个非常重要的因素。

然而，随着革命形势的发展和思想上的变化，父亲终于在 1941 年 6 月参加了中共党组织，成为一名中共党员，从此彻底走上了革命的道路。

三、为反法西斯而战斗

1947 年 6 月 27 日伦敦宪报①在刊登英皇颁发 MBE 勋章人员名单时有这样一段记载：“礼文·黄（父亲的英文名）、学生、九龙。为表彰其在 1945 年 9 月 2 日前，对英军东南亚军事行动作出的贡献。”

① 英国政府新闻机构的官方刊物

至此，父亲作为一名中共党员而获得英国皇室颁发勋章这一事实，就载入了这一特定时期的中英关系史。40年后，1986年6月16日，香港广角镜杂志载文称，“作为中共党员而获得英国皇室颁发的勋章，他大概是第一个，也许是唯一的一个。”

历史究竟是怎么一回事，其由来如何？

1941年12月7日，日本偷袭珍珠港，太平洋战争爆发，世界反法西斯战线形成。同年12月香港沦陷。当时的广东人民抗日游击队，后改称东江纵队，于1942年2月成立了港九大队，随即设立了国际工作小组。父亲就是这个小组的负责人。该小组的主要任务是：负责营救盟军和国际友人，配合英军服务团工作。

曾在该小组工作过的林展女士，在记述当年工作时写道：“该小组当时营救国际友人有三种渠道。一是已脱险的国际友人给仍滞留在香港的亲友写信，介绍持信人可信赖，可跟随其营救脱险。二是通过各人原有的社会关系，去发现未被日寇囚禁或禁后又逃脱出狱的英、美、印等盟国人士的线索。三是发现一些新的关系，再进一步工作。初期，侧重利用第一种渠道，黄作梅亲自送这种书报平安或介绍营救信较多。第二种渠道也用的不少，黄作梅战前在香港海军船坞工作，参加政府文员协会，社会关系较多，由此发现被囚禁的原英籍文职官员对象较多。第三种渠道发展新关系，主要是收集情况，再研究作进一步营救办法。”① 由此可知父亲当年不仅是负责营救盟军和国际友人工作，而且是直接战斗在营救工作的第一线。在父亲撰写的《东江纵队营救国际友人统计》② 一文中记载：

“据不完全统计，东江纵队在日本侵占香港时，营救出英国人20

---

① 摘自林展女士《港九大队国际工作小组》一文，原载《回顾港九大队》72—74页

② 原载一九四六年二月十九日香港《华商报》

名，美机师8名，印度人54名，丹麦人3名，挪威人2名，俄国人1名，菲律宾人1名，共计89名盟军和国际友人。”

“1942年7月，英军服务团组成，由曾被东江纵队营救脱险的赖特上校负责。为了配合英军服务团搜集情报，国际工作小组与其协议，在九龙深水步縶兰街开设一间杂货铺，作为地下联络站。英军服务团总部的指令、文件、经费，经国际小组人员带到该杂货铺后，转交其在港的工作人员。英军服务团在港的工作人员将搜集到的情报及物品也送到该杂货铺，再转与其总部”。① 该杂货铺名为“广恒杂货铺”。据当年在该杂货铺工作的大姑回忆：该杂货铺是以父亲的名黄礼文登记注册，祖父、大姑和两个伙计在这里工作。五叔因伤病从游击队返回香港治疗，后亦在铺内工作。当时父亲时而西装革履，时而长袍马褂，出入无常，家里人整天提心吊胆，唯恐何时发生不测。由于叛徒出卖，1943年夏天的一个清晨，日军闯进刚要开门营业的杂货铺，搜查并抓走了祖父、大姑、五叔。祖父、大姑于第二天被释放。年仅十六七岁的五叔与常来杂货铺的英军服务团联络人员陈养关在同一监牢。陈养未供出当时化名黄国雄的五叔就是黄作梅的弟弟，五叔在被关押15天后释放。此后，加上其他方面的原因，英军服务团与东江纵队的联系合作基本上中断了。不过从我父亲撰写的《东江纵队的国际地位》② 一文中可以看到，他们的工作对英军服务团是多么的重要：“英军服务团的最高负责人赖特上校在1946年2月返英前向东江纵队表示，如果没有你们的帮助，我们是不会做出什么工作来的。”

这是东江纵队与英国盟军合作的部分工作，但应该是最重要的一

① 原载一九四六年二月十九日香港《华商报》

② 原载一九四六年六月十日香港《前进文萃》第三辑

部分了。这就是父亲获得英国皇室颁发 MBE 勋章的主要缘由。

父亲在第二次世界大战期间除负责东江纵队国际小组上述工作外，亦参加了东纵与美国盟邦的合作。一九四六年父亲依靠手头的材料及自身的经历写了一篇《我们与美国的合作》① 记述了东江纵队与盟邦美国在打击共同敌人战争中的合作。该文中列举了多项拯救美国飞行员和供给美国十四航空队及在华美军司令部 20 项情报的史实。中美这一合作，直到 1984 年美国总统里根访华演讲时，还追述这段历史并表示赞赏。② 东江纵队司令员曾生是这样评价港九大队和国际工作小组在这方面的工作的："……促进了我东江人民抗日游击队直接与英、美盟军的合作，从而扩大了我党我军的国际影响……"③

四、创办新华社海外分社、负责有关工作

抗日战争胜利后，作为党中央新闻机构的新华社亦开始向海外谋求发展，以扩大影响。此时，父亲开始参加筹建新华社第一个海外分社——香港分社的工作。

经历了 8 年艰苦卓绝的抗日战争的中国共产党，当时无论在武器弹药还是物资、资金上都是相当困难的。为发展和壮大武装力量最终解放全中国，组织上急需大量资金。因此可用来筹建新华社海外分社的资金就更少了。

1946 年初，伯爷黄念初只身一个从韶关返回香港。由于他无子女，积攒了一些钱，战前在香港有些物业。伯爷回港后就将其在港的一所房屋转与我家。据当时亲往办理有关转让手续的大姑回忆："当

① 原载一九四六年三月二十八日香港《华商报》
② 摘自广东人民出版社 1989 年 2 月版《港九独立大队史》115 页
③ 摘自广东人民出版社 1989 年 2 月版《港九独立大队史》1 页

时你父亲不便出面办理此事，就由他出钱叫我具体操办。”在办完转让手续不久，该房产又出卖了。二叔回忆说：“战后房屋并不太好出卖。当时找到东江纵队一同志的亲戚，是位华侨，他们买下了那幢房。我们这一边办理好手续，那一边钱就交给了组织上派来的人，连钱也未曾见过。”至于这笔钱组织上用于何处？有几种说法：一是用于当时筹建新华社香港分社；二是交与中共华南分局及部队。无论怎样，这对于当时资金非常紧缺的境况，确有雪中送炭之用。

1947 年 5 月 1 日，新华社香港分社成立，乔冠华出任香港分社第一任社长。这年 2 月，父亲受命前往伦敦，创办新华社伦敦分社。在 1931 年至 1991 年新华社 60 年大事记中记载：“1947 年 6 月 10 日，以新华社记者黄作梅名义发行的新华社新闻稿第一期，在英国伦敦出版，寄发欧美各国。”当时常驻布拉格的新华社记者吴文焘，1985 年纪念亚非会议 30 周年时，撰写的《忆南海诸亡友》一文中是这样记述当年片段的：“想到黄作梅同志，我回忆起 1948 年夏天从捷京布拉格飞往伦敦去看望他时的情景。那时他是带着香港籍民的护照，在伦敦租了一间小房子，和另外两位同志一起以私人企业名义，印发新华社每天的英文广播稿”。文中可见父亲他们当时工作条件和环境是多么简陋和艰苦。直到现在，我还保存着父亲当年自行购置的手提打字机。

在 1981 年新华社庆祝成立 50 周年的展览上，父亲被称为：新华社海外分社创始人之一，及新华社海外第一代英文发稿人。

父亲在伦敦工作两年多，1949 年 6 月返回香港。随后接替即将赴京任职的乔冠华，任新华社香港分社社长。据说让父亲接任香港分社社长有利因素有二：其一，父亲是土生土长的香港人，对香港的情况熟悉；其二，二次大战期间父亲与英国盟军有过良好的合作关系，与港英方面打交道会较便利。

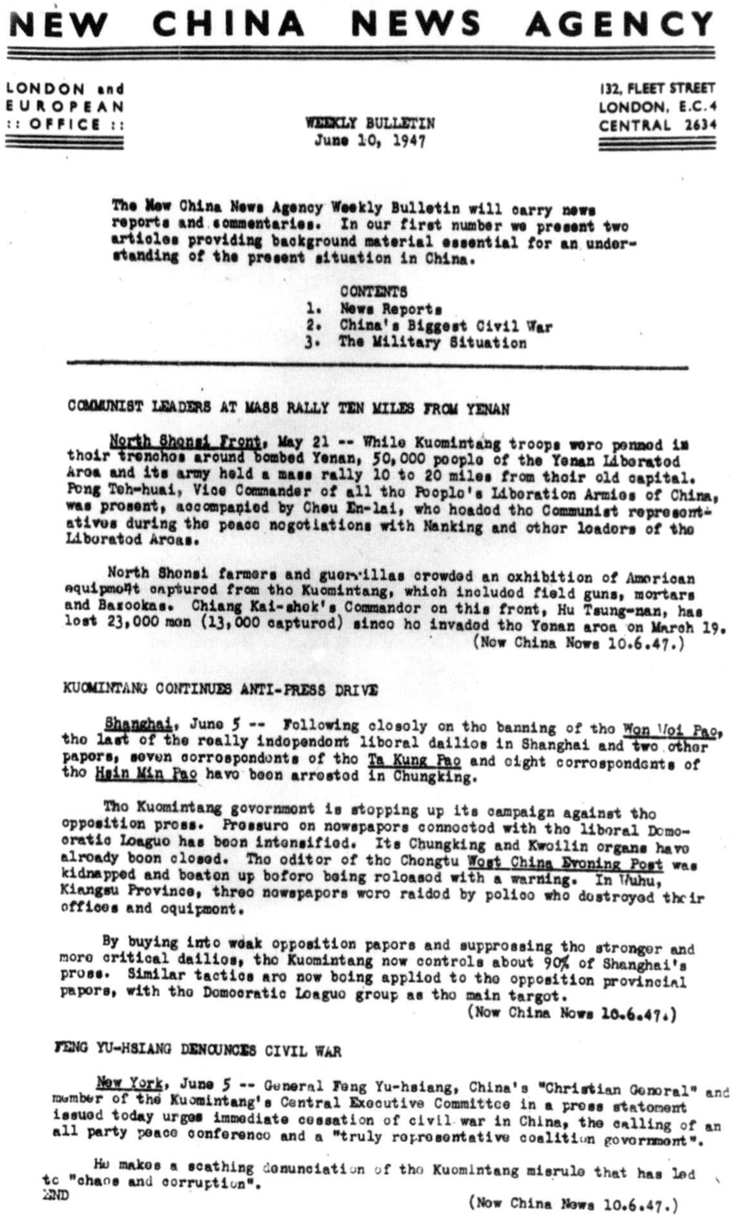

NEW CHINA NEWS AGENCY

LONDON and
EUROPEAN
:: OFFICE ::

132, FLEET STREET
LONDON, E.C.4
CENTRAL 2634

WEEKLY BULLETIN
June 10, 1947

The New China News Agency Weekly Bulletin will carry news reports and commentaries. In our first number we present two articles providing background material essential for an understanding of the present situation in China.

CONTENTS
1. News Reports
2. China's Biggest Civil War
3. The Military Situation

COMMUNIST LEADERS AT MASS RALLY TEN MILES FROM YENAN

North Shensi Front, May 21 -- While Kuomintang troops were penned in their trenches around bombed Yenan, 50,000 people of the Yenan Liberated Area and its army held a mass rally 10 to 20 miles from their old capital. Peng Teh-huai, Vice Commander of all the People's Liberation Armies of China, was present, accompanied by Chou En-lai, who headed the Communist representatives during the peace negotiations with Nanking and other leaders of the Liberated Areas.

North Shensi farmers and guerrillas crowded an exhibition of American equipment captured from the Kuomintang, which included field guns, mortars and Bazookas. Chiang Kai-shek's Commander on this front, Hu Tsung-nan, has lost 23,000 men (13,000 captured) since he invaded the Yenan area on March 19.
(New China News 10.6.47.)

KUOMINTANG CONTINUES ANTI-PRESS DRIVE

Shanghai, June 5 -- Following closely on the banning of the Wen Wei Pao, the last of the really independent liberal dailies in Shanghai and two other papers, seven correspondents of the Ta Kung Pao and eight correspondents of the Hsin Min Pao have been arrested in Chungking.

The Kuomintang government is stepping up its campaign against the opposition press. Pressure on newspapers connected with the liberal Democratic League has been intensified. Its Chungking and Kweilin organs have already been closed. The editor of the Chengtu West China Evening Post was kidnapped and beaten up before being released with a warning. In Wuhu, Kiangsu Province, three newspapers were raided by police who destroyed their offices and equipment.

By buying into weak opposition papers and suppressing the stronger and more critical dailies, the Kuomintang now controls about 90% of Shanghai's press. Similar tactics are now being applied to the opposition provincial papers, with the Democratic League group as the main target.
(New China News 10.6.47.)

FENG YU-HSIANG DENOUNCES CIVIL WAR

New York, June 5 -- General Feng Yu-hsiang, China's "Christian General" and member of the Kuomintang's Central Executive Committee in a press statement issued today urges immediate cessation of civil war in China, the calling of an all party peace conference and a "truly representative coalition government".

He makes a scathing denunciation of the Kuomintang misrule that has led to "chaos and corruption".
END
(New China News 10.6.47.)

1947 年 6 月 10 日，新华社在伦敦出版的英文《新华社新闻稿》，向欧美国家发行新中国成立后，新华总社的发稿量大量增加。香港分社也从初期单一转发总社文稿到分社向总社发稿，工作量逐渐加大。这一时期，父亲也常在报上撰写社论、文章和国际评论。从 1953 年 6 月至 1954 年 7 月，父亲曾以黄傲霜和黄中流的笔名，在文汇报《天下大势》专栏上，发表国际评论近四十篇。

在香港这一特殊地区，新华社香港分社实质上一直是中国驻港的官方新闻机构和代表机构。为新华社这一地位的确立，中国政府与英国政府及港英当局进行了长期斗争。英国虽然是西方国家中最早一个承认中华人民共和国的国家，但是它追随美国等西方盟国，长期执行着恐共、反共的对华政策。这一政策在香港问题上也得到充分反映。经过 1952 年 5 月至 11 月的尖锐斗争，港英当局不得不放弃让新华社香港分社注册为一间商业机构的无理要求。父亲就是这一斗争前线的直接领导者。当年在分社工作的同志说："这是我们与港英斗争的第一次胜利。"那些年间香港新华社及其人员随时都受到港英政府的威胁。家里亲戚曾回忆说："那时你父亲就告诫我们，不要到他那里去，因为有人（港英当局人员）盯梢、跟踪，以免受到牵连。"

作为中国驻港官方代表机构的香港新华社，其主要功能之一是负责处理中国与港英当局的某些事务性工作。其二，由于当年以美国为首的西方国家对中国的封锁，中国与外国的往来许多工作是经过香港去做的。建国初期，我国对外建交还不大广泛，为数不多的中国驻外使节和人员的往来及有关事务，都是经过香港分社及有关机构安排的。现任香港分社社长周南当年与韩念龙大使经香港往巴基斯坦赴任，亦曾受过父亲及有关人员的接待。

五、为世界和平献身

1955年4月11日下午6时30分左右，从香港飞往印尼雅加达的印度国际航空公司“克什米尔公主”号飞机，在飞越北婆罗洲沙捞越上空1.88万英尺处突然发生爆炸声，接着滚滚黑烟进入座舱和机舱。乘坐该机的八名出席亚非会议的中国代表团工作人员和记者及越南、波兰、奥地利三名工作人员，都静坐在自己的座位上，等待着早已预料的不幸事件发生。尽管机长作了最大努力，终因机身毁坏严重，完全失控。飞机伴随着巨大的爆炸声，裂为几段，坠入大海。这就是当年震惊世界的“克什米尔公主”号空难事件。我的父亲黄作梅就是该次事件罹难者之一。香港文汇出版社1992年10月出版的《中共外交秘闻录》，以史实署名的《暗杀周恩来的阴谋》——“克什米尔公主”号空难事件一文，以大量的史实记述了这一事件发生的经过，并披露中、英两国政府和印度、印尼等方面及港英当局为调查该事件真相，所进行的大量外交交涉和多方面查证。文中所载内容，系我见到的公开这一事件真相最详尽和最完整的史料，为此不再赘述。我清楚地记得1970年的一天，我在北京新华社《参考消息》上看到一则报导，其大意是：当年破坏“克什米尔公主”号的凶手周梓铭（周驹），在莫斯科从事间谍活动被捕并枪决。

父亲遇难后，他生前的挚友乔冠华、龚澎夫妇在给我母亲及家属的信中写道：“作梅终于牺牲了，牺牲在外交战场上，他的岗位上。作为一个革命者，我们相信作梅在入党的时候早有准备，而且在十多年斗争中一直总乐于为革命献出他的生命。他死无遗憾。”从史料记载看，父亲是早有准备要牺牲了。在“克什米尔公主”号出事的前两天，即四月九日晚，周恩来已紧急指示要外交部将此情况火速转告香港新华社和中国代表团。父亲作为当时的香港新华社社长和中国代表团成员肯定在事前已知将会发生的一切。记得母亲曾对我说：“你爸爸临上飞机前多次向我说，要保重身体。因为当时我正怀着你妹妹，并要我好好照顾你们。看来他是知道要有事发生的。”每当我看到父亲临行前，在香港与代表团成员及有关人员合影时，就仿佛看到在飞机爆炸前的最后一刻，他那平静的面容，就不禁想起母亲的话。

六、深深的怀念

“黄作梅烈士为亚洲和世界的和平努力，牺牲在和平事业的最前线，他的精神将永垂不朽。”这是中国外交部代表政府于 1955 年 4 月 17 日写给我们亲属唁函中的一句话。40 年过去了，中国和全世界都早已发生了翻天覆地的变化，人们的思想也时过境迁了。但是国家和人民没有忘记那些先烈们。

1955 年，由中华人民共和国中央人民政府主席毛泽东签署颁发的“革命牺牲工作人员家属光荣纪念证”中载道“查黄作梅同志在革命斗争中光荣牺牲，丰功伟绩永垂不朽，其家属当受社会上之尊崇”。

1956 年 4 月，在父亲等 11 位参加亚非会议遇难一周年之际，国家为其在北京八宝山革命烈士公墓中竖立了纪念碑。周恩来总理为纪念碑亲笔题词“参加亚非会议的死难烈士公墓”，并亲往墓地吊唁。碑文记述了父亲等 11 位烈士殉难经过，痛斥了蒋介石特务分子破坏亚非和平、自由和独立正义事业的罪行；并指出“十一位烈士是为了亚非国家的和平、独立和友好，为了保卫远东和世界的和平而牺牲的”。

1965 年，国家举行了“纪念亚非会议十周年”的活动，周恩来总理又委托各有关部门，将其访问亚非国家期间收到各国领导人的礼物，分送与我们遇难人员的家属。我家收到的是斯里兰卡总理赠送的一套银制器皿。这充分反映了周总理对参加亚非会议死难烈士的怀念和对我们家属的关怀。

1985年4月24日，外交学会在北京人民大会堂组织了“纪念亚非会议三十周年”大会。周恩来总理的夫人、全国政协主席邓颖超等出席了大会，并在会前接见了“参加亚非会议遇难人员”的家属，并与大家一起合影。北京新华社亦组织了当年参加过亚非会议的资深新闻工作者和部分遇难人员家属座谈，并前往八宝山革命烈士公墓扫墓。座谈会上，前辈们对当年的同事和家父流露出的深切怀念之情，使我热泪盈眶，至今难忘。

当年，乔冠华、龚澎夫妇在给我们的信中是这样评价父亲的品德、为人和对工作的态度：“认识作梅将近十年，我们之间存在着深厚的友情，作梅是那样真纯、诚恳、热情，对工作是那么认真热情和勇敢”。有一年我出差路过广州，去看望当时正住在五叔家的祖母。刚巧碰到一位曾在香港与我父亲共事多年的前辈。虽说这是我们第一次见面，他却滔滔不绝地向我讲述了20多年前，与我父亲共事的情形。他说：我与作梅一起共事约五六年。当时他是我的领导，我亦负责某一方面的工作。因此，我们有机会经常在一起研究问题、探讨时局。总的说，我们意见是相投的，合作是好的。当然，坦白地说，我们之间有时的看法并不完全一致，甚至会对一些问题争论不休、相持不下。但使我钦佩的是，作梅作为一个领导，从不把我们工作的争论放在心上，负以成见。致使我们既是同事，又成了知己的朋友，这使我至今难以忘怀。吴文焘先生也曾撰文以表怀念。他是这样记述我父亲的：“我觉得他踏实朴素、见解深沉，工作能力强，有忠厚长者风。记得他陪我到海格特陵园去凭吊革命导师马克思墓时，从他独立在海外工作所得到的兄弟共产党的热情帮助，同我谈到‘全世界无产者，联合起来！’这个伟大口号的不朽含义。他还根据自己的经验，强调在纸醉金迷的资本主义社会里工作生活，就要格外注意‘慎独’，时刻不忘党和人民的嘱托。”有幸读到前辈这些生动的文字，仿佛使我亲身感受到父亲的作风、能力、气质和品格，他的形象又在我的脑海中历历在目。

“你记得你父亲吗?”“你对他有印象吗?”40年来时常有人这样问我。我一出生，父亲就抱着我与家人一起在医院留下了全家福。此后，在家中、在公园、在海滩，甚至父亲遇难的前二天，都留下我们父子情深的照片。加之家人的怀念、前辈的述说，使父亲的音容笑貌从小就在我的脑海中深深地保存下来。我实在说不上来这是残留在我婴幼儿时脑海中的印象和记忆，还是后来的思念。记得一次，我看了一篇有关在朝鲜战场上志愿军被俘人员失踪几十年后，突然返回家乡与亲人相见的报道。后来，我不止一次的梦见父亲如同那三名幸存的“克什米尔公主”号机组人员一样，在茫茫大海中漂泊后幸存下来，又意想不到地回到我的身边。然而现实是残酷的，这毕竟只是令人思念的幻觉和永远藏在心中的怀念。

父亲离开我已经40年，他那39年短暂的人生，却为我留下了永久的思念。我深信，父亲为世界和平献身的崇高精神，与全人类的和平发展永存。

（写于1995年）

用青春热血谱写正义篇章

——记“克什米尔公主”号事件中牺牲的李平烈士

王宗宴

李平，男，山东省泰安县人，青少年时在北平上学。北平解放前，他便参加了北平学生的进步活动。北平解放后，他参加了中国人民解放军第四野战军南下工作团。1949年5月参加中国共产党。1949年6月参加新闻工作，最初在北平新华广播电台工作，后到新华社工作，历任助理编辑、编辑等职。1951年与1953年，他两次赴朝鲜参加战俘问题和停战谈判的报道。1955年4月11日，李平前往印度尼西亚万隆参加亚非会议的报道工作，在“克什米尔公主”号事件中不幸遇难。牺牲时年仅26岁。

1955年4月11日，“克什米尔公主”号飞机失事，噩耗传来，人们在以无比愤慨的心情痛斥国民党特务卑鄙罪行的同时，以更加悲痛的心情悼念殉难的沈建图、黄作梅、李平等烈士。

李平烈士牺牲时年仅26岁，是三位遇难的新华社记者中最年轻的一位。

当时任新华社社长的吴冷西同志在悼念三位烈士的文章中写道："沈建图同志经常和我谈起，炳衡（李平原名李炳衡）同志是一位有远大前途的年轻有为的记者。谁知道这灿烂的青春之花，竟遭狂风暴雨的袭击而夭折呢?!"

李平是山东省泰安县人。他的青少年时代生活在较为优越的家庭环境中，他的父亲当时供职于北平燕京大学校医院，是一位在当地较有名望的高级知识分子，全家住在充满学术气氛的舒适优雅的燕园内。但他并没有因此而产生丝毫的优越感，年纪虽轻，却以比同龄人更成熟的眼光关注着时事和普通民众的生活。当时燕大校园外的海淀镇有一所民办小学，其中许多是家境贫寒的劳动人民的子弟，正在燕大附中读书的他，欣然担任了这所小学的暑期教师，义务辅导孩子们功课。1941 年太平洋战争爆发，日本军队关闭了燕京大学。为了继续求学，他辗转去了昆明。在那里书没有读成，却当了支援中国抗战的美国空军"飞虎队"的翻译，投身到抗战的工作之中。这期间他学到了纯正的美音英语，为日后的记者工作创造了良好条件。

北平解放以前，他正在燕京大学新闻系学习，便积极参加了当时北平学生的游行、示威、请愿、罢课等活动及平时的宣传鼓动等工作。

北平解放后，李平于 1949 年 3 月参加了第四野战军南下工作团。同年 5 月加入中国共产党。在 300 多学员中，他是最初被发展入党的 3 个人中的一个。

因革命工作需要，李平于 1949 年 6 月加入党的新闻工作队伍。最初，他在北平新华广播电台工作。后又到国际新闻局新闻处、新华社对外新闻编辑部工作。到新华社后，他先后任助理编辑、编辑等职。牺牲前任新华社对外新闻编辑部国际组副组长。

1951 年 11 月，他赴朝鲜战场参加战俘问题报道组工作，1953 年又加入赴朝鲜开城的中国记者团，参与停战谈判的报道。他参加过关于敌人俘虏的报道工作，伤病俘遣返、联合红十字会小组、东场里及松谷里不直接遣返战俘等报道工作。

李平的英文听、说能力很强，但他本来并不擅长写作，为了工作的需要，他虚心向别人学习、肯钻研，踏实而不浮夸，因而进步很快，成为当时新华社许多后起的优秀工作人员之一。

在新华社短短的 6 年中，他除了两度赴朝鲜采访报道外，还出色地完成了日内瓦会议、印度总理尼赫鲁、缅甸总理吴努及英国工党代表团艾德礼等访华的重大外事活动的采访任务。

李平的前辈吴文焘同志在追忆文章中写道："我和李平同志初次接触，是在 1954 年采访日内瓦会议的时候。当时他才 25 岁，瘦瘦的中等个儿，戴了一副近视眼镜，给人以文质彬彬的印象。谁一提到他在热恋着的姑娘，他会刷地红起脸来。……如果能有继续工作和锻炼的机会，这样年轻的李平同志，在国际新闻采访的成就上，将是不可限量的。"

曾在朝鲜与他并肩战斗的曾建徽同志也回忆道："我不能忘记的是炳衡刻苦的钻研和学习精神，他经常抓住采访的空隙，不放过一分钟的时间，仔细地阅读有关国际问题的报纸社论和文章，从中体会宣传的政策。他经常学习我们报道中的一些好稿件，借以改进自己的写作。他经常随时注意研究敌人的宣传动向，把自己和斗争密切地联系起来，他时常考虑如何在宣传战线上去打痛国外的敌人。作为一个新闻工作者，他兴趣很广泛，关心多方面的情况，力求丰富自己的知识。他平时注意提高自己的理论水平。他常常不满足于自己目前的工作状况，即令在工作取得好的成果时，也常常能够看到自己的缺点和不够的地方，并积极设法加以改进。因此，他能够在不断克服自己的缺点的基础上不断地得到提高，进步很快，渐渐成为一个具有敏锐政治嗅觉的新闻记者。他担负过许多较重大的事件的采访报道，做出了很好的成绩，受到过表扬和奖励。”

“我不能忘记的是炳衡的不倦的工作精神。他接受任务从不怕困难，不避危险。是在1953年的夏天，我们一起在朝鲜碧潼一带进行采访，他曾经冒着猛涨的河水连夜送回了一篇重要的稿件，保证及时发到了总社。另外一次，需要立即发回一篇较长的材料，当时已夜深，他在不到一个小时的时间内就设法把原来分散在各处的长达3000来字的英文材料整理好，以电话逐字传回，保证及时发到了总社。当晚他只休息3个多小时，第二天一清早又开始了十分紧张的采访工作。在那次短短的紧张的几天内，他迅速地、及时地、准确地、出色地完成了一项十分重要的采访任务。炳衡在工作中负责到底的精神是一贯的，凡是由他采访的或由他组织的采访稿件，他都要等到最后发出时才离开办公室。为了采访和写稿，他常常顾不上吃饭和睡眠，有时甚至通宵工作。而他总是精神饱满，从不叫苦。”

“炳衡是个充满热情的同志，他有着共产党员可贵的阶级友爱。他在朝鲜采访时，总要抽空主动帮助住在左近的志愿军战士学习文化。他回国之后一直还不断接到战士们的来信，表示感谢。”

1954年4月至7月，周恩来总理率中国代表团出席了讨论和平解决朝鲜问题和印度支那问题的日内瓦会议，李平又担负起采访报道这次国际性会议的工作。吴文焘同志回忆道：“别看小李年轻、腼腆，离开大学没几年，工作上可有点章法和泼辣劲儿。他聪明，外语听、说能力强，反应快，又注意研究政策，那些日子，在国联大厦所在的莱蒙湖畔，你看小李来去匆匆，赶着出席英、法、美等与会国的新闻发布会。一回到住所，常连饭也顾不得吃，就抢时间写出中文或英文电讯稿，又跑电报局往总社发，还不时把有关材料誊出来，供同志们参考。新闻发布会上记者向发言人提问题，往往带有几分论战的性质。这个场合的小李，他日常的那种腼腆气儿不见了。他用英语侃侃提问，显得从容凌厉，使人联想起《孙子》里对兵家所作的静如‘处子’、动如‘脱兔’的比喻来。”吴老的一番形象描述，生动地展现了李平的工作特点。

在日内瓦会议期间，他是最活跃的记者之一，对每次分配的任务都能迅速完成。一次临时决定他到离日内瓦 80 英里的洛桑去访问卓别林，虽然他对卓别林本人知道得很少，也缺乏电影艺术的知识，但他很快抓住了访问的主题，终于顺利地完成了采访任务。

日内瓦会议使新中国走上了国际政治舞台，中国代表团在周恩来总理的率领下，出色地完成了任务。周恩来对代表团的工作也很满意，回国以后，他指示说：“这个代表团不能解散，出国的衣服归你们自己保存，不归你们所有，还要准备出国去参加万隆会议。”李平以自己出色的工作成绩入选代表团，参与了采访报道工作，如果他的生命能够继续的话，一定会在老同志的帮助、教导下，成为一名更加优秀的党的新闻工作者。

赴万隆参加亚非会议采访的任务下达后，李平与其他同志一起进行了充分的准备。就在他们飞赴广州准备在香港乘坐“克什米尔公主”号前往万隆前的一天深夜，沈建图、黄作梅和李平三人来到吴冷西社长的办公室告别。他们详细研究了有关报道的最后安排，并且谈了工作中可能遇到的危险和困难，他们三人坚定地表示，只要更虚心些、更谨慎些，任务是一定可以完成的。当时我国外交部已经获得确切的消息，国民党特务将要破坏“克什米尔公主”号，为此外交部与印度航空公司和英国驻华代办处紧急交涉，要求他们严加防范，确保飞机的安全。对此准备乘机前往的同志也是十分清楚的，他们对此行的极度危险性早已在心中有了充分准备。李平在临行前特意邀集哥哥姐姐长谈，讲明了这次任务的危险，言外之意，是自己万一发生不幸，请他们更好地照顾父母。数日之后，他便与沈建图、黄作梅等同志坦然登上“克什米尔公主”号飞机，踏上了悲壮的不归之路。

周恩来总理在飞机失事的翌日（1955 年 4 月 12 日）给邓颖超的信中写道：“文仗如武仗，不能无危险”。外事新闻工作，犹如在一场没有炮火和硝烟的战场上的搏击，既需要高度的思想觉悟、敏锐的政治头脑，忘我的工作热情，更需要不畏艰险、勇于献身的大无畏精神，李平烈士以自己年轻的生命实践了做一名合格的党的新闻工作者的誓言。

李平热爱青年学生，他跟北京市第十四中学一个班有较经常的联系，同学们常邀他去谈时事，他总是事先认真准备，给同学们帮助很大。他牺牲的消息传出后，这个班的全体同学悲痛地追悼他们失去了的好朋友。一年以后，这个班的同学高中毕业了，他们特意出了一期“向李平同志学习”的专刊，面对悬挂在教室里的李平烈士的遗像，同学们决心像他那样为祖国的明天更加奋发努力。

永不消逝的七彩云环

——记新华社驻贝尔格莱德分社记者邵云环

万京华

邵云环，女，黑龙江佳木斯市人，1951年6月19日生。1975年2月，在北京外国语学院毕业后，分配到新华社参编部工作。1999年3月15日，赴南斯拉夫任新华社贝尔格莱德分社记者。她在工作条件极为困难的情况下，采写了大量消息和通讯，及时准确地报道了以美国为首的北约轰炸南斯拉夫的真实情况，用事实揭露了北约轰炸给南人民造成的严重后果。1999年5月8日，北约用导弹袭击了我驻南斯拉夫大使馆，邵云环不幸以身殉职，年仅48岁。

五月的贝尔格莱德本该是宁静而美丽的，然而战火和硝烟的蹂躏却使这座城市渐成一片废墟。中国大使馆是当地一座有名的建筑，位于纯粹居民区内，凡是到过此地的中国人都说在这儿能找到一种回家的感觉，很多外国朋友也对它留有深刻的印象。然而，就在北京时间

1999年5月8日凌晨，以美国为首的北约竟悍然用5枚导弹同时袭击了我驻南联盟使馆，造成我人员伤亡，馆舍严重被毁。新华社女记者邵云环，光明日报记者许杏虎、朱颖夫妇在这起事件中不幸以身殉职。

48岁的邵云环是新华社优秀的驻外记者，她精通塞语、英语，是研究南斯拉夫问题的专家；她博学多才，知识丰富，其作品不仅对问题的剖析入情入理，而且文笔优美流畅，深受广大读者的欢迎；她温婉贤淑，感情细腻，对亲人和朋友充满了爱。这样一位善良多才的知识女性，却惨死于北约的导弹之下，不得不令人感到无比的愤怒和深深的痛惜。

一

1951年6月19日，邵云环出生在黑龙江省佳木斯市一个普通的工人家庭，她的父母都是佳木斯纺织印染厂的工人，邵云环在家中排行老大。

1958年9月，邵云环进入佳木斯纺织厂子弟小学学习，在校期间，她的学习成绩总是名列前茅，曾担任过学习委员、班长、少先队中队长、大队长等职务。

1964年，邵云环以全校第一名的优异成绩考取了黑龙江省重点中学佳木斯市一中。当时她所在的纺织厂子弟小学有200多人报考这所学校，而最后被录取的只有两人。

上中学后，邵云环更加勤奋好学，积极上进，并且光荣加入了共产主义青年团。她坚信只有学好文化知识将来才能更好地报效祖国。“文化大革命”期间，在一片“读书无用”声中，她的书包里总是装满了课本，教室里、操场上，到处都留下了她刻苦学习的身影。

1968年12月，只上了4个月高中的邵云环响应党的“上山下乡”的号召，离开家乡和亲人，报名去了条件异常艰苦的大兴安岭，在加格达奇建工处当工人。加格达奇位于北纬50度，属高寒地区，气候和生活条件都很恶劣，每年一过8月就得开始穿毛裤，冬天最低温度达零下四五十度。艰苦的环境和平凡的劳动养成了她大山一样的筋骨和松树一样的风格。在建工处工作生活的近三年时间里，邵云环事事走在前面，像男同志一样扛炸药、卸水泥、拉红砖，手掌磨出了血泡，腰累得直不起来了，但她仍硬挺着。平时，她还抓紧一切时间学技术、练习写字。一次，他们工作的地方着了火，燃烧着的油桶随时都可能发生爆炸，在紧急关头，她冲在了救火队伍的前列。一位工人的妻子因生孩子难产，失血过多，她争着去献血。当时细粮很珍贵，她却舍不得吃，但当她听说几位男青工为抢救一名重病工人献了血，立即把自己积攒的细粮票捐了出来，为他们补身子。她平时生活非常简朴，总是把钱积攒起来，除了帮助有困难的同志，大多都寄回了家。

1971年9月，她被推荐到北京外国语学院东欧语系学习塞尔维亚语。北京外国语大学塞尔维亚语专业成立于1963年，是全国唯一的塞尔维亚语人才培养基地，每隔4年才招10多名学生，30多年来毕业生加起来不足200名。与邵云环同时遇害的光明日报记者许杏虎也是这里的毕业生。他们都是非常难得的人才。

在校期间，邵云环学习刻苦，成绩优异，博得了老师和同学的一致好评。大学里，她已显露出过人的才华，她遍览群书，知识面广，写得一手好文章，常被当作范文宣读。

她的班主任王茂中回忆说：“云环是个乐于助人的孩子。塞尔维亚语中卷舌音令当时班里不少学生头痛，云环学过俄语，是她帮助大家渡过难关的。她生活朴素，严于律己，见了老师总是笑容满面，是个难得的好学生。”

二

1975年2月，在北京外国语学院毕业后，邵云环被分配到新华社参编部东欧组做翻译工作。东欧组是个工作上综合性比较强的单位，负责东欧地区8个国家的参考报道，每人要兼管选报、翻译、编稿和调研等多项工作。邵云环具体参与对南斯拉夫的报道。在当时中国的政治气候下，南斯拉夫是个国情很特殊的国家，选报难度很大，要想从南大量报刊中挑选出有参考价值的材料犹如沙里淘金。由于她刻苦努力，很快适应了工作。那时她住在新华社院内的集体宿舍，每天早晨很早便到了办公室，然后静静地坐下来，从分社当天发回的外文稿和最新外文报纸中选择有用的翻译材料。对于一个新参加工作的外文干部来说，翻译是最重要的基本功。邵云环在这方面起点较高。她不仅翻译速度比较快，而且译文比较准确、通顺，字体也清秀、漂亮。因此，她刚到新华社就给大家留下了深刻的印象。与她一同负责南斯拉夫问题的一位老同志说："邵云环的新闻敏感性强，外文基础也好，将来可能很有出息。"

稳重、内向，言语不多的邵云环嘴角总是挂着微笑，她待人非常宽厚，与大家相处得很融洽，很多人都曾得到过她热情的帮助。组里一个与她住在同一座集体宿舍楼里的小伙子患有严重的胃病，一天深夜突然发作，疼痛难忍。邵云环得知后，立即找车把他送到医院，使他及时得到治疗。一位女同志住院动手术，邵云环像她家里人一样每天去陪床护理，使她很快康复。还有一位同志的母亲去世，恰好这位同志和她的丈夫都在国外，也是邵云环同别人一起替他们料理了母亲的后事。然而每逢别人对她的帮助表示感谢时，所能看到的都是她那默默的一笑。

由于她各方面表现突出，到新华社不久便被选为参编部团支部书记。在东欧组工作的几年，她的政治、思想、业务都提高得很快，为将来成为出色的记者打下了坚实的基础。

1983 年 5 月到 1985 年 5 月，邵云环到中国新闻学院学习英语。在两年的脱产学习中，她勤奋刻苦，悉心钻研，除掌握领会教科书中的内容外，还抄录、参阅了大量英文词汇和课外读物。她特别注意增强自己的外文理解能力，善于举一反三，在英译汉测验中，她的译文准确流畅，多次受到学校的表扬。

在新闻学院学习期间，正值她的爱人曹荣飞赴南斯拉夫留学，儿子曹磊只有三岁。邵云环每周一早上带着曹磊从北京东南郊劲松的家里出发，先把独生子送到皇亭子幼儿园，然后赶班车前往位于北京西北郊板井的新闻学院。虽然往返数十公里，耗费大量时间和精力，但为了学好知识，增强从事新闻工作的本领，邵云环早起晚睡，牺牲公休日，克服了常人难以忍受的困难，出色地完成了自己的学业，并于 1985 年 1 月光荣加入了中国共产党。在最后的结业考试中，邵云环以出色的成绩获得英语大专文凭。

从中国新闻学院毕业后，邵云环回到新华社参编部，在英文一室从事了一年多英文翻译工作。1986 年 7 月至 1990 年 10 月仍在参编部俄文室东欧片做塞文参考报道选译和调研工作。她虚心向老同志学习，认真积累词汇、句型，对照阅读经典译文，翻译水平迅速提高，能熟练、准确地翻译各种类型的英文稿件。同时，她还坚持英文口语的练习，为自己日后的新闻采访和业务调研打下了良好的基础。

三

1990 年 9 月邵云环奉派到贝尔格莱德分社工作，当时正值南斯拉夫发生分裂和波黑战事，突发事件较多。她与分社其他同志一起，在困难的条件下密切跟踪事态的进展，及时向总社发回了有关报道。

为取得第一手材料，她在联合国维和部队陆续进驻南斯拉夫交战地区时，曾一天数次往返机场，甚至克服困难前往波黑，闯进联军驻地采访；贝尔格莱德发生骚乱和“打砸抢”时，她坚持到现场观察，发回许多独家报道及一些相关的照片，受到总社国际部通报表扬。

南斯拉夫解体后，在不到一年时间里，她不顾个人安危，两次到斯洛文尼亚和克罗地亚采访，一次到马其顿，先后采访了马其顿总统、斯洛文尼亚共和国主席团委员、克罗地亚政府副总理等政府官员，并同近20位各界人士进行了交谈。在局势十分紧张的克罗地亚，她还采访了各种类型的难民营，甚至费尽周折，在一个十分偏僻的村庄里的一条荒废的铁路线上，找到了暂时栖身于货车车厢里的几十名波黑难民；她还冒着危险深入到克、塞两地方武装严重对峙的联合国“隔离区”进行采访。

据统计，三年中她向总社发回的公开稿、参考稿及为一些刊物提供的稿件，共达500余篇（条），其中一些被评为刊物或部级好稿。

三年里，她目睹了东欧剧变给那里人民带来的灾难，深有感怀。她写了许多有分析有见地的特写和调研文章，向中国人民揭示了包括南斯拉夫在内的东欧国家发生剧变的原因。她家里至今还保存着南斯拉夫剧变后发行的恐怕是世界各国钞票发行史上面值最大的货币：2.5亿第纳尔的一张纸币。这么大的一张票子只相当于几个美元。当时在贝尔格莱德，看着社会动荡给人民生活带来的困苦，她触景生情，对身边的同志说：“我们的国家可不能再乱了，我们乱不起，如果再乱，这些东欧国家的状况就可能在我们国家重演。中国只有在共产党的领导下，才能安定、繁荣、发展。”

四

1993年10月邵云环工作届满，从贝尔格莱德回国，在参编部俄文室东欧片从事塞文的翻译和调研工作。1995年3月起她担任俄文室副主任，主持东欧片工作。为了工作，邵云环常常不惜金钱，不惜时间。她是单位里最早买电脑的人之一，1993年她从波黑战场回来就买了一台当时最先进的386电脑，那时一台386电脑对于她这样的工薪收入者来说还是个天价。当时波黑战争正打得不可开交，常常是战火刚息，杀声又起，而读者又非常关心这方面的消息，《参考消息》经常要约她撰写分析稿。往往是万里之外的枪声刚响起，这边立即就十万火急地向她催稿！这时邵云环通常会很不高兴，“时间真的来不及啊，我得放下手头的活，得找资料，得以事实说话，得理清……”当时的波黑局势实在是一团乱麻，错综复杂，可她交的稿子总能用深入浅出的语言，把事情分析得透彻清楚。时间久了，编辑部也摸透了邵云环的个性：虽然她会抱怨，但只要波黑有战事，只管找她写！两三年里，她为《参考消息》撰写了几十篇分析稿件。这些文章既不乏战争现场感，又高屋建瓴，有着浓厚的历史纵深感。

1996年5月起她调任《参考消息》二编室副主任，具体负责第三版，即“时事纵横”版的编辑工作。在她的精心组织和编排下，三版不断推出诸如“来龙去脉”、“历史一页”、“国际大特写”和“知识窗”等受读者喜爱的好栏目，很好地体现了《参考消息》“采四海风云　播五洲气象”的风格和特色。

五

1999年3月，南斯拉夫局势非常紧张，科索沃战火一触即发，精通塞语和英语的邵云环主动请缨到贝尔格莱德分社工作。当时，摆在她面前的路有两条，一条是去局势比较平静的克罗地亚首都萨格勒布当首席记者，一条是到战火中的南斯拉夫做一个普通的战地记者。尽管当首席对每个驻外记者来说都是一个巨大的诱惑，但邵云环还是毫不犹豫地选择了后者。因为，在她眼里，哪里有新闻，哪里就是记者最该去的地方。同事们劝她要多加小心，她说："没什么，大不了是一条命!"临行前，参编部主任夏海涛对她说："你去那里条件很艰苦，工作很危险，要有思想准备。"她说："我不怕，我有波黑战争前线采访的经验，我会很好地完成任务，一定不辜负新华社对我的期望!"

在到南斯拉夫后短短一个多月的时间里，邵云环发回了大量的公开和参考报道稿，及时准确地报道了北约轰炸贝尔格莱德的现场情况，用事实揭露了北约轰炸造成的严重后果，字里行间洋溢着新华社记者的浩然正气，以及对北约轰炸的谴责，对南斯拉夫人民的钦佩和同情。

3月24日，以美国为首的北约发动空袭，她在当天迅速发回了第一篇战地通讯《悲壮的贝尔格莱德》，文章深刻地揭露了以美国为首的北约悍然发动战争的罪行，热情讴歌了南斯拉夫人民大敌当前、同仇敌忾的爱国主义精神。她在文中写道："春天本是一年中充满生机和希望的季节，可是命途多舛的南斯拉夫人民还要为捍卫自己的基本自由付出血和生命的代价。""春天来了，可是谁的心里都明白，战争已经逼近这个热爱和平的国家。"这篇战地通讯，经过新华社大广播发出后，被国内外媒体广泛采用，收到很好的社会效果。

3月26日，邵云环约好要去联盟大厦采访南联盟副总理利利奇，她刚一出门，就听到刺耳的空袭警报声，联盟大厦是北约轰炸的重点目标，坚持采访很可能会碰到危险，而且利利奇也不一定会留在那里等待采访，在去与不去的抉择面前，邵云环毫不犹豫地选择了前者。她在后来的采访日记中写道：联系这么高层次的采访不容易，不管利利奇是否等在那里，不能因为自己的原因而失去这次宝贵的采访机会。当她在空袭警报声中来到联盟大厦，发现里面空空荡荡，所有工作人员都按规定进入了地下室，但利利奇却独自一人等待着她的采访。利利奇还和她开玩笑说："我们在这儿谈话，炸弹随时可能掉下来打断我们。"她在采访时，已经听到远处传来飞机的轰鸣声。在次日发回的专访中，她称赞这位副总理"不顾安危"。但作为一位女记者，在面临生死考验时仍能义无反顾地坚持采访，这也同样证明了她高度的敬业精神和临危不惧的勇气。

北约在南联盟炸毁了火车，说是"失误"，炸了居民区，又说是"失误"，炸了医院，还说是"失误"，邵云环发回的短评《北约"意外失误"几时休》，以一个中国记者的良知，表达了热爱和平、坚持正义的心声。

在贝尔格莱德一个多月的时间里，她为《参考消息》发回了3篇专稿，最后一篇题目是《没有灯光的漫漫长夜》。她在文中写道："贝尔格莱德自空袭以来第一次度过了没有灯光的黑夜。这一天正是月圆之时，站在楼顶举目望去，一轮明月正从不远处被炸成空架的商业中心后面冉冉升起。"

在她工作的地方，空袭造成的危险几乎每天都在发生，别人听到警报可以按规定到地下室躲避，她却总坚持待在屋里写稿子，她还经常冒着危险去采访。在她最后一篇遗作中，她写道："一个多月来，我们已经习惯了常常在午夜以后响起的爆炸声，每天晚上就像'等楼上的另一只靴子掉下来’一样等待那一声令人心悸的巨响。”在北约轰炸的间歇，她用摄像机拍下了贝尔格莱德市的一些著名建筑和景点，她在电话中告诉同事，她担心它们有朝一日会永远消失。

邵云环时刻关心的不是每天近在咫尺的轰炸会不会危及她的安全，而是工作。然而由于北约的轰炸，贝尔格莱德常常断电，一没电，写了的稿子就发不出去，她在给国内同事打电话时说最担心的就是稿子发不回来。为此，她专门写了一篇短文，登在社里的刊物上，题目就叫《最怕的是稿子发不出去》。

同事们都很担心她的安全，她在电话里安慰大家说自己住在使馆，相对比较安全，谁知最不该受到北约导弹袭击的地方，却成了以美国为首的北约攻击的目标。1999年5月8日5时50分（贝尔格莱德时间5月7日23时50分），以美国为首的北约悍然袭击了我国驻南斯拉夫联盟大使馆，邵云环不幸以身殉职。人们在电视中看到邵云环被担架抬下来的情景，她的躯体无力地垂下，她的头发蓬乱地在风中晃动。

后来，人们在清理轰炸现场时发现，邵云环的写字台上摆着一本塞文字典，抽屉半开着，她从国内带去的电脑已被炸得面目全非。炸弹是从她的床上穿过的，那天她被抬出时的衣服很齐整，看得出，虽然是在午夜，她还未上床睡觉，仍在伏案工作。

六

5月8日，恰好是母亲节的前一天，邵云环19岁的儿子曹磊却永远失去了妈妈。邵云环的丈夫曹荣飞是她的大学同学，毕业后分在中联部工作，由于他长期在国外工作，这个家庭很少有团聚的日子。在曹磊小时候，母子俩相依为命。年轻的妈妈邵云环就担负起家庭的一切，风里来，雨里去，接送孩子上幼儿园，自己还要上学、上班。1993年当她和丈夫从南斯拉夫回国，一家三口终于有了一段团圆的日子，她感觉对儿子亏欠太多，所以总是变着法地给他做好吃的，还为他买电脑，鼓励他学习。曹磊参加高考时，邵云环特意休假在家照顾他。她经常自豪地向同事谈起儿子曹磊。

1998年9月曹磊到南斯拉夫自费留学，不久，邵云环的丈夫又被派到中国驻南使馆工作。1999年3月，邵云环作为新华社驻南记者来到了南斯拉夫，一家人在异国他乡团聚。当他们在机场相见时，邵云环摸着曹磊的头说："儿子，你又长大了！"

由于分社住房较紧张，邵云环搬到使馆与丈夫住在一起。一家人虽然同在一个城市，却没有相聚太长时间。她一到南斯拉夫，就立即投入到紧张的工作中。儿子曹磊也因学习紧张，只去了使馆两次。以后战事日紧，曹磊不得不和其他人一起转移到没有硝烟的罗马尼亚。一家人只团聚了几天，就又两地分离。

3月23日那天，当曹磊坐车撤离南斯拉夫时，邵云环细细叮嘱他，要学会自己照顾自己，别忘了复习功课，还送给他一些早已准备好的零食，要他和车上的同伴一起吃，最后，她又变戏法似的拿出一个保温杯，杯里装的是热水，这是她为曹磊路上渴准备的。没想到，这竟成了母子间的生离死别。

邵云环遇害的消息传来，新华社罗马尼亚分社的同志不忍把这个消息告诉曹磊，怕他一下子无法接受，而当他听说使馆被炸后，就一直坐在电视机前搜寻有关南斯拉夫的消息。午饭后，他得知父亲受伤住院，妈妈下落不明时，泪珠立刻夺眶而出。他坐在沙发上，双手紧紧抱着头，肩膀不停地颤抖。从这一刻起，曹磊已对妈妈的命运有所预感。傍晚，他终于知道了妈妈遇害的消息，再也控制不住自己的感情，哇哇地哭出了声。

曹磊在给美国总统克林顿的公开信中写道："听一听和平的强烈呼声吧！停止（对南斯拉夫的）轰炸！不要再让我的悲剧重演。""我是个男子汉，我不哭。我妈妈从来都不愿意看见我流泪。我也像我的父母一样喜欢南斯拉夫，我悲伤地看到，战争是怎样毁灭这个美丽的国家的。现在战争又夺走了我的妈妈。我痛恨战争。珍惜和平吧，因为只有珍惜和平才能保全自己。"

5 月 8 日，这是一个阳光灿烂的休息日，参考消息报社的同志们和往常一样，一大早就赶来上班，上午 10 点多，噩耗传来，他们的亲密战友邵云环在北约的轰炸中牺牲了。

下午，一些正在休息的同事闻讯赶来了，有的立即投入紧张的编辑工作，有的忍着巨大的悲痛，把会议室布置成灵堂，邵云环的一张大照片悬挂在墙上，人们仿佛又看到她依然微笑着面对着大家。这一整天，编辑部的电话一直响个不停，很多读者打来电话表达悲愤之情，更有络绎不绝的人们来到参考消息报社悼念在北约的轰炸中不幸牺牲的邵云环同志。

全国各地党政机关、社会团体、工矿企业、大中小学校的学生、境内外的新闻媒体以及许许多多的读者，纷纷以电报、电话、传真等形式对邵云环的牺牲表示哀悼。

5 月 8 日凌晨发生的以美国为首的北约袭击我驻南使馆的事件令全世界震惊，令全中国人民感到无比的愤怒。

中国政府迅速发表声明，对这一野蛮行径表示极大愤慨和严厉谴责，并提出最强烈的抗议。强调以美国为首的北约必须对此承担全部责任。中国政府保留采取进一步措施的权利。

新华社、光明日报负责人分别发表声明，向以美国为首的北约提出最强烈的抗议，对邵云环等同志的牺牲表示沉痛哀悼。

国内各媒体纷纷以大量篇幅，对以美国为首的北约对中国人民犯下的罪行和社会各界的反应予以充分报道。

全国各地的学生、群众纷纷走上街头，到美、英等驻华使领馆门前示威游行，递交抗议信。世界各地华人华侨和维护正义向往和平的人们也以各种形式对中国新闻工作者的不幸遇害表示深深的哀悼，声讨以美国为首的北约对中国人民犯下的罪行。

全世界热爱和平和正义的国家纷纷来电来函或以各种方式表达了对这一严重违反国际法和国际公约的事件的看法和意见，对中国人民表示声援和慰问。

5 月 12 日上午，载着烈士骨灰和部分驻南工作人员的专机从贝尔格莱德飞回祖国，胡锦涛等领导同志亲往机场迎接骨灰。邵云环的儿子曹磊手捧着母亲的骨灰从飞机上缓缓走下，邵云环受重伤的丈夫曹荣飞也在飞机上，因为担心过度的悲痛会使他受重伤的双眼永远失去复明的希望，所以大家一直对他封锁消息。手捧母亲骨灰悲伤欲绝的曹磊虽与父亲近在咫尺，也不能上前相认，只能远远地望上一眼。

为沉痛悼念三位烈士，当天北京天安门、新华门、人民大会堂、外交部，各省、自治区、直辖市人民政府所在地，香港特别行政区政府所在地，新华社澳门分社下半旗志哀。埃及、阿根廷、泰国、孟加拉国、加蓬、罗马尼亚、保加利亚、瑞典、芬兰、新西兰等国家和联合国、欧盟等组织的驻华机构也下半旗志哀。美国、英国、德国、法国、加拿大、意大利、比利时等一些北约国家驻华使馆当天也下了半旗。

下午，新华社、光明日报分别为邵云环、许杏虎、朱颖三位烈士举行了隆重的悼念仪式，党和国家领导人江泽民、李鹏、朱镕基、胡锦涛、尉健行、李岚清先后向烈士敬献了花圈，亲切看望并慰问烈士的亲属。江泽民主席对邵云环的儿子曹磊说："你有一个英雄的母亲，她是我们民族的骄傲，希望你继承她的遗志，好好学习。"

沉痛悼念邵云环烈士

5月13日，朱镕基总理在欢迎我国驻南斯拉夫联盟共和国工作人员大会上郑重宣布：根据《革命烈士褒扬条例》的规定，国务院有关部门已批准新华社记者邵云环、光明日报记者许杏虎、朱颖同志为革命烈士。

5月15日，中华全国新闻工作者协会授予邵云环、许杏虎、朱颖三位烈士“人民的好记者”荣誉称号。

……

邵云环和另外两位中国记者的不幸身亡为全世界热爱和平和正义的人们留下了永久的怀念。她的生命虽然逝去了，但人们仿佛看到她已化作天空中那七彩的云环，仍然微笑着注视着这个她深深眷恋着的世界，注视着祖国人民为了国家的强盛而发奋图强，努力工作。

新华社烈士名录

土地革命战争时期

周以栗 红中社负责人、《红色中华》报第一任主笔，1934 年 11 月在转移途中壮烈牺牲。

徐名正 1934 年任红中社秘书长，1935 年 2 月被捕，在福建长汀牺牲。

梁柏台 1932 年 4 月任红中社负责人、《红色中华》代理主笔，1935 年 3 月在突围中负伤被捕，不久被敌人杀害。

瞿秋白 1934 年 2 月—1935 年 2 月任红中社社长、《红色中华》报主编，1935 年 6 月 18 日英勇就义于福建长汀。

抗日战争时期

黄乐天 1937 年任新华社新闻台台长，1940 年在河南新乡被敌人逮捕牺牲。

应唯鲁 女，新华社晋察冀分社和《抗敌报》记者，1940 年冬在反“扫荡”中牺牲。

李双秋 新华社晋察冀分社和《晋察冀日报》工作人员，1940年冬在反“扫荡”中牺牲。

罗军 新华社晋察冀分社和《晋察冀日报》发行科长，1941年8月在转移过程中被炸牺牲。

王吉贵 新华社晋察冀分社和《晋察冀日报》发行科发行员，1941年8月在转移过程中被炸牺牲。

李连福 新华社晋察冀分社和《晋察冀日报》发行科交通员，1941年8月1日送报渡河时被淹牺牲。

沈镇衍 新华社晋察冀分社和《晋察冀日报》印刷厂工务助理员，1941年秋季反“扫荡”中为不当俘虏拉响手榴弹壮烈牺牲。

张效舜 新华社晋察冀分社和《晋察冀日报》印刷厂印刷科、机修科科长，1941年秋季反“扫荡”中被俘杀害。

许力 新华社晋察冀分社和《晋察冀日报》医生，1941年秋季反“扫荡”中中弹牺牲。

苏生 新华社晋察冀分社和《晋察冀日报》公务员，1941年秋季反“扫荡”中被敌人刺杀牺牲。

霍进礼 新华社晋察冀分社和《晋察冀日报》印刷工人，1941年秋季反“扫荡”中身负重伤，牺牲于医院。

张吉堂 新华社晋察冀分社和《晋察冀日报》发行科交通员，1941年秋季反“扫荡”中与敌遭遇，壮烈牺牲。

罗凤仪 新华社晋察冀分社和《晋察冀日报》发行科交通员，1941年秋季反“扫荡”中在家乡养病，被敌人抓捕杀害。

夏曾 新华社晋察冀分社和《晋察冀日报》出版部部长，1941年被派往涞源地区帮助工作时牺牲。

肖辉 新华社山东分社、山东《大众日报》第二印刷厂厂长，1941年11月4日在山东沂蒙山区陷入日军重围，英勇牺牲。

魏爱民 新华社山东分社、山东《大众日报》第二印刷厂政治指导员，1941年11月4日在山东沂蒙山区陷入日军重围，英勇牺牲。

徐芳奎 新华社山东分社、山东《大众日报》第二印刷厂印刷工人，1941年11月4日在山东沂蒙山区陷入日军重围，英勇牺牲。

郁永言 新华社山东分社、山东《大众日报》通讯部部长，1941年11月下旬在山东沂蒙山区转移途中陷入日军重围，英勇牺牲。一同牺牲的新华社山东分社及《大众日报》社的编辑、记者、报务员、译电员共有20多人。

叶丰川 新华社山东分社、山东《大众日报》电台台长，1941年11月下旬在山东沂蒙山区转移途中陷入日军重围，英勇牺牲。

陈虹 新华社山东分社、山东《大众日报》记者，1941年11月下旬在山东沂蒙山区转移途中陷入日军重围，英勇牺牲。

方曙 新华社山东分社、山东《大众日报》记者，1941年11月下旬在山东沂蒙山区转移途中陷入日军重围，英勇牺牲。

亓若君 新华社山东分社、山东《大众日报》编辑，1941年11月下旬在山东沂蒙山区转移途中陷入日军重围，英勇牺牲。

雷根 新华社山东分社、山东《大众日报》编辑，1941年11月下旬在山东沂蒙山区转移途中陷入日军重围，英勇牺牲。

姜德奎 新华社山东分社、山东《大众日报》工作人员，1941年11月下旬在山东沂蒙山区转移途中陷入日军重围，英勇牺牲。

孙友功 新华社山东分社、山东《大众日报》工作人员，1941年11月下旬在山东沂蒙山区转移途中陷入日军重围，英勇牺牲。

卢再厉 新华社山东分社、山东《大众日报》工作人员，1941年11月下旬在山东沂蒙山区转移途中陷入日军重围，英勇牺牲。

文白拒 新华社山东分社、山东《大众日报》工作人员，1941年11月下旬在山东沂蒙山区转移途中陷入日军重围，英勇牺牲。

郭季田 新华社山东分社、山东《大众日报》工作人员，1941年11月下旬在山东沂蒙山区转移途中陷入日军重围，英勇牺牲。

何云 新华社华北总分社社长、《新华日报》（华北版）社长。1942年5、6月间，日军对太行军民进行“扫荡”，在反“扫荡”斗争中牺牲。

黄君珏 女，新华社华北总分社、《新华日报》（华北版）经理部秘书主任，1942年5、6月间，日军对太行军民进行“扫荡”，在反“扫荡”斗争中牺牲。

董自托 新华社华北总分社、《新华日报》（华北版）二队队长（负责出版印刷），1942年5、6月间，日军对太行军民进行“扫荡”，在反“扫荡”斗争中牺牲。

杨叙九 新华社华北总分社、《新华日报》（华北版）管委会秘书长，1942年5、6月间，日军对太行军民进行“扫荡”，在反“扫荡”斗争中牺牲。

黄中坚 新华社华北总分社、《新华日报》（华北版）编辑，1942年5、6月间，日军对太行军民进行“扫荡”，在反“扫荡”斗争中牺牲。

缪乙平 新华社华北总分社、《新华日报》（华北版）编辑，1942年5、6月间，日军对太行军民进行“扫荡”，在反“扫荡”斗争中牺牲。

李暵晖 新华社华北总分社、《新华日报》（华北版）编辑，1942年5、6月间，日军对太行军民进行“扫荡”，在反“扫荡”斗争中牺牲。

康吾 新华社华北总分社、《新华日报》（华北版）记者，1942年5、6月间，日军对太行军民进行“扫荡”，在反“扫荡”斗争中牺牲。

陈达 新华社华北总分社、《新华日报》（华北版）记者，1942年5、6月间，日军对太行军民进行“扫荡”，在反“扫荡”斗争中牺牲。

韩秩吾 新华社华北总分社、《新华日报》（华北版）总务科长，1942年5、6月间，日军对太行军民进行“扫荡”，在反“扫荡”斗争中牺牲。

朱省三 新华社华北总分社、《新华日报》（华北版）管委会系统党总支书记，1942年5、6月间，日军对太行军民进行“扫荡”，在反“扫荡”斗争中牺牲。

孙志文 新华社华北总分社、《新华日报》（华北版）管理股长，1942年5、6月间，日军对太行军民进行“扫荡”，在反“扫荡”斗争中牺牲。

王健 女，新华社华北总分社、《新华日报》（华北版）译电员，1942年5、6月间，日军对太行军民进行“扫荡”，在反“扫荡”斗争中牺牲。

韩瑞 女，新华社华北总分社、《新华日报》（华北版）医生，1942年5、6月间，日军对太行军民进行“扫荡”，在反“扫荡”斗争中牺牲。

冯秉根 新华社华北总分社、《新华日报》（华北版）图书员，1942年5、6月间，日军对太行军民进行“扫荡”，在反“扫荡”斗争中牺牲。

万兆莲 新华社华北总分社、《新华日报》（华北版）报务员，1942年5、6月间，日军对太行军民进行“扫荡”，在反“扫荡”斗争中牺牲。

裴青云 新华社华北总分社、《新华日报》（华北版）审计员，1942年5、6月间，日军对太行军民进行“扫荡”，在反“扫荡”斗争中牺牲。

阎兆文 新华社华北总分社、《新华日报》(华北版) 医生，1942年5、6月间，日军对太行军民进行“扫荡”，在反“扫荡”斗争中牺牲。

韩邦藩 新华社华北总分社、《新华日报》(华北版) 会计，1942年5、6月间，日军对太行军民进行“扫荡”，在反“扫荡”斗争中牺牲。

魏天文 新华社华北总分社、《新华日报》(华北版) 勤务员，1942年5、6月间，日军对太行军民进行“扫荡”，在反“扫荡”斗争中牺牲。

褚朝选 新华社华北总分社、《新华日报》(华北版) 理发员，1942年5、6月间，日军对太行军民进行“扫荡”，在反“扫荡”斗争中牺牲。

肖炳焜 新华社华北总分社、《新华日报》(华北版) 出版科长，1942年5、6月间，日军对太行军民进行“扫荡”，在反“扫荡”斗争中牺牲。

韩俨 新华社华北总分社、《新华日报》(华北版) 工厂工务员，1942年5、6月间，日军对太行军民进行“扫荡”，在反“扫荡”斗争中牺牲。

梁振山 新华社华北总分社、《新华日报》(华北版) 工作人员，1942年5、6月间，日军对太行军民进行“扫荡”，在反“扫荡”斗争中牺牲。

郭汉文 新华社华北总分社、《新华日报》(华北版) 木工，1942年5、6月间，日军对太行军民进行“扫荡”，在反“扫荡”斗争中牺牲。

张耀文 新华社华北总分社、《新华日报》(华北版) 木工，1942

年 5、6 月间，日军对太行军民进行“扫荡”，在反“扫荡”斗争中牺牲。

张芳万　新华社华北总分社、《新华日报》（华北版）发行员，1942 年 5、6 月间，日军对太行军民进行“扫荡”，在反“扫荡”斗争中牺牲。

张忠良　新华社华北总分社、《新华日报》（华北版）排字工人，1942 年 5、6 月间，日军对太行军民进行“扫荡”，在反“扫荡”斗争中牺牲。

张全义　新华社华北总分社、《新华日报》（华北版）材料员，1942 年 5、6 月间，日军对太行军民进行“扫荡”，在反“扫荡”斗争中牺牲。

徐晨钟　新华社华北总分社、《新华日报》（华北版）秘书科员，1942 年 5、6 月间，日军对太行军民进行“扫荡”，在反“扫荡”斗争中牺牲。

郝清芳　新华社华北总分社、《新华日报》（华北版）会计，1942 年 5、6 月间，日军对太行军民进行“扫荡”，在反“扫荡”斗争中牺牲。

胡义晋　新华社华北总分社、《新华日报》（华北版）工人，1942 年 5、6 月间，日军对太行军民进行“扫荡”，在反“扫荡”斗争中牺牲。

孟宪德　新华社华北总分社、《新华日报》（华北版）工人，1942 年 5、6 月间，日军对太行军民进行“扫荡”，在反“扫荡”斗争中牺牲。

孔宪辰　新华社华北总分社、《新华日报》（华北版）总务科管理员，1942 年 5、6 月间，日军对太行军民进行“扫荡”，在反“扫荡”斗争中牺牲。

王剑萍 新华社华北总分社、《新华日报》（华北版）总务科管理员，1942 年 5、6 月间，日军对太行军民进行“扫荡”，在反“扫荡”斗争中牺牲。

白冲云 新华社华北总分社、《新华日报》（华北版）饲养员，1942 年 5、6 月间，日军对太行军民进行“扫荡”，在反“扫荡”斗争中牺牲。

白多才 新华社华北总分社、《新华日报》（华北版）饲养员，1942 年 5、6 月间，日军对太行军民进行“扫荡”，在反“扫荡”斗争中牺牲。

牟忠衡 新华社华北总分社、《新华日报》（华北版）炊事员，1942 年 5、6 月间，日军对太行军民进行“扫荡”，在反“扫荡”斗争中牺牲。

何宏光 新华社华北总分社、《新华日报》（华北版）校对，1942 年 5、6 月间，日军对太行军民进行“扫荡”，在反“扫荡”斗争中牺牲。

沈蔚 新华社冀中分社副社长和《冀中导报》编委、记者科长，1942 年 7 月在反“扫荡”斗争中牺牲。

李竹如 曾任新华社山东分社和《大众日报》社长，1942 年 11 月在反“扫荡”斗争中牺牲。

陈明才 新华社晋察冀分社和《晋察冀日报》摄影记者，1942 年在遵化县反“清剿”战斗中牺牲。

安适 新华社晋察冀分社和《晋察冀日报》记者，1942 年 12 月 12 日在反“扫荡”斗争中牺牲。

叶金枝 女，新华社新闻台外文报务员，1942 年化装乘船去武汉途中牺牲。

戴烨 新华社晋察冀分社采访科科长、《晋察冀日报》特派记者，1943 年 1 月在河北宣化县柳沟村遭日伪军包围，中弹牺牲。

顾宁　新华社晋察冀分社和《晋察冀日报》记者，用司马军城的笔名发表过不少诗作，1943 年 4 月在丰润县被敌人包围，突围时壮烈牺牲。

雷烨　新华社晋察冀分社和《晋察冀日报》特派记者，1943 年春在抗敌过程中壮烈牺牲。

郑磊俊　新华社晋察冀分社和《晋察冀日报》电台报务员，1943 年 9 月 16 日在反“扫荡”斗争中牺牲。

安志学　新华社晋察冀分社和《晋察冀日报》发行科交通员，1943 年 9 月 24 日在灵寿县与敌遭遇不幸牺牲。

曹斗斗　新华社晋察冀分社和《晋察冀日报》饲养员，1943 年 9 月 24 日在灵寿县与敌遭遇不幸牺牲。

魏奉璋　新华社华北分社编委会秘书，后任《太岳日报》社长兼总编辑，1943 年 10 月在阳城同日军遭遇战中牺牲。

张锷　新华社太岳分社、《太岳日报》电台报务员，1943 年 10 月在阳城同日军遭遇战中牺牲。

黄庆涛　新华社晋察冀分社和《晋察冀日报》电台台长，1943 年 12 月 8 日在突围中牺牲。

解振兴　新华社晋察冀分社和《晋察冀日报》社电务科长，1943 年秋在崞县同敌人遭遇战中牺牲。

胡畏　新华社晋察冀分社和《晋察冀日报》社编辑，1943 年 12 月 9 日在突围过程中不幸牺牲。

黄庆涛　新华社晋察冀分社和《晋察冀日报》社电务队台长，1943 年 12 月 9 日在突围过程中不幸牺牲。

侯春妮　新华社晋察冀分社和《晋察冀日报》社印刷厂排字工人，1943 年 12 月 9 日在突围过程中不幸牺牲。

弓春芳　新华社晋察冀分社和《晋察冀日报》社发行科会计，

1943年12月9日在突围过程中不幸牺牲。

焦迎秋 新华社晋察冀分社和《晋察冀日报》社发行科交通员，1943年秋交通站被敌人袭击，坚守岗位时光荣牺牲。

刘二铭 新华社晋察冀分社和《晋察冀日报》社发行科交通员，1943年秋在家乡养病，遭敌人袭击被杀害。

李智 新华社晋察冀分社和《晋察冀日报》社发行科交通员，1943年秋只身深入敌穴时不幸牺牲。

陈文忠 新华社晋察冀分社和《晋察冀日报》社发行科交通站站长，1943年秋在突围过程中光荣牺牲。

王佩琳 新华社太岳分社、《新华日报》（太岳版）采通部部长，1944年10月在反“扫荡”斗争中牺牲。

黄维达 新华社太岳分社、《新华日报》（太岳版）记者，1944年10月在反“扫荡”斗争中牺牲。

陈辉 新华社晋察冀分社和《晋察冀日报》社记者，1945年2月在河北涿县韩村牺牲。

张大雨 新华社晋察冀分社和《晋察冀日报》社校对员，1945年初通过敌人封锁线时遭敌杀害。

王一 新华社苏中支社通联科副科长，1945年4月奉命随军撤退时遇难。

李柱南 从红中社时期即开始担任新华社中文译电员，对电码娴熟，译电时可以不查电码本，人称李“本子”，1945年在通过敌人封锁线时牺牲。

解放战争时期

博古 新华社社长、《解放日报》社长，1946年2月，他作为中共代表赴重庆参加政协宪法草案审议委员会，4 月 8 日返回延安途中因飞机失事遇难。

仓夷　新华社特派记者，1946 年 8 月 8 日从张家口赴北平采访“安平事件”报道途中，误乘飞机至山西大同，被国民党特务暗害。

韩增堂　新华社晋察冀分社和《晋察冀日报》社管理科长，1945 年 8 月负责受降工作时被敌人杀害。

叶邦瑾　女，新华社苏中分社记者，1946 年 8 月在江苏如皋地区被敌逮捕，壮烈牺牲。

徐凤鸣　新华社苏中分社记者，1946 年 8 月牺牲。

田雨　新华社晋察冀总分社记者和《晋察冀日报》社特派记者，1946 年 12 月在赴平汉前线采访时，误踏地雷牺牲。

郭福均　新华社新闻台中文报务员，1946 年在中原突围时被国民党军活埋。

刘德忠　新华社通报台报务员，1946 年在中原突围时被国民党军活埋。

司徒惠　新华社苏中分社记者，1947 年 1 月在江苏如皋县牺牲。

陈夏　新华社华野前线分社 4 支社记者，1947 年 2 月在莱芜战役中牺牲。

钱毅　新华社盐阜分社特派记者，1947 年 3 月在江苏淮安采访时被敌捕去，后被杀害。

甘正　新华社东北总分社电台机务主任，1947 年 6 月在抢修发射机故障时牺牲。

金革　新华社华野前线分社第 4 支社副社长，1947 年 7 月牺牲于行军途中。

胡捷　新华社苏中分社记者，1947 年 8 月在盐城战役中牺牲。

宋大可　新华社华野前线分社第 3 支社记者，1947 年 9 月 7 日在采访鲁西南沙土集战役中牺牲。

苏正平 新华社华野前线分社摄影记者，1947 年 9 月在山东高密前线采访时牺牲。

田耘 新华社华野前线分社记者，1947 年 10 月 10 日在采访山东诸城战斗中牺牲。

朱言晋 新华社豫陕鄂前线分社记者，1947 年 11 月 3 日在采访河南登封战役中牺牲。

谢文耀 新华社中原野战分社副社长，1948 年 2 月 15 日在河南省汝南新区开展土改工作时，遇“还乡团”袭击牺牲。

袁素 新华社苏中分社记者，1946 年底在穿越如（皋）黄（桥）封锁线时不幸被捕，1948 年 4 月壮烈牺牲。

刘保章 新华社华野前线分社第 10 支社、《山东画报》摄影记者，1948 年 5 月 8 日在攻克河南邓县拍摄人民解放军攻城爆破照片时牺牲。

高岩 新华社华野前线分社第 9 支社记者，1948 年 5 月在潍县战斗中牺牲。

姜树堂 新华社华野前线分社第 13 支社摄影记者，1948 年 7 月 13 日在解放兖州战役采访中牺牲。

罗夫 曾任新华社晋察冀分社编辑科长、《晋察冀日报》特派记者，1948 年 8 月在行军途中牺牲。

萧逸 新华社华北野战军第 20 兵团分社记者，1949 年 4 月 14 日在解放太原战役中牺牲。

陶迅 新华社三野总分社第 24 支社记者，1949 年 4 月 22 日在随军渡长江登陆时牺牲。

吕平 女，新华社三野总分社第 24 支社机要译电组组长，1949 年 4 月 22 日在随军渡长江登陆时牺牲。

陆明 新华社三野总分社第23支社记者，牺牲于1949年5月解放上海的战役中。

新中国成立后

赵耕三 新华社三野总分社第31支社记者，1949年10月在厦门战役采访中牺牲。

戴陶 新华社三野第29支社记者，1950年7月26日在金门前线大担岛战斗中牺牲。

樊勋龙 新华社华东总分社汽车驾驶员，20世纪50年代初在抗美援朝战争中牺牲。

郭普民 新华社志愿军总分社记者，1951年8月在抗美援朝战争中牺牲。

丁明 新华社驻朝鲜特派记者，在抗美援朝战争中因积劳成疾于1951年9月20日病逝在朝鲜，被追认为烈士。

高健飞 新华社志愿军总分社记者，1951年9月在抗美援朝战争中牺牲。

刘鸣 新华社志愿军总分社记者，1952年8月在朝鲜我志愿军西线某师指挥所伏案写稿时遇敌机空袭牺牲。

周斯杰 新华社志愿军总分社记者，1953年8月4日在抗美援朝战争中牺牲。

马自亮 新华社总社资料员，在抗美援朝战争中牺牲。

沈建图 新华社对外部主任，1955年4月11日在赴万隆参加亚非会议报道途中，因所乘飞机“克什米尔公主”号遭国民党特务破坏而牺牲。

黄作梅 新华社香港分社社长，1955年4月11日在“克什米尔公主”号事件中牺牲。

李平（李炳衡） 新华社记者，1955 年 4 月 11 日在“克什米尔公主”号事件中牺牲。

程鹏 新华社军事记者，1968 年 8 月 7 日在外事采访中因飞机失事遇难。

赵振国 新华社摄影记者，1968 年 8 月 7 日在外事采访中因飞机失事遇难。

王一兵 新华社摄影记者，1969 年 8 月 13 日在中苏边境冲突采访中牺牲于新疆。

戴伟 新华社上海分社报务员，1969 年 12 月 19 日在扑灭上海“文化革命”广场大火时，为抢救国家财产牺牲。

邵云环 女，新华社驻贝尔格莱德分社记者，1999 年 5 月 8 日在以美国为首的北约用导弹袭击我驻南联盟使馆时牺牲。

根据上述名单统计，在新华社 85 年的历史中，牺牲的烈士共计 150 余人，其中：

土地革命战争时期	4 人
抗日战争时期	110 余人
解放战争时期	28 人
新中国成立以后	17 人

说明：这份名单，是我们根据 1999 年出版的《血染的丰碑——新华社烈士纪实》一书中所附的《新华社烈士名录》进行了一定增补修订而形成的。由于新华社各分社在革命战争年代经常转移，保存下来的史料有限，加上当时许多地方分社与当地报社在组织上是合在一起的，许多同志既是报社人员，也是新华社人员。因此，精确统计尚

感困难。希望了解情况的同志，包括烈士家属和亲友，能对这份烈士名录提出补充和修正意见，使之更趋完善。

新华社新闻研究所

新闻理论与新闻史研究室

2016 年 10 月

后　记

《新华社烈士传》是在1999年8月由新华社新闻研究所编辑、新华出版社出版发行的《血染的丰碑——新华社烈士纪实》一书基础上修订再版而成的。本书重点介绍了37位新华社烈士的事迹，并配有部分珍贵的史料图片。

当年参与《血染的丰碑——新华社烈士纪实》一书编撰工作的人员主要有卫元理、郑德金、蔚建民、董彩兰、万京华等同志，主管、分管该书相关工作并担任审稿的分别有徐人仲、李年贵、朱幼棣、方小翔同志。该书由时任中国记协名誉主席的穆青同志题写书名，时任新华社社长的郭超人同志作序。

根据新华社领导要求，为进一步弘扬先烈精神、继承优良传统，在新华社建社85周年之际，新闻研究所对《血染的丰碑——新华社烈士纪实》一书的相关文稿和新华社烈士名录进行重新修订，增补了个别篇目和烈士图片，并将书名改为《新华社烈士传》，由新华出版社出版发行。参与此次修订和增补工作的人员主要有万京华、王会、李成、谭林茂、陈硕同志，主管、分管本书相关工作并担任审稿的有马义、刘光牛、朱智宾同志。新华社社长蔡名照同志为本书作序。

本书修订和增补过程中，进一步征求了成一、卫元理、郑德金等同志的意见，他们为本书的出版提供了很好的建议。由于能力和水平所限，本书一定还有不少遗漏和欠缺，期待出版后有机会接受更多意见。

新华社新闻研究所

2016 **年** 10 **月**